普通高等教育信息安全类特色专业系列教材

多媒体信息安全

孔祥维　郭艳卿　王　波　编著

科 学 出 版 社
北 京

内 容 简 介

多媒体信息安全涉及多媒体产生、传输、分发和应用过程的安全保障问题。本书力求涵盖与多媒体相关的信息安全的主流研究内容，包括多媒体的数据特性、隐密技术和隐密分析技术、数字水印、数字媒体取证、生物认证和生物模版安全等内容，最后给出典型算法的 Matlab 程序。

本书可作为高等院校的电子工程专业、信息安全专业、计算机应用专业、通信工程专业的高年级本科生或研究生的教材，也可作为科研院所相关专业科技工作者的研究参考。

图书在版编目(CIP)数据

多媒体信息安全/孔祥维，郭艳卿，王波编著. —北京：科学出版社，2014. 3
普通高等教育信息安全类特色专业系列教材
ISBN 978-7-03-039818-5

Ⅰ. ①多… Ⅱ. ①孔… ②郭… ③王… Ⅲ. ①多媒体-信息安全-安全技术-高等学校-教学 Ⅳ. ①G203

中国版本图书馆 CIP 数据核字(2014)第 031396 号

责任编辑：潘斯斯　张丽花 / 责任校对：蒋　萍
责任印制：赵　博 / 封面设计：迷底书装

科学出版社 出版
北京东黄城根北街 16 号
邮政编码：100717
http://www.sciencep.com
三河市骏杰印刷有限公司印刷
科学出版社发行　各地新华书店经销
*
2014 年 3 月第　一　版　开本：787×1092 1/16
2025 年 1 月第八次印刷　印张：17
字数：446 000
定价：69.00 元
（如有印装质量问题，我社负责调换）

前　言

随着人类社会进入数字时代，数字内容的信息安全、保护和取证成为一个崭新的挑战课题。一方面，通过计算机和网络来进行的犯罪活动已经占据了越来越大的比例，对计算机、网络等数字设备和数字化的多媒体信息进行技术层面的司法取证和鉴定，特别是近年来数字化信息篡改频繁引发的政治、经济、社会、司法等方面的纠纷争端，使得数字取证成为学术界的前沿课题；另一方面，如何确保多媒体信息在通信和传播中的安全，一直是人类面临的重要研究课题。随着网络及多媒体技术的飞速发展，信息隐藏和信息隐藏分析、数字水印和生物模板保护为代表的数字媒体保护和认证技术，已成为近年来信息领域关注的热点问题。

本书是在参考目前国内外同类教材和文献的基础上，力求反映本学科基本概念和最新发展编写而成的。本书在内容组织上注重基础性、系统性和实用性，包括基本概念及对实用需求问题解决方法的阐述；在文字表达上力求简洁、清晰、流畅、易读，同时每章配有概念性和实际应用方面的习题和程序。

本书参考学时为 32 学时，共分 7 章。第 1 章为绪论；第 2 章介绍与多媒体安全相关的多媒体数据特性；第 3 章介绍隐密技术；第 4 章介绍隐密分析技术；第 5 章介绍数字水印；第 6 章介绍数字媒体取证；第 7 章介绍生物认证和生物模板安全。这些章节构成了本书的体系结构。

本书由大连理工大学孔祥维教授主编，同时组织 2 位长期在多媒体信息安全技术领域工作、具有丰富教学和应用经验的教师共同编写完成。其中，第 1、5、7 章由孔祥维教授编写；第 3、4 章由郭艳卿副教授编写；第 2、6 章由王波博士编写。

由于编者水平有限，书中不当之处在所难免，殷切希望广大读者批评指正。

编　者

2013 年 9 月

目　　录

第1章　绪　　论

1.1　多媒体信息安全的重要意义

信息时代的到来，从多方面影响着国家利益的构成和内涵，信息本身已成为国家利益的一个重要组成部分，同时也是社会发展的重要战略资源之一，对信息的开发、控制和利用已成为当前各发达国家为国家利益争夺的重要内容。国际上围绕信息的获取、使用和控制的斗争愈演愈烈，致使信息的控制保障和安全上升为世界性的问题，成为维护国家安全和社会稳定的一个焦点，同时也是亟待解决、影响国家大局和长远利益的重大关键问题。

当今数字信息的发展也给人们的社会和日常生活带来了深刻的革命性变化，由于计算机网络和信息化的普及，人类越来越依靠网络和信息，数字多媒体和互联网的普及，给人们带来欣赏和愉悦的同时也提出了许多挑战性的问题。新技术的双刃剑带来了新的安全威胁，互联网主要信息载体的信息内容安全问题变得日益突出。

“9·11”事件对信息技术产生了巨大的影响，使得世界范围内的信息安全形势发生了巨大变化，从而使信息安全保障和反恐上升为世界性的国家问题。由于从保护国家和个人的利益出发，各国政府无不重视信息安全，特别是各发达国家均大力加强信息安全的研究和督导。

信息安全的内涵随着信息技术的发展与应用的不断深入也在不断延伸。人们传统地把信息安全理解为对信息的机密性、完整性和可用性的保护，但这仅是面向个人用户的信息数据保密。后来发展到信息的完整性、可用性、可控性和不可否认性，进而又发展到“攻(攻击)、防(防范)、测(检测)、控(控制)、管(管理)、评(评估)”等多方面的基础理论和实施技术。在当今时代，分布式计算、物联网 、云计算的应用、互连互通的无缝传播，信息安全强调面向用户的安全是鉴别、授权、访问控制、抗否认性和可服务性，以及隐私、知识产权保护等。

当今大数据在成为竞争新焦点的同时，亦成为网络攻击和安全的显著目标，带来了新的安全风险。大量社交网络、邮件、微博、电子商务、电话和家庭住址等信息，使黑客的攻击更加精准，攻击一次就能获得相当多的数据。虽然数据大集中可将复杂多样的数据存储在一起，但大量数据的汇集增加了用户隐私泄露的风险。

综上所述，信息安全的内涵已从最初的信息保密提升到信息安全保障能力，逐渐发展并形成一个综合性交叉学科领域，它广泛涉及数学、密码学、信息、网络、通信、控制、人工智能、安全管理工程、系统工程领域等诸多学科，近几年迅速成为国际上的热点学科领域，是当前世界各国正在奋力谋求的制高点。

目前我国信息与网络安全的防护能力处于发展的初级阶段，许多应用系统处于不设防状态，当前的信息安全研究忙于封堵现有信息系统的安全漏洞，要解决这些迫在眉睫的问题，取决于信息安全保障体系的建设。目前迫切需要根据国情，从安全体系整体着手，建立全方位的防护体系，加强我国自主产权的信息安全技术和信息设备的研究与开发，建立完善的信息安全系统，完善法律体系并加强管理体系，构建国家信息安全保障体系。只有这样，才能保证我国信息化的健康发展，确保国家安全和社会稳定。信息安全问题解决好坏将直接影响我国的政治、军事、经济、文化、社会生活的各个方面，解决不好有可能使国家处于信息控制和威胁之中，将遭到无声的信息掠夺和信息控制。

历史上信息安全的实现都是通过加密来完成的。密码学的应用在很长一段时间内都被看成是外交情报和军事领域内极其隐秘的通信方法和手段，商业加密的应用将一些密码方法扩展到了民间，而目前互联网和数字信息可以扩散到各个地方，加密技术和方法更加公开，文献也随之增多。

密码学是一门古老的学科，它的起源可以追溯到四千多年前的古埃及、巴比伦、古罗马和古希腊。古代的保护信息安全方法是将传输信息的信号进行各种变化，使它们不能为非授权者所理解。当时的密码技术还不能算是一门科学，它更像一门艺术，人们凭借直觉和经验来设计和分析密码。现代密码学就是在古典密码学的基础上发展起来的。

Shannon 在 1949 年建立了单钥密码系统的数学模型，为密码学奠定了理论基础。1976 年，美国学者 Diffie 和 Hellman 建立了公钥密码系统(RSA)，使加密密钥和解密密钥相互独立，公钥密码使民用、商用通信系统的信息加密和保护成为可能。1977 年，美国国家标准学会(ANSI)公开征集并公布实施数据加密标准 DES，公开了它的加密算法，并批准用于非机密单位及商业的保密通信，使其作为联邦标准免费提交给美国公众使用。在此之后用于信息保密和加密的各种算法和软件、标准和协议、设备和系统、法律和条例、论文和专著等层出不穷，随着计算机网络不断渗透到各个领域，密码大规模地扩展到民用，密码学的应用范围也随之扩大，典型如数字签名、身份认证等都是由密码学派生出的新技术和应用。

采用传统密码学理论开发出来的加、解密系统，不管对称密钥系统(如 DES)还是安全性更高的公开密钥系统(RSA)，对于文件的处理都是将明文转变成密文进行传递，攻击者只能看到密文乱码，而无法破译其中的机密信息，从而达到保密的目的。但是传统加密方法往往把一段有意义的信息明文转换成看起来没有意义的密文，这密文就明确地提示给攻击者：通信双方进行了加密通信。此外，密文还容易引起攻击者的好奇和注意，从而造成攻击者明确知晓攻击的目标。

虽然历史上可以证明密码学(Cryptography)被公认为是信息安全的核心技术，但是，依靠密码学并不能完全解决现代信息社会涌现出的新问题。

互联网已由早期的浏览信息和收发邮件转变成多媒体、通信服务、服务应用和娱乐应用并重的交互网络。媒体印刷品如书报、杂志；电子出版物如电子音像、光盘、游戏软件，音像传播如影视、录像、广播等都逐渐以数字化形式出现在网络上。利用这些数字媒体信息资源进行创意、制作、开发、分销、交易的内容产品和服务的产业已经迅速发展起来。数字内容产品的互动性与个性化服务的优势，使得数字内容产品增值服务具有无限的发展空间，成为新的产业增长点，但同时引发了数字媒体和内容的健康性、保密性、隐私性、产权性、安全性等问题难以得到保障。

数字多媒体应用因其可视可听、丰富多彩的特点在世界各地已经蓬勃兴起，其发展渗透改变了人们的工作方式和日常生活，使人们更加方便地享受和体验到新技术带来的方便和愉悦。数字多媒体传播的某些成本大大降低，例如，复制成本几乎为零，分发的边际成本逼近零等，因此这些具有易复制、易修改和易传播特征的新技术和新应用在惠民的同时也成为双刃剑，使得多媒体信息的来源、通信和获取等阶段都存在着不同的安全问题。

多媒体应用具有可视观赏性、降质可容忍性、无损下载传播、复制容易等固有特点，加上多媒体软件的普及流行，导致数字多媒体在其应用的生命周期内随时面临着被窃取、篡改、非授权访问和非授权分发的威胁，使得以往的安全技术难以应对层出不穷的多种新型安全威胁，造成数字媒体价值的降低甚至丧失，这直接或间接地制约着各种数字媒体应用的发展和普及，因此多媒体信息安全问题成为新时代信息安全问题的挑战。

数字世界的崛起给现实世界保护知识产权的规则带来挑战，面对新的技术和威胁，传统的信息安全措施不够有效，需要发展崭新的信息安全手段，保护人类创造和拥有的软件、音乐和其他形式的数字化多媒体内容和多媒体资产的价值，为创造可信的数字化世界奠定坚实的基础。

1.2 多媒体信息安全的主要威胁

当今的信息环境发生了巨大的变化，海量多媒体信息时时刻刻在大量产生。数字化数据迅速增长，一方面可以催生出更好的产品和服务，另一方面使得目前多媒体信息安全的威胁日益加剧。因此需要对常规多媒体信息业务的通信模式和应用模式深刻理解，了解和掌握攻击者的目的与手段，分析和评估面临的安全风险和存在的漏洞，研究新的防御技术以减小或消除安全威胁和风险，构建一个政府、厂商和用户构成的具备多媒体信息安全保障的生态系统。

信息安全一般包括物理安全、系统安全、数据安全、应用安全和内容安全。物理安全涉及硬件设施方面的安全问题；运行安全涉及操作系统、数据库、应用系统等软件方面的安全问题；数据安全以保护数据不受外界的侵扰为目的，包括防止泄密、伪造、篡改、抵赖等有关的行为；信息内容安全则通过对内容的语义分析和理解，对数据进行选择性阻断、修改、转发等特定的行为。多媒体信息安全涉及数据安全和信息内容安全以及应用安全，因多媒体信息特有的数据特性和固有特点，安全保障内容有其特殊性。

多媒体信息安全的研究需要从多媒体应用的安全威胁出发，即从多媒体的产生、通信、传播，接收以及真实性等多媒体本身和应用的生命周期视角等方面考虑可能出现的攻击，同时以安全保障为目的，保持多媒体数据本身可用的灵活性。

一般类型的多媒体信息攻击如下。

(1)对可用性的攻击：该系统的多媒体被破坏或变得不可利用或不能使用，例如，包括在通信中多媒体的损坏、不能解码或观赏功能的失效。

(2)对保密性的攻击：未授权方通过截获等手段非法获取信息并对某多媒体信息非法访问。例如，在网络上搭线窃听以获取数据，违法复制文件或程序等。

(3)对完整性的攻击：未授权方破坏多媒体信息资产，改变多媒体数据文件中的数据，篡改在网络中传输的多媒体信息内容，采用软件修改多媒体信息内容等。

(4)对真实性的攻击：未授权方伪造和替换原有的多媒体信息，对多媒体来源进行伪造，在数字图像中伪造水印。

1.3 多媒体信息安全的研究内容

本书拟从多媒体信息应用的生命周期视角阐述其安全问题。其主要研究内容包括以下几个部分。

保障多媒体信息的源头安全：在数字产品产生中嵌入数字水印以便以后进行内容鉴别和作品认证，以期解决版权纷争；对需要保密的信息进行加密处理防止非授权访问和获取；利用生物特征识别用户，以便进行身份认证，并进行访问控制等。

保障多媒体信息的传输安全：可以进行信息加密，成为不可解读的密文进行传输；秘密信息进行伪装式的信息隐藏以便攻击者察觉不出有秘密通信存在；对用于身份认证的生物特征加密或者变形以防止通信中生物模板泄露造成安全威胁等。

多媒体信息获取的安全：数字媒体中嵌入数字指纹用于追踪数字产品分发和用户的权益，感知哈希对获取信息进行验证以保障获取信息的可信性。

多媒体信息的真实鉴别：主动方法是向数字作品中加入数字水印再进行来源鉴别或认证，被动方法是利用数字媒体取证技术对多媒体作品进行盲检测来源，并判断篡改与否。

以上研究内容既有关联又有区别。传统加密是隐藏内容，而信息隐藏主要是隐藏了信息通信的存在性。信息隐藏通信比加密通信更安全，它隐藏了通信的发方、收方，以及通信过程的存在，不易引起怀疑。加密后不能知晓通信的内容，但直接暴露了通信。多媒体内容的版权保护和真实性认证往往需容忍一定程度的失真，而加密后的数据不容许一个比特的改变，否则无法脱密。

人脸、指纹等生物认证本是身份认证和安全控制的新手段，但其模板数据如果泄露，会导致更严重的安全威胁，反而不如应用成熟的密码。

数字图像和视频可以轻易用免费软件篡改，在主动嵌入水印不广泛普及的今天，大多数多媒体没有附加任何附属信息，因此需要发展被动的多媒体取证技术以判断多媒体的来源和完整性。

以上多方面的内容可以从多媒体真实性、可信性、安全性、完整性和可追踪性等多方面进行保障，同时不影响多媒体的感知效果，使多媒体在应用和播放的同时获得安全保障。

1.4　多媒体信息安全的典型应用

(1)隐蔽通信和隐蔽标识：主要技术为隐密术。如图像数据的隐蔽标识和公开网络中的保密数据传输，如遥感图像的日期、经纬度等。

(2)版权保护：主要技术为鲁棒数字水印技术。源于数字媒体的版权保护，为 DVD、MP3 和网上图像的版权保护的解决手段。

(3)多媒体认证：主要技术为脆弱数字水印和鲁棒数字水印技术。多媒体的来源认证、历经的销售商和授权用户跟踪信息都可以通过数字水印技术实现。

(4)篡改提示：主要技术为脆弱数字水印。通过将数字水印哈希在图像中，可以对图像的篡改和替换进行自动检测和提示。

(5)数字广播电视分级控制：主要技术为鲁棒数字水印技术和数字指纹。利用数字水印和数字指纹在数字广播和数字影视中控制，对各级用户分发不同的内容进行不同的服务。

(6)内容鉴定的不可抵赖性认证：数字媒体的司法性验证和真实内容鉴定，如数码相机、数码摄像机拍摄和视频的来源鉴定。

(7)注释数字水印：将图像的注释加在数字水印之中，不占信道容量和带宽，其安全性要求不高，但容量要求大。

(8)视频数据的错误隐匿：利用视频中的数字水印对视频的传输误差进行隐匿。

第 2 章　多媒体的数据特性

人类为了记录物理世界和自然形态提出了多种实用的多媒体数据形式，如静止图像、视频、音频、文本和其他媒体等。数码相机图像记录了静止画面和人物，视频录像记录了运动的形态，如电影、比赛、新闻、纪实等，录音音频记录着自然界的声音以及音乐和话音等，还有及时传播信息的互联网网页文字和网络上的各种多媒体应用等。与这些多媒体信息相关的安全研究，无论是向数字媒体嵌入信息的信息隐藏和数字水印，还是应用于判断多媒体真实性和完整性的数字媒体取证，以及涉及身份认证的生物特征安全等，都关联着数字媒体安全应用和数字世界的可信保障，都充分利用了数字多媒体的数据特性、感知特性、冗余特性和相关的多媒体数据国际标准作为理论基础，下面分别介绍相关的内容。

2.1　多媒体感知冗余

就目前发表的文献来看，数字多媒体安全主要利用了数字媒体的感知冗余和数据特性，主要包括感知冗余、文件格式冗余以及媒体本身的数据特性。下面分别介绍这些方面。

2.1.1　视觉冗余

在基于可视媒体如图像、视频的信息隐藏方法中，无论设计何种信息隐藏方法，最终结果都要先经过人眼的感知判别，因此信息隐藏能否通过人类的视觉检验是判断该方法是否成功的首要因素，信息隐藏、数字水印和数字指纹等都涉及视觉冗余，首先有必要了解一下人眼的视觉特性。

人眼视觉系统特性对图像处理、图像识别、计算机视觉等系统的设计有重要的意义。人类的视觉特性不仅受人眼生理和物理特性的影响，而且受到环境状态的影响。由于人眼某些缺陷，例如视觉冗余，信息隐藏即利用这种冗余实现了秘密信息的嵌入。下面归纳了一些与信息隐藏相关的人眼视觉特性。

(1)Weber 定律。人眼所能感觉到的亮度范围称为亮度视觉范围。在不同的环境下，对同一亮度的主观感觉也不相同。明视觉时，1 至几百万尼特。暗视觉时，千分之几至几尼特，这主要靠人眼瞳孔的调节作用。但人眼并不能同时感觉这么宽的视觉范围，当人眼适应了某一环境的平均亮度之后，视觉范围有一定的限度和感觉局限性。一般能分辨的亮度上下限之比为 1000∶1。当平均亮度很低时，这一比值只有 10∶1。Weber 定律说明在均匀背景下，人眼可以识别的物体照度为 $I+\Delta I$，其中 I 表示背景照度，$\Delta I \approx I \times 0.02$。该定律说明虽然人眼可分辨的亮度范围较大，但在同一时刻只能区别其中很小的一部分，亮度变化较大的图像区域人的感知会下降。

(2)频率敏感性和纹理复杂性。人眼对图像不同空间频率成分具有不同的灵敏度。人的视觉系统对平滑区的变化很敏感，随着细节增多，纹理复杂性增加，人眼的分辨率则迅速降低，即人们对细节较多、纹理较复杂的区域的变化敏感度相比较平滑的区域变化敏感度有所下降。人眼容易感觉边缘位置的变化，而对于边缘的附近灰度的误差则相对不敏感。

(3)亮度敏感性。在固定亮度背景下，人眼对信号的视觉感知效果受背景平均亮度和目标信号的亮度水平的影响较大。在平均亮度大的区域，人眼对灰度误差不敏感；而对于平均亮度小的区域，人眼对灰度误差较敏感。可以利用图像的局部特征，对这些亮度大的区域的强度进行微小调整，使得人眼难以感知。

(4)对比度特性。对比度指的是图像中明暗区域最亮的白和最暗的黑之间不同亮度层级的测量，差异范围越大代表对比度越大，差异范围越小代表对比度越小。即在给定的亮度背景下，一个信号在另一信号存在的情况下的可觉察性，即人眼对目标信号的视觉感知掩蔽特性。这种现象在这两个信号具有相同的空间频率、取向和位置时掩蔽特性最强。一般来说对比度越大，图像越清晰，色彩也越鲜明艳丽；对比度小会让整个画面感觉灰蒙蒙的，高对比度利于图像的清晰度、细节表现、灰度层次表现。

(5)方向敏感性。人眼对不同角度的空间频率视觉信号有不同的响应。具体表现在对垂直和水平方向的频率具有较强的视觉响应能力，而对对角线方向的频率响应能力显著下降。

(6)视觉掩盖效应。不同局部特性的区域，在不被人眼察觉的前提下，改变的信号强度不同。背景亮度变化越剧烈，视觉越高，即人眼的对比度灵敏度越低。这种现象称为空间域中的视觉掩蔽效应。人眼的视觉特性是一个多信道模型，它具有多频信道分解特性，人眼对图像不同灰度具有不同的敏感性，其中对中等灰度区最为敏感；而对高灰度区、低灰度区敏感度相对较低。

以上这些人眼的感知局部掩蔽效应都属于局部效应，不同个体、不同时间、不同环境都会对其造成影响。因此，可以充分利用这些视觉冗余特性设计算法，达到人眼无法辨别的效果。

2.1.2　听觉冗余

1. 听觉阈值

听觉阈值指的是低于这个阈值的声音信号就难以听到，听觉阈值的大小随声音频率的改变而改变。与个人的听觉阈值不同，大多数人的听觉系统对 2～5kHz 的声音最敏感。一个人能否听到声音取决于声音的频率，以及声音的幅度是否高于这种频率下的听觉阈值。如果声波的频率为 20Hz～20kHz，而声强又达到一定的强度，该声波就能被人耳所感知，此时的声波强度被称为听觉阈值。

2. 听觉掩蔽效应

听觉冗余掩蔽效应指的是人耳只对最明显的声音反应敏感，而对不敏感的声音，反应不敏感。当几个强弱不同的声音同时存在时，强声使弱声难以听见的现象称为同时掩蔽，它受掩蔽声音和被掩蔽声音之间的相对频率关系影响很大；声音在不同时间先后发生时，强声使其周围的弱声难以听见的现象称为异时掩蔽。如果时间上相邻的不同强弱声波同时存在，较弱的一个声波会因为较强声波的存在而被人耳听觉所忽略；此外，如果频率相近的两个声波同时存在，较弱的一个频率会因为较强频率的存在而被人耳所忽略。这两种现象在声学上被称为人耳听觉掩蔽效应，其中前一种称为时域听觉掩蔽效应，而后一种被称为频域听觉掩蔽效应。听觉掩蔽效应是音频信息隐藏的一个重要理论基础，LSB 等音频信息隐藏技术都充分利用了这一特性。

3. 相位不敏感

人耳对不同强度、不同频率声音的听觉范围称为声域。在人耳的声域范围内，声音听觉心理的主观感受主要有响度、音高、音色等特征。响度、音高和音色可以分别用振幅、频率和相位三个物理量来进行描述。其中人耳对振幅、频率的变化较为敏感，而对相位变化的敏感程度则较弱，这使得相位成了实现音频信息隐藏的一个重要参考。

4. MPEG 心理声学模型

人类听觉系统的掩蔽效应可以用心理声学模型来描述，依据该模型可估算出各掩蔽者的掩蔽值。掩蔽阈值取决于掩蔽者的音调性、频率、声压级和持续时间。掩蔽阈值是时间、频率和声压级的函数，并且随掩蔽音调的变化而变化。

MPEG 音频标准提供了两个心理声学模型。两个声学模型都是先将音频信号经 FFT 变换到频域，再映射到临界频带，区分出有调和无调成分，依据所在频率位置及强度大小计算单独掩蔽阈值和总掩蔽阈值、最小听觉阈值曲线。不同的是，MPEG 模型Ⅱ在主要环节的处理上烦琐，计算量大，对频谱数据分区后，使用扩展函数卷积来决定噪声掩蔽阈值，根据分区能量和不可预测性度量来衡量有调的倾向性，所有的谱线都参与了掩蔽阈值计算，使得整个模型复杂度提高。而 MPEG 模型Ⅰ为降低模型复杂度使运行速度得到保证，做了很多折中，相对而言，MPEG 模型Ⅰ准确性不如 MPEG 模型Ⅱ。

2.1.3　视频冗余

1. 空间域中的掩蔽效应

视觉的大小不仅与邻近区域的平均亮度有关，还与邻近区域的亮度在空间上的不均匀有关。假设将一个光点放在亮度不均匀的背景上，通过改变光点的亮度测试视觉，背景亮度变化越剧烈，人眼的对比度、灵敏度越低。这种现象称为空间域中的视觉掩蔽效应(Masking)。

2. 时间域掩蔽效应

当电视图像序列中相邻画面的变化剧烈时，人眼的分辨力会突然剧烈下降，可以下降到原有分辨力的 1/10。如当新场景突然出现时，人基本上看不清新景物，在大约 0.5s 之后，视力才会逐渐恢复到正常水平。因此，在这 0.5s 内，传送分辨率很高的图像就没有必要。

3. 彩色的掩蔽效应

在亮度变化剧烈的背景上，例如，在黑白跳变的边沿上，人眼对色彩变化的敏感程度明显降低。类似地，在亮度变化剧烈的背景上，人眼对彩色信号的量化噪声也不易察觉，这些都体现了亮度信号对彩色信号的掩蔽效应。

4. 视觉冗余

人类视觉系统一般的分辨能力约为 26 灰度等级，一般图像量化采用 28 灰度等级，这类冗余称为视觉冗余。通常情况下,人类视觉系统对亮度变化敏感,而对色度的变化相对不敏感;在高亮度区,人眼对亮度变化敏感度下降,对物体边缘敏感,内部区域相对不敏感;对整体结构敏感,而对内部细节相对不敏感。

2.2 文件格式冗余

数字媒体都是以某种格式存放在存储介质中,其中典型的文件格式都存在一定的冗余,这为多媒体处理和安全提供了资源。

2.2.1 静止无压缩图像格式及冗余

1. BMP 图像文件格式

BMP 是英文 Bitmap(位图)的简写,它是 Windows 操作系统中的标准图像文件格式。在 Windows 环境中运行的图形图像软件都支持 BMP 图像格式。这种格式的特点是包含的图像信息较丰富且无压缩,但占用磁盘空间较大。

BMP 图像文件由三部分组成:位图文件头数据结构包含 BMP 图像文件的类型、显示内容等信息;位图信息数据结构包含 BMP 图像的宽、高、压缩方法以及定义颜色等信息。它采用位映射存储格式,图像深度可选 1 位、4 位、8 位及 24 位,不采用其他任何压缩,因此,BMP 文件所占用的空间很大。存储数据时,图像的扫描方式按从左到右、从下到上的顺序。

优点:BMP 支持 1～24 位颜色深度;BMP 格式与现有 Windows 程序广泛兼容。缺点:BMP 不支持压缩,文件较大,不支持 Web 浏览器。

2. TIFF 图像文件格式

TIFF(Tag Image File Format)图像文件是由 Aldus 和 Microsoft 公司为桌上出版系统研制开发的一种通用的图像文件格式。TIFF 格式定义了四类不同的格式类型:TIFF-B 适用于二值图像;TIFF-G 适用于黑白灰度图像;TIFF-P 适用于带调色板的彩色图像;TIFF-R 适用于 RGB 真彩图像。

TIFF 文件以. tif 为扩展名。数据格式是一种三级体系结构,从高到低依次为文件头、一个或多个称为 IFD 的包含标记指针的目录和数据。TIFF 图像文件中的第一个数据结构称为图像文件头或 IFH,它是图像文件体系结构的最高层。它位于文件的开始部分,包含了正确解释 TIFF 文件的其他部分所需的必要信息,是一个 TIFF 文件中唯一有固定位置的信息。IFD 图像文件目录是 TIFF 文件中第 2 个数据结构,是一个字节长度可变的信息块,它是一个名为标记(Tag)用于区分一个或多个可变长度数据块的表,标记中包含了有关图像的所有信息。IFD 提供了一系列的指针(索引),指示有关的数据字段在文件中的开始位置,并给出每个字段的数据类型及长度。由于允许数据字段定位在文件的任何地方,且可以是任意长度,所以文件格式十分灵活;图像数据是 TIFF 文件中的第三个结构,根据 IFD 所指向的地址,存储相关的图像信息。

优点:TIFF 图像应用广泛,不依赖于具体硬件,是可移植的文件格式。缺点:TIFF 图像格式复杂,不支持 Web 浏览器。

3. PCX 图像文件格式

PCX 是基于 PC 绘图程序的专用格式，一般的桌面排版、图形艺术和视频捕获软件都支持这种格式。PCX 支持 256 色调色板或全 24 位的 RGB，图像大小最多达 64K×64K 像素，Photoshop 等多种图像处理软件均支持 PCX 格式。PCX 压缩属于无损压缩，最高可以支持 256 种彩色显示的彩色图像，是 PC 机画笔的图像文件格式。

PCX 图像文件由文件头和实际图像数据构成。文件头由 128 字节组成，描述版本信息和图像显示设备的横向、纵向分辨率以及调色板等信息，表示图像数据类型和彩色类型。PCX 图像文件中的数据是用 PCXREL 技术压缩后的图像数据，图像深度可选为 1 位、4 位、8 位。PCX 文件采用 RLE 行程编码，文件体中存放的是压缩后的图像数据。因此，将采集到的图像数据写成 PCX 文件格式时，要对其进行 RLE 编码；而读取一个 PCX 文件时首先要对其进行 RLE 解码，才能进一步显示和处理。

优点：占用磁盘空间较小，具有压缩及全彩色的能力。缺点：PCX 不受 Web 浏览器支持，不支持 CMYK 或 HSI 颜色模式。

4. GIF 图像文件格式

GIF(Graphics Interchange Format)是 CompuServe 公司在 1987 年开发的图像文件格式。GIF 文件的数据是一种基于 LZW 算法的连续色调的无损压缩格式，压缩率一般在 50%左右。在一个 GIF 文件中可以存多幅彩色图像，如果把存于一个文件中的多幅图像数据逐幅读出并显示到屏幕上，就可构成一种最简单的动画。

GIF 图像文件的数据采用了可变长度等压缩算法。GIF 的图像深度为 1～8 位，即最多支持 256 种色彩的图像。采用隔行存放，因此解码较快，边解码边显示时分四遍扫描，第一遍扫描显示整个图像的 1/8，第二遍扫描后显示 1/4，可看到整幅图像的概貌。

优点：广泛支持 Internet 标准，支持无损耗压缩和透明度，压缩比高，磁盘空间占用较少，动画 GIF 流行。缺点：GIF 只支持 256 色调色板，因此图像会丢失颜色信息；无损压缩效果不如 JPEG 格式或 PNG 格式，GIF 支持有限的透明度，没有半透明效果或褪色效果。

5. PNG 图像文件格式

PNG(Portable Network Graphics)为一种无损压缩的位图图形格式，支持 256 色调色板技术以产生小体积文件，最高支持 48 位真彩色图像以及 16 位灰度图像。支持 Alpha 通道的透明/半透明特性，支持图像亮度的 Gamma 校准信息和存储附加文本信息以保留图像名称、作者、版权、创作时间、注释等信息。使用渐近显示和流式读写，适合在网络传输中快速显示预览效果后再展示全貌。PNG 使用从 LZ77 派生的无损数据压缩算法。

PNG 图像格式文件由一个 8 字节的 PNG 文件标识(File Signature)域和 3 个以上的后续数据块(Chunk)组成。PNG 定义了两种类型的数据块，一种称为关键数据块(Critical Chunk)，关键数据块定义了 4 个标准数据块，每个 PNG 文件都必须包含它们，PNG 读写软件也都必须支持这些数据块。另一种称为辅助数据块(Ancillary Chunks)，是可选的数据块。关键数据块中有 4 个标准数据块如下。

文件头数据块 IHDR(Header Chunk):包含图像基本信息,作为第一个数据块出现并只出现一次。

调色板数据块 PLTE(Palette Chunk):必须放在图像数据块之前。

图像数据块 IDAT(Image Data Chunk):存储实际图像数据。PNG 数据允许包含多个连续的图像数据块。

图像结束数据 IEND(Image Trailer Chunk):放在文件尾部,表示 PNG 数据流结束。

PNG 能够提供长度比 GIF 小 30%的无损压缩图像文件。Photoshop 可以处理 PNG 图像文件,也可以用 PNG 图像文件格式存储。

2.2.2 静止压缩图像格式及冗余

1. JPEG 图像文件格式

JPEG(Joint Picture Expert Group)压缩是 1991 年联合专家组制定的针对灰度和彩色图像的压缩标准。

JPEG 标准的应用目标是给出一个适用于连续色调图像的压缩方法,使之满足以下要求。

(1)压缩比及图像保真度可在较大的范围内调节,供用户选择。能覆盖一个较宽的图像质量等级范围,达到"很好"到"极好"的评价,与原始图像相比,人的视觉难以区分。

(2)可应用于任何连续色调数字图像,不限制图像的内容,即图像的长宽比、景物内容、图像的复杂程度等不受限制。

(3)计算的复杂性可控,其软件可在各种 CPU 上完成,算法可用硬件实现。

JPEG 算法,具有以下四种操作方式。

(1)顺序编码:每一个图像分量按从左到右,从上到下扫描,一次扫描完成编码。

(2)累进编码:图像编码在多次扫描中完成。累进编码传输时间长,接收端收到的图像是多次扫描由粗糙到清晰的累进过程。

(3)无失真编码:无失真编码方法,保证解码后,完全精确地恢复源图像采样值,其压缩比低于有失真压缩编码方法。

(4)分层编码:图像在多个空间分辨率下进行编码。在信道传送速率低,接收端显示器分辨率也不高的情况下,只需进行低分辨率的图像解码。

JPEG 标准的压缩编码与解码中的变换后系数量化是引起失真的主要原因。压缩的效果与图像内容本身有较大的关系,高频成分少的图像比高频成分多的图像可获得更高的压缩比,而图像仍有较好的质量。该标准的核心是 DCT 变换,JPEG 基本系统的压缩算法有三个基本步骤:①用 DCT 除去数据冗余度;②用对于人视觉最佳效果的加权系数来量化 DCT 系数;③熵编码。通常解码器输出不会和编码器输入完全一样,这是因为在编、解码器中量化和逆量化不是对称的。

缺点:有损压缩会使原始图像数据质量下降。当编辑和重新保存 JPEG 文件时,JPEG 会使得原始图像的数据质量下降。

2. JPEG 2000 图像文件格式

JPEG2000 图像文件作为 JPEG 的升级版,其压缩率比 JPEG 高约 30%,同时支持有损和无损压缩。JPEG2000 格式有一个极其重要的特征在于它能实现渐进传输，即先传输图像的轮廓，然后逐步传输数据，不断提高图像质量，使得图像由朦胧到清晰显示。此外，JPEG2000 还支持所谓的"感兴趣区域"特性，可以任意指定影像上感兴趣区域的压缩质量，还可以选择指定的部分先解压缩。

JPEG2000 和 JPEG 相比优势明显，且向下兼容，既可应用于传统的 JPEG 市场，如扫描仪、数码相机等，又可应用于新兴领域，如网路传输、无线通信等。

以上各种文件格式虽然不同，但其中不乏含有大量冗余的格式信息，因此如果能够充分利用图像的格式信息，则能达到信息隐藏的目的。

2.2.3　常见数字音频格式及冗余

近年来，随着多媒体技术的发展，存储声音信息的数字音频格式多种多样，下面就几种常见的音频文件格式作简要介绍。

1. CD 音频文件格式

CD 是一种用以储存数字资料的光学碟片。CD 在 1982 年面世后，至今仍然是商业录音的标准储存媒体。CD 光盘可以通过播放软件来播放 CD 光盘上的 *.cda 文件，该文件中存储的是索引信息，并不包含真正的声音信息。标准的 CD 格式采用的是 44.1kHz 采样率、16bit 量化、88Kbit/s 速率。由于 CD 没有采用数据压缩，是音质最好的音频格式，但数据量较大，普通 3min 的 CD 音乐大约要占用 30MB 的存储空间。

2. WAV 音频文件格式

WAV 格式是由微软公司开发的一种音频格式，符合 RIFF(Resource Interchange File Format)文件规范，用于保存 Windows 平台的音频信息资源，支持 MSADPCM，CCITT A LAW 等多种压缩运算法，是目前电脑上广泛应用的音频文件格式。

WAV 文件使用三个参数来表示声音：采样位数、采样频率和声道数。声道有单声道和立体声之分，采样频率一般有 11025Hz(11kHz)、22050Hz(22kHz)和 44100Hz(44kHz)三种，采样位数为 16 位，WAV 文件所占容量为采样频率×采样位数×声道×时间/8(1B＝8bit)。WAV 对音频流的编码没有硬性规定，除了 PCM 之外，几乎所有支持 ACM 规范的编码都可以为 WAV 的音频流进行编码。WAV 文件可以存储大量格式的数据，通常采用的音频编码方式是脉冲编码调制(PCM)。WAV 文件由文件头和数据体两大部分组成。其中文件头又分为 RIFF/WAV 文件标识段和声音数据格式说明段两部分。

优点：无损音乐，数字化波形声音有可靠的放音质量和潜在的高质量音频。缺点：不适合控制乐曲所有的细节，文件数据大，占有较大的空间。

3. MIDI 音频文件格式

MIDI(Musical Instrument Digital Interface)含义是乐器数字化接口。它定义了电子音乐设备与计算机的通信接口，规定了使用数字编码来描述音乐控制信息的协议。MIDI 文件有很多信息构成的指令。一些信息只由 1 字节构成，有些有 2 个字节，还有一些有 3 个字节。所有的信息共同点是第一个字节的信息为状态。状态字节的 0x80 到 0xef 是可以在 16 个 MIDI

通道的任何一个出现的信息。这些状态字节有 8 位二进制数，8 个二进制位分成两个 4 位，即一个高位和一个低位 。例如，一个状态字节的 0x92 可细分成 9（高位）和 2（低位 ）。高位说明是什么类型的 MIDI 信息，低位说明信息操作的 MIDI 通道序号。

计算机中的 *.mid、*.midi、*.rmi 这三种扩展名的文件都是 MIDI 文件。MIDI 文件记录声音的控制信息，即每个音符的音色、音量大小、持续时间、通道号等指令信息。计算机就是根据 MIDI 文件中存放的声音控制信息通过声卡设备来再现一段声音。

MIDI 文件占用硬盘空间极小，每分钟的音乐只占用 5～10KB。缺点是表现声音效果方面较差，所以一般只适用于记录乐曲。MIDI 格式最大的优点是可应用于计算机作曲领域，可以直接用作曲软件，也可通过声卡的 MIDI 接口把外接的音序器演奏的乐曲输入到计算机中制作成 *.mid 文件。

优点：所占空间非常小，适合较长的背景音乐。缺点：无法存储语音。

4. MP3 音频文件格式

MP3 是基于 MPEG-1 标准的 MPEG Audio Layer-3 的缩写，是目前最流行的声音文件格式。MPEG-1 根据压缩质量以及编码处理方式的不同，制定了 Layer-1、Layer-2、Layer-3 三层，分别对应 *.mp1、*.mp2、*.mp3 三种文件格式。MP1 与 MP2 的压缩率分别为 4∶1 和 6∶1～8∶1，MP3 的压缩率能达到 10∶1～12∶1，但其音质几乎与 CD 音质相同。

MP3 音频编码具有高达 12∶1 的压缩率，在保持了低音频不失真的前提下，损失了语音中 12kHz 以上的高音频以获取较小的文件容量。对于相同长度的一段语音，如果用 MP3 格式存储，其文件大小仅占 WAV 格式文件的 1/10。由于 MP3 文件容量小、音质好等特点，占据着音频格式的主流地位。

优点：压缩率较低，其音质和音色都没有明显的下降。由于技术开放，市场更大。缺点：文件比 WMA 略大。

5. MP4 音频文件格式

MP3 目前面临的一个重要问题是其版权问题一直得不到解决，因此出现了 MP4 音乐格式。MP4 并非 MP3 的改进版本，MP4 技术使用 MPEG-2 AAC(Advanced Audio Coding)编码压缩标准。相对于 MP3，AAC 的压缩率更高，可以达到 15∶1。

相对于 MP3，MP4 最大的特点是具有版权限制，使用了音乐传播认证技术。其主要原理是通过网络出售音乐的公司为客户建立一个安全数据库，而每个用户都在此数据库中建立一个唯一的密钥。每当用户对手中的音乐进行处理，如播放、复制、出售等操作时，所有的活动必须使用密钥以及音乐内容中所包含的限制信息来查找安全数据库中的许可协议，从而得知用户是否具有此种操作的权限。但安全数据库中的许可协议并非固定的，可以根据用户的要求进行更改，MP4 的版权信息从而也可以随时更换。

优点：MP4 具有版权保护技术，压缩率高以及声音质量好。缺点：MP4 受到专利和使用限制的保护，使其在应用范围上受到限制，而且由于其格式的不兼容性，MP4 推广受到限制。

6. RA 音频文件格式

RA(Real Audio)格式文件是 RealNetworks 公司推出的一种流式音频文件格式，广泛应用于网络上的在线音频播放。根据不同的网络，下载站点会提示选择不同的 Real Audio 文件，其声音质量也不相同。Real Audio 文件的主要格式有 *.ra、*.rm、*.ram、*.rmx、*.rmj 等，这类文件的特点是可以根据网络带宽的不同而改变声音的质量。例如，对于 14.4Kbit/s 的网络可以达到调幅广播的音质，对于 28.8Kbit/s 的网络，音质可达到调频广播的音质，更快的线路意味着可以获得更好的音质。

优点：有非常高的压缩比，文件小，该类文件可以从一个普通的 Web 服务器上“流式”播放。缺点：音质不是很好，需要特定的播放器打开。

7. WMA 音频文件格式

WMA(Windows Media Audio)是微软公司开发出的数字音频压缩格式文件，其音质要优于 MP3 文件。WMA 文件在保持音质的前提下，通过减少数据流量来达到比 MP3 更高的压缩率，压缩率一般可达到 18∶1，因而更适合在网络上传播。

WMA 可以保护版权，提供商可以通过 DRM(Digital Rights Management)方案加入防拷贝技术。这种版权保护技术可以对播放时间以及播放次数等加以限制。此外，WMA 格式还支持音频流技术，从而可以作为网络上在线播放和网络广播之用。与 MP3 相比，WMA 不需要额外安装播放器，Windows 操作系统自带的 Windows Media Player 就可播放 WMA 文件。

优点：音质好，压缩比高，在微软的操作系统和软件中兼容性好。缺点：存在版权限制的问题。

8. MP3Pro 音频文件格式

为了改善 MP3 的音质，使 MP3 在音频格式竞争中保持领先地位，汤姆森多媒体公司(Thomson Multimedia SA)和佛朗赫弗协会(Fraunhofer Institute)联合推出了新的 MP3Pro 音频格式。MP3Pro 格式是 MP3 的增强版本，对 MP3 完全兼容。采用了先进的语音合成技术以及音乐结构化编码技术，使得其压缩比高于传统 MP3 的两倍，其音质接近 CD。它的技术核心是用传统的 MP3 编码方式对音频信号中的低频部分进行编码，对于高频部分则另外进行编码，并嵌入 MP3 编码数据流中。

为了能够在低比特率下获得更高音质的 MP3 文件，SBR(Spectral Band Replication)的技术被用于新的 MP3Pro 编码中，其保留了声音中的高频音，显著增强了以低比特率压缩的 MP3 文件音质。MP3Pro 在进行编码时，MP3Pro 编码器将音频的录音分成两个部分：MP3 部分和 Pro 部分。MP3 部分分析低频段信息，并将其编码成通常的 MP3 文件数据流。保证了 MP3Pro 文件同老的 MP3 播放器的兼容性。Pro 部分分析的则是高频段(High Frequency Band)信息，并将其编码成 MP3 数据流，两段合并起来产生完全的音频带，达到增强音质的效果。

MP3Pro 文件的扩展名与 MP3 相同，如果采用传统的 MP3 播放器播放 MP3Pro 格式的文件，则不会体现出其优点，高频部分仍然丢失；如果使用 MP3Pro 播放器播放则可还原原始音频的高频信号，从而得到更高的音质。由于 MP3Pro 使用了更有效的压缩方法，对于同样长度的音频，它只需要 MP3 一半的存储空间。

优点：文件尺寸更小，具有较好的质量和完全的兼容性。缺点：音质没有 MP3 好。

2.2.4 常见视频格式及冗余

1. AVI 格式

AVI 格式全称是 Audio Video Interleaved(音视频交错格式)。AVI 是由微软公司开发的一种数字音频与视频文件格式,已被大多数操作系统直接支持。AVI 格式允许视频和音频交错在一起同步播放。

AVI 文件含三部分:文件头、数据块和索引块。文件头包括文件的通用信息、定义数据格式和所用的压缩算法等参数。数据块包含实际数据流,即图像和声音序列数据。索引块包括数据块列表和它们在文件中的位置,以提供文件内数据的随机存取能力。视频文件的大小等于该文件的数据率乘以该视频播放的时间长度。

AVI 视频格式的优点是图像质量好,可以跨多个平台使用,缺点是体积过于庞大,而且压缩标准不统一,因此经常会遇到高版本 Windows 媒体播放器不能播放采用早期编码编辑的 AVI 格式视频,而低版本 Windows 媒体播放器又不能播放采用最新编码编辑的 AVI 格式视频。不过 AVI 格式还是经常可以在网上看到。

2. MPEG 格式

MPEG 文件格式是动态图像压缩算法的国际标准。MPEG 的压缩方法保留相邻两幅画面绝大多数相同的部分,把后续图像中和前面图像有冗余的部分去除,从而达到压缩的目的。MPEG 的平均压缩比为 50∶1,最高可达 200∶1。同时图像和音响的质量较好,兼容性好。

MPEG 标准包括 MPEG 视频、MPEG 音频和 MPEG 系统(视频、音频同步)三个部分,MP3 音频文件就是 MPEG 音频的一个典型应用,Video CD (VCD)、Super VCD (SVCD)和 DVD (Digital Versatile Disk)则是全面采用 MPEG 技术所产生出来的新型消费类电子产品。目前 MPEG 格式有三个压缩标准,分别是 MPEG-1、MPEG-2 和 MPEG-4。

MPEG-1:制定于 1992 年,它是针对 1.5Mbit/s 以下数据传输率的数字存储媒体运动图像及其伴音编码而设计的国际标准。这种视频格式的文件扩展名包括.mpg、.mlv、.mpe、.mpeg 及 VCD 光盘中的.dat 文件等。MPEG-1 被广泛应用在 VCD 的制作和一些视频片段下载方面,VCD 都是使用 MPEG-1 格式压缩的(*.dat 格式的文件)。MPEG-1 的压缩算法可以把一部 120 分钟的电影(原始视频文件)压缩到 1.2GB 左右。

MPEG-2:制定于 1994 年,设计目标是为了提高高级工业标准的图像质量以及得到更高的传输率。主要应用在 DVD/SVCD 的制作(压缩)方面,同时在一些 HDTV(高清晰电视广播)和高要求视频编辑、处理方面也有相当广的应用。这种视频格式的文件扩展名包括.mpg、.mpe、.mpeg、.m2v 及 DVD 光盘上的.vob 文件等。使用 MPEG-2 的压缩算法制作一部 120 分钟的电影需要 4～8GB 大小,其图像质量方面的指标优于 MPEG-1。

MPEG-4:制定于 1998 年,MPEG-4 是为了播放流式媒体的高质量视频而专门设计的,以求使用最少的数据获得最佳的图像质量。MPEG-4 最有吸引力的地方在于它能够保存接近于 DVD 画质的小体积视频文件。这种视频格式的文件扩展名包括.asf、.mov、DivX 和 AVI 等。MPEG-4 是一种新的压缩算法,使用这种算法的 ASF 格式文件可以让一部 120 分钟的电影(原始视频文件)达到 300MB 左右,由于其小巧、便于传播,故成为网上在线观看的主要方式之一。

3. RM 格式

RM 格式是 RealNetworks 公司开发的一种新型流式视频文件格式。这类文件可以实现即时播放,即先从服务器上下载一部分视频文件,形成视频流缓冲区后实时播放,同时继续下载,为接下来的播放做好准备。这种"边传边播"的方法避免了用户必须等待整个文件从 Internet 上全部下载完毕才能观看的缺点,因而特别适合在线观看影视。RM 主要用于在低速率的网上实时传输视频的压缩格式,具有小体积又较清晰的特点。

RM 格式共有三大类:RealAudio、RealVideo 和 RealFlash。RealAudio 用来传输接近 CD 音质的音频数据,RealVideo 用来传输连续视频数据,RealFlash 是 RealNetworks 公司与 Macromedia 公司新近合作推出的一种高压缩比的动画格式。RealMedia 可以根据网络数据传输速率的不同制定不同的压缩比率,从而实现在低速率的广域网上进行影像数据的实时传送和实时播放。RealVideo 除了可以以普通的视频文件形式播放外,还可以与 RealServer 服务器相配合,在数据传输过程中,可边下载边由 RealPlayer 播放视频影像。

4. FLV 格式

FLV 流媒体格式全称为 Flash Video。由于它形成的文件小、加载速度快,使得网络观看视频文件成为可能。目前几乎所有全球热门的在线视频网站都采用了 FLV 视频格式,如土豆、优酷、酷 6 以及新浪播客等网站。

FLV 作为一种新兴的网络视频格式,以视频质量良好、体积小等特点适合目前网络发展,丰富、多样的资源是 FLV 视频格式统一在线播放视频格式的一个重要因素。FLV 格式不仅可以轻松导入 Flash 中,并且能起到保护版权的作用。

5. DV-AVI 格式

DV 是 Digital Video Format 的缩写,是由索尼、松下、JVC 等多家厂商联合提出的一种家用数字视频格式。目前流行的数码摄像机就是使用这种格式记录视频数据的。它可以通过电脑的 IEEE 1394 端口传输视频数据到电脑,也可以将电脑中编辑好的视频数据回录到数码摄像机中。这种视频格式的文件扩展名一般是.avi,所以也称为 DV-AVI 格式。

2.3　数字媒体编辑软件

2.3.1　图像编辑软件

1. Adobe Photoshop

Adobe 公司开发的 Photoshop 是一个集图像扫描、编辑修改、图像制作、广告创意、图像输入与输出于一体的专业图像编辑软件。其功能强大、界面友好,是当前最流行的产品之一。用户界面如图 2.1 所示。

从功能上看,Photoshop 可分为图像编辑、图像合成、校色调色及特效制作部分。

图像编辑可以对图像进行各种变换,如放大、缩小、旋转、倾斜、镜像、透视等。也可进行复制、去除斑点、修补、修饰图像的残损等。这在婚纱摄影、人像处理制作中有非常大的作用,去除人像上不满意的部分,进行美化加工,得到让人满意的效果。

图 2.1　Photoshop 用户界面

图像合成是将几幅图像通过图层操作、工具应用合成完整、传达明确意义的图像。

校色调色可方便快捷地对图像的颜色进行明暗、色偏的调整和校正，也可切换不同颜色以满足图像在不同领域如网页设计、印刷、多媒体等方面的应用。

特效制作在 Photoshop 中主要由滤镜、通道及工具综合应用完成。包括图像的特效创意和特效字的制作，如油画、浮雕、石膏画、素描等常用的技巧。

2. 光影魔术手

光影魔术手由 nEO iMAGING 公司发布，是一个对数码照片画质进行改善及效果处理的软件。此软件提供的特色功能有正片效果、反转片负冲、负片效果、数码补光、数码减光、水印、黑白效果、高 ISO 去噪、晚霞渲染、IE 魔术图。人像处理功能有影楼风格人像、人像美容、花样边框、撕边效果、柔光镜模拟、人像褪黄、去红眼、素描、褪色旧相、证件照排版。高级功能中有夜景效果、制作组合图、包围曝光三合一、红饱和衰减、CCD 死点修复、对比和处理模式、色阶和曲线、变形校正、白平衡一指键、严重白平衡校正。

光影魔术手实用、易于上手，能够满足绝大部分照片后期处理的需要，批量处理功能非常强大。其用户界面如图 2.2 所示。

图 2.2　光影魔术手的用户界面

3. 美图秀秀

美图秀秀软件是由美图网出品的。与 Photoshop 和光影魔术手相比，美图秀秀的操作和程序更加简单。美图秀秀独有的图片特效、人像美容、可爱饰品、文字模板、智能边框、魔术场景、自由拼图、摇头娃娃等功能可以让用户短时间内做出影楼级照片。继 PC 版之后，美图秀秀又推出了 iPhone 版、Android 版、iPad 版及网页版。其用户界面如图 2.3 所示。

图 2.3　美图秀秀用户界面

4. ACDSee

ACDSystems 的 ACDSee 软件是使用最为广泛的看图工具软件，中文版最新版本为 ACDSee 11。它的特点是支持性强，能打开包括 ICO、PNG、XBM 在内的 20 余种图像格式，能够高品质地快速显示。其用户界面如图 2.4 所示。

图 2.4　ACDSee 用户界面

ACDSee 本身也提供了许多影像编辑的功能，包括数种影像格式的转换、简单的影像编辑、复制至剪贴簿、旋转或修剪影像。另外，ACDSee 有多种影像列印的选择，还可以在网络上分享图片，透过网络来快速且有弹性地传送拥有的图像。

2.3.2　视频编辑软件

1. Adobe Premiere

Adobe 公司推出的基于非线性编辑设备的视音频编辑软件 Premiere 是一款编辑画面质量比较好的软件，较好的兼容性被广泛地应用于电视台、广告制作、电影剪辑等领域，成为 PC 和 MAC 平台上应用最为广泛的视频编辑软件。

将 Premiere 与 Adobe 公司的 After Effects 配合使用，更使二者发挥最大功能。After Effects 是 Premiere 的自然延伸，主要用于将静止的图像推向视频、声音综合编辑的新境界，它集创建、编辑、模拟、合成动画、视频于一体，综合了影像、声音、视频的文件格式。其用户界面如图 2.5 所示。

图 2.5　After Effects 用户界面

2. Video Studio(会声会影)

会声会影是针对家庭娱乐、个人纪录片制作之用的简便型编辑视频软件。处理各项视频、图像素材共分为开始、捕获、故事板、效果、覆叠、标题、音频、完成等八大步骤。

会声会影提供了转场效果，可在影片中加入字幕、旁白或动态标题的文字功能。会声会影可输出传统的多媒体电影文件，例如，AVI、FLC 动画、MPEG 电影文件，也可将制作完成的视频嵌入贺卡，生成一个可执行文件. exe。通过内置的 Internet 发送功能，可以将视频通过电子邮件发送出去或者自动将它作为网页发布，还可将 MPEG 电影文件转录到家用录像带上(VHS)。其用户界面如图 2.6 所示。

2.3.3　音频编辑软件

1. Adobe Audition 和 Cool Edit Pro

Adobe Audition(前 Cool Edit Pro)是美国 Adobe 公司开发的数字音乐编辑器和 MP3 制作软件。用户可以用声音来“绘”制音调、歌曲的一部分、声音、弦乐、颤音、噪音或调整静音。有多种特效，如放大、降低噪音、压缩、扩展、回声、失真、延迟等。用户可以同时处理多个文件，

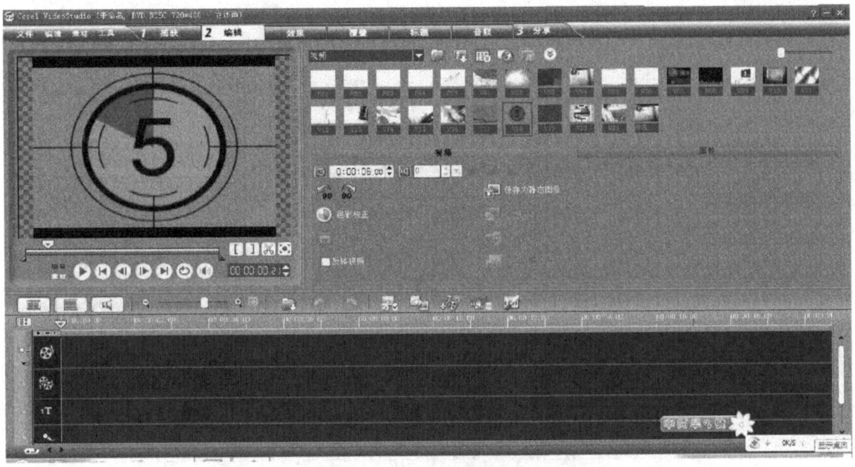

图 2.6　会声会影用户界面

在几个文件中进行剪切、粘贴、合并、重叠声音操作。使用它可以生成的声音有噪音、低音、静音、电话信号等。

其他功能包括支持可选的插件、崩溃恢复、自动静音检测和删除、自动节拍查找、录制等。另外，可以在 AIF、AU、MP3、Raw PCM、SAM、VOC、VOX、WAV 等文件格式之间进行转换，保存为 RealAudio 格式。其用户界面如图 2.7 所示。

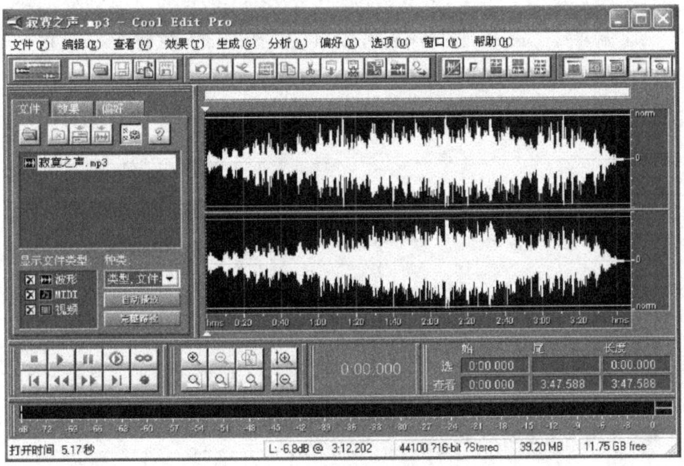

图 2.7　Cool Edit Pro 用户界面

2. GoldWave

GoldWave 可以对音频文件进行播放、录制、修改以及格式转换等操作。体积小巧，支持非常多的语音文件格式，如 WAV、OGG、VOC、IFF、AIF、AU、SND、MP3、AVI、WMA 等。除此之外，GoldWave 还具有丰富的声音处理效果，例如，多普勒、回声、混响、降噪等。其用户界面如图 2.8 所示。

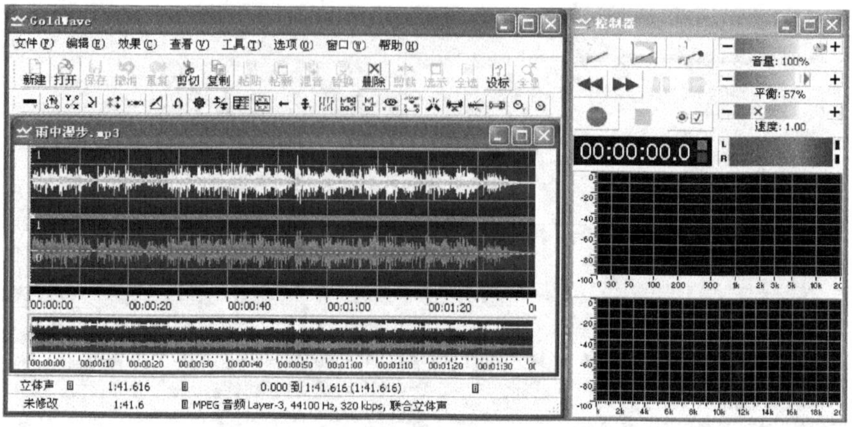

图 2.8　GoldWave 用户界面

2.4　多媒体相关的国际标准

2.4.1　JPEG 和 JPEG2000

JPEG 标准的应用目标是给出一个适用于连续色调图像的压缩方法，JPEG 基本系统的压缩算法有三个基本步骤：①用 DCT 除去数据冗余度；②用对于人视觉最佳效果的加权系数来量化 DCT 系数；③熵编码。通常解码器输出不会和编码器输入完全一样，这是因为在编、解码器中量化和逆量化不是对称的。

其系统框图如图 2.9 所示。

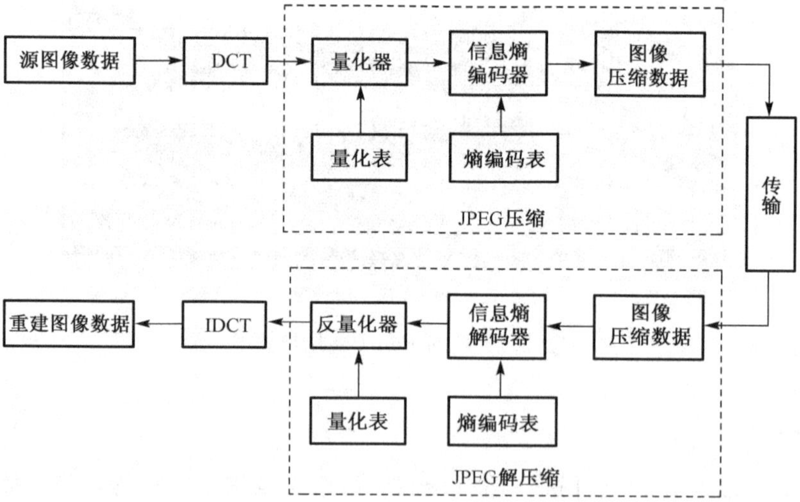

图 2.9　JPEG 压缩系统结构图

JPEG 压缩系统采用 DCT 系数顺序编码模型，先将待压缩图划分成 8×8 的图像块，逐块分别进行 DCT 变换、量化和熵编码操作。通过 DCT 变换消除像素间空域上的相关性；量化可以降低 DCT 系数精度，实现数据压缩；利用熵编码操作进一步消除图像数据的统计相关性，最后输出 JPEG 压缩图像数据。解码时利用相同的熵编码表和量化表进行解码和反量化操作，再进行 IDCT 变换(Inverse Discrete Cosine Transform)，得到重建图像数据。

1. 色彩模型

JPEG 图像使用 YCrCb 色彩模型，YCrCb 模型占用存储空间小，适合图像压缩。因为人眼对图像亮度(Y)的敏感度较色度(C)要高，所以在图像存储时，每个像素点的亮度值用 8bit 保存，每 2×2 的像素块保存一个 CrCb 值，这样每 2×2 的像素块只需要占用 4+2=6 字节保存，平均每像素点占 12bit，而 RGB 模型要占用 4×3=12 字节，平均每像素点占 24bit，既节省了存储空间，又不会对图像质量造成影响。

YCrCb 模型同 RGB 模型的转换公式如下

RGB→YCrCb：

$$\begin{aligned} Y &= 0.299\times R+0.587\times G+0.144\times B \\ \mathrm{Cr} &= 0.5\times R-0.4187\times G-0.0813\times B \\ \mathrm{Cb} &= -0.1687\times R-0.3313\times G+0.5\times B \end{aligned} \tag{2-1}$$

YCrCb→RGB：

$$\begin{aligned} R &= Y+1.402\times \mathrm{Cr} \\ G &= Y-0.34414\times \mathrm{Cb}-0.71414\times \mathrm{Cr} \\ B &= Y+1.772\times \mathrm{Cb} \end{aligned} \tag{2-2}$$

2. DCT 变换

将 $M\times N$ 大小的图像 $\{I(m,n)\mid m=0,1,\cdots,M-1;n=0,1,\cdots,N-1\}$ 划分成 8×8 大小的图像块，逐块进行 DCT 变换，DCT 变换如式(2-3)所示。

$$Y(u,v)=\frac{2}{\sqrt{MN}}C(u)C(v)\sum_{m=0}^{M-1}\sum_{n=0}^{N-1}I(m,n)\cos\frac{(2m+1)u\pi}{2M}\cos\frac{(2n+1)v\pi}{2N} \tag{2-3}$$

式中，$u=0,1,\cdots,M-1;v=0,1,\cdots,N-1$，并且

$$C(u),C(v)=\begin{cases}\dfrac{1}{\sqrt{2}}, & u,v=0\\ 1, & u,v\neq 0\end{cases} \tag{2-4}$$

在进行 DCT 变换时，若原图像的长或宽不是 8 的整数倍，则需要将其补成 8 的倍数，且由于色度值是每 2×2 大小的像素块保存一次，所以多需要补成 16×16 的倍数大小。然后按从上到下、从左到右的“之”字形顺序对划分好的像素块进行 DCT 变换，其中，亮度和色度的取值范围都是−128～127。

3. 量化

对前面得到的 DCT 系数值进行量化，用 DCT 系数分别除以量化表对应位置的数值后四舍五入，其中量化表是控制 JPEG 压缩比的关键，定义在 JPEG 文件 DQT(Define Quantization Table)标记后，亮度和色度分别对应两个不同的量化表。

量化操作会去除一些高频系数，使高频部分值为 0 的系数增多，损失了一些细节，然而人

眼对图像低频分量比较敏感，对高频分量的敏感性较差，且由于图像像素与像素之间具有过渡性，图像的大部分内容信息包含在其低频部分中，所以量化操作并不会造成图像质量的损失，且有利于编码。

由于量化后 DCT 系数中出现许多连续的零系数，在编码前，先按图 2.10 所示的“之”字形顺序扫描每个 8×8 系数块，重新排列 DCT 系数，以便后续的游程编码操作。

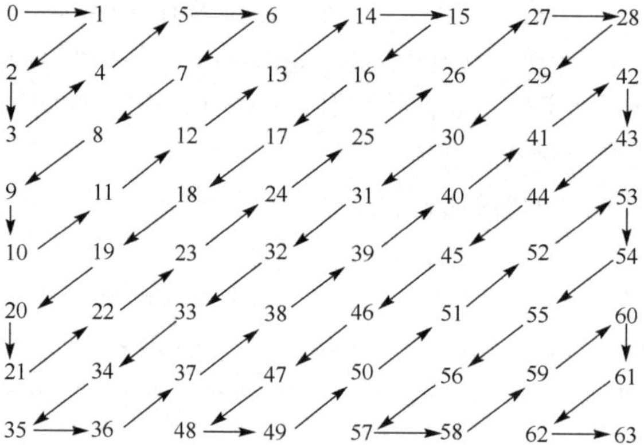

图 2.10 “之”字形扫描顺序图

4. 游程编码

下面对“之”字形扫描后的量化 DCT 系数进行游程编码，例如，游程编码前 AC DCT 系数为 57,45,0,0,0,0,23,0,−30,−16,0,0,1,0,0,0,0,0,0,0,…,0；游程编码后 AC DCT 系数为(0,57),(0,45),(4,23),(1,−30),(0,−16),(2,1),EOB。

其中，EOB 是一个结束标志，实际存储中用(0,0)表示，表示后面的系数都是零，解码时依据 EOB 标志补齐 64 个量化 DCT 系数，如果不是以零作为结尾也可以没有结束标志。

由于 Huffman 编码的要求，每组前一个表示系数零数量的数字大小为 4bit，只能在 0～15 范围内取值。所以若对 57,$\underbrace{0,0,\cdots,0,0,0}_{18}$,3,0,0,0,0,2,0,…,0 进行编码，得到结果：游程编码前 AC DCT 系数为 57,$\underbrace{0,0,\cdots,0,0,0}_{18}$,3,0,0,0,0,2,0,…,0；游程编码后 AC DCT 系数为(0,57),(15,0),(2,3),(4,2),(0,0)。

5. Huffman 编码

为了提高存储效率，JPEG 压缩并不是直接存储游程编码值，而是根据量化 DCT 系数的统计特性，对游程编码后得到的系数值再进行 Huffman 编码压缩。JPEG 定义了两种编码方式，即 Huffman 编码和算术编码，由于算术编码实现起来比较复杂，所以 JPEG 压缩采用 Huffman 编码方式。Huffman 编码是一种基于概率统计思想的编码方式，它对概率较大的事件分配较小的空间存储，对概率较小的事件分配较多的空间存储。Huffman 编码可以分为 AC 系数的 Huffman 编码和 DC 系数的 Huffman 编码两部分。

1)AC 系数的 Huffman 编码

在对 AC 系数进行 Huffman 编码前，非零 AC 系数被表示成如下所示的符号对：

符号 A　　　　　符号 B
RunLength　　　　Amplitude

符号 A 对应的 RunLength(游程)表示“之”字形扫描后,非零 AC 系数前连续的值为 0 的量化 DCT 系数的个数;符号 B 对应的 Amplitude 表示该非零系数的幅值。对 AC 系数进行 Huffman 编码后,非零 AC 系数被表示为如下的符号对:

符号 A　　　　　符号 B
(RunLength,Size)　Amplitude

其中,Size 给出表示符号 B 所需的比特数。这样 8×8 块的 63 个非零 AC 系数就被编码成符号 A、B 的序列。当零游程较长时,符号 A 可以连续出现,可以连续 3 个(15,0)这样的符号后面紧接着一个符号 B;当为 EOB 时,只出现符号 A。实际情况中,JPEG 用一个 8bit 二进制数表示符号 A,它的高 4 位表示 RunLength,低 4 位表示 Size 值。

得到符号 A、B 序列后,根据 AC 系数 Huffman 编码表(表 2.1)对其进行变字长编码,然后将符号 B 的编码结果附在符号 A 的 Huffman 后,形成最终的编码结果。对符号 B 表示的 Amplitude 进行变字长编码时,若 Amplitude>0,则相应的变字长编码为 Amplitude 二进制表示的高 Size 位;若 Amplitude<0,则相应的变字长编码为 Amplitude 二进制表示的低 Size 位。变字长编码的最高位代表 Amplitude 的正负,0 为负,1 为正。

表 2.1　AC 系数 Huffman 编码表

实际数值	编码长度	编　码
0	0	—
−1,1	1	0,1
−3,−2,2,3	2	00,01,10,11
−7,−6,−5,−4,4,5,6,7	3	000,001,010,011,100,101,110,111
−15,…,−8,8,…,15	4	0000,…,0111,1000,…,1111
−31,…,−16,16,…,31	5	00000,…,01111,10000,…,11111
−63,…,−32,32,…,63	6	000000,…,011111,100000,…,111111
−127,…,−64,64,…,127	7	0000000,…,0111111,1000000,…,1111111
−255,…,−128,128,…,255	8	00000000,…,01111111,10000000,…,11111111
−511,…,−256,256,…,511	9	000000000,…,011111111,100000000,…,111111111
−1023,…,−512,512,…,1023	10	0000000000,…,0111111111,1000000000,…,1111111111

2)DC 系数的 Huffman 编码

DC 系数的 Huffman 编码是将相邻两 8×8 块的 DCT 系数的差值表示为如下的形式:

符号 A　　　　符号 B
Size　　　　　Amplitude

符号 A 是用于编码表示符号 B 所需的比特数,符号 B 为两相邻块 DC 系数差值。编码过程中,首先按表 2.2 查找符号 B 所对应的 Size 值,将其进行相应的 Huffman 编码,Size 的取值范围是 0～11,然后对符号 B 的幅值进行变字长编码,将符号 B 的 Huffman 码附在符号 A 的码字后,形成对 DC 系数的编码。

表 2.2　符号 B 与相应 Size 值的对应情况

Amplitude	Size	Amplitude	Size
0	0	−63,…,−32,32,…,63	6
−1,1	1	−127,…,−64,64,…,127	7
−3,−2,2,3	2	−255,…,−128,128,…,255	8
−7,−6,−5,−4,4,5,6,7	3	−511,…,−256,256,…,511	9
−15,…,−8,8,…,15	4	−1023,…,−512,512,…,1023	10
−31,…,−16,16,…,31	5	−2047,…,−1024,1024,…,2047	11

6. JPEG 图像压缩码流语法

JPEG 压缩码流是由一系列标识符和数据段组成的，标识符主要用于控制压缩码流的结构，有的仅包含一个起始标志，有的还包含其他参数。标识符通常为两个字节，第一个字节为 0xFF，后一字节是非零数值，0xFF 字节前可包含多个用于填充的 0xFF。对于带参数的标识符，其长度由标识符后的两个字节给出。表 2.3 为 JPEG 压缩中几个常用的标识符。

表 2.3　JPEG 文件常用标识符

码字	符号	描述
0xFFC4	DHT	定义 Huffman 表
0xFFD0～0xFFD7	RSTm	以模 8 计数“m”重新开始
0xFFD8	SOI	图像开始
0xFFD9	EOI	图像结束
0xFFDA	SOS	扫描开始
0xFFDB	DQT	定义量化表
0xFFDC	DNL	定义行数
0xFFDD	DRI	定义重新开始间隔
0xFFFE	COM	注释

数据段由编码输出的数据组成，由前面介绍的 Huffman 编码方式可知，变字长编码得到的输出比特数不一定是 8 的倍数，所以利用比特 1 填充到编码输出数据中，以保证数据段长度是整数个字节。为了让标识符同编码数据区别开来，在编码产生的 0xFF 后面都附一个填充字节 0。

优点：支持可变的压缩比，可以控制文件大小，支持交错（对于渐进式 JPEG 文件）。

JPEG2000 正式名称为“ISO 15444”，由 JPEG 组织负责制定。该编码系统提供一种低比特率操作，并且在速率畸变、主观图像质量性能上优于现行的 JPEG 标准，与现行的 JPEG 标准兼容。JPEG2000 不再使用基于 DCT 变换的区块编码方式，而是改用 DWT（离散小波变换）为主的多解析编码方式。JPEG2000 的特点主要有以下几个方面。

高压缩率：JPEG2000 作为 JPEG 升级版，其压缩率比 JPEG 高约 30%，并且 JPEG2000 能在低码率下提供较好的性能，在码率下降的同时率失真性能仍能保持最优。

无损压缩：在一个 JPEG2000 码流中，可以同时存在有损压缩和高性能的无损压缩数据，并且对图像的无损恢复可以利用层进式解码自然得到。

层进式传输：JPEG2000 支持根据像素精度和分辨率的层进式传输，这一特性允许图像重建根据目标设备的需要，按不同的空间分辨率和像素精度进行。

对比特流的任意访问和处理：JPEG2000 允许用户在比特流中定义特殊区域（Region of Interest, ROI），并对该区域进行任意的访问和处理，例如，用户不仅可以使用比图像其他部分小得多的失真度对该区域解压缩，而且可以在压缩情况下对该区域进行翻转、缩放等几何操作。

图像的安全保护:JPEG2000允许通过水印、标签、冲压、指纹、加密和加扰等方式对数字图像进行保护。水印和指纹都是在图像内部设置的不可见标记;标签已在SPIHT中实现,但它必须易于和JPEG2000的图像文件一起传输;冲压是显示在图像上的标记,只能通过特殊方式清除;加密和加扰可以对全部图像文件或其中的一部分进行,以避免对图像的未授权使用。

另外,JPEG2000还考虑了人眼的视觉特性,增加了视觉掩模,在不损害视觉效果的情况下大大提高了压缩效率。

2.4.2 MPEG-1、MPEG-2、MPEG-4、H.264

MPEG标准主要有以下五个标准:MPEG-1、MPEG-2、MPEG-4、MPEG-7及MPEG-21。MPEG标准的视频压缩编码技术主要利用了具有运动补偿的帧间压缩编码技术以减小时间冗余度,利用DCT技术以减小图像的空间冗余度,利用熵编码则在信息表示方面减小了统计冗余度。

1. MPEG-1

MPEG-1标准于1992年正式出版,其标题为"码率约为1.5Mbit/s用于数字存储媒体活动图像及其伴音的编码"。

MPEG-1标准用于数字存储体上活动图像及其伴音的编码,其数码率为1.5Mbit/s。MPEG-1视频压缩技术的特点:随机存取;快速正向/逆向搜索;逆向重播;视听同步;容错性;编/解码延迟。MPEG-1视频压缩策略:为了提高压缩比,同时使用帧内/帧间图像数据压缩技术。帧内压缩算法与JPEG压缩算法大致相同,采用基于DCT的变换编码技术,用以减少空域冗余信息。帧间压缩算法采用预测法和插补法。预测误差可通过DCT变换编码处理进一步压缩。帧间编码技术可减少时间轴方向的冗余信息。

2. MPEG-2

MPEG-2标准于1994年公布,MPEG-2编码标准希望包括数字电视、图像通信各领域的编码标准,MPEG-2按压缩比大小的不同分成五个档次(Profile),每一个档次又按图像清晰度的不同分成四种图像格式或称为级别(Level)。五个档次四种级别共有20种组合,但实际应用中有些组合不太可能出现,较常用的有11种组合。

MPEG-2在MPEG-1的基础上进行了扩充和提升,和MPEG-1向下兼容,主要针对存储媒体、数字电视、高清晰等应用领域,分辨率为低(352×288)、中(720×480)、次高(1440×1080)、高(1920×1080)4个档次。MPEG-2视频相对MPEG-1提升了分辨率,满足了用户高清晰的要求,但存储容量大,不适合网络传输。

3. MPEG-4

MPEG-4在1995年7月开始研究,1998年11月被ISO/IEC批准为正式标准,正式标准编号是ISO/IEC14496,它不仅针对一定比特率下的视频、音频编码,而且更加注重多媒体系统的交互性和灵活性。这个标准主要应用于视像电话、视像电子邮件等,对传输速率要求较低,在4800~6400bit/s,分辨率为176×144。MPEG-4利用很窄的带宽,通过帧重建技术、数据压缩，以求用最少的数据获得最佳的图像质量。利用 MPEG-4 的高压缩率和高的图像还原质量可以把 DVD 里面的 MPEG-2 视频文件转换为体积更小的视频文件。经过这样处理，图像的视频质量下降不大但体积却可缩小几倍，可以很方便地用 CD-ROM 来保存 DVD 上面的节目。

与 MPEG-1 和 MPEG-2 相比，MPEG-4 的特点是其更适于交互 AV 服务以及远程监控。MPEG-4 与前面提到的 JPEG、MPEG-1、MPEG-2 有很大的不同，它为多媒体数据压缩编码提供了更为广阔的平台，MPEG-4 新的目标定义为：支持多种多媒体的应用，特别是多媒体信息基于内容的检索和访问，可根据不同的应用需求，现场配置解码器。编码系统也是开放的，可随时加入新的有效的算法模块。应用范围包括实时视听通信、多媒体通信、远地监测/监视、VOD、家庭购物/娱乐等。

4. H. 264

H. 264 是国际标准化组织(ISO)和国际电信联盟(ITU)共同提出的继 MPEG-4 之后的新一代数字视频压缩格式，它既保留了以往压缩技术的优点和精华，又具有许多其他压缩技术无法比拟的优点。

(1)低码率(Low Bit Rate)：和 MPEG-2 和 MPEG-4 ASP 等压缩技术相比，在同等图像质量下，采用 H. 264 技术压缩后的数据量只有 MPEG-2 的 1/8，MPEG-4 的 1/3。H. 264 压缩技术的采用将大大节省用户的下载时间和数据流量收费。

(2)高质量的图像：H. 264 能提供连续、流畅的高质量图像(DVD 质量)。

(3)容错能力强：H. 264 提供了解决在不稳定网络环境下容易发生的丢包等错误的必要工具。

(4)网络适应性强：H. 264 提供了网络抽象层(Network Abstraction Layer)，使得 H. 264 的文件能容易地在不同网络上传输(例如，互联网、CDMA、GPRS、WCDMA、CDMA2000 等)。

2.4.3 MP3 压缩算法

1. MP3 编码流程

MP3 是一种基于频域的子带编码，其编码基本流程如图 2.11 所示。

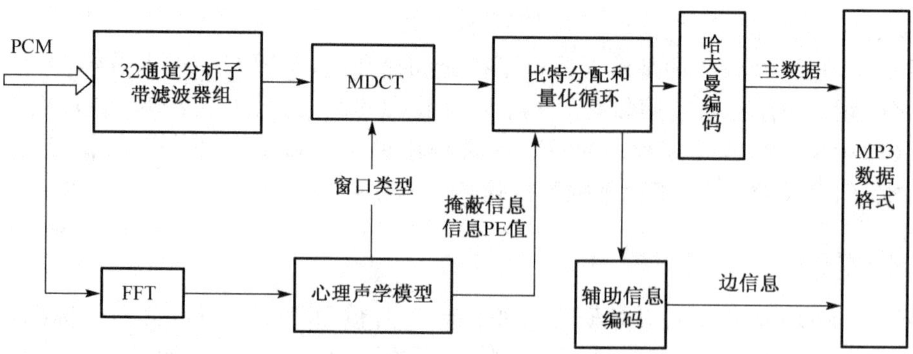

图 2.11 MP3 编码算法流程图

1)分析子带滤波器组

MP3 是一种子带编码。因此,首先要将输入的 PCM 信号划分成 32 个子带信号。每输入 32 个 PCM 信号进行一次滤波器组分析,然后可以得到 32 个输出,由于每一帧含有 1152 个 PCM 信号,所以共需要 36 次子带分析。图 2.12 为子带分解过程示意图。

2)改良离散余弦变换

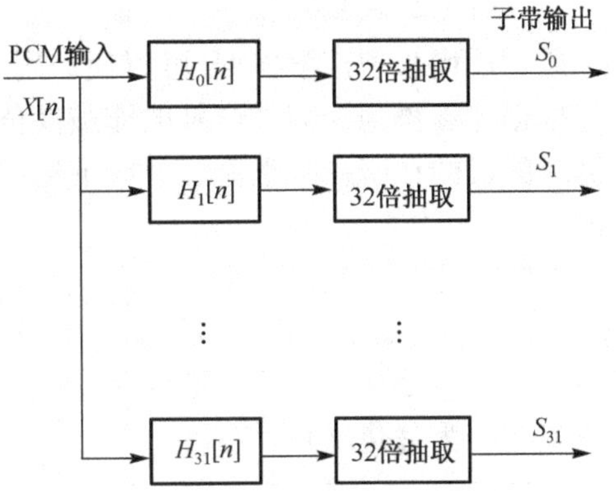

图 2.12　子带分解示意图

离散余弦变换(DCT)是离散傅里叶变换(DFT)在实数域的对等变换。但是 DCT 相对于 DFT 有很多优点,例如,经 DCT 变换后的信号能量比 DFT 变换后的更加集中,而且 DCT 运算复杂度比 DFT 要简单。所以,在音频以及图像的压缩中,都广泛采用 DCT。

由于 DCT 是针对周期离散信号进行处理的,实际应用中的输入信号都是分段进行处理的,所以数据的截断会导致在频谱上产生高频信号,从而使得信号能量发散。当存在量化误差时,DCT 的逆变换无法准确地重构原信号,从而使得语音失真。针对这种现象,可通过加窗处理和使用改良离散余弦变换(MDCT)的方法对 DCT 进行改进。

由于音频信号是分段进行处理的,所以,采用何种方式对信号进行分段是 DCT 变换中的一个重要问题。在 MP3 编码算法中采用的是加三角窗对信号进行有效分段。相对于矩形窗,三角窗的主要缺点是其幅频响应的主瓣宽度较宽,其优点是旁瓣的幅度衰减速度较矩形窗快,从而可以有效减小时域分段造成的频域发散现象。在 MP3 编码中,窗口长度是由心理声学模型决定的,当信号相对平稳时,使用长窗来获得较高的频域分辨率,当信号变化较快时,使用短窗来获得较高的时域分辨率。

MDCT 是一种利用时域混叠抵消技术来减少边界效应的线性正交变换。它在相邻块的采样值在时间上重叠 50%,有利于消除这种噪声。

在时域混叠中,当前数据段的后一半数据与后邻数据段的前一半数据相重叠。对于 MDCT 来说,即 $2N$ 个时域样本经过 MDCT 变换后将得到 N 个频域样本,对于 IMDCT 来说,N 个样本点经过 IMDCT 之后将得到 $2N$ 个时域样本。MDCT 和 IMDCT 的变换公式分别如下

$$X_k = 2\times\sum_{i=0}^{n-1} x'_i w_i \cos\left[\frac{\pi}{2n}\left(2i+1+\frac{n}{2}\right)(2k+1)\right],\quad k=0,1,\cdots,\frac{n}{2}-1 \tag{2-5}$$

$$y_i = \frac{2}{n}w_i\times\sum_{0}^{\frac{n}{2}-1} X_k \cos\left[\frac{\pi}{2n}\left(2i+1+\frac{n}{2}\right)(2k+1)\right],\quad i=0,1\cdots,n-1 \tag{2-6}$$

式中,x'_i 为 PCM 经子带分解后得到的子带上的时域样本;w_i 是窗函数,长窗时 $n=36$,短窗时 $n=12$。

3)心理声学模型

由于 MP3 标准对语音信号的压缩是根据人耳的听觉系统而设计的。人耳的听觉系统对

音频信号的敏感度随着频率的不同而有着很大的差异。人耳对音频信号频率的感知范围为 20Hz～20kHz。对每一频率信号而言，都有一个对应的听觉阈值，即在没有噪声的情况下，只有当该信号的能量大于相应的听觉阈值时，该信号才能被人耳所感知。而心理声学模型的主要功能就是确定 MDCT 变换所需要的窗口类型以及计算整个频域上的掩蔽曲线。

4)比特分配及量化循环

通过使用心理声学模型，可以使编码处理后重构的信号与原始信号在听觉上主观感受一致。根据计算得到的频域信号的掩蔽阈值，可以得到人耳对量化噪声的容忍包络曲线。而量化循环的目的在于在听觉掩蔽效应下编码各频率分量，使得所需比特数最优。MP3 的量化公式如下

$$ix(i) = n\text{int}\left(\left(\frac{|xr(i)|}{\sqrt[4]{2}^{\text{stepsize}}}\right)^{0.75} - 0.0946\right) \tag{2-7}$$

式中，$xr(i)$ 为经过 MDCT 变换后的频线值；$ix(i)$ 是量化后的频线值；$n\text{int}()$ 是四舍五入函数；stepsize 为量化步长。

5)Huffman 编码

为了提高压缩率，MP3 编码算法在进行量化之后又使用了无失真且非固定长度的 Huffman 编码，将量化后的频线值 $ix(i)(i=0\sim575)$ 编码。图 2.13 为 MP3 文件的主数据内部结构图。

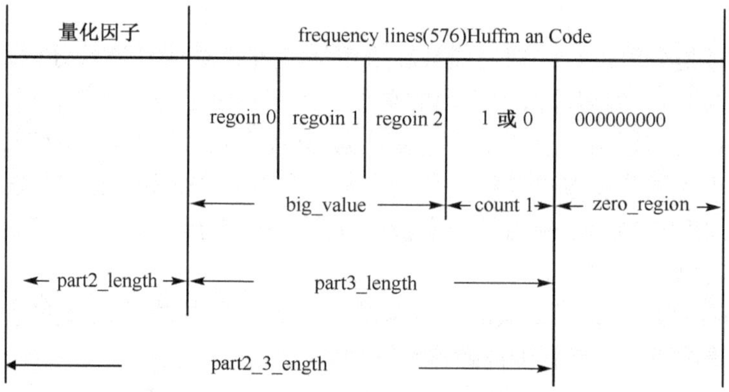

图 2.13　MP3 主数据内部结构图

从图中可知，主数据由量化因子(Scalefactor)和量化后的频线值(Frequency Line)两部分构成。而量化因子不进行 Huffman 编码，只对频率线进行编码，将量化后的频线值 $ix(i)$ 分为三个区域。然后编码器会依据不同的区域使用不同的 Huffman 表。在高频区，编码器将连续的一串零视为一个区域，称为零值区(zero_region)，在此区间不需进行编码，因为此区间的长度可由另两个区间的长度求得。第二个区间称为 count1 区，是由一连串的 0 和 1 组成的，在此区域的 Huffman 编码方式是以四个数值一组来查表编码，所以此区间的长度为 4 的倍数。第三个区间称为 big_value 区间，而此区间又分为三个子区间，每个区间的 Huffman 表不一定相同，此区间会出现较大的数值，这里以两个量化后的频线值为一组进行编码。

Huffman 表共有 34 个，其中两个表给 count 1 区域使用，是以四个频线为一组来编码，其他的 32 个 Huffman 表是给 big_value 区间使用的，其特性如表 2.4 所示。big_value 区的各

子区间都拥有各自的 Huffman 表。表 0～15 的最大值不超过 15，所以只能用来编码最大值不超过 15 的子区间，而表 16～31 的最大值为 15，如果要对超过 15 的频线值进行编码则使用 linbits 方法，见式(2-8)

$$可编码的最大值 = 15' + 2^{linbits} \tag{2-8}$$

表 2.4　big_value 所用的 32 个 Huffman 表特性

Huffman 表索引	可编码最大值	linbits	Huffman 表索引	可编码最大值	linbits
0	0	0	16	16	1
1	1	0	17	19	2
2	2	0	18	23	3
3	2	0	19	31	4
4	—	0	20	79	6
5	3	0	21	271	8
6	3	0	22	1039	10
7	5	0	23	8207	13
8	5	0	24	31	4
9	5	0	25	41	5
10	7	0	26	79	6
11	7	0	27	143	7
12	7	0	28	271	8
13	15	0	29	527	9
14	—	0	30	2016	11
15	15	0	31	8207	13

2. MP3 解码流程

在了解了 MP3 编码过程之后，MP3 的解码过程则显得更加简单。MP3 解码算法流程如图 2.14 所示，首先将 MP3 数据进行 Huffman 解码，然后逆量化到实际的频域幅值，最后经过 IMDCT 变换和合成多相滤波器组将数据变换为时域 PCM 比特流。

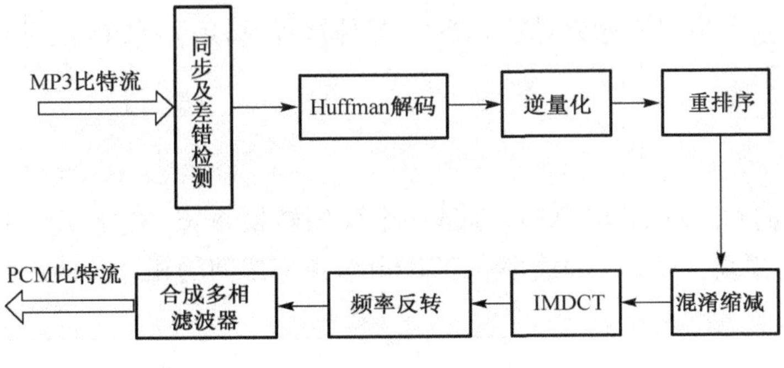

图 2.14　MP3 解码算法流程图

需要注意的是，辅助信息组是用户自定义的一些信息，如专辑名、艺术家等信息。解码主要是针对头信息、CRC、旁信息以及主数据的解码。

2.4.4　音频编码算法和标准

当前编码技术发展的一个重要方向就是综合现有的编码技术，制定全球的统一标准，使信息管理系统具有普遍的互操作性并确保未来的兼容性。国际上，对于语音信号压缩编码的审议在 CCITT（国际电报电话咨询委员会）下设的第十五研究组进行，相应的建议为 G 系列，多由 ITU 发表。

1. G. 711

G. 711 建议公布于 1972 年，64Kbit/s 语音频率脉冲编码调制（PCM）。语音的采样率为 8kHz，允许的偏差是±50p/m。每个样值采用 8 位二进制编码，推荐使用 A 律编码和 μ 律编码。

A 律（13∶8）编码：将 13 位的 PCM 按 A 律转化成 8 位二进制编码。主要用在欧洲和中国大陆等地区的数字电话通信中，按下面的式子确定量化输入和输出的关系

$$F_A(x) = \operatorname{sgn}(x)\frac{A\mid x\mid}{1+\ln A},\quad 0\leqslant\mid x\mid\leqslant 1/A \tag{2-9}$$

$$F_A(x) = \operatorname{sgn}(x)\frac{1+\ln(A\mid x\mid)}{1+\ln A},\quad 1/A<\mid x\mid\leqslant 1 \tag{2-10}$$

式中，x 为输入信号幅度，规格化成 $-1\leqslant x\leqslant 1$；sgn(x)为 x 的极性；A 为确定压缩量的参数，它反映最大量化间隔和最小量化间隔之比。

A 律压扩的前一部分是线性的，其他部分与 μ 律压扩相同。具体计算时，$A=87.56$，为简化计算，可以把对数曲线部分变成折线。

μ 律（14∶8）编码：它是将 14 位的 PCM 按 μ 律转化成 8 位二进制编码。主要用在北美和日本等地区的数字电话通信中，用下面的式子确定量化输入和输出的关系

$$F_\mu(x) = \operatorname{sgn}(x)\frac{\ln(1+\mu\mid x\mid)}{\ln(1+\mu)} \tag{2-11}$$

式中，x 为输入信号幅度，规格化成 $1\leqslant x\leqslant 1$；sgn(x)为 x 的极性；μ 为确定压缩量的参数，它反映最大量化间隔和最小量化间隔之比，取 $100\leqslant\mu\leqslant 500$。由于 μ 律压扩的输入和输出关系是对数关系，所以这种编码又称为对数 PCM。具体计算时，用 $\mu=255$ 把对数曲线变成 8 条折线以简化计算过程。

2. G. 721

CCITT 推荐的 G. 721 ADPCM 标准是一个代码转换系统。它使用 ADPCM 转换技术，实现 64Kbit/s（A 律或 μ 律 PCM）速率和 32Kbit/s 速率之间的相互转换。

3. G. 722

G. 722 建议带宽音频压缩采用波形编码技术，因为要保证既能适用于话音，又能用于其他方式的音频，只能考虑波形编码。G. 722 编码采用了高低两个子带内的 ADPCM 方案，高低子带的划分以 4kHz 为界。然后对每个子带内采用类似 G. 721 建议的 ADPCM 编码，因此 G. 722 建议的技术方案可以简写为 SB-ADPCM（子带-自适应差分脉冲码调制）。

4. G. 728

G. 728 建议的技术基础是美国 AT&T 公司贝尔实验室提出的 LD-CELP(低延时-码激励线性预测)算法。该算法考虑了听觉特性,其特点如下。

(1)以块为单位的后向自适应高阶预测。

(2)后向自适应型增益量化。

(3)以适应为单位的激励信号量化。

2.5　空域数据特性

2.5.1　位图图像的数据特性

数字图像每个像素通常都是用 8bit 来表示的,即将每个像素值量化到 0～255 这 256 个量阶上。实际上这 8bit 信息中的每一比特对人们理解图像内容的影响是不同的。在图 2.15 中,图 2.15(b)以及图 2.15(c)～(i)分别表示图 2.15(a)八个位平面从最高位到最低位排列的二值图像。随着位平面的降低,图像越来越不可理解,尤其是最后两个位平面已经完全看不出原图的细节。因此最低的几个位平面对人们理解图像内容的作用较小。图 2.15(c)～(i)右边的图像表示将其(c)～(i)所示位平面及其以下的位平面在原图中全部去掉以后的效果,可以看出与原图相比,即使去掉最低的 3 个位平面(图 2.15(g)右),与原图相比也没有明显的变化。根据分析发现相对于人类的视觉感知来说,图像的低比特位存在很大的数据冗余。因此,在图像的空域隐密算法当中,主要采用修改图像低比特位的方式实现秘密信息的嵌入。

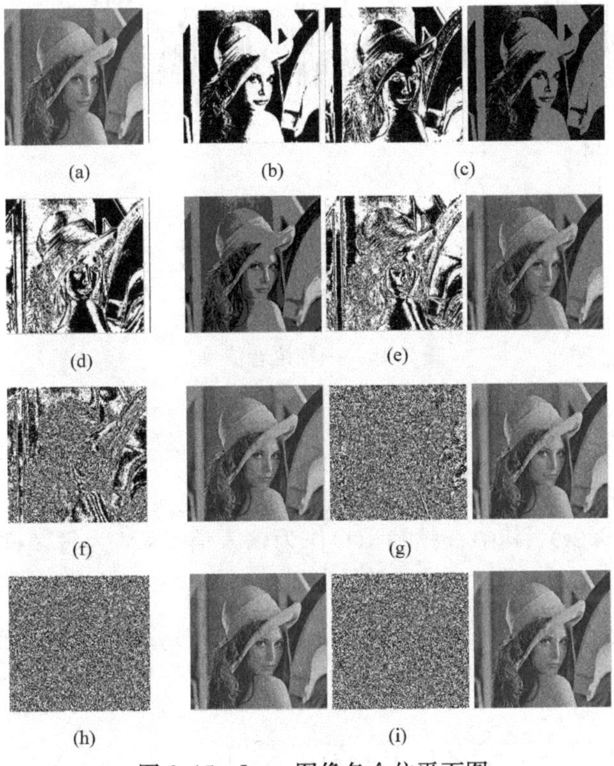

图 2.15　Lena 图像各个位平面图

在这一类隐密算法中，比较著名的有 LSB(Least Significant Bit)替换技术，其核心思想就是用秘密信息来代替图像像素的最低比特位来实现信息的嵌入，这种算法以实现简单、隐藏数据量大、掩密图像失真小的特点而广泛应用。但是人们在实践中逐渐发现，这类算法的鲁棒性较差，并且通过特定的统计分析攻击，如 χ^2 攻击、差分直方图攻击等，可以有效地检测到 LSB 算法的使用。为了增强算法的鲁棒性和抗统计分析特性，不少学者提出了适应性更强的算法，其中包括自适应 LSB 算法、保持统计特性的 LSB 技术、$\pm k$ 算法等空域隐密算法，这些算法的提出极大地促进了空域信息隐藏技术的发展。

2.5.2 MPEG 心理声学模型Ⅰ型

MPEG 心理声学模型Ⅰ型的实现：音频信号采用的是 16 位 PCM 编码的 WAV 格式的音频文件，采样率为 44.1kHz。掩蔽者的掩蔽阈值取决于掩蔽者的声压级、自身掩蔽级和不同临界频带中的掩蔽函数。

具体方法如下。

1. 分帧加窗

设原始音频信号分帧之后，读入一帧语音信号 s_i，帧长为 1024，加矩形窗，窗长与帧长相同。图 2.16 为读入的一帧语音信号。

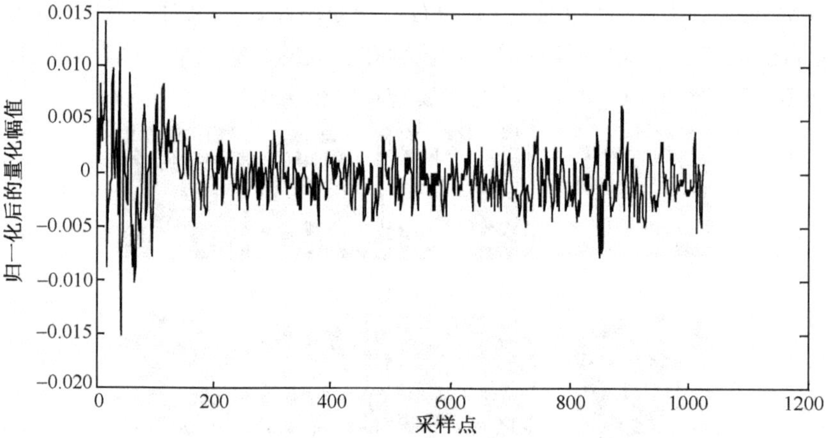

图 2.16　一帧语音信号 s_i

2. 计算声压级

掩蔽阈值与信号声压级有关，因此利用快速傅里叶变换将时域信号映射到 Bark 域中，可以计算信号的声压级 $X(k)$。其中音频帧 $s(i)$ 作为输入信号，N 为每帧样本数，$h(i)$ 为加权汉宁窗。

$$X(k) = 10\lg\left[\frac{1}{n}\left\| \sum_{i=0}^{N-1} s(i)h(i)\exp\left(-\mathrm{j}2\pi\frac{ik}{N}\right)\right\|^2\right]\mathrm{dB} \tag{2-12}$$

式中

$$h(i) = \sqrt{\frac{8}{3}} \times 0.5\left(1-\cos\frac{2\pi i}{N}\right),\quad 0 \leqslant i \leqslant N-1 \tag{2-13}$$

图 2.17 为音频信号 s_i 对应的声压级曲线。

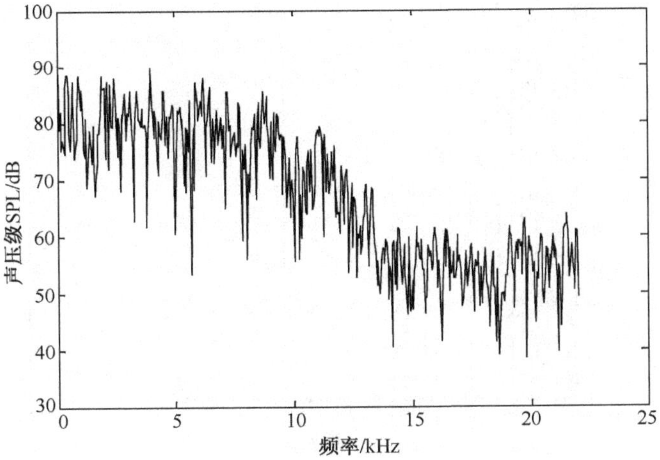

图 2.17　音频信号 s_i 对应的声压级曲线

3. 抽取类调信号与类噪信号

由于类调信号与类噪信号的掩蔽能力不同，所以必须对原始信号进行类调信号与类噪信号的划分，满足下列条件的局部最大值的 $X(k)$ 即类调信号，其余为类噪信号。

$$\begin{cases} X(k) > X(k+1), \text{且 } X(k) \geqslant X(k-1) \\ X(k) - X(k+m) \geqslant 7\text{dB} \end{cases} \tag{2-14}$$

式中，m 满足

$$m = \begin{cases} \pm 2, & 2 < k < 63 \\ \pm 2, \pm 3, & 63 \leqslant k < 127 \\ \pm 2, \pm 3, \pm 4, \pm 5, \pm 6, & 127 \leqslant k \leqslant 250 \end{cases} \tag{2-15}$$

图 2.18 和图 2.19 即类调信号和类噪信号的抽取示意图。

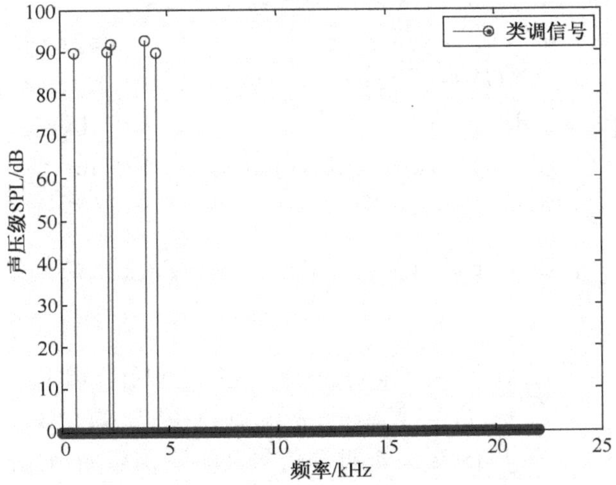

图 2.18　音频信号 s_i 中类调信号的抽取

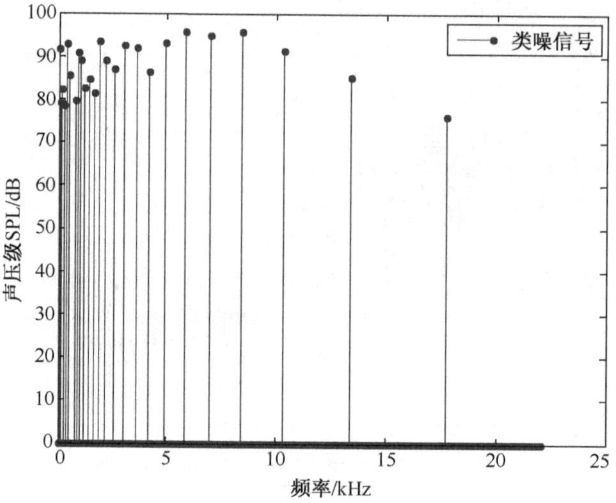

图 2.19 音频信号 s_i 中类噪信号的抽取

4. 计算类调信号和类噪信号的自身掩蔽级

类调信号掩蔽级为 $av_{tm}(j)$，类噪信号掩蔽级为 $av_{nm}(j)$。按照如下公式计算：

$$\begin{cases} av_{tm}(j) = -1.525 - 0.275j - 4.5 \\ av_{nm}(j) = -1.525 - 0.175j - 0.5 \end{cases} \tag{2-16}$$

5. 计算互掩蔽函数 $vf(j,i)$

当被掩蔽者频率处在以掩蔽者为中心的临界频带内时，掩蔽效应最明显。若被掩蔽者处在掩蔽者的临界频带以外，掩蔽效应仍然会发生，但随临界频带差(频率差，即被掩蔽者与掩蔽者之间的距离 dz)的增大，带间掩蔽作用会降低。类调信号和类噪信号的掩蔽函数 $vf(j,i)$ 是相同的，它与 j 处掩蔽者的声压级 $X(j)$ 以及被掩蔽者与掩蔽者的距离 dz 有关，掩蔽函数对相对于掩蔽分量所在位置[−3, +8]Bark 之外的区域没有影响

$$vf(j,i) = \begin{cases} 17dz - 0.4X(j) + 11 & \text{dB} \quad -3 \leqslant dz < -1 \quad \text{Bark} \\ [0.4X(i) + 6] \times dz & \text{dB} \quad -1 \leqslant dz < 0 \quad \text{Bark} \\ -17dz & \text{dB} \quad 0 \leqslant dz < 1 \quad \text{Bark} \\ -(dz-1)(17-0.15X(j)) & \text{dB} \quad 1 \leqslant dz < 8 \quad \text{Bark} \end{cases} \tag{2-17}$$

其余情况，vf=0。式中，$dz=j-i$。

6. 计算由位于第 j 个 Bark 上的分量引起的在第 i 个 Bark 上的掩蔽值 $LT_{tm}(j,i)$

$LT_{nm}(j,i)$为

$$\begin{aligned} LT_{tm}(j,i) &= X_{tm}(j) + av_{tm}(j) + vf(j,i)\text{dB} \\ LT_{nm}(j,i) &= X_{nm}(j) + av_{nm}(j) + vf(j,i)\text{dB} \end{aligned} \tag{2-18}$$

式中，$X_{tm}(j)$ 和 $X_{nm}(j)$ 是第 j 个 Bark 上类调信号和类噪信号的声压级；$av_{tm}(j)$ 和 $av_{nm}(j)$ 是第 j 个 Bark 上类调信号和类噪信号的自身掩蔽级；$vf(j,i)$是第 j 个 Bark 对第 i 个 Bark 的互掩蔽函数。

7. 掩蔽值叠加

在 i 处具有的全局掩蔽阈值 $LT_g(i)$ 为第 i 处的静音阈值 $LT_q(j,i)$ 与所有临界频带的掩蔽者对第 i 处产生的掩蔽阈值的总和

$$LT_g(i) = 10\lg\left[10^{LT_q/10} + \sum_{j=1}^{N_t} 10^{LT_{tm}(j,i)/10} + \sum_{j=1}^{N_n} 10^{LT_{nm}(j,i)/10}\right]\text{dB}$$

最后绘制掩蔽特性曲线如图 2.20 所示。

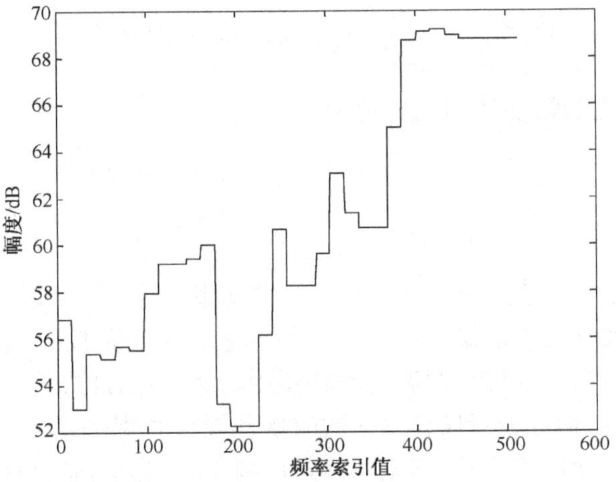

图 2.20　掩蔽特性曲线

音频掩蔽现象及 MPEG 心理声学模型对数字音频水印技术是十分重要的。大多数音频水印技术为了保证嵌入数据的不可感知性，都直接或间接地利用了音频掩蔽现象。嵌入的水印信息要适应并高度依赖于宿主音频信号，其时域和频域分布由宿主音频信号的时域和频域掩蔽特性决定。水印信号强度随宿主音频信号而变化，例如，在静音区的水印信号强度应较小，这保证了嵌入水印信息在具有最大能量的同时不可感知，能量的最大化增强了水印抵抗攻击的能力。

2.6　变换域数据特性

另一类图像隐密技术是在变换域中实现的，通常采用正交变换使得变换后能量重新分布，从而实现在变换域中的信息隐藏。与空域信息隐藏算法相比，变换域算法具有以下几个优点。

(1)在变换域中进行信息隐藏，秘密信息的能量可以较均匀地分布到整个空域所有像素上，有利于实现嵌入信息的不可感知性。

(2)在变换域中可以更容易地结合人眼的视觉特性，有利于鲁棒性的提高。

(3)变换域方法可与国际数据压缩标准相兼容，便于实现压缩域中的信息隐藏。

常见的变换方法有离散傅里叶变换(Discrete Fourier Transform，DFT)、离散余弦变换(Discrete Cosine Transform，DCT)，小波变换(Discrete Wavelet Transform，DWT)等。在采用变换域法实现数字图像信息隐藏的过程中，首先对变换后的系数重新进行量化，然后根据秘密信息将系数量化到相对应的量阶上。这类算法可以较好地解决不可感知性和鲁棒性之间的矛盾。下面分别介绍几类常用的变换域隐密技术。

2.6.1 离散傅里叶变换

离散傅里叶变换是正交变换，存在快速算法，信号的离散傅里叶变换系数有明确的物理含义，在通信、雷达、声呐、遥感、医学、图像处理、语音合成与分析等许多领域得到了广泛应用。其变换对如下所示

$$\begin{cases} F(u,v) = \dfrac{1}{NM}\displaystyle\sum_{x=0}^{M-1}\sum_{y=0}^{N-1} f(x,y)\mathrm{e}^{-\mathrm{j}2\pi(ux/M+vy/N)} \\ f(x,y) = \displaystyle\sum_{u=0}^{M-1}\sum_{v=0}^{N-1} F(u,v)\mathrm{e}^{\mathrm{j}2\pi(ux/M+vy/N)} \end{cases} \tag{2-19}$$

$F(u,v)$ 是复数，它的幅度和相位分别为

$$|F(u,v)| = \left[R^2(u,v) + I^2(u,v)\right]^{\frac{1}{2}} \tag{2-20}$$

$$\phi(u,v) = \arctan\left[\frac{I(u,v)}{R(u,v)}\right] \tag{2-21}$$

式中，$R(u,v)$、$I(u,v)$ 分别表示 $F(u,v)$ 的实部和虚部。因此既可以通过修改信号幅度也可以通过修改信号相位实现信息的隐藏。实信号的傅里叶变换系数既包含实部也包含虚部，因此隐藏信息时应考虑在实部、虚部、幅度还是相位中隐藏信息；此外，实信号的傅里叶变换系数是对称的，在对变换后的信号进行信息嵌入的时候还要注意保持信号的对称性。离散傅里叶变换具有很多优于其他变换的特性，它能够计算出幅角和幅值信息，可以充分利用人类视觉特性中的相位敏感度高的特性。在信息隐藏领域经常用到的性质包括旋转特性、缩放特性、平移特性等。这些性质在数字水印技术的鲁棒性中体现最为明显。

2.6.2 离散余弦变换

离散余弦变换有良好的压缩性能，自然图像经过变换后，其能量主要集中在中低频分量上，兼顾算法的安全性和鲁棒性，通常将秘密信息嵌入到中低频分量当中。由于 DCT 变换是网络上广泛使用的 JPEG 格式中的标准变换。所以，在信息隐藏方面受到了广泛的关注。

定义大小为 $N_1 \times N_2$ 的图像 $f(x,y)$ 的离散余弦变换 $F(u,v)$ 为

$$F(u,v) = \frac{2}{\sqrt{N_1 N_2}} C(u)C(v)\sum_{x=0}^{N_1-1}\sum_{y=0}^{N_2-1} f(x,y) \times \cos\frac{(2x+1)u\pi}{2N_1}\cos\frac{(2y+1)v\pi}{2N_2}$$

离散余弦反变换为

$$f(x,y) = \frac{2}{\sqrt{N_1 N_2}}\sum_{u=0}^{N_1-1}\sum_{v=0}^{N_2-1} C(u)C(v)F(u,v) \times \cos\frac{(2x+1)u\pi}{2N_1}\cos\frac{(2y+1)v\pi}{2N_2}$$

式中，当 $u = v = 0$ 时，$C(u)=C(v)=\frac{1}{\sqrt{2}}$；否则，$C(u) = C(v) = 1$ 。

利用调整 DCT 系数的取整方式就是一种在 JPEG 图像中隐藏信息的方法。由于 DCT 变换对于整数输入其输出是非整数序列，而在进行 Huffman 编码前必须先量化 DCT 系数，这就给嵌入隐藏信息提供了可能。一般来说，它可以在每一个非 0 或非 1 的 DCT 系数内嵌入 1 比特的信息。

在 JPEG 格式的图像和 MPEG-1、MPEG-2 格式视频信息隐藏中，DCT 变换得到了广泛

的应用。利用 DCT 变换的信息隐藏算法可以将秘密信息分散到整个图像的子块中,通过设计嵌入策略可以使数字水印方法在鲁棒性和不可感知性方面达到较好的平衡。

2.6.3 小波变换

小波变换是由法国数学家 Morlet 提出的一种全新有效的信号处理方法。他与 Grossman 等首先提出了小波(Wavelet)概念,建立了完整的连续小波变换的几何体系。并且由于离散小波变换存在快速算法,成为 JPEG2000 图像压缩标准的重要组成部分。MPEG-4 中采用了小波变换。图像数字水印中使用小波技术,可以利用小波变换有关信源编码的研究结果;另外,小波的多分辨率思想对根据鲁棒性和视觉效应设计一个好的信息在载体中的分布方式是很有用的,它提供了在压缩域嵌入数字水印的良好的兼容性。

小波变换是对图像的一种多尺度的空间-频率分解。小波变换多分辨率的变换特性提供了利用人眼视觉特性的良好机制,从而使变换后的图像数据能够保持原图像在多种分辨率下的精细结构。小波分析是一种窗口大小(即窗口面积)固定但其形状、时间窗和频率窗都可以改变的时频局部化分析方法(即在低频部分有较高的频率分辨率和较低的时间分辨率,在高频部分具有较高的时间分辨率和较低的频率分辨率),可以根据实际分析需要自适应地调节时频窗口,能够聚焦到信号时域和频域的任意细节。

对于一维的离散信号 $\{c_0(k)\}$,定义一维小波变换如下

$$c_1(k) = \sum_n c_0(n)h(n-2k)$$

$$d_1(k) = \sum_n c_0(n)g(n-2k)$$

式中,$\{c_1(k)\}$ 是低频分量;$\{d_1(k)\}$ 是高频分量。这对应了一个高频滤波器 G 和低频滤波器 H。

一幅二维图像 I 的小波变换定义如下:对 I 的每一行进行一维小波变换,得到 $I \otimes H$ 和 $I \otimes G$;对 $I \otimes H$ 和 $I \otimes G$ 的每一列进行小波变换,得到四个子带分量:低频分量 I_2、垂直分量 V_2、水平分量 H_2 和对角分量 D_2;继续对 I_2 作小波变换,得到四个新的子带分量 I_3、V_3、H_3 和 D_3,以上操作被称为二次金字塔小波变换;以此类推,对 $2^r \times 2^r$ 的图像可以被金字塔进行 i 次分解,得到的子带分量称为 I_i、V_i、H_i 和 D_i,其中 $i = 1,\cdots,n$。若选择正交小波基,以上变换被称为金字塔正交小波变换。

小波图像的各个子带分别对应了原图像在不同尺度和分辨率下对原始图像的最佳逼近。从多分辨率分析的角度考虑小波图像的各个频带时,这些频带之间并不是纯粹无关的,特别是对于各个高频带,由于它们是图像同一个边缘、轮廓和纹理信息在不同方向、不同尺度和不同分辨率下由细到粗的描述,它们之间必然存在一定的联系,因此它们的统计特性也必然满足一定的数学关系。图像块间如果存在某种联系,那么对它进行金字塔变换后会有一些特性来反映这些联系。小波变换的性质可以用于嵌入信息、提取图像的统计特性、进行信息隐藏和信息隐藏的分析。

习 题

1. 图像视觉有哪些冗余? 举例说明是如何利用的。
2. 听觉有哪些冗余? 举例说明是如何利用的。

3. 视频有哪些冗余？举例说明是如何利用的。

4. BMP 图像格式的组成有哪些？将 BMP 图像另存为 JPEG 图像后有什么变化？

5. 阐述 JPEG 图像格式的结构，尝试编程显示一幅 JPEG 图像。

6. MP3 文件格式的特点是什么？

7. 用软件压缩图像，讨论什么参数会影响图像的感知质量。

8. 与多媒体相关的国际标准有哪些？

参考文献

卞咸杰．2006．数码照片选用 RAW 储存格式归档的研究[J]．浙江档案，(10)：42.

冯彦辉，高洁，徐晔，等．2009．基于 JPEG 图像文件格式的研究[J]．山西电子技术，(1)：38-39.

高黎．2010．电脑图像格式的种类[J]．广东印刷，(2)：29-35.

黄轩，马艳丽，赵战生．2002．与信息安全相关的几种数据形式[J]．网络安全技术与应用，(8)：12-16.

李轩．2010．CMOS 图像传感器噪声抑制研究[D]．天津：天津大学博士学位论文.

梅叶俊，万燕，姚砺，等．2011．基于 RAW 格式的图像双光源白平衡[J]．微计算机信息，27(5)：194-196.

王红梅，高洁．2009．网络环境下的图像格式分析[J]．微计算机应用，(7)：29-33.

王文军，向智敏，李雯，等．2010．JPEG 图像编码中质量因子选取方法研究[J]．微计算机信息，(26)：184-185.

吴增福．2005．常用图像格式及用途分析[J]．南京广播电视大学学报，(4)：88-90.

夏传良，李盛恩．2005．多媒体图像格式间的转换方式[J]．计算机应用研究，(10)：162-164.

肖毅，步金梅，杨璐．2009．图像的数字化处理及其文件格式特点[J]．中国新技术新产品，(5)：12-13.

邢赛鹏，平西建，詹杰勇．2005．JPEG 图像数据格式简明分析[J]．微计算机信息，12：166-168.

徐岩，安永成，李桂苓．2008．图像格式变换器与图像质量的关系[J]．电视技术，(6)：81-89.

许宗馨．2009．佳能 EOS 5D Mark Ⅲ使用报告[J]．照相机，(8)：22-25.

杨晓刚．2004．常见的图像压缩技术及图像格式[J]．印刷世界，(11)：21-23.

袁开国，杨瑜，杨义先．2007．音频信息隐藏技术研究[J]．中兴通讯技术，13(5)：6-9.

张贵明．2004．网络图像格式漫谈[J]．科技情报开发与经济，(5)：193-194.

赵刚．2008．灵活运用不同的照片存储格式[J]．照相机，(8)：75-77.

赵鸿雁．2009．图形与图像的格式及处理软件[J]．印刷世界，(8)：23-30.

赵君，王乘．2004．图像格式分析与图像显示实现[J]．计算机与数字工程，(5)：1-4.

赵俊阁，周立兵，朱婷婷．2005．与信息安全相关的几种数据格式[J]．计算机与数字工程，(33)：88-91.

第3章　隐密技术

信息隐藏(Information Hiding)作为隐蔽通信和信息保护的有效手段，将秘密信息隐藏在载体信号中，不影响载体信号的感知效果和使用价值。信息隐藏不仅隐藏了信息的内容，而且隐藏了秘密信息的存在事实。信息隐藏的研究和应用的主要领域有隐密(Steganography)技术和数字水印(Digital Watermarking)技术。前者强调如何将秘密信息隐藏在多媒体载体数据中不被他人发现，在隐藏秘密信息内容的同时还隐藏了秘密信息通信行为的存在。后者则关心隐藏的数字水印信息是否被盗版者移去或修改，起到保护载体版权的作用。它们的反问题是如何发现和破坏隐藏的信息。本章主要介绍隐密技术。

3.1　隐密技术的基础

3.1.1　隐密技术的概念

隐密技术利用了人类感知器官的不敏感以及多媒体数字信号本身存在的冗余，将秘密信息隐藏在一个载体信号中，达到不影响载体信号的感知效果和使用价值的目的。

密码术与隐密术的异同主要表现在：密码学的理论和技术被一些研究者应用于现代隐密术中，两者都可以用于秘密通信，但它们分属于不同的学科，有本质的区别。密码加密是将信息的语义变为看不懂的乱码，攻击者只要得到乱码信息，就已经知道有秘密信息存在，只是不知道秘密信息的含义，在没有密钥的情况下难以破译其中的内容，但知晓双方存在秘密通信。隐密术将秘密信息本身的存在性隐藏起来，既隐蔽了通信内容又隐蔽了秘密通信存在的事实。对手得到的信息是表面的载体信息，但并不知道有秘密信息存在和秘密通信发生，因而降低了秘密信息被攻击和破译的可能性。

安全就是要防止秘密被泄露。密码系统的安全是靠密钥的长度来保障的。但不管密钥多长，加密的结果都会产生杂乱的密文，这容易引起攻击者的注意并激发他们破译的兴趣，尤其是现在分布计算技术的发展和网络资源的利用使得密码破译能力越来越强，常规密码的安全性受到了日益增长的潜在威胁，仅通过增加密钥长度来增强密码系统的安全已不再是唯一可行的方法。而经过隐密术处理过的载体信息与未处理过的载体信息从表面上看是同样的，易于混杂在海量的信息之中，使保密通信从“看不懂”转变为“看不见”，形同生物伪装于环境之中免遭攻击，容易逃脱攻击者的破解和攻击，而此点正是与传统密码术所不同的，也是隐密术区别于密码术的根本所在。

与密码学中的密码编码和密码分析研究类似，隐密技术领域除了以上所述的隐密术研究外，还有隐密分析(Steganalysis)研究。

3.1.2　隐密技术的模型

1983年，Simmons阐述了利用人眼感知能力的局限，将秘密信息嵌入数字多媒体作品中来实现隐密通信的可能性。他提出了一个经典的隐密通信理论模型，直观地阐述了隐密术及隐密分析的应用环境，呈现了隐密术与隐密分析的对抗关系。该模型如图 3.1 所示。

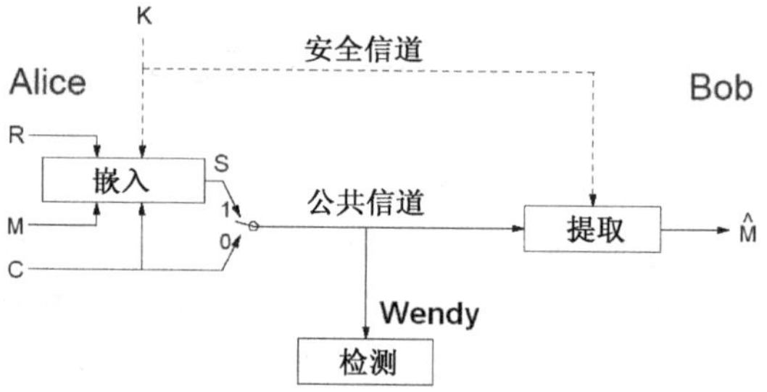

图 3.1 Simmons 提出的隐密通信理论模型

该模型的场景设定为，Alice 和 Bob 分别处于隐密通信的两端，他们期望进行秘密通信，但是其通信行为受到管制：Alice 和 Bob 的所有通信内容都必须经过 Wendy 的检查，如果 Wendy 发现二者通信中存在任何反常的行为，有权利中断 Alice 和 Bob 的通信权利。在这样的场景下，Alice 和 Bob 十分清楚他们之间的通信会被 Wendy 检查，因此无法直接使用传统的加密技术，而只能采用隐密术作为秘密通信的手段，将秘密信息隐藏在可以被 Wendy 检查的正常通信数据中，以躲避 Wendy 对他们通信行为的检查。因此，Alice 和 Bob 的目标是运用安全的隐密方法来进行通信，而 Wendy 的目标则是在不影响 Alice 和 Bob 正常通信的前提下，发现他们正常通信数据中可能的秘密信息。由此便展开了隐密术与隐密分析的攻防对抗。

在 Simmons 的隐密通信理论模型中，Alice 和 Bob 分别被称为隐密信息发送方和隐密信息接收方。Alice 使用隐密术发送含有秘密信息的数据(Stego Data)，Bob 使用隐密术接受公开信道上的信息并提取隐藏的秘密信息，Wendy 则被称为隐密分析方(Steganalyst)，他利用隐密分析技术检查 Alice 和 Bob 之间的通信是否正常。

Alice 和 Bob 之间存在以下两种通信模式。

(1)非活动(Inactive)模式。Alice 发给 Bob 的信息是未经修改、不含秘密信息的正常通信数据，将这类信息称为载体数据(Cover Data)C。

(2)活动(Active)模式。Alice 使用隐密算法(Steganographic Algorithm)在载体信息中嵌入秘密信息 M，并向 Bob 发送隐密数据 S。在隐密通信过程中，Alice 使用与 Bob 共享的密钥(Secret Key)K 来控制秘密信息的嵌入位置和顺序。Bob 在接收到隐密信息后，使用共享的密钥 K 和提取算法(Extracting Algorithm)提取出秘密信息 $\hat{M}$，当且仅当 $\hat{M}=M$ 时隐密通信才算成功。

隐密系统主要由以下技术组成，如图 3.2 所示。

(1)秘密信息嵌入算法(Embedding Algorithm)。它利用密钥来实现在公开的载体中隐藏秘密信息。

(2)秘密信息检测/提取算法(Extracing Algorithm)。它利用密钥从载体中检测/恢复出秘密信息。

(3)密钥传递方式。如遵从 Kerckhoffs 协议，密钥传递采取保密信道传送，在密钥 K 未知的前提下，未授权的第三者很难从隐密载体中得到或删除信息。

过去提出的方法大部分可以看成是替换系统。基本思想是将信号的冗余部分替换成秘密信息，其他的隐密术方法有变换域替换技术、扩频技术、失真技术和编码技术等。

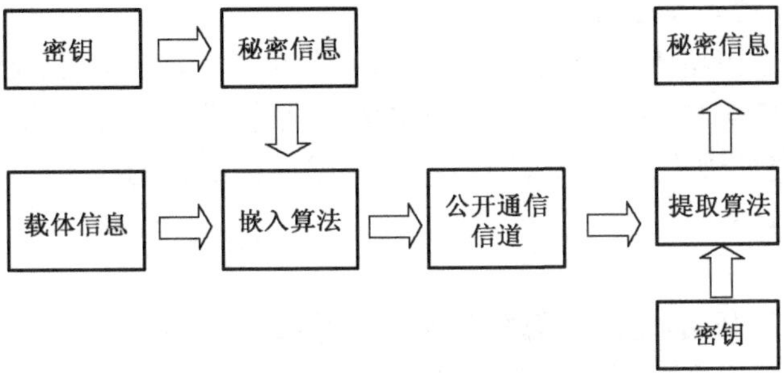

图3.2 隐密系统的通用模型

3.1.3 隐密技术的特征

隐密技术的基本特征如下。

(1)不可感知性。对隐密系统最重要的要求是不可感知性。这种特性是指载体嵌入秘密信息后难以被感知出有差异存在。如果在信息嵌入过程中使载体引入了人为痕迹,给载体的质量带来了感知下降,不但会减少已嵌入信息的载体使用的价值,更重要的是破坏了隐密系统的安全性。不可感知性是设计隐密系统的必要条件。

(2)隐藏容量。在保证不可感知的前提下,希望在载体中能够隐藏更多的信息,这就意味着隐藏信息的数据率高或者容量大,通常用嵌入率来衡量隐密术的性能。嵌入率一般指所嵌入的秘密信息量和所有可以嵌入的位置(系数)之比。当嵌入的秘密信息量等于载体可以隐藏的最大量时,称为满嵌。对于某种隐密算法,隐密分析的难度随着嵌入率的减小而增加。在相同的嵌入率下,越难被分析出来的隐密算法的性能越好。

(3)安全性和密钥。隐密术对安全性的要求是非常重要的,在大多数应用中,要确保嵌入信息的保密性,需要考虑安全性。如果攻击方能检测出有隐蔽通信发生,则隐密术就是失败的,不管是否能检测出秘密信息的内容。在嵌入和提取隐藏信息的过程中都要使用密钥对秘密信息进行加密,这也同样需要遵循密码学中 Kerckhoffs 保密原则。

在保证安全性的前提下,不可感知性和容量是评价隐密系统性能的两个基本技术指标。这两个基本指标通常来说是相互制约的,形成一个矛盾而统一的整体。不可感知性强的隐密系统嵌入容量会降低,但增加嵌入容量会导致不可感知性下降。因此,每个具体系统的设计都需要将这两者进行折中考虑。

3.1.4 信息隐藏的历史

现代信息隐藏技术是由古老的隐密术发展而来的,隐密术一词来源于希腊语,对应的英文术语是 Steganography,其最早的记录来自 1499 年 Johannes Trithemius 撰写的一本关于密码和隐密术的书籍 *Steganography*,这一单词来源于希腊文"στεγανοζ"和"γραφεν"的合成,其字面意思为"遮蔽所写的内容",这在一定程度上揭示了隐密术的本质。信息隐藏是一门具有渊源历史的现代隐密术。

隐形墨水是当时应用最为广泛的隐密方法,常用的隐形墨水分为有机液体和显隐化学物两种,前者如牛奶、果汁、尿液等在加热时会变暗,后者通过化学反应形成可见化合物,如淀粉遇碘变蓝，三价铁离子遇硫氰根离子变红。

现代信息隐藏技术借鉴古代隐密术思想，主要研究基于计算机系统的各种手段和方法将秘密信息隐藏在多媒体等数字文件中，由于人的感知系统看不出图像有异常，辨别不出音乐有变调，通过公开的网络传输出去，达到隐藏信息、秘密通信的目的。

3.1.5 现代隐密技术

从 20 世纪 80 年代开始，随着计算机技术和网络技术的高速发展，互联网中的多媒体数据量呈几何级数高速增长。互联网这一崭新的通信形式，为古老的隐密术注入了青春的活力，拉开了以数字多媒体信息为载体的现代隐密术研究的大幕。

到 20 世纪 90 年代，初隐密术的学术研究逐步受到了一些国外学术团队的关注，1996 年，第一届国际信息隐藏学术研讨会(International Information Hiding Workshop，IH)在英国剑桥大学召开，标志着现代隐密术研究的正式兴起；1999 年 12 月 11 日，由何德全、周仲义、蔡吉人三位院士发起，在北京召开了第一届全国信息隐藏学术会议(China Information Hiding and Watermarking，CIHW)，大大推动了国内信息隐藏研究的发展。

到目前为止，IH 会议已经分别在英国、美国、德国、荷兰、加拿大、捷克等地举办了 16 届；我国的 CIHW 也分别在北京、西安、大连、北京等地相继召开了 10 届。除此之外，许多国际上著名的学术会议也都设有与信息隐藏相关的研究专题，IEEE 图像处理国际会议(IEEE International Conference on Image Processing，ICIP)、IEEE 声学与信号处理国际会议(IEEE International Conference on Acoustics, Speech, and Signal Processing，ICASSP)、ACM 计算机与通信安全会议(ACM Conference on Computer and Communications Security)、ACM 多媒体与安全研讨会(ACM Multimedia and Security Workshop)、数字水印国际研讨会(International Workshop on Digital Watermarking，IWDW)等。2006 年，IEEE 设立了关于信息取证和安全等领域的专刊 *IEEE Transactions on Information Forensics and Security*。

国际上从事隐密术相关研究的主要机构有：大学，如 MIT(Massachusetts Institute of Technology)、Princeton University、GMU(George Mason University)、Cambridge University、Dresden University of Technology 等；企业研究机构，如 Microsoft Corp、IBM Corp、Intel Corp、Bell Labs、Lucent Technologies 等。国内从事隐密术相关研究的科研机构和高等院校有北京电子技术应用研究所、中国信息安全测评中心、中国科学院自动化研究所、大连理工大学、清华大学、北京大学、北京邮电大学、中山大学、天津大学、上海大学、中国人民解放军信息工程大学、北方工业大学等，这些组织和研究团队极大地推动了信息隐藏研究的快速发展。

3.2 典型数字图像隐藏方法

作为信息隐藏中的重要技术，隐密术和隐密分析术一直受到学术界的重视。根据隐密术所用的图像数据操作类型可以将其分为：直接对图像的像素值或索引值进行操作，在其中进行数据隐藏的空域图像隐密术；在图像的变换域系数中进行数据隐藏的变换域图像隐密术。大多数的隐密算法主要利用替换、插入或编码生成的操作方法进行数据嵌入。其中替换操作是图像隐密算法中最常用的方法，即直接替换图像的数据，使得隐密图像的数据携带秘密数据，待替换的系数其产生方式也可以细分为叠加、量化等方法。

3.2.1 典型空域图像隐藏方法

依据不同的嵌入策略，可以将图像隐密术分为自适应隐密术和非自适应隐密术。依据对图像的更改方式及其自身特点，可以将隐密术大致分为LSB、LSB匹配、BPCS方法等。其中LSB与LSB匹配就是非自适应隐密术，而BPCS方法则是一种典型的自适应隐密术。

1. LSB替换隐密方法

最早出现的隐密方法是将图像数据的最低比特位(Least Significant Bit，LSB) 用秘密数据的信息比特位进行替换，这种方法被称为LSB替换隐密方法。该隐密方法可以用于多种图像类型，对于位图图像如BMP、TIFF，可以嵌入信息的图像数据是像素值，如S-Tools、Stego Dos、White Noise Storm等早期算法都采用了LSB算法。对于调色板图像，可以嵌入信息的图像数据是调色板索引值，如软件EzStego。

下面以灰度位图图像为例来介绍这种隐密方法。

对于灰度图像来说，像素值也称为灰度值。灰度值代表着图像的亮度信息，灰度值越大，代表图像的像素点越亮。通常用8比特来表示灰度图像的像素值，即灰度值的范围是0～255，0代表纯黑色，255代表纯白色。

对于表示图像灰度值的8个二进制位来说，高位对于图像灰度值的影响要大于低位。例如，第八位对图像灰度值的影响最大，当它为1时，图像灰度值要大于128，当它为0时，图像灰度值要小于128，即这一位的变化会导致图像灰度值变化128；依次递推，第一位对于图像灰度值影响最小，第一位的变化只会导致图像灰度值变化1，因此第八位被称为最高有效位(MSB)，第一位被称为最低有效位(LSB)。显然，为了实现隐密通信，不能让图像有超过人类视觉感知系统的明显变化，因此修改图像的最低有效位就成为人们最先想到的空域隐密算法。

假设 $P_C(x,y)$ 为数字图像 $f(x,y)$ 位置的像素值，图像的灰度值由8比特表示，则每个比特表示一个位平面，将其分解为8个位平面 $f^b(x,y)$，其中 $b=0,1,2,\cdots,7$，每一个位平面都可以用一个二值图像来形象表示。

$$f^b(x,y) = f(x,y) \& 2^b \tag{3-1}$$

式中，& 代表按位与运算；$f^b(x,y)$ 是 $f(x,y)$ 的第 b 个位平面构成的二值图像。

高位平面与原始图像在视觉上的相关性较强，而较低位平面与原始图像的相关性则较弱，最低位平面近似为噪声。从低位平面到高位平面，位平面图像的纹理则逐渐变得复杂，细节也不断增加。图3.3为标准测试图像Lena，其宽度和高度都为256。图3.4给出了Lena图像的四个位平面。可以看到，从高位平面到低位平面，原始图像Lena的轮廓渐渐模糊，最低位平面类似于随机噪声。将八个位平面叠加即可得到相应的灰度图像。由于最低位平面近似噪声，对其嵌入秘密信息改变其位平面的值之后仍近似于噪声，叠加后的灰度图像肉眼看不出区别，这就是空域LSB替换隐密方法的原理。图3.5中的(a)和(b)为用LSB替换隐密方法进行隐密前后的Lena图像，只靠肉眼是看不出区别的。

LSB替换隐密方法的嵌入过程如下：

(1)将待嵌入的信息转换成加密的二进制比特流，可用一个收发双方共享的密钥对该秘密信息比特流进行加密或者置乱处理以增加安全性。

图 3.3　标准测试图像 Lena

(a) 第1(最高MSB)位平面

(b) 第3位平面

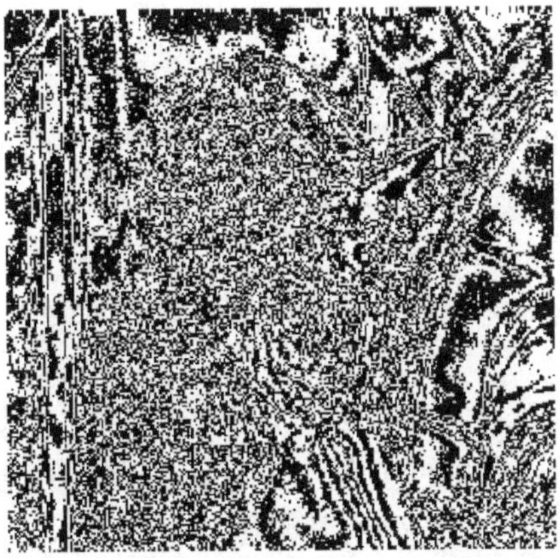

(c) 第5位平面

(d) 第8(最低LSB)位平面

图 3.4 Lena 图像的四个位平面

(a) 嵌入前的Lena原图　　(b) 嵌入后的Lena隐密图

图 3.5 用 LSB 替换隐密方法进行隐密前后的 Lena 图

(2)选取用于嵌入秘密信息载体图像的像素,该像素可以顺序选取或者随机选取。顺序选取对于图像的改变相对有规律,随机选取将秘密信息嵌入后对载体图像像素值的改变散布在整幅图内，提高了安全性。

(3)将选取像素的像素值的最低有效位与对应的秘密信息比特进行比较，若相同，则不需改变载体图像的灰度值；若不同，将载体图像灰度值的最低有效位进行 0\1 翻转，也即 0 变成 1，1 变成 0。将所有秘密信息都嵌入完成后，即可获得 LSB 翻转隐密后的隐密图像。

LSB 替换隐密方法的提取过程如下。

(1)接受者可以根据事先共享的密钥对图像进行解密或逆置乱的操作，然后确定隐藏信息嵌入的位置。

(2)如果该位置的像素值 mod 2 的值为 1，则此处隐藏的信息为 1。

(3)如果该位置的像素值 mod 2 的值为 0，则此处隐藏的信息为 0。

(4)这样即使隐蔽通信的第三方能得到隐密图像的最低位平面信息，在不知道密钥的情况下，也无法知道隐密信息的位置，无法获得秘密消息。

LSB 替换是最早被使用的一种经典的空间域隐密算法，LSB 替换广泛应用在空间域隐密方法。在 Internet 上可以免费获得各种各样的 LSB 替换的隐密软件。

从原理上看，LSB 替换算法只影响图像的最低有效位平面，而对其他七个位平面无影响。对于最低有效位平面来说，当秘密信息比特和图像选定像素点灰度值的最低有效位不同时，将会改变原始图像的该像素点灰度值的最低有效位，最低有效位从 0 变成 1 或者从 1 变成 0，即将灰度值 $2i+1$ 改为 $2i+1$ 或将灰度值 $2i+1$ 改为 $2i$。秘密信息加密后可看成转换的二进制比特序列，是 0 和 1 出现概率相同的随机序列，利用 LSB 替换算法最终会导致最低有效位为 0 和 1 的个数趋于相等。对于一个整幅图像来说，这会使像素点灰度值前七位相同而最低有效位分别为 0 和 1 的两个灰度值构成一个“值对”，对于每一对“值对”中的灰度值出现的概率也趋于相同。“值对”现象实际上是 LSB 替换算法隐密方法的规律性特征，可以利用这一“值对”现象对 LSB 替换进行检测，从而发现有隐密信息存在。

2. LSB 匹配隐密方法

LSB 匹配隐密方法又常被称为 LSB±1 隐密方法，它是为了弥补 LSB 替换算法的安全漏洞演变而来的，是目前空间域常用的隐密算法。针对上述 LSB 替换算法存在的“值对”现象，LSB 匹配嵌入将 LSB 替换嵌入进行了改进，在嵌入数据时不仅可将图像的灰度值从 $2i$ 改为 $2i+1$ 或将 $2i+1$ 改为 $2i$，还可以将 $2i$ 改为 $2i-1$ 或将 $2i+1$ 改为 $2i+2$，这样就杜绝了“值对”现象的产生。

LSB 匹配隐密方法的嵌入过程如下。

(1)将待嵌入的信息转换成加密的二进制比特流，可用一个收发双方共享的密钥对该秘密信息比特流进行加密或者置乱处理来增加安全性。

(2)选取用于嵌入秘密信息载体图像的像素，该像素可以顺序选取或者随机选取，顺序选取对于图像的改变比较明显，而随机选取将秘密信息嵌入后对载体图像像素值的改变散布在整幅图内，提高了安全性。

(3)将选取像素的像素值的最低有效位与对应的秘密信息比特进行比较，若相同，则不需改变载体图像的灰度值；若不同，对于边界灰度值(即灰度值为 0 或者 255)，灰度值只能从 0 改为 1 或者从 255 改为 254；对于其他的载体图像灰度值，像素值随机加 1 或者减 1，加 1 和减 1 的概率相同。将所有秘密信息都嵌入完成后，即可获得隐密后的隐密图像。

具体的嵌入过程用公式描述如下

$$P_S=\begin{cases}1, & b\neq \mathrm{LSB}(P_C)\&P_C=0\\ P_C\pm 1, & b\neq \mathrm{LSB}(P_C)\&0<P_C<256\\ P_C, & b=\mathrm{LSB}(P_C)\\ 254, & b\neq \mathrm{LSB}(P_C)\&P_C=255\end{cases} \tag{3-2}$$

式中，P_C 和 P_S 分别表示选定的载体图像和其对应的隐密图像的像素值；b 为秘密信息比特。由于 LSB 匹配隐密方法与 LSB 替换隐密方法一样，都使图像的最低有效位与秘密信息一样，因此它的提取过程与 LSB 替换隐密一样，这里不再赘述。图 3.6(a)和图 3.6(b)为用 LSB 匹配隐密方法进行隐密前后的 Lena 图像，只靠肉眼是看不出区别的。

在 LSB 匹配算法中，像素值究竟是加 1 还是减 1 是随机选择的。Mielikainen 对 LSB±1 隐密算法作了改进，提出了一种灰度图像的 LSB 匹配算法，每两个原始图像的像素作为一个嵌入单位。这种算法中，在保持两个载体像素为自变量的二进制函数值为期望值的原则下，来决定究竟是加 1 还是减 1。在嵌入过程中，以两个载体像素为单位，第一个载体像素的 LSB 携带一比特的秘密信息，以两个载体像素为自变量的二进制函数值携带另一个比特的秘密信息。因此，这种改进的方法在嵌入相同的信息时对于原始图像的改变更少。

(a) 嵌入前的Lena原图

(b) 嵌入后的Lena隐密图

图 3.6 嵌入信息前后的 Lena 图像

3. BPCS 自适应隐密方法

自适应图像隐密方法的主要特点是根据载体图像的局部特性自动地调节嵌入秘密数据的多寡，例如，在纹理复杂的区域嵌入更多的秘密信息，纹理平滑的区域携带少量或不携带任何秘密信息。自适应隐密方法的主要优点是保证了图像在主观视觉上的质量。此外，由于自适应隐密方法对图像的修改仅限于局部，对每个区域的改变程度也不同，这使得一些以图像的全局特征作为隐密分析特征的隐密分析算法不能很好地捕捉这些被修改的局部特性，在一定程度上增强了自适应隐密方法的安全性。

Kawaguchi 等在 1998 年提出了 BPCS(Bit-Plane Complexity Segmentation Steganography)隐密方法，性能优于 LSB 方法。其主要思想是将载体数据的多个位平面都分成固定大小的小块，由于人的感觉器官对那些变化剧烈、复杂度较高的位平面小块比较不敏感，所以用这些位平面小块来隐藏秘密信息更安全。秘密信息可以加载在多个位平面，比 LSB 方法有更大的嵌入量。BPCS 隐密最初被直接应用于图像的空间域，随后该方法的提出者又将其应用于小波压缩域。无论应用于时空域还是应用于小波压缩域，BPCS 的原理和嵌入方法都是相同的，仅是位平面的域有所区别，下面主要介绍 BPCS 方法应用于图像空间域的原理。

BPCS 隐密方法嵌入信息步骤如下。

(1)先将载体图像的所有位平面分成相同大小的小块，如 8×8。

(2)计算每个小块的复杂度 C。复杂度定义为所有相邻像素对中取值不同(即一个为 0，另一个为 1)的像素对数目。复杂度的最大可能值记为 $C_{\max}$。如果位平面小块的大小为 8×8，那么复杂度的取值范围就是 0 和 112 之间的整数；当位平面小块为全 0 或全 1 时，复杂度取为最小值 0；而当位平面小块为如图 3.7 所示黑白交替的棋盘状时，复杂度取为最大值 C_{max}，即 112。

图 3.7 棋盘状小块

白格代表 1；黑格代表 0

(3)将复杂度大于 $a\times C_{max}$ 的位平面小块用于负载秘密信息，这里 a 是系统参数，其值为 0～0.5，例如，取 $a=0.4$，a 取值越小，可以嵌入的秘密信息量就越多。

(4)由秘密信息组成位平面小块，如果其复杂度大于 $a\times C_{max}$，直接替换原位平面小块；否则要作共轭处理，就是将秘密信息组成的位平面小块与棋盘状小块作异或生成新的小块。设共轭处理前的复杂度为 c，那么共轭处理后的复杂度必为 $C_{max}-c$。因为 $a<0.5$，所以新小块的复杂度一定大于 $a\times C_{max}$。共轭处理后，用新的小块替换原始数据的位平面小块。

(5)记录哪些小块是经过共轭处理的，将这部分信息也嵌入到载体数据中。这些额外信息的嵌入不能影响已经嵌入的秘密信息，并且要能够正确提取。例如，可以用 LSB 方法将这些额外的信息隐藏在预先划定的区域。

接收方的秘密信息提取过程如下。

(1)将载体数据中所有复杂度大于 $a\times C_{max}$ 的位平面小块取出；再提取出 BPCS 隐密方法嵌入信息步骤(5)中额外嵌入的信息，确定哪些小块经过了共轭处理。将经过共轭处理的小块与棋盘状小块作异或便可恢复出秘密信息。

(2)在静止图像的空间域应用 BPCS 方法时可以采用二进制形式划分位平面，或者采用循环码划分位平面。

划分位平面的方法如下。

(1)采用二进制形式划分位平面。如果用二进制形式划分位平面，会有许多小块的复杂度大于 $0.5\,C_{max}$，而 BPCS 隐密又要求 $a<0.5$，因而采用二进制形式划分位平面隐密会引起较大的失真。

(2)采用循环码划分位平面的方法。设一个数字的二进制形式为($B_{N-1}B_{N-2}\cdots B_1B_0$)，循环码形式为($G_{N-1}G_{N-2}\cdots G_1G_0$)，它们可以按照如下规则互相转换

$$\begin{cases} G_{N-1}=B_{N-1},G_{N-2}=B_{N-1}\otimes B_{N-2} \\ G_{N-3}=B_{N-2}\otimes B_{N-3},\cdots,G_0=B_1\otimes B_0 \\ B_{N-1}=G_{N-1},B_{N-2}=B_{N-1}\otimes G_{N-2} \\ B_{N-3}=B_{N-2}\otimes G_{N-3},\cdots,B_0=B_1\otimes G_0 \end{cases} \tag{3-3}$$

式中，符号 $\otimes$ 表示异或运算。表 3.1 给出了数字 0～7 的二进制码和循环码。应用循环码划分位平面可以使绝大多数小块的复杂度在 $0.5\,C_{max}$ 以下，因而可方便地设置 a 值来调节信息的隐蔽性和嵌入量。

表 3.1 0～7 的二进制码和循环码

十进制	二进制	循环码	十进制	二进制	循环码
0	000	000	4	100	110
1	001	001	5	101	111
2	010	011	6	110	110
3	011	010	7	111	100

3.2.2 典型的变换域图像隐密方法

图像变换有多种形式，较为主要的变换有 DCT、DWT 和 DFT，可以采用实数变换也可以采用整数变换。在变换域进行隐密可以将对图像修改的能量分散，一方面可以结合人类视觉特性来增强载体的不可察觉性，另一方面也可以提高一定的鲁棒性。使用 DCT 域或 DWT 域还与 JPEG 或 JPEG2000 图像压缩格式兼容，因此利用 JPEG 压缩的 DCT 域或 JPEG2000 压缩的 DWT 域进行隐密的研究比较集中，特别是 JPEG 格式图像的隐密方法。

1. JSteg 隐密算法

JSteg 是最早以 JPEG 图像为载体的隐密算法，主要是利用了 LSB 替换思想在 DCT 域实现。其主要思路：将一个二进制位的隐密信息嵌入到量化后的 DCT 系数的 LSB 上，但对原始值为 0、1 的 DCT 系数例外。提取隐密信息时，只需将载密图像中不等于 0、1 的量化 DCT 系数的 LSB 逐一取出即可。

具体的嵌入过程如下。

用 $C=\{C_0,C_1,\cdots,C_{n-1}\}$ 表示指定的源图像所有的量化 DCT 系数集，用 $M=\{M_0,M_1,\cdots,M_{m-1}\}$ 表示被嵌入的信息位。现在建立一个集合 C 的子集 $S=\{C_{l(0)},C_{l(1)},\cdots,C_{l(m-1)}\}$ $(m=n,l(m-1)<n)$。对于集合 S 中的除 0 和 1 外的所有元素，用 M_i 替换 $C_{l(i)}$ 的最低有效位。通过从集合 C 中连续或随机选择一定数量的元素能够得到子集 S。

JSteg 算法可以选择像素从集合 C 中连续的替换以获得子集 S，对所有的 $0\leqslant i\leqslant m-1$，有 $l(i)=i$。称这种方法是连续 JSteg 算法。连续 JSteg 算法简单，易实现，但安全性较差，因为隐密信息是连续替换载体图像有效 DCT 系数的 LSB，使得载体图像中被替换的部分和未被替换的部分存在统计特性差异，隐密信息的存在安全性得不到保证，利用 χ^2 检测分析很容易检测出。

另一种方法是随机选择元素。首先生成一个伪随机数序列 $k(0),k(1),\cdots,k(m-1)$，$l(0)=k(0)$；$l(i)=l(i-1)+k(i)$，$0\leqslant i\leqslant m-1$。调整伪随机数序列的均值，使得 $l(m)$ 的值近似等于 n，这样能确保子集 S 中的元素分散在集合 C 中。接收器能够通过同样的伪随机数种子和发生器从集合 C 中重建集合 S。这种方法称为随机 JSteg 算法。由于隐藏信息位是被随机分散在源图像中的，随机 JSteg 算法相比于连续的 JSteg 算法具有更高的安全性。

隐藏容量：对于一个整数集合 $G=\{G_0,G_1,\cdots,G_{n-1}\}$，定义 $\|G\|$ 为集合的元素数量，$h_i(G)$ 是集合中值等于 i 的元素的数量。对于连续的和随机的 JSteg 算法，最大的数据隐藏容量都是 $\|C\|-h_0(C)-h_1(C)$ 比特。

JSteg 算法的基本设计思路是用秘密信息比特流替换 JPEG 图像中量化后的 DCT 系数的最低比特位。如图 3.8(a)所示，横坐标表示量化后 DCT 系数值，纵坐标表示一幅 JPEG 图像各量化后 DCT 系数的个数，黑色的偶系数用于表示秘密信息 0，白色的奇系数用于表示秘密信息 1。且为尽可能保持含密图像的视觉质量，JSteg 算法不修改值为 0、1 的 DCT 系数，图中用灰色表示。由于在嵌入秘密信息之前一般都进行加密或压缩处理，所以秘密信息比特流中 0、1 基本是均匀分布的，这也导致 JSteg 算法在隐密一定量秘密信息后会出现 DCT 系数直方图的“成对效应”(图 3.8(b))。

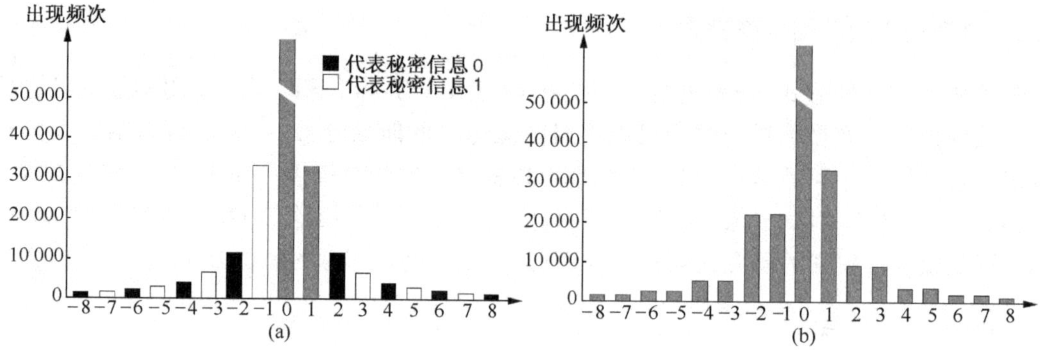

图 3.8　JSteg 隐密算法原理及统计缺陷

2. F5 隐密算法

F5 隐密算法是 Andreas Westfeld 和 Andreas Pfitzmann 于 2001 年提出的一种图像隐密算法。这种方法是由 F3 隐密和 F4 隐密发展而来的，嵌入秘密信息时不改变载体图像的量化表，而且可以抵抗 χ^2 检测分析。

一般来说，JPEG 图像的 DCT 系数通常具有以下三个特性。

(1)DCT 系数的绝对值越大，其对应直方图中的值出现频率就越小。

(2)随着 DCT 系数绝对值的增大，其出现频率下降的幅度减小。

(3)各系数出现的频率关于 0 对称。

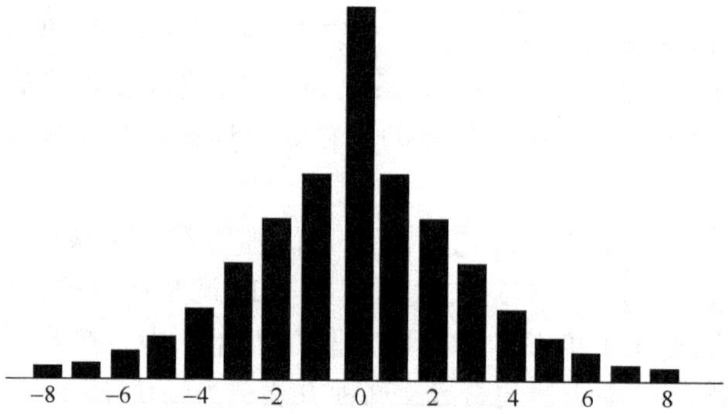

图 3.9　JPEG 图像 DCT 系数直方图特性示意图

由于 F5 隐密算法是由 F3 隐密算法和 F4 隐密算法发展来的，下面先简单介绍 F3 及 F4 算法。

与 JSteg 隐密算法不同，F3 隐密算法只修改不为 0 的 DCT 系数，当秘密信息与 DCT 系数的最低比特位不一致时，将 DCT 系数的绝对值减 1(图 3.10)，因此避免了 JSteg 类隐密算法在 DCT 系数统计直方图上出现的“成对效应”。

具体过程如图 3.10 所示。

(1)载体图像中每个非 0 的 DCT 系数的 LSB，都用来隐藏 1 比特的隐密信息，若隐密信息比特位与 DCT 系数的 LSB 相同，则不进行修改；若不同，则将相应 DCT 系数的绝对值减 1，符号不变。DCT 系数为 0 的不用来隐密信息。

(2)若载体图像原 DCT 系数为+1 或−1，而待嵌入秘密比特位为 0，那么按(1)进行修改后，原系数值变为 0，则将本次嵌入操作视为无效，重新选择嵌入位。

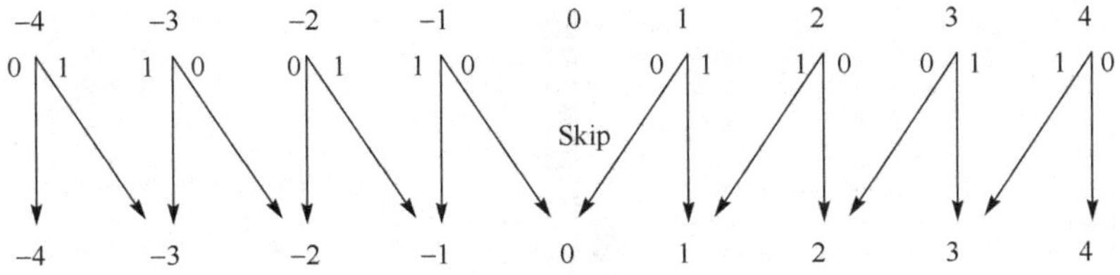

图 3.10　F3 嵌入机制

(3)提取时,将载密图像中不为 0 的 DCT 系数的最低比特位按序取出即为秘密信息。

但由于在 F3 隐密算法中,值为 0 的 DCT 系数不代表秘密信息(图 3.11(a)),所以如果嵌入过程中生成了值为 0 的 DCT 系数,则需要重新嵌入此比特秘密信息。这就造成了含密图像中值为偶数的 DCT 系数个数相对增多,甚至会出现个别偶系数个数多于绝对值相对较小的奇系数个数的情况(图 3.11(b))。而在实际的自然图像中绝对值越小的 DCT 系数个数越多,所以 F3 算法仍然存在统计缺陷。

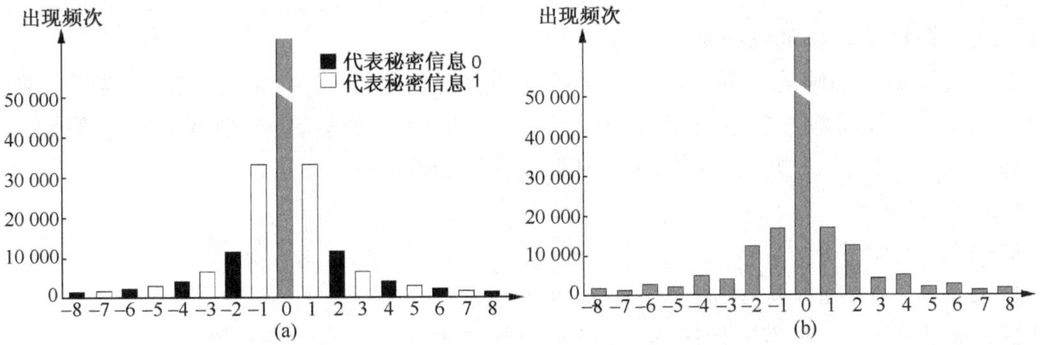

图 3.11　F3 隐密算法原理及统计特征缺陷

F4 算法在嵌入策略上作了改动,如图 3.12 所示,其区别在于:F3 算法中,奇数代表秘密消息 1,偶数代表秘密消息 0;F4 算法中,用正奇数和负偶数代表秘密消息 1,用负奇数和正偶数代表秘密消息 0。

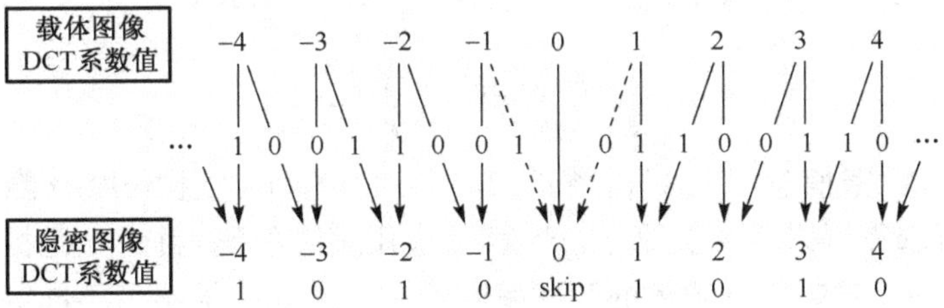

图 3.12　F4 嵌入机制

经改进后,不论嵌入的秘密比特位为 0 还是 1,都可能产生无效隐藏而需重新嵌入,这样自然图像所具有的 DCT 系数直方图特性就不会被破坏,如图 3.13 所示。可见 F4 算法的安全性更高。

F5 隐密算法又在 F4 隐密算法的基础上进行了改进。首先,F4 隐密算法是顺序嵌入信息,F5 隐密算法将其改进为随机嵌入信息;其次,F5 隐密算法是第一个使用了矩阵编码的隐

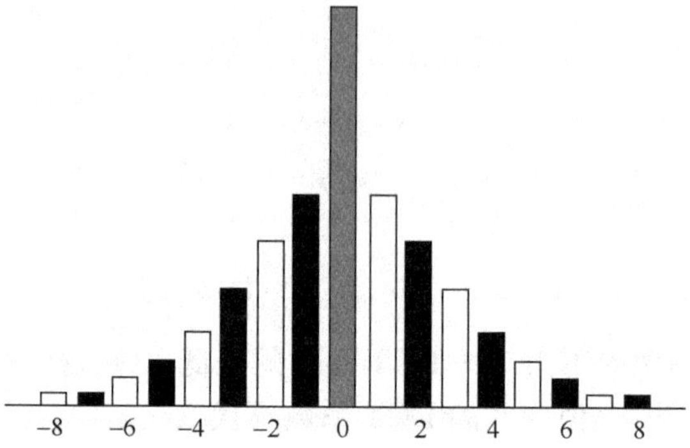

图 3.13 F4 隐密算法作用后图像的 DCT 系数直方图矩阵

密方案。矩阵编码的好处就是可以减小对图像的修改程度。矩阵编码方式(1, n, k)是将 k 比特隐密信息嵌入到 $n = 2k-1$ 个符合要求的 DCT 系数中,最多只需修改一个系数的编码方式。如要在七个 DCT 系数中嵌入 3 比特数据,那么最多只需改变一个系数,这样可以在很大程度上减少对图像数据的修改量。

下面说明矩阵编码的原理。以 $k = 2$ 的简单情况为例。设 b_1,b_2 是待嵌入的两个秘密比特位,a_1,a_2,a_3 分别是三个 DCT 系数的 LSB,“$\oplus$”表示异或运算符,则有下列运算规则:

如果 $b_1 = a_1 \oplus a_3$,$b_2 = a_2 \oplus a_3$,则不改变原始数据;

如果 $b_1 \neq a_1 \oplus a_3$,$b_2 = a_2 \oplus a_3$,则改变 a_1;

如果 $b_1 = a_1 \oplus a_3$,$b_2 \neq a_2 \oplus a_3$,则改变 a_2;

如果 $b_1 \neq a_1 \oplus a_3$,$b_2 \neq a_2 \oplus a_3$,则改变 a_3。

提取隐密信息时,只需进行逆操作,即 $b_1 = a_1 \oplus a_3$,$b_2 = a_2 \oplus a_3$。

这里用 R 表示载体数据利用率,即嵌入的隐密信息比特数与使用的载体数据的 LSB 数的比值,则有

$$R = \frac{k}{2^k - 1} \tag{3-4}$$

用 E 表示嵌入效率,即每修改一个 LSB 可以平均嵌入的秘密比特数,则有

$$E = \frac{2^k}{2^k - 1} \cdot k \tag{3-5}$$

嵌入两比特的隐密信息平均只需修改 3/4 个 LSB,而普通的 LSB 隐密需要修改 1 个 LSB,由式(3-5)可求得嵌入效率提高了,F5 算法应用矩阵编码,目的就是提高 LSB 隐密算法的嵌入效率,但有一个缺陷就是载体的利用率降低了。表 3.2 给出了不同的(1, n, k)对应的矩阵编码的性能,很明显,嵌入效率和载体数据利用率成反比。

表 3.2 不同的(1,n,k)对应的矩阵编码的性能

k	1	2	3	4	5	6	7	8	9
n	1	3	7	15	31	63	127	255	511
载体数据利用率/%	100.00	66.67	42.86	26.67	16.13	9.52	5.51	3.14	1.76
嵌入效率	2.00	2.67	3.43	4.27	5.16	6.09	7.06	8.03	9.02

通常来说,要在 n 个系数上嵌入 k 比特隐藏信息,这 n 个系数的最低比特位构成码字 a,这 k 比特隐藏信息构成码字 x。令 f 为散列函数,可以从一个码字中抽取 k 比特信息。矩阵编码可以对每一个码字 a,针对要嵌入的信息 x 找到一个合适修改的码字 a',使得 $x=f(a')$,而且汉明距离 $d(a,a')\leqslant d_{\max}$。用符号 $(d_{\max},n,k)$ 表示在一个码字 n 中,修改不超过 $d_{\max}$ 个位置,就可以嵌入 k 比特信息。

在 F5 算法中,应用的矩阵编码是 $d_{\max}=1$。对于 $(1,n,k)$,要求码字长度为 $n=2^k-1$,不考虑收缩,嵌入率为 $R(k)=\frac{k}{n}=\frac{1}{n}\cdot\log_2(n+1)=\frac{k}{2^k-1}$,修改概率为 $D(k)=\frac{1}{n+1}=\frac{1}{2^k}$,嵌入效率为 $W(k)=\frac{R(k)}{D(k)}=\frac{2^k}{2^k-1}\cdot k$。

例如,要在一个容量为 50000 比特的载体图上嵌入 1000 比特的信息,嵌入率为 $R=1000/50000=2\%$。当 $k=8$ 时,$R(k)=8/255=3.14\%$,当 $k=9$ 时,$R(k)=9/511=1.76\%$,这样取 $k=8$,此时,共有码字 50000/255=196 个,每个码字能够嵌入信息 8 比特,这样共能嵌入 $196\times 8=1568$ 比特信息。

可以证明 F5 算法基本保留了原 DCT 系数的直方图分布。设 a 为使用了矩阵编码后的嵌入概率。

$$P(Y=1)=\left(1-\frac{a}{2}\right)P(X=1)+\frac{a}{2}P(X=2)$$

$$P(Y=2)=\left(1-\frac{a}{2}\right)P(X=2)+\frac{a}{2}P(X=3)$$

$$P(Y=3)=\left(1-\frac{a}{2}\right)P(X=3)+\frac{a}{2}P(X=4)$$

这样可以得到:$P(Y=1)>P(Y=2)>P(Y=3)$,$P(Y=1)-P(Y=2)>P(Y=2)-P(Y=3)$,以此类推。

F5 算法基本上保留了载体图像的直方图特性,所以能够抵抗视觉攻击和统计攻击,嵌入量能达到 JPEG 图像大小的 13%。

实际的 F5 算法嵌入过程分为 5 个步骤。

(1)获得输入图像的 RGB 数值。

(2)根据用户设定的质量因数计算量化矩阵,压缩图像后存储量化后的 DCT 系数。

(3)计算估计的容量 C,$C=h_{\mathrm{DCT}}-h_{\mathrm{DCT}}/64-h(0)-h(1)+0.49h(1)$。这里,$h_{\mathrm{DCT}}$ 代表所有 DCT 系数的数量,$h(0)$ 表示所有为零的交流 DCT 系数的数量,$h(1)$ 表示所有绝对值为 1 的交流 DCT 系数的数量,$h_{\mathrm{DCT}}/64$ 为所有直流 DCT 系数的数量,$-h(1)+0.49h(1)=-0.51h(1)$ 表示由嵌入时的收缩引起的容量损失(估计值)。参数 C 和嵌入的信息长度一起决定了最优的矩阵编码参数。

(4)用户设定的密钥作为伪随机数字产生器(PRNG)的种子,该伪随机数字产生器用于对量化后的 DCT 系数重排列,而且该伪随机数字生成器还要产生随机数与要嵌入的信息进行异或。

(5)根据矩阵编码的参数嵌入信息,计算确定矩阵编码参数 k,n,其中,$n=2^k-1$。

(6) 利用矩阵编码技术嵌入隐密信息。

① 取出待嵌入的 k 比特隐密信息,使用伪随机数生成器生成的伪随机序列与 k 比特隐密

信息进行异或运算，得到 k 比特随机化 (0,1) 流，并取出 n 个非 0 的 DCT 系数。

② 根据矩阵编码计算是否需要修改 DCT 系数，如果不需要，则返回①进行下一组嵌入；如果需要，则将要修改的 DCT 系数的绝对值减 1，符号不变。

③ 判断②中被修改的 DCT 系数是否变为 0，若没有，则返回①进行下一组嵌入；若系数变为 0，则视本次隐藏无效，要重新选择一个非 0 的 DCT 系数，与其余 $(n-1)$ 个非 0 的 DCT 系数组成 n 个 DCT 系数，返回步骤②继续嵌入。循环①、②、③，直至嵌入完成。注意：在嵌入过程中，不考虑 DC 系数以及值为 0 的 AC 系数。

(7) 嵌入完成后，对 DCT 系数进行逆置乱、编码，产生隐密后的 JPEG 图像。

提取秘密信息时，先得到图像的量化 DCT 系数，根据预先设定的密钥产生伪随机序列，对量化 DCT 系数进行反置乱，然后根据矩阵编码的参数提取秘密信息。

相对而言，F5 算法是一种较安全可靠的隐密算法，但同样存在缺陷。F5 算法与 F4 算法类似，都采用了 DCT 系数绝对值减 1 的方法来隐藏隐密信息，这样会产生更多的 DCT 系数为 0 的值，出现收缩效应，有学者已经根据这个特性对 F5 算法实现了检测。

3. OutGuess 隐密算法

OutGuess 是 Provos 于 2001 年提出的一种基于 JPEG 图像的隐密算法，这里所说的 OutGuess 算法指的是 OutGuess 0.2 版本，该方法可以保持 DCT 系数直方图的一阶统计特性不变，抵抗 χ^2 检测的攻击。

OutGuess 的嵌入过程可分为嵌入和校正两个部分。第一步是嵌入，将隐密信息嵌入到载体图像量化后 DCT 系数中，嵌入时只是将隐密信息比特位与随机选择的非 0、1 DCT 系数的 LSB 进行简单替换，显然嵌入后的 DCT 系数会出现如图 3.14 所示的直方图对效应，因此 OutGuess 引入了校正的操作，以消除该效应。

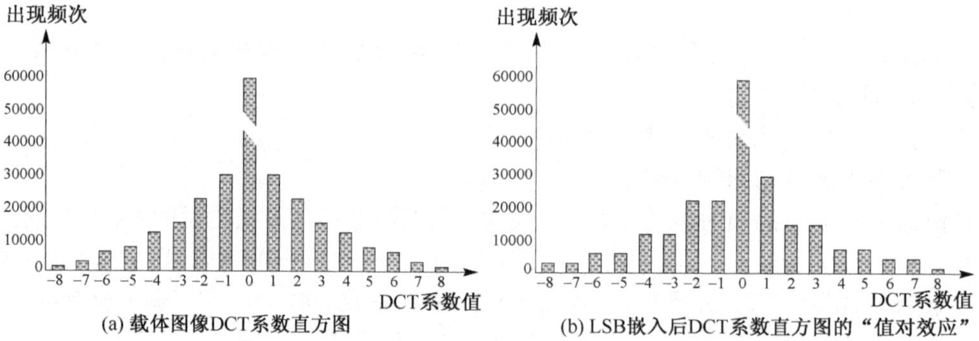

(a) 载体图像DCT系数直方图　(b) LSB嵌入后DCT系数直方图的"值对效应"

图 3.14　直方图对效应示意图

嵌入过程对图像的修改相当于对量化后 DCT 系数进行 LSB 替换。同样 OutGuess 也是随机选择非 0 非 1 的量化 DCT 系数用于嵌入。并且利用 PSNR 产生间隔，决定下一个要嵌的 DCT 系数的位置。

$$b_i = b_{i-1} + R_i(x) \tag{3-6}$$

式中，b_i 代表第 i 比特的嵌入位置；$R_i(x)$ 是区间$[1,x]$的随机子集。

这个区间可以通过式(3-7)来决定

$$\text{interval} = \frac{2 \times (\text{remaining bits in bitmap})}{\text{remaining length of message}} \tag{3-7}$$

如果不加入纠正过程，这实际上就类似于 JP Hide&Seek 的算法。这样当嵌入信息足够多时，DCT 系数的直方图会呈现明显的对效应，具体地说，就是 DCT 系数$(2n,2n+1)$成一对。举例说明造成这种现象的原因，以$(-2,-1)$这一对为例，要嵌入信息在嵌入前经过 RC4 密码流的加密，加密后的结果就是使嵌入信息随机化，即 0 与 1 的个数基本相等，本来图像中为-1的 DCT 系数的个数要明显多于为-2的 DCT 系数，这样为-1的 DCT 系数被修改的概率就大于为-2的 DCT 系数修改的概率，从总体上来说就会使得为-1的 DCT 系数减少，为-2的 DCT 系数增加，这样就造成了对效应，同时给 χ^2 检验攻击提供了机会。

第二步“校正”是指纠正嵌入过程对图像统计特性造成的改动，可以利用嵌入过程没有修改的 DCT 系数来实现。例如，在嵌入过程中修改了第 i 个值为 $2v$ 的量化 DCT 系数，将其改为 $2v+1$，那么在校正操作时，需要在这个系数附近找到一个值为 $2v+1$ 的系数，将其修改为 $2v$，这样不仅保证了量化后 DCT 系数的直方图不变，还能消去对效应。

校正的具体原理：由于嵌入过程并不是修改了所有的可以利用的 DCT 系数，所以可以利用那些未被修改的 DCT 系数来实现纠正。举例说明，如果在嵌入过程当中修改了第 j 个 DCT 系数，其值为 DCT(j)，如果未修改之前 DCT$(j)=2i$，修改后 DCT$(j)=2i+1$，那么就需要纠正这个变化，方法是在第 j 个 DCT 系数的邻近区域找到第 k 个 DCT 系数，使得满足 DCT$(k)=2i+1$，然后把 DCT(k)修改为 $2i$。作这种修改之后可以使 DCT 系数的直方图保持不变。当然，要做到完美地纠正就必须保证不能嵌入太多的信息，因为如果嵌入太多的信息，那样就会剩下不足够多可修改的 DCT 系数用于纠正，这势必影响纠正的效果，因此要事先估计载体图像的嵌入容量。令 h_i $(i=\cdots,-2,-1,0,1,2,3,\cdots)$表示 DCT 系数值为 i 的个数，不妨设 $h_{2i}>h_{2i+1}$，设总的嵌入信息的长度为 meslength(bits)，而总的可以修改的 DCT 系数的个数为 bitmaplength(bits)，则嵌入概率为

$$\alpha = \text{meslength}/\text{bitmaplength} \tag{3-8}$$

式中，$\text{bitmaplength} = \sum_{i\neq 0,\, i\neq 1} h_i$。

则每个系数的修改概率为 $\alpha/2$，那么在嵌入信息后有 $\frac{\alpha}{2}\cdot h_{2i+1}$ 变为 $2i$，还剩余 $\left(1-\frac{\alpha}{2}\right)h_{2i+1}$ 个为 $2i+1$ 的 DCT 系数，此时有 $\frac{\alpha}{2}\cdot h_{2i}$ 个系数变为 $2i+1$，从而需要从 $\left(1-\frac{\alpha}{2}\right)h_{2i+1}$ 个系数中找到 $\frac{\alpha}{2}\cdot h_{2i}$ 个，来进行恢复，即 $\left(1-\frac{\alpha}{2}\right)h_{2i+1}-\frac{\alpha}{2}\cdot h_{2i}\geqslant 0$，可得到 $\alpha \leqslant \frac{2\times h_{2i+1}}{h_{2i}+h_{2i+1}}$，这可以作为嵌入信息大小的先验概率估计。纠正过程需要做到以下两个要求。

(1)对于图像的任何部分，修改后 DCT 系数的分布应该类似于原图的 DCT 系数的分布。

(2)要纠正的 DCT 系数应该尽量少(这应该也要求嵌入过程要修改的 DCT 系数尽量少)。

OutGuess 算法的局限是嵌入的信息不能太多，否则就没有足够的系数来用于完成校正过程。OutGuess 算法的嵌入容量大约是 JPEG 文件大小的 6.5%。

由于引入了校正这一个步骤，OutGuess 算法能够完整地保持量化后 DCT 系数的统计分布，其安全性要高于 F5 算法和 JSteg 类算法。然而 OutGuess 也有它自身的安全隐患。一方面，OutGuess 嵌入同样大小的信息，改变的量化 DCT 系数的个数要比 F5 算法或者 JSteg 类

隐密算法多,也就是说其嵌入效率(1bit per change)要低于F5算法(1.5bit per change)。另一方面,OutGuess只是保持了JPEG图像整体DCT系数直方图。当考虑个别频率位置时,这种单独的直方图(Individual Histograms)并没有得到保持。其表现是,在Fridrich基于特征的分析方法中,某些基于单个位置直方图的统计量仍然对OutGuess的检测具有较大的贡献作用。最后,如同所有通过修改量化DCT系数来嵌入秘密信息的方法一样,用OutGuess算法进行信息嵌入会引起图像空域块不连续性的增加。Fridrich利用这一缺点对OutGuess进行了分析。

4. MB1隐密算法

以JPEG图像为例说明MB算法的应用。选取的模型是含参数的广义柯西分布,来描述交流DCT系数的分布。广义柯西分布为

$$P(u)=\frac{p-1}{2s}\left(\left|\frac{u}{s}\right|+1\right)^{-p} \tag{3-9}$$

式中,u是DCT系数;$p>1$;$s>0$。相应的累积密度函数为

$$D(u)=\begin{cases}\frac{1}{2}\left(1+\left|\frac{u}{s}\right|\right)^{1-p}, & u\leqslant 0\\ 1-\frac{1}{2}\left(1+\left|\frac{u}{s}\right|\right)^{1-p}, & u>0\end{cases} \tag{3-10}$$

嵌入操作的第一步是计算低精度DCT系数直方图。所谓的低精度直方图是指通道数目大于1的直方图。每个系数由两部分组成:直方图通道的索引和通道偏移量。直方图通道索引组成MB算法中的x_α是不被修改的,偏差构成x_β,根据密信比特作相应的修改。模型中的参数s和p根据低精度系数作调整和求解。在嵌入过程中只是偏移量被修改,所以低精度系数的直方图被保持,这样在提取操作中就可以恢复s和p。

具体的嵌入步骤如下。

给定一幅JPEG载体图像和加密后的秘密信,求低精度直方图的值,这部分构成x_α。

(1)用最大似然估计法求参数模型中的s和p。

(2)为每个系数在它们各自的直方图内安排一个记号表示偏移量,这些记号构成x_β。对于每一个高精度系数,利用模型的累积密度函数$D(u)$计算每个记号的概率。

(3)选取一个伪随机序列发生器用来选择系数的顺序。

(4)将密信和(2)中求得的概率以(3)制定的顺序输入到一个非自适应的算术解码器中获得的记号作为每个系数新的记号。结果作为x'_β。

(5)用x_α和x'_β计算新的系数。

提取操作如下。

(1)～(4)步与嵌入操作的(1)～(4)步相同,然后将记号和(1)～(4)步中获得的记号的频数输入到非自适应的算术编码器中获得原始加密后的密信。

3.3 典型音频隐藏方法

随着数字多媒体及网络技术的迅猛发展,音频等多媒体数字作品的创作、存储和传输变得更加便利。由于音频文件易于获取、数据量大、存在冗余等特性,使得以音频为载体的数字促进了音频隐密技术的研究发展日益加快。

音频信息隐藏的主要方法是根据待隐藏信息对人耳听觉不敏感的音频参数进行修改，以达到信息嵌入的目的。因此寻找人耳听觉不敏感的音频参数就成了音频信息隐藏的首要任务。根据前人的研究，听觉阈值、听觉掩蔽效应等特征很大程度上影响了人耳听觉的敏感性。

音频隐密按载体不同可分为 WAV、MP3 和 MIDI 等格式的隐密；按隐密嵌入域的不同可以分为空域隐密、变换域隐密和文件格式的隐密等。空域隐密主要有 LSB 隐密、相位编码隐密、回声隐密和空域扩频隐藏算法等。变换域隐密包括 DFT 域隐密、DCT 域隐密、压缩域隐密等。下面的介绍按照隐密嵌入域分类的隐密方法。

3.3.1 空域隐藏方法

1. 音频最低比特位方法

音频 LSB 与图像隐藏的 LSB 方法类似，也是选取采样点的采样值中最不重要的比特来隐藏信息，这是在音频文件中嵌入信息最简单的方法。通常采样值的低位比特就是最不重要比特，可以将其替换成要隐藏的秘密信息，信息提取的方法就是从低位比特中读取秘密信息值。利用该方法，隐藏和信息提取时通常会有一序列作为密钥以决定所选用的低位比特顺序。例如，在 16 比特采样的音频中，最低 4 个比特可以用做隐藏。LSB 方法的缺点是除非利用冗余技术，否则无法消除噪声、重采样等形式的信号处理，因而该方法适合数字音频。

2. 相位编码方法

实验表明人耳不能听到平滑的相位提升所引起的差别，但不同频率成分之间的相位关系大幅度变化能够引起信号失真。利用此特点，Bender 等提出了利用相位进行信息隐藏的方法。

(1)将音频序列 $s[i](0 \leqslant i \leqslant I-1)$ 分成一系列长为 N 的短片段，得到 $s_n[i]$，其中，$0 \leqslant n \leqslant N-1$。

(2)对片段 $s_n[i]$ 进行 K 个点的 DFT 变换 $(K=1/N)$，得到相位矩阵 $\phi_n(w_k)$ 和幅度矩阵 $A_n(w_k)$，其中，$0 \leqslant k \leqslant K-1$。

(3)获得相邻的相位差。

$$\Delta\phi_{n+1}(w_k) = \phi_{n+1}(w_k) - \phi_n(w_k) \tag{3-11}$$

(4)以 $\phi_{\text{data}} = \pi/2$ 或 $-\pi/2$ 代表 0 和 1 进行信息隐藏。

$$\phi'_0 = \phi'_{\text{data}} \tag{3-12}$$

(5)利用相位差重新构成相位矩阵。

$$\begin{bmatrix} (\phi'_1(w_k) = \phi'_0(w_k) + \Delta\phi_1(w_k)) \\ \vdots \\ (\phi'_n(w_k) = \phi'_{n-1}(w_k) + \Delta\phi_n(w_k)) \\ \vdots \\ (\phi'_N(w_k) = \phi'_{N-1}(w_k) + \Delta\phi_N(w_k)) \end{bmatrix} \tag{3-13}$$

(6)使用新的相位矩阵 $\phi'_n(w_k)$ 和幅度矩阵 $A_n(w_k)$ 进行逆 DFT 变换，得到隐藏后的音频信号。

提取过程类似于隐藏过程，但一定要保持片段的长度、DFT 的点数和数据间隔与隐藏时一致。

3. 回声隐密方法

随着原始声音与引入回声之间时延的减小，这两个信号混杂在一起。在某一个偏移量上，由于人耳不能区分原始声音与其回声，而认为两者是一个单一声音信号。加入回声的方法必然造成宿主声音的失真，但只要合理地选择引入回声的参数，或将回声扩展到多个方向，附加的回声就很难被察觉。回声隐密方法就是利用了这种听觉特性。回声隐密算法对宿主声音的改变考虑的是环境条件而不是随机噪声的特征，因而具有较强的抗主动攻击能力。同时，该方法在将数据嵌入声音媒介中时寻求原始媒介数据的最小失真，使得宿主声音的改变难以被感知。

声音在障碍物上的反射形成回声，引入回声的数字音频信号可表示为

$$y(n) = s(n) + \lambda s(n-m) \tag{3-14}$$

式中，$s(n)$是纯净音频信号；$\lambda s(n-m)$ 为 $s(n)$的回声信号；$\lambda(0 \leqslant \lambda < 1)$ 和 m 分别为回声的振幅衰减系数和时延。

对一个线性量化的音频数据文件（如 WAV 文件），先分成若干包含相同样点数的小片段，其时间长度为几到几十毫秒，样点数记为 N。每段用来隐藏 1 比特秘密信息。定义两种不同的回声延时 m_0 和 m_1（$m_0 \ll N, m_1 \ll N$）来携带这 1 比特信息，m_0 用以表征二进制的 0，m_1 用以表征二进制的 1。m_0 和 m_1 的取值应比较接近，并且它们所对应的延迟时间都低于人耳能够分辨的回声时延的阈值。

秘密信息嵌入的方法：对每一段音频数据附加衰减系数相同而延时不同的回声，回声延时由要隐藏的秘密比特决定，当要隐藏的比特为 0 时，回声延时取 m_0，而当要隐藏比特为 1 时，取 m_1。数据嵌入过程如图 3.15 所示。

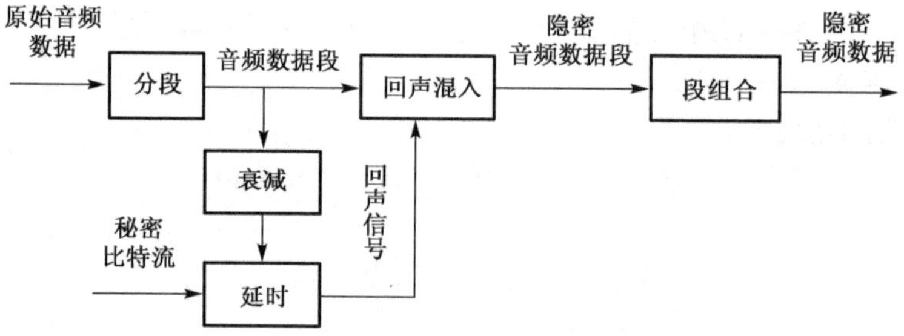

图 3.15　时延回声隐藏数据嵌入过程框图

将 N、m_0 和 m_1 作为密钥保留或通过安全信道传送给接收方。所有这些音频数据段便组成包含整个秘密信息的隐密数据文件。

嵌入信息的提取就是要测定回声的延时。由于隐密数据段是一个卷积性组合信号，直接从时域或频域确定回声时延存在一定困难，可采用卷积同态滤波系统来处理，将这个卷积性组合信号变为加性组合信号。

为恢复嵌入的秘密比特，首先用指数 $a^n(0 < a < 1)$ 序列加权密写数据段 $y(n)$，只要 a 足够小，可使 $p(n) = a^n y(n)$ 为最小相位序列。由时谱技术，可知 $p(n)$的复倒谱(Complex Cepstrum) $\hat{p}(n)$ 为加性信号。可以证明，$p(n)$的复倒谱 $\hat{p}(n)$ 在回声延时处出现极大值，由于引入回声的延时只有 m_0 和 m_1 两种可能，所以只要比较 $\hat{p}(n)$ 在 m_0 和 m_1 处的取值，根据其中较大者即可判断回声延时 m，从而确定嵌入的 1 比特信息。嵌入数据恢复过程如图 3.16 所示。

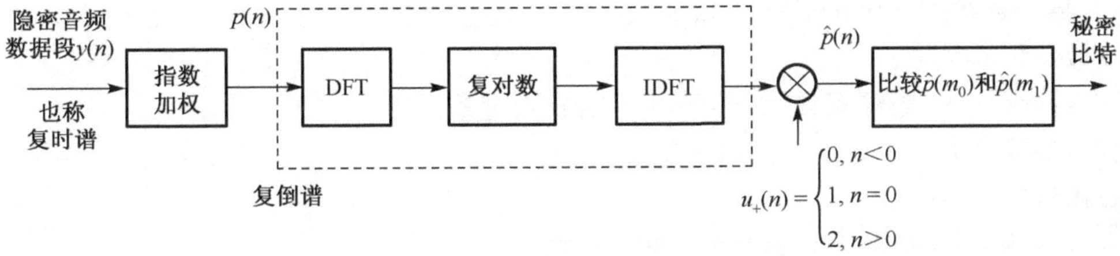

图 3.16　时延回声隐藏数据恢复过程框图

4. 扩频隐藏方法

扩频隐藏借鉴扩频通信的思想，将隐藏的秘密信息转换成数据流，扩展到尽可能宽的频谱或指定的频段上，以达到隐藏数据的目的。目前采用的扩频技术是直接序列扩频，经过纠错编码处理的伪随机二进制脉冲序列对音频信号进行调制，使得秘密数据扩展到整个音频频段或指定的频段上。扩展的数据序列就被减弱成随机噪声叠加到原始信号上。信息提取时，使用同样的伪随机噪声序列倍乘到隐藏后的信号。

3.3.2　变换域隐藏方法

变换域隐藏方法是将秘密信息嵌入到载体的某个变换域中，比较常见的变换域有离散傅里叶域隐藏算法(DFT)、离散余弦变换域隐藏算法(DCT)、小波域隐藏算法(DWT)等，分别叙述如下。

1. 离散傅里叶变换音频隐密方法

离散傅里叶变换是线性系统分析的有力工具，在数字水印处理技术中也受到了高度重视。与 DCT、DWT 变换域音频信息隐藏嵌入方法类似，傅里叶变换域方法也是先对原始音频信号进行傅里叶变换，选择其中的中频段 2.4～6.4kHz 的傅里叶变换系数来进行数据嵌入，也就是用表示秘密数据序列的频谱分量来替换相应的傅里叶变换系数，选择中频段使得数据被保存在人耳最敏感的低频范围之外。这种方法具有很好的鲁棒性，但嵌入的数据量是有限的，并且要求其幅度也不能太大。

2. 离散余弦变换音频隐密方法

离散余弦变换是图像处理中的核心算法，在图像信息隐藏中得到了深入的研究。为了增强音频水印的鲁棒性，人们开始研究在音频信号的 DCT 系数中嵌入秘密信息。其方法为：将原始音频信号进行 DCT 变换，得到 DCT 系数；选定中频系数，以嵌入水印；嵌入水印，修改中频系数；然后将修改后的中频系数作 IDCT 变换，得到嵌入水印后的音频信息。由于离散余弦变换是实变换，所以它具有良好的压缩能力和解压相关能力，并且计算量也不大。

对于变换域隐密方法，只要攻击者不过分破坏隐蔽文件的可听懂度，嵌入信号中的隐密信息就不会被删除。这些方法将秘密信息嵌入到频域变换的系数当中,并借鉴扩展频谱通信等技术对待隐藏信息进行有效的编码,从而提高了透明性和鲁棒性,同时还适当利用滤波技术消除信息隐藏可能引入的高频噪声,从而增加了对低频滤波攻击的抵抗力。

典型基于音频的隐密算法的特点如下。

(1)最低位 LSB 法。

优点:计算简单、隐密容量大、透明度依据嵌入位数而定。

缺点:鲁棒性差。

(2)相位法。

优点:计算复杂度中等、鲁棒性好、透明度好。

缺点:隐密容量中等。

(3)回声法。

优点:鲁棒性较好、透明度随回声间隔和衰减系数而变。

缺点:计算复杂、隐密容量好。

(4)扩展频谱法。

优点:计算复杂度中等、鲁棒性好、透明度随回声间隔和衰减系数而变。

缺点:隐密容量小。

(5)压缩域算法。

优点:计算复杂度依据嵌入操作在什么域,在非压缩域相对复杂。

缺点:隐密容量小、鲁棒性一般、透明度一般。

(6)时间和频率掩蔽算法。

优点:隐密容量非常大、透明度好。

缺点:计算复杂、鲁棒性差。

3.4 典型视频信息隐藏方法

视频可以看成一系列连续的静止图像在时间域上构成的序列,因此视频信息隐藏技术与静止图像隐藏技术在应用模式和设计方案上具有相似性,一些曾经成功应用于静止图像的信息隐藏技术可以被直接引入到视频信息隐藏系统中。但实际上,视频序列和静止图像之间仍存在一定的区别,视频信息隐藏技术相应具有自身的特殊性。

(1)有别于图像信号空间的局限性,视频序列为隐藏信息的嵌入提供了非常大的可用载体信号空间;同时由于视频信号由空间域扩展到了时间域,使人眼视觉特性的利用范围进一步扩大。

(2)由于数据量巨大,视频序列必须经过有损压缩编码才能进行存储或传输,所以嵌入其中的隐藏信息必须具有抗击或适应视频压缩编码处理的能力。此外,具体的视频编解码应用系统对信息隐藏和提取算法的实现提出了实时性或准实时性的要求以及其他一些约束条件(如恒定码率)。

(3)视频相邻帧之间的内容具有较高的相关性,导致视频信息隐藏可能遭遇到针对视频信息特性而产生的新攻击模式的挑战,如帧重组、帧删除、帧间统计平均和统计共谋等,因此要求视频信息隐藏技术应具备抵抗这些攻击的能力。

3.4.1 空域隐藏方法

空间域隐藏方法直接对视频序列中各帧的像素进行处理，在视频序列的空间域嵌入信息。这类方法在数字隐密中出现最早且最为广泛。

1. 最低比特位算法

最低比特位(LSB)算法是一种简单而有效的空域信息隐藏算法。通过把每个像素的最低比特位用一个秘密信息比特来替代，可以把大量数据嵌入到图像信号中。这种方法鲁棒性较差，秘密信息很容易被噪声、重采样等操作破坏，由于出现较早，引起了众多隐密分析研究者的关注。

2. 空间域扩频技术

扩频技术是信息隐藏中常使用的一项技术。扩频通信是指通过频域扩展在宽带通道上传输窄带信号。扩频通信的理论基础来源于信息论和抗干扰理论。香农(Shannon)的信息论公式为

$$C = W\log_2(1 + S/N) \tag{3-15}$$

式中，C 表示信道容量；W 表示信道带宽；N 表示噪声功率；S 表示信号功率。香农公式表明了一个无误差的传输信息的能力同存在于信道中的信噪比以及用于传输信道的带宽之间的关系。

对于给定的信道容量 C，可以用不同的带宽 W 和信噪比 SN 的组合来传输信息。如减少带宽则必须发送较大的信号功率，如有较大的传输带宽，则同样的信道容量能够用较小的信号功率(较小的 SN)来传送，这表明宽带系统有较好的抗干扰性。

可见，扩频技术是利用与被传输信息无关的扩频码对被传输的信号扩展频谱，使之占有远远超过被传输信息所需的带宽。在接收端采用同样的解扩来恢复数据。

由于扩频码的随机性，扩频信号的宽带性，扩频系统具有以下特点。

(1)扩频信号是不可预测的伪随机宽带信号，扩频系统具有很高的抗干扰能力，因为干扰者难以通过观察改善其干扰性能，而只能采用发射同被干扰信号不匹配的干扰技术。

(2)扩频信号的功率相当均匀地分布在很宽的频率范围内，以致被传输信号的功率密度很低，侦察接收机难以检测。因此，扩频系统具有低截获率性。

(3)扩频系统具有良好的码分多址通信能力，即自相关性很强，互相关性很低。

以上特点对信息隐藏技术十分有用，在信息隐藏技术中，将原始数据看成通信信道 C，隐藏信息看成通过 C 的信号 S，各种有意、无意的干扰看成噪声 N。利用扩频技术原理，将隐藏信息分布在许多频域系数中，加入每个频域系数的信号能量很小且不可随意检测。随后的信息检测过程知道隐藏信息的位置和内容，它能将许多微弱的信号集中起来形成具有很高信噪比的输出值，要破坏所隐藏的信息需要很强的噪声信号加入所有频域系数中，但是，破坏信息的同时也造成原始数据质量严重下降。因此，利用扩频原理的数字信息隐藏技术具有很高的鲁棒性和安全性。第一，隐藏信息的位置不明显且隐藏信息的值具有随机性；第二，频域区域的适当选择，使得有意、无意破坏隐藏的同时也破坏了原数据。

扩频隐藏方法在空间域利用人眼的视觉掩盖效应，精确地控制嵌入信息幅度，使其在满足不可感知性条件下具有抗有损压缩的能力。首先由基本秘密信息序列 A 经过扩频系数 cr 进行序列扩展为序列 B，再利用伪随机序列 P 对其调制，并引入局部幅度调制因子 α_i 对调制后的信息进行自适应幅度调整，最后将调整后的隐藏信息加入到行扫描的视频信号 v_i 中，产生嵌入信息后的视频信号 $\bar{v}_i$。

$$\begin{aligned}&A=\{a_1,a_2,\cdots,a_n\},a_j\in\{-1,1\},j\in N\\&B=\{b_1,b_2,\cdots,b_n\},b_j=a_j,j\cdot \mathrm{cr}\leqslant i\leqslant(j+1)\cdot \mathrm{cr},\mathrm{cr}>1,i,j,\mathrm{cr}\in N\\&P=\{p_1,p_2,\cdots,p_n\},p_i\in\{-1,1\},i\in N\\&W=\{w_1,w_2,\cdots,w_n\},w_i=\alpha_i\cdot b_i\cdot p_i,i\in N\\&\bar{v}_i=v_i+\alpha_i\cdot b_i\cdot p_i\end{aligned}\tag{3-16}$$

由于 p_i 具有噪声的特生，w_i 也是类似噪声的信号，所以很难检测、定位和操作。隐藏信息的提取可以通过嵌入信息后的视频信号与伪随机序列 P 进行相关来完成。

$$s_j=\sum_{i=j\cdot \mathrm{cr}}^{(j+1)\cdot \mathrm{cr}-1}p_i\cdot\bar{v}_i=\sum_{i=j\cdot \mathrm{cr}}^{(j+1)\cdot \mathrm{cr}-1}p_i\cdot v_i+\sum_{i=j\cdot \mathrm{cr}}^{(j+1)\cdot \mathrm{cr}-1}p_i^2\cdot\alpha_i\cdot b_i\tag{3-17}$$

由于 p_i 为双极性伪随机序列，所以可认为 $\sum_{i=j\cdot \mathrm{cr}}^{(j+1)\cdot \mathrm{cr}-1}p_i=0$；同时一般假设 p_i 和 v_i 不相关，则式(3-17)中等号右侧第一部分为零。则式(3-17)变为如下

$$\begin{aligned}&s_j=\sum_{i=j\cdot \mathrm{cr}}^{(j+1)\cdot \mathrm{cr}-1}p_i^2\cdot\alpha_i\cdot b_i=a_j\cdot\sigma_p^2\cdot \mathrm{cr}\cdot \mathrm{mean}(\alpha_i)\\&\mathrm{sign}(s_j)=\mathrm{sign}(a_j\cdot\sigma_p^2\cdot \mathrm{cr}\cdot \mathrm{mean}(\alpha_i))=\mathrm{sign}(a_j)=a_j\end{aligned}\tag{3-18}$$

最后通过符号函数 $\mathrm{sign}(s_j)$ 恢复秘密信息，式中，mean(·) 为均值函数。

3. 运动向量隐密算法

运动向量隐密算法主要由运动向量选择和隐密信息嵌入两部分组成。在运动向量选择上一般选择运动向量幅值较大的运动向量。隐密信息嵌入的经典方法有修改运动向量角度和运动向量大小两类。

1)修改角度嵌入信息

对于平面直角坐标系中的角度 2π，选定合适的角度 Δ。将 2π 角度等分为 $2n$(n 为正整数)份，并且划分成 $2n$ 个角度区间：$[(0,\Delta),(\Delta,2\Delta),\cdots,((2n-1)\Delta,2n\Delta)]$。

设 $A_k=[(2k-2)\Delta,(2k-1)\Delta]$，$B_k=[(2k-1)\Delta,2k\Delta]$ (其中 $k=1,2,\cdots,2n$，下同)。令 $A=(A_1,A_2,\cdots,A_k)$，$B=(B_1,B_2,\cdots,B_k)$，则 A、B 两个区间集不重复不遗漏地对 $(0,2\pi)$ 区间进行了划分。

下面规定 A、B 区间集的含义，凡属于 A 区间的角度均代表“0”，凡属于 B 区间的角度均代表“1”。

对任何一个在区间 $(0,2\pi)$ 的角度 θ，它或者属于 A 或者属于 B，要让 θ 表示特定的信息 ω，就必须对 θ 进行调制，设调制后的角度为 θ'，具体调制方法如下。

(1) $\omega=0$。若 $\theta\in A$，则不对 θ 作改动；若 $\theta\in B$，则将 θ 调制到 A 中离 θ 最近的某区间，且使得 $\mathrm{ads}(\theta-\theta')$ 的值最小。此时有 $\theta'=(2k-1)\cdot\Delta-\varepsilon$ 或 $\theta'=2k\cdot\Delta+\varepsilon$。

(2) $\omega=1$。若 $\theta\in B$，则不对 θ 作改动。若 $\theta\in A$，则将 θ 调制到 B 中离 θ 最近的某区间，且使得 $\mathrm{ads}(\theta-\theta')$ 的值最小。此时有 $\theta'=(2k-2)\cdot\Delta-\varepsilon$ 或 $\theta'=(2k-1)\cdot\Delta+\varepsilon$。

2)修改大小嵌入信息

如果 $((H_i\times q+T)\mathrm{mod}2)\neq m$，则 $H_{iw}=H_i+d$；如果 $((H_i\times q+T)\mathrm{mod}2)=m$，则 $H_{iw}=H_i$。其中，H_{iw} 表示对第 i 个选定宏块嵌入信息后得到的运动向量的水平分量，T 为 2 倍搜索区域宽度，$d=(2n+1)/q$，n 为一整数，q 为控制信息嵌入的强度，m 表示嵌入信息。对于运动向量的垂直分量，可以采用相似的嵌入方法完成。

从运动向量隐密算法可以看出，现有的运动向量隐密算法一般都要改变运动向量的大小或方向，这必然会引起运动向量时空分布上的变化，这种时空变化主要表现在帧内运动向量特征和帧间运动向量特征上。

3.4.2 变换域隐藏方法

变换域嵌入方法是指应用信号处理技术将视频序列由空间域变换到频域(变换域)，然后在变换域系数中嵌入信息。常见的变换包括离散余弦变换、离散傅里叶变换以及离散小波变换等。一般有两种处理方法：①将视频看成静态图像组成的序列，在单帧图像上嵌入信息，或者利用序列图像之间的关系来进行信息的嵌入；②将视频序列看成一个三维信号，其中两维在空间上，一维在时间上，对序列进行三维变换，然后进行秘密信息的嵌入。

DCT 域算法是将空间域信号进行 DCT 变换，在 DCT 频率域上进行信息的隐藏与提取。把秘密信息隐藏在 DCT 域的一个常用方法是调整一个图像块中的两个或多个 DCT 系统的相对值。在隐密通信的过程中，发送方把隐藏图像分为 8×8 的像素块，每一块只隐藏一个消息位。选择一个伪随机块 b_i 以隐藏第 i 个消息位。记 $B_i=D\{b_i\}$ 为 DCT 变换后的图像块。在通信开始之前，发送方和接收方要确认嵌入过程中使用的两个 DCT 系数的位置，记为 (u_1,v_1) 和 (u_2,v_2)。两个系数要位于 DCT 的中频，从而保证信息存储在信号的重要部分以使得嵌入的信息不会完全被 JPEG 等压缩编码破坏。人们已公认中频部分的 DCT 系数具有相似的幅值，所以可认为嵌入过程不会使隐密载体发生显著退化。若想使隐藏的信息对 JPEG 格式压缩具有鲁棒性，必须这样选择系数，使这两个系数其相对应的量化值在 JPEG 格式压缩算法中是相等的。根据标准的 JPEG 量化表，系数(4,1)和(3,2)对应的量化表值均为 22，以及系数(1,2)和(3,0)对应的量化表值均为 14，这两组系数对就是代表。

如果块 $B_i(u_1,v_1)>B_i(u_2,v_2)$，则隐藏“1”，否则，隐藏“0”。在隐藏时，如果两个系数相对值与待隐藏位不匹配，就交换它们的值。由于 JPEG 格式压缩的量化过程影响系数的相对值，要通过加入随机值到两个系数中，以保证对某个 $x>0$，有 $|B_i(u_1,v_1)-B_i(u_2,v_2)|>x$。$x$ 值越高，算法对 JPEG 格式压缩的鲁棒性越强，但图像质量也越差。然后发送方用 DCT 逆变换把系数映射回空域。在提取秘密信息时，对所有使用的块作 DCT 变换。通过比较每个块的两个系数，即可恢复信息。

如果常数 x 和使用 DCT 系数的位置选择适当，嵌入过程就不会使隐蔽载体产生明显的变化。由于在量化过程中，两个系数被相同的量化值相除，可以认为这种算法对 JPEG 格式压缩具有鲁棒性，它们的相对值只在舍入时受到影响。上述算法最重要的缺陷是，算法可能为了使 DCT 系数之间的关系符合数据嵌入要求，而对系数的修改幅度过大，导致严重损坏原来的图像块。

变换域的方法在图像数字隐密方面已经发展比较成熟，但是如果只是对独立的帧进行处理，而不考虑相邻帧之间的相关性，在传输过程中就容易通过帧丢失、添加等攻击去除嵌入在视频序列中的信息。

3.5 信息隐藏方法性能评价

在对信息隐藏系统和方法研究不断深入的同时，迫切需要对信息隐藏系统的性能评估和基准测试等进行研究。信息隐藏的合理评价和基准测试，对于信息隐藏性能的提高以及信息隐藏系统的完善都将起到全面保障的作用。

对信息隐藏系统或方法的评估是多方面的，如不可感知性、嵌入数据的容量、安全性等。一般来说，这些指标是相互冲突的，在不同的应用中有不同的平衡条件。其中不可感知性是信息隐藏系统中最基本的要求，它是信息隐藏系统和方法能够应用的必要条件。从公开的文献上看，对于信息隐藏性能评价主要包括由隐藏信息引起的主观失真评价、媒体质量度量（不可感知性）的客观评价。嵌入数据的容量指所嵌入的秘密信息量和所有可以嵌入的位置（系数）之比。当嵌入的秘密信息量等于载体可以隐藏的最大量时，称为满嵌。安全性指所涉及的算法的抗安全分析能力评价等。

3.5.1 不可感知性主观失真度量

应用主观测试时，需要遵守测试协议，该协议要对测试和评估的过程进行描述。这样的测试包括两个步骤：第一步，将失真的数据集按照从最好到最坏的次序排序；第二步，挑选测试人员按照一定准则，如表 3.3ITU_R Rec. 500，描述所处理对象的级别和相应的可感知性以及质量，对每个数据集进行评定，描述所处理对象的可感知性。

表 3.3 ITU-R Rec. 500 1～5 范围内的质量等级级别

等级级别	损害	质量
1	不可察觉	优
2	可察觉，不让人厌烦	良
3	轻微的让人厌烦	中
4	让人厌烦	差
5	非常让人厌烦	极差

这种方法对于一般的载体处理的结果以及隐密方法和数字水印处理的载体均有效，它的结果对最终的性能评价和测试是有实用价值的，但由于受观察者背景知识、观测环境等其他因素的限制和影响，评价结果的一致性较差，而且费时费力，所以在研究和开发情况下并不是很实用。

3.5.2 不可感知性客观质量度量

由于主观失真评价存在的缺陷使得客观测度作为一个可以定量评价信息隐藏的标准，在性能评价中占有十分重要的地位。

客观的量化度量因其结果不依赖于主观评定而成为科学研究中的有效手段和方法。在图像和视频处理中评价图像质量的客观度量主要是基于像素的差分失真度量，包括平均绝对差分、均方误差、L^p 范数、Laplace 均方误差、信噪比、峰值信噪比等。经过尺度适应后，这些度量可以应用在图像以外其他类型的数据中。

客观测度作为一个可以定量评价图像质量的标准，在性能评价中占有十分重要的地位。由于测量结果不依赖于主观感觉和意识，所以可以使基于不同原理的图像处理方法按照同一个固定的评价标准进行计算，结果的互相比较也更趋于合理，常用的基于像素的图像视觉失真度量标准如信噪比、峰值信噪比、拉普拉斯均方误差、归一化互相关、全局西格马信噪比、直方图相似性等，都被广泛地应用到各个领域中，表 3.4 列出了一些视觉失真度量标准。

表 3.4　视觉失真度量标准

差分失真度量	平均绝对差分	$AD=\frac{1}{XY}\sum_{x,y}\lvert p_{x,y}-\tilde{p}_{x,y}\rvert$
	均方误差	$MSE=\frac{1}{XY}\sum_{x,y}(p_{x,y}-\tilde{p}_{x,y})^2$
	L^p 范数	$L^p=\left[\frac{1}{XY}\sum_{x,y}\lvert p_{x,y}-\tilde{p}_{x,y}\rvert^p\right]^{1/p}$
	拉普拉斯均方误差	$LMSE=\sum_{x,y}(\nabla^2 p_{x,y}-\nabla^2\tilde{p}_{x,y})^2/\sum_{x,y}(\nabla^2 p_{x,y})^2$
	信噪比	$SNR=\sum_{x,y}p_{x,y}^2/\sum_{x,y}(p_{x,y}-\tilde{p}_{x,y})^2$
	峰值信噪比	$PSNR=XY\max_{x,y}p_{x,y}^2/\sum_{x,y}(p_{x,y}-\tilde{p}_{x,y})^2$
相关失真度量	归一化互相关	$NC=\sum_{x,y}p_{x,y}\tilde{p}_{x,y}/\sum_{x,y}(p_{x,y})^2$
	相关质量	$CQ=\sum_{x,y}p_{x,y}\tilde{p}_{x,y}/\sum_{x,y}p_{x,y}$
其他	全局西格马信噪比	$GSSNR=\sum_{b}\sigma_b^2/\sum_{b}(\sigma_b-\tilde{\sigma}_b)^2$，其中 $\sigma_b=\sqrt{\frac{1}{n}\sum_{b}p_{x,y}^2-\left(\frac{1}{n}\sum_{b}p_{x,y}\right)^2}$
	直方图相似性	$HS=\sum_{c=0}^{255}\lvert f_I(c)-f_{\tilde{I}}(c)\rvert$，其中，$f_I(c)$ 是在 256 灰度级图像中灰度级 C 的相对频率

注：$p_{x,y}$代表一个在原始的未失真图像中坐标为(x,y)的像素点；$\tilde{p}_{x,y}$代表在嵌入了秘密信息的图像中坐标为(x,y)的像素点；GSSNR 需要将原始图像和含隐藏信息的图像分割成 n 个像素点(如 4×4 像素)的块；X 和 Y 分别是行和列的个数

1. 峰值信噪比失真度量

下面对峰值信噪比失真度量方法分别加以讨论。峰值信噪比和均方误差一样，是图像和视频压缩应用中评价图像质量最常用的方法之一。定义如下

$$PSNR=-10\log_{10}\frac{\sum_{m=0}^{M}\sum_{n=0}^{N}[I_k(m,n)-\tilde{I}_k(m,n)]^2}{M\cdot N\cdot MAX\{I_k^2(m,n)\}}\tag{3-19}$$

式中，$I_k(m,n)$ 为原始图像；$\tilde{I}_k(m,n)$ 为待检测图像，图像的大小为 $M\times N$。由定义可知，PSNR 是用来衡量待检测图像与原始图像近似程度的量，它计算简单，直观，在一定程度上反映了图像数据处理前后的变化情况，从而获得广泛应用。

人眼的感知系统是一个非线性系统，峰值信噪比是对图像处理前后变化情况在统计意义上的线性描述，线性描述很难准确描述出非线性的人眼感觉。根据韦伯定律，人眼对光强变化的响应成反比，人的视觉对空间频率有很强的依赖性，随着频率的增大，人眼的分辨率会迅速降低，人眼对不同角度的空间频率视觉信号的响应也不大相同，在垂直方向和水平方向的频率具有较强的视觉响应，在对角线的频响显著下降。而峰值信噪比无法反映出这种特性。

峰值信噪比只是从总体上对信息隐藏前原图像和信息隐藏后图像误差数据进行的统计平均，不能完整地反映人类视觉特性。首先不能表达局部视觉感受严重破坏所引起的信息隐藏性能的差别；从图像质量而言，对于少数像点有较大差别和较多像点有较小差别等明显的图像质量变化无法正确表达，对于信息隐藏来说，由于需要抵抗一定的攻击，同时又不能产生明显的视觉失真，所以大多数信息隐藏算法都在图像视觉感知不明显的地方嵌入大量的隐藏信息，导致图像各部分引入的误差极不均衡。而 PSNR 无法反映这种特性。可见，传统的峰值信噪比有明显的局限性。

图 3.17 给出了一个极端的例子，对两幅完全相同的图像，在其中一幅图像中加上集中分布噪声，表现为一个方块，而对另一幅图像加上均匀的高斯白噪声，分散在图像中。从这个实验中人眼可以很轻易地看出两者之间的差别，但是这两幅图像的峰值信噪比却完全相同。这是因为人眼同时具有对图像整体和局部的视觉判断能力，可以很容易地感觉到两者之间的不同之处。可见，峰值信噪比与人眼的视觉特性存在着差异，不具有普遍的一致性，因此用峰值信噪比来评价信息隐藏技术并不合适。

(a) 原始图像　　(b) 集中分布噪声　　(c) 分散分布高斯噪声

图 3.17　相同峰值信噪比条件下的加噪图像对比(PSNR=37dB)

针对此问题，Voloshynovskiy 提出加权 PSNR(WPSNR)，定义为

$$\text{WPSNR} = 10\log_{10}\frac{\max(x)^2}{\|y-x\|_{\text{NVF}}^2} = 10\log_{10}\frac{\max(x)^2}{\|\text{NVF}\cdot(y-x)\|^2} \tag{3-20}$$

$$\text{NVF}(i,j) = \frac{1}{1+\theta\sigma_x^2(i,j)} \tag{3-21}$$

$$\sigma_x^2(i,j) = \frac{1}{(2L+1)^2}\sum_{k=-L}^{L}\sum_{l=-L}^{L}(x(i+k,j+l)-\bar{x}(i,j))^2 \tag{3-22}$$

$$\bar{x}(i,j) = \frac{1}{(2L+1)^2}\sum_{k=-L}^{L}\sum_{l=-L}^{L}x\,(i+k,j+l)^2 \tag{3-23}$$

$$\theta = \frac{D}{\sigma_{x\max}^2} \tag{3-24}$$

Voloshynovskiy 举例说明了他的方法的优越性，如图 3.18 所示，这三幅图有相同的 PSNR，但是显然图像质量不一样，而 WPSNR 却表现出与人眼视觉相一致的趋势。于是 Voloshynovskiy 得出结论，WPSNR 比 PSNR 更靠近人眼的感知特性。

根据式(3-21)，可以看出对于图像的平坦区域 NVF 接近于 1，对于图像的边缘区和纹理区 NVF 应该接近于 0，也就是说 Voloshynovskiy 认为人眼对平坦区域比较敏感，对纹理区和边缘区不敏感。这样，同样的误差，如果出现在纹理区或者边缘区则对图像质量的损伤会更小

(a) PSNR=24.6,WPSNR=26.4 (b) PSNR=24.6 ,WPSNR=27.9 (c) PSNR=24.6,WSNPR=29.3

图 3.18 PSNR值相同的三幅图像

一些。这样就不难理解 Voloshynovskiy 是如何构造图 3.18 中的三幅图的。从第一幅图来看,噪声大概是均匀地加在整幅图像上的;第二幅度在一定程度上减小了加在平滑区的噪声方差,同时增大了在纹理区边缘区的噪声方差(为保证 PSNR 一致);第三幅图则进一步减小了平滑区的方差,进一步增大了纹理区边缘区的方差。通过比较每幅图的左上角的黑色边缘,可以发现图 3.18(a)的黑色边缘最清晰,这显然是由图 3.18(b)、(c)增大了加在边缘区的噪声方差造成的。

可以得出结论,如果图像只有一种颜色,则对于这幅图无论进行何种修改,其 PSNR 都等于 WPSNR。但是,可以构造以下的图像,如图 3.19 和图 3.20 所示,这些图具有相同的 WPSNR,但是图像质量却明显不同。

(a) 原始图 (b) 在NVF<0.4的区域加噪声 (c) 在NVF<0.1的区域加噪声

图 3.19 WPSNR 值相同的三幅图像

(a) 原始图 (b) 在NVF<0.4的区域加噪声 (c) 在NVF<0.1的区域加噪声

图 3.20

图 3.19(b)、(c)有相同的 WPSNR(50dB),不过明显后者的边缘改动较大,图 3.19(b)的

PSNR=35.78dB,图 3.19(c)的 PSNR=25.90dB。图 3.20(b)、(c)有相同的 WPSNR(50dB),明显后者的边缘改动较大,不过图 3.20(b)的 PSNR=38.04dB,图 3.20(c)的 PSNR=27.48dB。这在一定程度上也说明了 WPSNR 的局限性。针对这些问题,本书对信息隐藏的本质进行研究,从数据特性和感知特性出发研究嵌入信息后的数据变化和感知变化。

2. 基于 HVS 的感知评价方法

图像的客观损失对人的视觉影响是由人的视觉系统的灵敏度决定的。现代视觉生理学研究表明,人的视觉系统的灵敏度是由人的视觉细胞决定的,产生亮度视觉效应的细胞是锥状细胞和杆状细胞。锥状细胞是在正常和较大亮度情况下工作,产生明视觉,杆状细胞是在较低亮度下工作,产生暗视觉。人眼对于亮度强弱的主观感受不仅是非线性的,而且有很大的适应能力,故很难正确判断亮度的绝对大小。但当判定两个亮度中何者较大时,视觉系统则有较好的能力,即人眼有较好的对比灵敏度。实验表明,人眼对比灵敏度的测量符合韦伯定理。常用线性对比度来表示图像中亮暗差异大小。

这里从人类视觉的角度,研究基于空间频率和亮度掩蔽的掩蔽模板,忽略隐密图像中的那些人眼不敏感的失真与损伤,而将突出的损伤部分进行加权计算,形成感知误差进行信息隐藏可感知性性能客观评价。基于人的视觉系统中对误差的掩蔽主要包括亮度掩蔽和空间掩蔽两部分。其相应的掩模性能评价系统如图 3.21 所示。

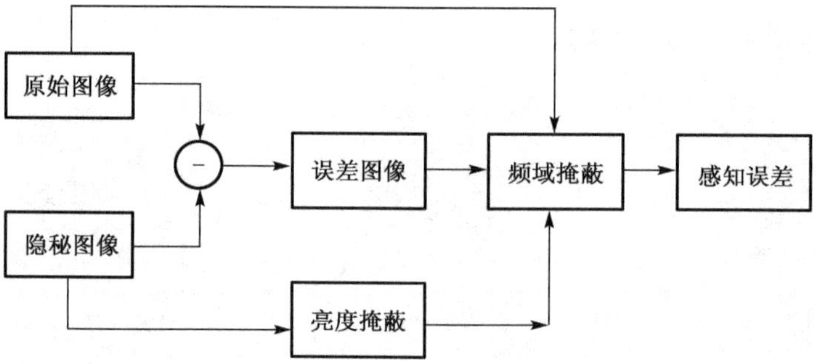

图 3.21 感知性能评价系统框图

1)亮度掩蔽

人们常用图像对比度来表示图像中亮暗差异大小,相对对比度 C_R 定义为

$$C_R = \frac{L_M - L}{L} = \frac{\Delta L}{L} \tag{3-25}$$

式中,L 为背景亮度;L_M 为图像亮度。人眼刚能分辨的亮度差异所对应的最小相对对比度数值称为图像的对比灵敏度,用 $C_{\min}$ 表示。图像的对比灵敏度大小与背景亮度 L 和环境亮度 L_0 有关。一般情况下可以考虑对背景亮度 L 等于环境亮度 L_0 的图像进行研究。当 $L = L_0$ 时,图像的对比灵敏度 $C_{\min}$ 与图像基底亮度 L 的关系如图 3.22 所示。

由图 3.22 可知,在宽阔的常用背景亮度变化范围内,人眼的对比灵敏度为常数。当背景亮度 L 较强或较弱时,人眼的对比灵敏度增大,则人眼分辨亮度差异的能力下降。由对比灵敏度的定义可知,只有当 $\frac{\Delta L}{L} > C_{\min}$ 时,人眼才能感觉出亮度的变化。定义均匀照度背景上光点面积为 A,则 $A, L, C_{\min}$ 满足视觉锐度曲线方程

$$ALC_{\min}^2 = K \tag{3-26}$$

式中，K 为常数。由式(3-26)得

$$C_{\min} = \sqrt{\frac{K}{AL}} = \frac{K_1}{\sqrt{L}} \tag{3-27}$$

式中，K_1 为常数；L 为背景亮度。常用灰度级来表示像素的明暗度，像素的灰度级与亮度之间存在着近正比关系。

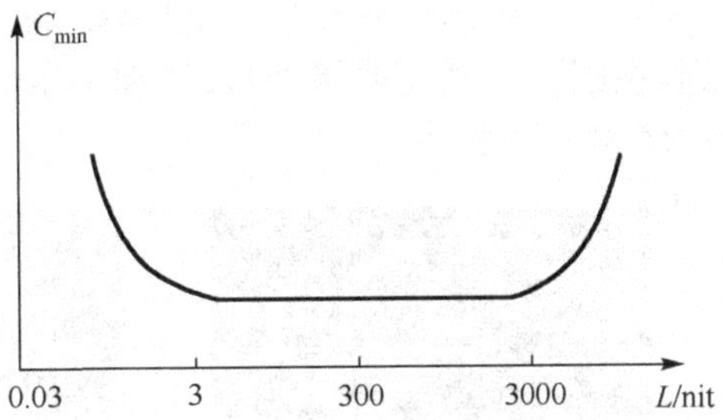

图 3.22　对比灵敏度与基底亮度的关系

2)空间频率掩蔽

影响人视觉灵敏度的另一个重要因素是图像局部空间频率特性。影响像素误差可视度的因素是误差周围的局部区域环境，而不是整个图像的背景环境。噪声可见函数(Noise Visibility Function，NVF)可有助于计算图像不同纹理特性的视觉质量。NVF 表征了图像局部的纹理特性，对于完全平滑的部分 NVF 取值为 1，而对于纹理十分复杂的部分取值为 0。

对图像的误差测量采用以下步骤。

(1) 将 $M\times N$ 的图像分成 $m\times n$ 大小的局部区域集，定义区域误差为

$$\Delta x(i,j) = \frac{(I_Z(i,j) - \tilde{I}_Z(i,j))^2}{d\cdot m\cdot n},\quad 0 < i \leqslant \left\lfloor \frac{M}{m} \right\rfloor,\quad 0 < j \leqslant \left\lfloor \frac{N}{n} \right\rfloor \tag{3-28}$$

式中，I_z 为信息隐藏前原图像第 z 个分量的第 (i,j) 个区域；$\tilde{I}_Z$ 为信息隐藏后图像的对应区域；d 代表颜色模型中的色彩分量，当测试图像是灰度图像时，$d=1$，彩色图像时，$d=3$(如对应 RGB 空间的红绿蓝分量，或 YCrCb 模型的亮度、蓝色度、红色度分量等)。

(2) 误差图像各子块的统计均值

$$\mathrm{MB} = \left\{ \mathrm{MB}_{ij} = \frac{1}{p\times p}\sum_{m=0}^{p-1}\sum_{n=0}^{p-1}\Delta x(i+m, j+n) \,\middle|\, 0\leqslant i < \frac{M}{p}, 0\leqslant j < \frac{N}{p} \right\} \tag{3-29}$$

① 计算测试图像的每个子块 $\tilde{I}_Z(i,j)$ 的均值 mean_{ij}，令该图像块的基底亮度 L_{ij} 等于 mean_{ij}，用式(3-27)计算该图像块的亮度灵敏度 $C_{\min}^{ij}$

$$C_{\min}^{ij} = \frac{K}{\sqrt{L_{ij}}} \tag{3-30}$$

② 如果 $\frac{\mathrm{MB}_{ij}}{L_{ij}} < C_{\min}^{ij}$，则另 $\mathrm{MB}_{ij}=0$，否则保持 MB_{ij} 的值不变。

③ 定义掩蔽结果为空域频率掩蔽与亮度掩蔽的乘积

$$\mathrm{Mask} = \left\{ \mathrm{Mask}_{ij} = \mathrm{NVF}_{ij}\times \mathrm{MB}_{ij} \,\middle|\, 0\leqslant i < \frac{M}{p}, 0\leqslant j < \frac{N}{p} \right\} \tag{3-31}$$

④ 测试图像的最后质量评价结果 SIQE 为

$$\mathrm{SIQE} = 10\log\frac{\sum_{ij}\mathrm{Mask}_{ij}^2}{\lfloor M/p\rfloor \times \lfloor N/p\rfloor} \tag{3-32}$$

很明显，SIQE 越小，测试图像的质量就越好，如果所有的嵌入误差都在视觉掩蔽的范围内，则 SIQE 的值为负无穷。图 3.23 和图 3.24 分别给出了加有高斯噪声图像和加有集中噪声图像的误差图像，亮度灵敏度 $C_{\min}^{ij}$ 以及最后的掩蔽结果，两者的 SIQE 分别为 1.0635 和 8.4078。可见，对于峰值信噪比无法区别的图像，从计算结果可以很轻易地区分出来。

图 3.24 列出了对标准灰度图像 Lena 采用隐藏软件 JSteg-Shell 得到的掩蔽结果。可以看到，在图像特别亮或特别暗、纹理丰富的地方都可以容忍较大的嵌入误差，这是与人眼的视觉特性相一致的。

图 3.23　加有集中噪声的图像

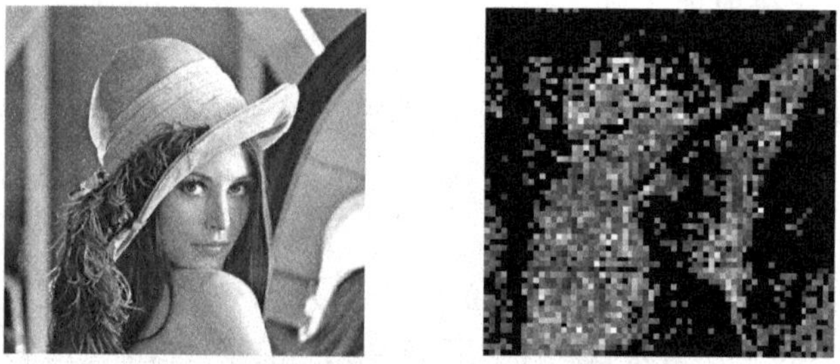

(a) Stego-image软件得到的含密图像　　(b) 掩蔽结果

图 3.24　采用 JSteg-Shell 的掩蔽结果

3.5.3　基于误差分布的性能评价

从图像信息隐藏前后的数据误差出发，将整体误差划分为局部区域误差，局部误差的变化情况反映了信息隐藏前后的数据特性变化，可以更全面地考察图像的变化情况，可以为信息隐藏算法的性能评价提供一个准确的指标。

1. 基于局部区域误差分布的性能评价

(1)局部区域误差(PBE)。将 $M\times N$ 的图像分成 $m\times n$ 大小的局部区域集，定义区域误差为

$$\mathrm{PBE}_{ij}=\frac{\sum_{z=1}^{d}\sum_{x=0}^{m-1}\sum_{y=0}^{n-1}\left[I_z(x,y)-\widetilde{I}_z(x,y)\right]^2}{d\cdot m\cdot n},\quad 0<i\leqslant\left\lfloor\frac{M}{m}\right\rfloor,\ 0<j\leqslant\left\lfloor\frac{N}{n}\right\rfloor \tag{3-33}$$

式中，I_z 为信息隐藏前原图像第 z 个分量的第 (i,j) 个区域；$\widetilde{I}_z$ 为信息隐藏后图像的对应区域；d 代表颜色模型中的色彩分量，当测试图像是灰度图像时，$d=1$，彩色图像时，$d=3$(如对应 RGB 空间的红绿蓝分量，或 YCrCb 模型的亮度、蓝色度、红色度分量等)。由图像的区域误差可以构成局部误差矩阵(Local Error，LE)，并用对数值(dB)表示

$$\mathrm{LE}(i,j)=10\log_{10}\mathrm{PBE}_{ij} \tag{3-34}$$

(2) 对 $LE(i,j)$ 进行量化，当 $LE(i,j)\in[k,k+1)$ 时，区域误差矩阵 LE 的分布度定义为

$$PBED = p(\lfloor LE \rfloor) = \frac{\tilde{n}_k}{\tilde{n}} \tag{3-35}$$

式中，$\tilde{n}_k$ 是 LE 中具有第 k 级误差值的元素个数；$\tilde{n}$ 是误差分布矩阵元素的总个数，$\tilde{n}=\left\lfloor\frac{M}{m}\right\rfloor\times\left\lfloor\frac{N}{n}\right\rfloor$。

(3)考察区域误差分布的变化范围。为了满足不可见性和不可检测性的要求，引入的误差分布必须与原始载体图像的分布保持一致。一般情况下，由于图像常常看成服从广义高斯分布或亚高斯分布，因此可以认为引入的误差特性类似高斯噪声时的隐藏效果为最好。

(4)通过实验表明：为了达到较好的信息隐藏性能，区域误差分布的变化范围一般不超过10，即 $(\Delta k=|\max(LE(i,j))-\min(LE(i,j))|\leqslant 10)$；且最大的误差值小于－80dB，即 $\max(LE(i,j))\leqslant -80\text{dB}$。

对使用不同软件各种嵌入容量时的信息隐藏结果进行了分析。分别用六种隐密软件 EzStego、S3en、Hide In Picture、Stash-It、S-Tools、JSteg-Shell 对 Lena 图像嵌入隐藏信息，区域误差分布的失真和容量的关系可以显示出来，如图 3.25 所示。

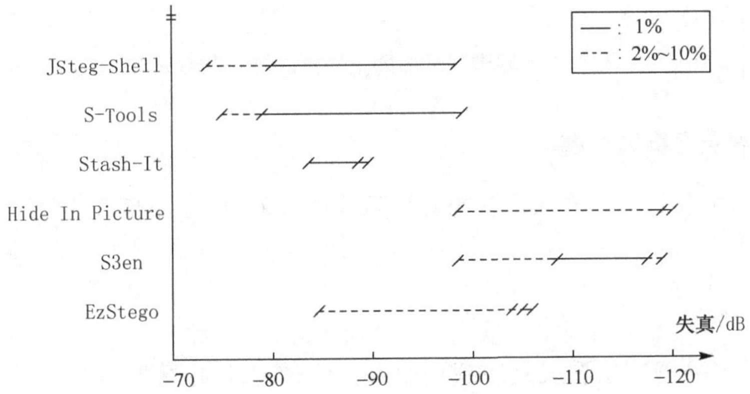

图 3.25 嵌入不同容量时各软件的区域失真分布

2. 基于区域加权误差分布的性能评价

前面 PBED 表示图像失真的绝对误差，反映了数据特性在隐藏信息前后的数据变化。考虑到人眼的视觉模型，在图像某处绝对误差大，人眼却并不一定能观察到该处图像质量下降很多，这是由于人的感知系统的屏蔽性起了作用，所以在局部区域误差分布的基础上可以结合人眼视觉模型，考虑空间频率特性 NVF 时形成区域加权误差的感知误差。区域加权误差定义如下

$$WBPE(i,j) = 10\log_{10}\frac{\max[I(x,y)]^2}{\sum_{x=0}^{m-1}\sum_{y=0}^{n-1}\|NVF\cdot(\tilde{I}_z(x,y)-I_z(x,y))\|^2} \tag{3-36}$$

$WBPE(i,j)$ 量化后当 $WBPE(i,j)\in[k,k+1)$ 属于第 k 级误差值，则加权区域误差矩阵的分布度 WPBED 为

$$WBPED = p(\lfloor WBPE \rfloor) = \frac{\tilde{n}_k}{\tilde{n}} \tag{3-37}$$

式中，$\tilde{n}_k$ 是 WBPE(i,j) 中具有第 k 级误差值的元素个数；$\tilde{n}$ 是误差分布矩阵元素的总个数，$\tilde{n}=\left\lfloor\frac{M}{m}\right\rfloor\times\left\lfloor\frac{N}{n}\right\rfloor$。

对使用不同软件各种嵌入容量时的信息隐藏结果进行了分析。分别用六种隐密软件 EzStego、S3en、Hide In Picture、Stash-It、S-tools、JSteg-Shell 对 Lena 图像嵌入隐藏信息，区域加权误差分布的失真和容量的关系可以显示出来如图 3.26 所示。

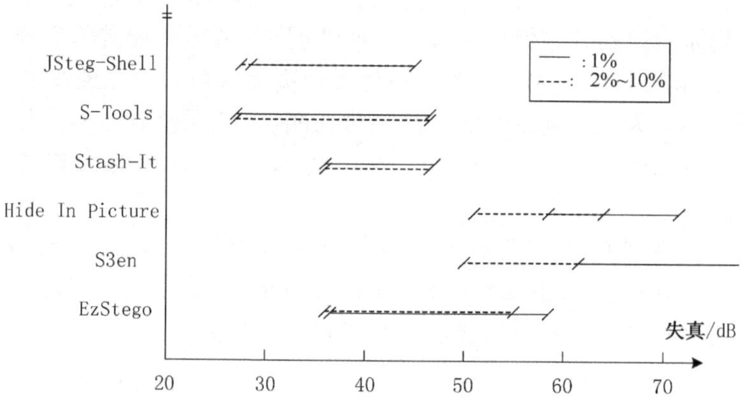

图 3.26　隐密软件的区域加权误差分布的失真

3.5.4　音频客观质量度量标准

通常情况下，可以对不同嵌入机制的音频隐藏算法采用不同的客观度量方法，常用的客观度量方法如下。

1. 信噪比

如果把嵌入的秘密信息看成是加载到原始音频信号上的噪声，则可以通过计算信噪比来衡量嵌入的秘密信息对原始音频信号的影响程度。假设原始音频信号即宿主信号为 $x(n)$，嵌入秘密信息的音频信号即隐密信号为 $x_w(n)$，则信噪比（Signal-to-Noise Ratio，SNR）表示为

$$\mathrm{SNR}=10\log_{10}\left[\frac{\sum_{n=0}^{L-1}x^2}{\sum_{n=0}^{L-1}\left[x_w(n)-x(n)\right]^2}\right] \tag{3-38}$$

式中，n 为音频信号的采样点数；L 为音频信号的总长度，且 $0\leqslant n<L$，单位为 dB。

信噪比评价标准是最简单的客观感知质量标准，但是 SNR 对同步结构攻击非常脆弱，因此它并不是一个好的音频听觉质量评价标准。对原始音频的时域作轻微位移后，其 SNR 会剧烈下降，但是其感知质量并没有显著下降，此时如果不采用同步机制进行辅助，那么 SNR 并不能客观地评价音频感知质量。早期的音频水印算法也大多采用公式所示带水印信号对原始信号的信噪比来度量感觉质量，同样也说明早期的水印算法缺乏对同步问题的重视。

2. BS. 1387 音频质量听觉评测标准

ITU-R 推荐的 BS. 1387 音频质量听觉评测标准通常用于音频编码器的质量评价，但也可作为一个很好的客观听觉质量评价标准用于音频水印技术。BS. 1387 有基本版本和高级版本两种，基本版本使用基于 FFT 的人耳模型，高级版本使用基于滤波器组的人耳模型，相应的测试工具为 PEAQ-1. 0beta。另一个音频质量客观评估工具是 EAQUAL 0. 1. 3alpha。本书采用的客观感知质量评价工具为 PEMO-Q，它带有 PEAQ 的 ODG 评估功能。在 ITU-RBS. 1116 中，两种情况下的模型输出变量与神经网络结合给出一个量值作为听觉质量客观区分度 ODG (Objective Difference Grade)，其含义如表 3. 5 所示。

表 3.5 客观听觉测试区分度 ODG-PEAQ的分值含义

ODG	描述
0	不可感觉
−1	轻微可感知
−2	轻微刺耳
−3	刺耳
−4	非常刺耳

1)误码率

鲁棒性的级别包括以下几种：零级（没有鲁棒性）、低级、中级、中高级、较高级、高级和最高级。比特率是指在单位时间内可靠地植入宿主信号中的水印数据量，例如，比特数秒。对嵌入秘密信息的鲁棒性可以用误码率来度量。误码率(BER)反映的是提取出来的秘密信息与原来的秘密信息的差别性。BER 定义为

$$\mathrm{BER}=\frac{\text{错误的比特数}}{\text{总比特数}}\times 100\% \tag{3-39}$$

大多数的文献在测试其鲁棒性时使用自己的测试音频和测试方法，除非重新实现算法，否则比较不同的算法性能几乎是不可能的。但实现出来的算法可能和原始的不同，甚至比原始的算法要差，因此建立共同的测试工具和标准是十分必要的。STEP2000、SDMI 和 Stirmark for Audio 是目前公认的音频水印算法鲁棒性的测试规范和标准化测试工具。

2)相关系数

如果在音频信号中嵌入的秘密信息为图像，则为定量地评价提取的图像与原始图像的相似性，采用归一化相关系数(NC)为评价标准，其定义为

$$\mathrm{NC}(W,W')=\frac{\sum_{i=1}^{M_1}\sum_{j=1}^{M_2}w(i,j)w'(i,j)}{\sqrt{\sum_{i=1}^{M_1}\sum_{j=1}^{M_2}w(i,j)^2}\sqrt{\sum_{i=1}^{M_1}\sum_{j=1}^{M_2}w'(i,j)^2}} \tag{3-40}$$

式中，w 为原始秘密信息；w' 记为提取后的秘密信息，它们的大小为 $M_1\times M_2$。

3. 嵌入容量

嵌入容量是指在单位时间内的音频信号内能嵌入多少秘密信息，是评价一个隐藏算法的重要参数，通常用比特每秒 bps(bit per second)作为单位。

4. 安全性

用音频质量感知变化和音频隐藏分析进行评价。

3.5.5 视频客观质量度量标准

由于视频序列可以看成由连续的若干帧图像组成，目前针对视频的不可感知性评价标准大多沿用图像标准，常用的标准有不可感知性评价标准。

1. 峰值信噪比与均方误差

视频在传播过程中，通常是以压缩格式存在的。经过压缩后的各帧图像相对于原始视频帧要损失一部分信息，所以通常人们用 PSNR 值来衡量压缩帧与原始帧之间的相似度，从而得出压缩编码对于视频视觉质量的影响。同样，在原始域中嵌入隐密信息的视频，PSNR 直接反映隐密信息对原始视频的影响，而在压缩域中嵌入隐密信息的视频，PSNR 反映出隐密信息和压缩编码对原始视频的影响。因此，无论采用哪种方法嵌入隐密信息，PSNR 都反映隐密信息对视频视觉质量的影响程度，成为衡量视频嵌入隐密信息系统性能好坏的一个重要参数。峰值信噪比(Peak Signal-to-Noise Ratio，PSNR)和均方误差(Mean Squared Error，MSE)属于基于像素数字统计特征的方法。由于其计算复杂度低、物理意义清晰，成为信息、隐藏领域使用最多的评价标准。但这类方法没有充分考虑图像内容和人类视觉特性，因而和主观评分有一定差距。PSNR 和 MSE 的定义公式如下

$$\mathrm{MSE}=\frac{1}{MN}\sum_{x=1}^{M}\sum_{y=1}^{N}(I'_{xy}-I_{xy})^2 \tag{3-41}$$

$$\mathrm{PSNR}=10\log_{10}\left(\frac{C_{\max}^2}{\mathrm{MSE}}\right) \tag{3-42}$$

式中，$C_{\max}$ 为图像像素最大取值；x 和 y 是图像坐标；M 和 N 是图像维数；I' 和 I 分别为含密图像和载体图像。

2. 基于图像结构失真的方法

Wang 等首先提出结构失真的假设，他们认为人眼有很强的提取图像中结构信息的能力，把“结构信息”定义为一种表现物体结构的属性，而与图像的平均亮度和对比度无关，用来比较原始图像与失真图像结构的相似程度。Wang 等在此基础上提出了 MSSIM (Mean Structural Similarity)算法，并且对结构相似度作出了完整解释和分析；MSSIM 算法将图像信息分成亮度、对比度和结构 3 部分，计算 3 部分的失真获得图像分块的整体失真度量 ，最后使用求均值的方法获得整幅图像的失真度。

3. 鲁棒性评价标准

鲁棒性是指在含密图像或视频经过某些正常或恶意攻击处理后，仍能从中检测或提取秘密信息的能力，因此可以用秘密信息接收端检测/提取的情况来作为鲁棒性的衡量标准。

鲁棒性通常用误码率(Bit Error Rate，BER)来衡量，BER 的计算公式为

$$\mathrm{BER}=100\%\times\frac{1}{B}\sum_{n=0}^{B-1}\begin{cases}1, w'(n)=w(n)\\0, w'(n)\neq w(n)\end{cases} \tag{3-43}$$

式中，B 为提取的秘密信息比特总数；w' 为提取出的秘密信息；$w(n)$ 为原始秘密信息。

4. 隐藏容量

由于信息隐藏算法的各个性能之间是相互制约、相互矛盾的，所以抛开不可感知性和鲁棒性，单独考虑隐藏容量是没有参考价值的。对隐藏容量的评价通常是在固定载体数据、在满足一定的不可感知性约束、符合一定的鲁棒性要求的前提下进行的。隐藏容量通常用某幅图像或视频某帧中可以隐藏的秘密信息比特数来定义。为了更加具有通用性，图像算法的隐藏容量可以用 bpp(bit per pixel)即每个像素可以隐藏的比特数来衡量，视频算法的隐藏容量可以用 bps(bit per second)即每秒视频内容可以隐藏的比特数或者 bpf(bit per frame)即每帧可以隐藏的比特数来衡量。

5. 安全性

用视频感知质量和视频信息隐藏分析方法进行分析。

习 题

1. 简述信息隐藏的概念和分类。
2. 对信息隐藏的监狱模型进行描述。
3. 信息隐藏的基本特征是什么？
4. 隐密术和数字水印的异同点是什么？
5. 若有图像 1024×768，采用空域 LSB 和频域 LSB 信息隐藏方法，最多可嵌入的容量是多少？
6. 频域图像信息隐藏和空域图像信息隐藏的不同点是什么？
7. 几种典型频域隐密方法修改 DCT 系数的方法有什么不同？
8. 请写出三种经典的音频信息隐藏方法。
9. 请写出三种常用的音频信息隐藏的客观评价方法。
10. 视频信息隐藏有哪些典型类型？
11. 如何评价信息隐藏方法的安全性能？
12. 峰值信噪比评价信息隐藏的优点和局限性是什么？
13. 信息隐藏感知质量评价方法的原理和特点是什么？
14. 阐述隐藏容量的定义。
15. 说明信息隐藏的鲁棒性的定义和评价标准。

参考文献

陈铭. 2008. 隐密与隐密分析算法及实践研究[D]. 北京：北京邮电大学硕士学位论文.
程磊. 2005. 基于 MPEG-4 的视频信息隐藏算法[D]. 天津：天津大学硕士学位论文.
孔祥维. 2003. 信息安全中的信息隐藏理论和方法研究[D]. 大连：大连理工大学博士学位论文.
李斌. 2009. 数字图像隐密分析技术研究[D]. 广州：中山大学硕士学位论文.
梁惠. 2010. 视频信息隐藏关键技术研究[D]. 合肥：中国科学技术大学博士学位论文.
刘凡. 2010. 基于空域相关性特征的 LSB 匹配隐写分析[D]. 大连：大连理工大学硕士学位论文.
刘潇潇. 2010. 基于 JPEG 图像的 YASS 隐密分析新方法[D]. 大连：大连理工大学硕士学位论文.
罗楠. 2007. 基于视频的信息隐藏技术[D]. 西安：西安电子科技大学硕士学位论文.

孟铁东. 2009. 视频隐密检测技术研究[D]. 郑州:解放军信息工程大学硕士学位论文.

汝学民. 2006. 音频隐密与分析技术研究 [D]. 杭州:浙江大学硕士学位论文.

宋辉. 2011. 基于信息论的隐密术原理分析[D]. 大连:大连理工大学硕士学位论文.

孙智华. 2007. 数字音频信息隐藏技术的研究[D]. 杭州:浙江工业大学硕士学位论文.

唐步天. 2008. 音频信息隐藏关键技术研究及识别技术的信息安全应用[D]. 合肥:中国科学技术大学博士学位论文.

王虹静. 2009. 针对 YASS 的 JPEG 图像隐密分析[D]. 大连:大连理工大学硕士学位论文.

王忠景. 2007. 音频信息隐藏技术研究[D]. 南京:南京理工大学硕士学位论文.

徐长勇. 2009. 视频数字隐密与隐密分析技术研究[D]. 郑州:解放军信息工程大学硕士学位论文.

杨博. 2010. MIDI 音频隐写和隐写分析[D]. 合肥:中国科技大学硕士学位论文.

张新鹏,刘焕,张颖春,等. 2010. 融合方向编码和湿纸编码的高效信息隐藏[J]. 上海大学学报(自然科学版),16(1):1-4.

张新鹏,王朔中. 2005. 对空域 BPCS 密写的统计分析[J]. 计算机辅助设计与图形学学报,17(7):1625-1629.

Kawaguchi E , Eason R O. 1998. Principle and application of BPCS steganography [A]//Multimedia Systems and Applications . Proceedings of SPIE 3528 , Boston:464-472.

Liu H J, Kong X W, Kong X D, et al. 2001. Content based color image adaptive watermarking scheme[J]. ISCAS2001, 2:41-44.

Noda H , Spaulding J , Shirazi M N , et al. 2002. Application of bit plane decomposition steganography to JPEG2000 encoded images[J]. IEEE Signal Processing Letters , 9 (12) : 410-413.

Sallee P. 2004. Model-Based Steganography[A]//Proceedings of International Workshop on Digital Watermarking. Springer-Verlag:154-167.

Spaulding J , Noda H , Shirazi M N , et al. 2002. BPCS steganography using EZW lossy compressing images [J]. Pattern Recognition Letters , 23 (13):1579-1587.

Upham D. 1997. JPEG-JSteg[J]. Http://zooid. org/~paul/crypto/jsteg.

Westfeld A. 2001. F5-A steganographic algorithm: High capacity despite better steganalysis[J]. LNCS, 2137: 289-302.

第 4 章　隐密分析技术

信息安全的攻与防永远是矛与盾的关系，二者相互促进，螺旋式上升。一方面检测技术从攻击者角度研究如何发现隐藏信息的存在，另一方面对信息隐藏技术的恶意使用，导致非法性和破坏性信息在网络中传播，因此分析信息隐藏的隐密分析技术可以起到攻击、监控和评估的作用。

由于各种应用场合的限制，很多隐密系统均表现出不同程度的局限性。借鉴密码学中的攻击类型，可以对隐密术的攻击类型进行相应的分类。

(1) 唯隐密信息攻击。在隐密分析时，只有隐密信息可用于分析。这是当前最常见的一种隐密分析方式，主要用于秘密信息存在性的检测。

(2) 已知载体攻击。即在隐密分析时，可以得到隐密信息的“原始”信息，可将“原始”信息和隐密信息进行对比，从而获知分析的隐密信息对象中是否含有秘密信息。现在因特网上传递的媒体信息很难得到其“原始”版本，因此此类攻击方法用得不多。

(3) 已知消息攻击。有些时候，分析的对像中已经隐藏有秘密信息的消息可能已被攻击者所知，此时分析攻击对象，寻找与隐藏的消息相对应的模式可用于将来对整个系统的攻击。即使拥有了隐藏的消息，这种攻击也很困难，其难度甚至等同于唯隐密信息攻击。

(4) 选择载体攻击。在这种情况下，攻击者已经知道特定媒体一些隐密的算法或工具，此时，攻击者的任务就是选择这些特定的媒体(如数字图像隐密攻击中的一些标准图像、被怀疑的图像等)来应用这些隐密算法或工具，从而推出哪些被怀疑的媒体中隐藏有秘密信息，并破坏、篡改或提取出全部秘密信息的一种攻击方法。

(5) 已知携密信息攻击。这种攻击不同于已知载体攻击，这种攻击是知道某个被怀疑的对象所惯用的隐密算法或工具以及该对象所拥有的一些媒体信息，利用该隐密算法或工具对这些媒体进行攻击，从而推导出媒体中哪些确实隐藏有秘密信息，并破坏、篡改或提取出全部秘密信息的一种攻击方法。

(6) 已知秘密信息攻击。攻击者已经知道秘密信息，而对其他具体的隐密情况如某个隐密载体的隐密算法、秘密信息甚至该媒体中是否隐藏有秘密信息等一概不知，只是利用自己拥有的隐密算法或工具，根据已知的秘密信息文件大小、格式、所要求恢复的精度等来产生一些可能隐藏该秘密信息的隐密对象。这种攻击的目标是确定隐密对象中相应的特定隐密工具或算法。

在上述攻击中，除第一种唯隐密信息攻击是在不知数字媒体中是否藏有秘密信息的条件下进行的以外，其他五种都是在已知被攻击对象中藏有秘密信息的前提下进行的。

4.1　典型图像隐密分析方法

同密码学中的密码技术和密码分析技术一样，在隐密术和隐密分析技术这对矛盾关系中，隐密分析技术作为一种反向分析技术，难度更大。由于隐藏载体格式和数据类型多种多样，隐密方法日益更新，要实现对隐藏信息的有效检测，相对于正确隐藏信息具有更大的挑战。目前的隐密分析技术主要分为两类：针对性隐密分析和通用性隐密分析。

4.1.1 针对性的图像隐密分析

该类检测方法一般针对某一种隐密算法，通过对载体图像与隐密图像的统计分析，寻找二者之间具有区分能力的统计特征，利用这些统计特征的差异设计相应的分析检测算法。根据相应的隐密算法的不同，分为针对空间域的隐密分析与针对变换域的隐密分析。

1. 空间域的隐密分析

1)针对 LSB 算法的隐密分析

由于 LSB 隐密算法会产生“值对”现象，所以大部分隐密分析算法都是利用这一特点进行分析检测的。下面介绍两种典型的针对 LSB 的隐密分析算法。

(1)Chi-square (χ^2 卡方)检验的隐密分析。

Westfeld 提出的 χ^2 检验，对连续嵌入的 LSB 算法具有比较好的检测性能。

根据连续嵌入的 LSB 算法的原理：当秘密信息比特序列嵌入到载体图像最低位平面时，将原来 LSB 位的“0”，“1”置换成秘密信息的“0”或“1”。如果秘密信息比特和载体图像灰度值的 LSB 一致，则不修改原始载体像素；否则，修改像素的像素值，若原始值 $2i$，则变为 $2i+1$，若为 $2i+1$，则修改为 $2i$。灰度值属于 0～255，根据 LSB 的原理，像素值嵌入秘密信息前后的变化为 F：0↔1，2↔3，…，253↔254，254↔255，从不进行 $2i$ 到 $2i-1$ 的变换，或者反之。

定义待检测图像中灰度值为 i ($i\in\{0,1,2,\cdots,255\}$)的个数为 N_i。对于自然图像来讲，如果嵌入了大量的隐密信息，像素值为奇数和偶数出现的频率在理论上应该是一样的，因此有 N_{2i} 与 N_{2i+1} 较为接近，而没有嵌入信息则相距较远，这也就产生了“值对”现象。

以 512×512 的标准图像 Crowd 为载体嵌入隐密信息观察直方图。如图 4.1 所示。可以看出，当嵌入隐密信息后，灰度值对趋于均匀化，χ^2 检测方法就是利用这种统计特性差异进行隐密分析的。

然而 χ^2 检测方法并不适于灰度级比较丰富的图像，选取比较平滑的大小为 512×512 的标准图片 Milkdrop，如图 4.2 所示，可以看出 Milkdrop 原始图像灰度值对已经非常均匀。

下面介绍 χ^2 隐密检测方法。

设嵌入秘密信息后的总量理论上应该满足 $N'_{2i}=(N_{2i}+N_{2i+1})/2$，因为灰度总在 $2i$ 和 $2i+1$之间转换，不会改变 N_{2i} 与 N_{2i+1} 的总量。所以可构造

$$\chi^2_{k-1}=\sum_{i=1}^{k}\frac{(N_{2i}-N'_{2i})^2}{N'_{2i}} \tag{4-1}$$

服从自由度为 $k-1$ 的 χ^2 分布，结合 χ^2 分布的密度函数计算被隐密的可能。

$$T=1-\frac{1}{2^{\frac{k-1}{2}}\Gamma\left(\frac{k-1}{2}\right)}\int_0^r\exp\left(-\frac{t}{2}\right)t^{\frac{k-1}{2}}\mathrm{d}t \tag{4-2}$$

式中，k 是 N_{2i} 与 N_{2i+1} 所组成的对的个数；χ^2 越小，表示含有隐密信息的可能性越大；当 T 接近 1 时，说明含有隐密信息。

(a) 标准测试图像Crowd

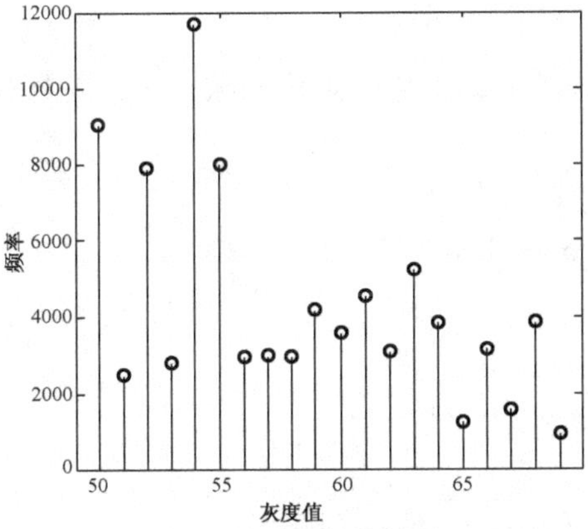

(b) 原始图像直方图

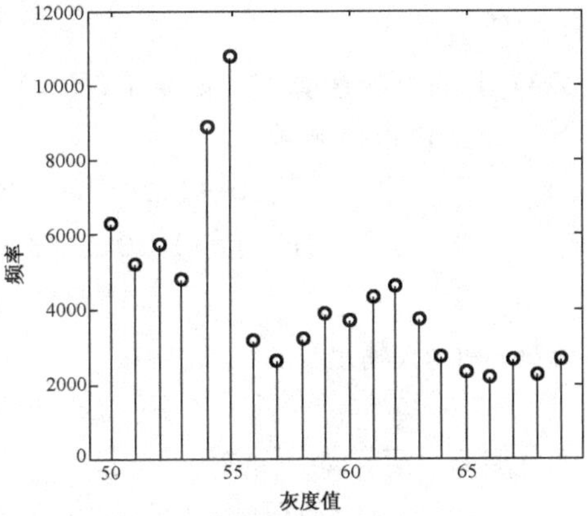

(c) 嵌密后图像直方图

图 4.1　Crowd 图像嵌入秘密信息前后的直方图

(a) 标准测试图像Milkdrop

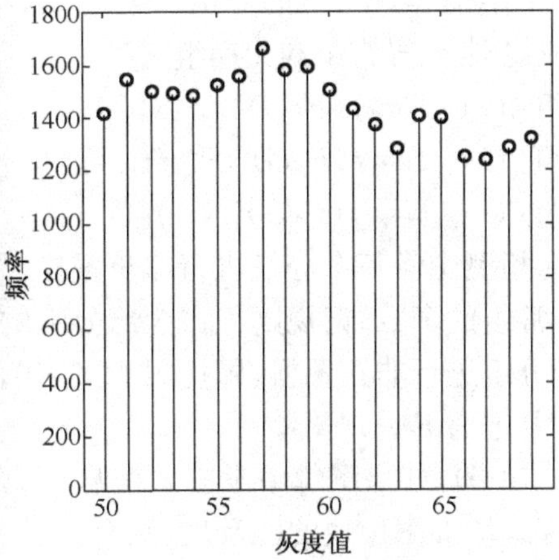

(b) 原始图像直方图(局部)

图 4.2　Milkdrop 图像及其灰度直方图

(2)RS 隐密分析法

Fridrich 提出的 RS(Regular and Singular)检测方法是针对 LSB 比较经典且常用的一种隐密分析方法,它不仅对嵌入位置随机排列的情况有效,而且可以估计嵌入容量。

假定有大小为 $M\times N$ 的图像,将图像分成由 n 个相邻像素组成的大小相等互不相交的 n 元组

$$G=(x_1,x_2,x_3,\cdots,x_{n-1},x_n) \tag{4-3}$$

其中像素的索引值 $x_i\in W,W=\{0,1,2,\cdots,255\}$。

定义实值函数 f

$$f(x_1,x_2,x_3,\cdots,x_{n-1},x_n)=\sum_{i=1}^{i=n-1}|x_{i+1}-x_i| \tag{4-4}$$

用这个函数测量像素分组 G 的平滑度和规律性,像素组 G 噪声越大,f 值越高。利用 LSB 隐密方法嵌入信息后,相当于在原始数据上叠加噪声,因此嵌入信息后函数 $f(x_1,x_2,\cdots,x_{n-1},x_n)$ 的值会增加。

定义 W 上的可逆运算 F。如果 $F(F(x))=x,(\forall x\in W)$,则称函数 F 为二轮置换函数。定义如下三个二轮置换函数

$$\begin{gathered}F_1:0\leftrightarrow 1,2\leftrightarrow 3,\cdots,253\leftrightarrow 254,254\leftrightarrow 255\\ F_{-1}:-1\leftrightarrow 0,1\leftrightarrow 2,\cdots,253\leftrightarrow 254,255\leftrightarrow 256\\ F_0(x)=x\end{gathered} \tag{4-5}$$

如果对于每一个 x,满足

$$F_{-1}(x)=F_1(x+1)-1 \tag{4-6}$$

对应每个分组 G ,定义如下置换

$$F(G)=(F_{M(1)}(x_1),F_{M(2)}(x_2),\cdots,F_{M(n)}(x_n)) \tag{4-7}$$

式中,$(M(1),M(2),\cdots,M(n))$是 n 元组的掩码,其值可以为-1、0 或 1。

对分组后的每个像素应用置换函数 F,相当于在分组中的各个像素中叠加了一部分噪声,这样就引起了图像像素相关性的变化。根据像素组应用置换函数前后的变化规律,利用式(4-7)将像素组分成规则组、异常组和无用组三类。

规则组:$G\in R\Leftrightarrow f(F(G))>f(G)$。

异常组:$G\in S\Leftrightarrow f(F(G))<f(G)$。

无用组:$G\in U\Leftrightarrow f(F(G))=f(G)$。

首先对检测图像每个分组进行非负置换,即任意掩码 $M\in(0,1)$,利用式(4-4),分别计算规则组、异常组的个数,记规则组占全部分组的比例为 R_M,异常组占全部分组的比例 S_M。然后,对每个分组进行非正置换,即掩码 $M\in(0,-1)$,同样地,分别求出规则组、异常组占全部分组的比例,记为 R_{-M}、S_{-M}。

根据式(4-6),如果图像中没嵌入信息,那么无论应用正置换还是负置换,从统计上来说,会同等程度地增加图像块的混乱度,则有

$$\begin{cases}R_M\approx R_{-M}\\ S_M\approx S_{-M}\end{cases} \tag{4-8}$$

且满足 $R_M>S_M$。当嵌入信息后,大量的实验数据表明式(4-8)将不再成立,但方程不成立的原因至今没有理论上的证明。且随着隐密信息嵌入长度的增加,R_{-M},S_M 随之增加,而 R_M,

S_{-M} 却随之减小。即使 R_M,S_M 逐渐靠近,而 R_{-M},S_{-M} 的差距却随着嵌入长度的增加而增大。当嵌入比达到 100%(最低有效位改变 50%)时,$R_M \approx S_M$。

以 512×512 大小的灰度静止图像 Lena 为例。将获得的图像数据每四个分为一组,即 $G=(x_1,x_2,x_3,x_4)$,取掩码(0 1 1 0)。然后对该图像分别以嵌入比例 10%,20%,30%,…,90%,100%嵌入秘密信息,分别计算这几种嵌入情况下 R_M,S_M,R_{-M},S_{-M} 的值,结果如图 4.3 所示。

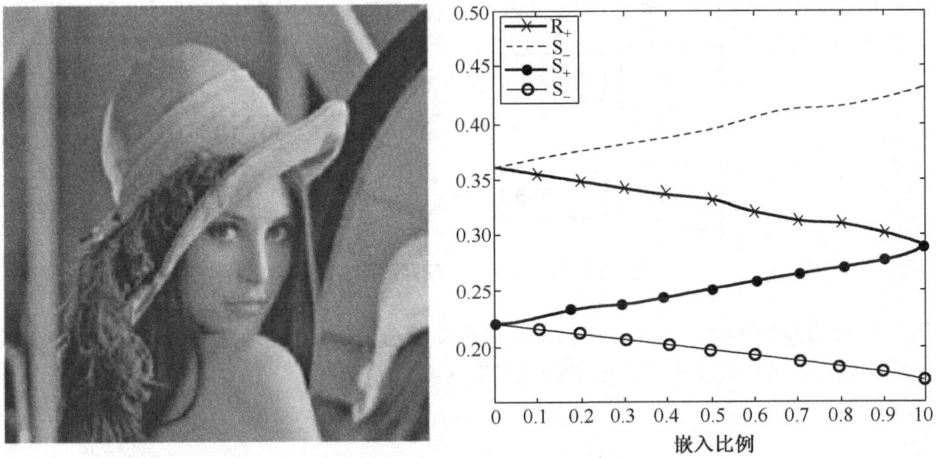

(a) Lena图像　　(b) 不同嵌入率下的R_M, S_M, R_{-M}, S_{-M}值

图 4.3　不同嵌入率下的 R_M,S_M,R_{-M},S_{-M} 值

大量的实验表明,R_M,S_M 呈线性变化,而 R_{-M},S_{-M} 则呈现二次多项式曲线(抛物线)变化。假设一幅图像的嵌入比例为 p,则嵌入比例的求解过程如下。

① 对待检测图像的像素进行分组,分别计算 R_M,S_M,R_{-M},S_{-M},分别记为 $R_M(p/2)$,$S_M(p/2)$,$R_{-M}(p/2)$,$S_{-M}(p/2)$。

② 完全随机化待检测图像像素的最低位,计算得到新的 R_M,S_M,R_{-M},S_{-M},分别记为 $R_M(1-p/2)$,$S_M(1-p/2)$,$R_{-M}(1-p/2)$,$S_{-M}(1-p/2)$。

③ 设

$$\begin{cases} d_0 = R_M(p/2) - S_M(p/2) \\ d_1 = R_M(1-p/2) - S_M(1-p/2) \\ d_{-0} = R_{-M}(p/2) - S_{-M}(p/2) \\ d_{-1} = R_{-M}(1-p/2) - S_{-M}(1-p/2) \end{cases} \tag{4-9}$$

求解方程 $2(d_1+d_0)x^2+(d_{-0}-d_{-1}-d_1-3d_0)x+d_0-d_{-0}=0$,将式(4-9)代入二次方程,求解方程的根,取绝对值最小的根 x,那么嵌入比例 $p=x/(x-1/2)$。

2)针对 LSB 匹配的隐密分析

LSB 匹配隐密算法属于加性噪声隐密术的范畴,并且是噪声幅度最小的一种,LSB 匹配隐密算法并不会产生值对现象,因此大多数针对 LSB 隐密算法的隐密分析方法不能用于分析 LSB 匹配隐密算法。下面介绍针对 LSB 匹配隐密算法的两种典型分析方法。

(1)HCF-COM 隐密分析方法。

Harmsen 和 Pearlman 提出了直方图特征函数重心(Histogram Characteristic Function Central of Mass,HCF-COM)的隐密分析算法。其中,直方图特征函数(Histogram Characteristic Function, HCF)为图像直方图的离散傅里叶变换。

将 LSB 匹配信息嵌入的过程建模为原始图像添加的噪声,而隐密图像为载体图像与添加的噪声之和,如图 4.4 所示用 $hc(n)$ 来表示载体图像的直方图,$\pm$ 表示 $hc(n)$ 的傅里叶变换,则隐密图像的直方图 $hs(n)$ 是载体图像直方图 $hc(n)$ 和噪声概率分布函数 $f(n)$ 的卷积。

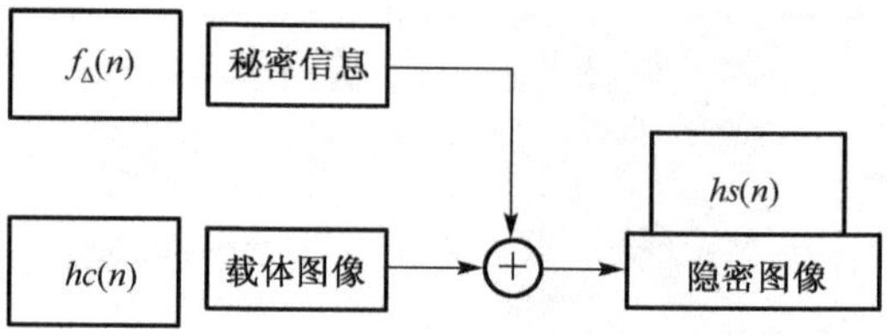

图 4.4　加性噪声的隐密模型

由于嵌入的信息往往经过加密,可以看成是 0、1 随机分布的比特流,即秘密信息为 0 和 1 的概率相等。对于 LSB 匹配隐密术,引入的噪声概率分布为

$$f_\Delta(n)=\begin{cases}0.25, & n=-1\\ 0.5, & n=0\\ 0.25, & n=1\end{cases} \tag{4-10}$$

$$hs(n)=hc(n)*f_\Delta(n) \tag{4-11}$$

将式(4-11)的左右两边进行傅里叶变换,可知隐密图像和载体图像的直方图特征函数应满足

$$Hs(k)=F_\Delta(k)Hc(k) \tag{4-12}$$

式中

$$F_\Delta(k)=\mathrm{DFT}(f_\Delta(n))=\cos^2\left(\frac{\pi k}{N}\right) \tag{4-13}$$

它在 $k=0, 1, \cdots, N/2$ 内从 1 单调下降至 0,即含密图像的 HCF 总是小于载体图像的 HCF

$$H_S(k)=H_C(k)F_\Delta(k)\leqslant H_C(k) \tag{4-14}$$

考虑 $k\in[0, 1, \cdots, N/2]$的总效果,HCF 的质心(Center of Mass, COM)定义如下

$$C[H]=\sum_{k=0}^{N/2}kH(k)\Big/\sum_{k=0}^{N/2}H(k) \tag{4-15}$$

隐密图像和相应的载体图像满足以下不等式

$$C[H_S]\leqslant C[H_C] \tag{4-16}$$

因此,可以用直方图函数重心来作为 LSB 匹配隐密术的检测器。通过提取 485 幅图像组成的图像库中的每一幅载体图像和相应隐密图像的 HCF-COM 特征,其结果如图 4.5 所示。

从图中可以看出,虽然载体图像的 HCF-COM 特征值都要大于相应的隐密图像,但是载体图像内容的差异性使得分类效果不理想,可以通过描绘 ROC 曲线来看该检测算法的检测率,如图 4.6 所示。

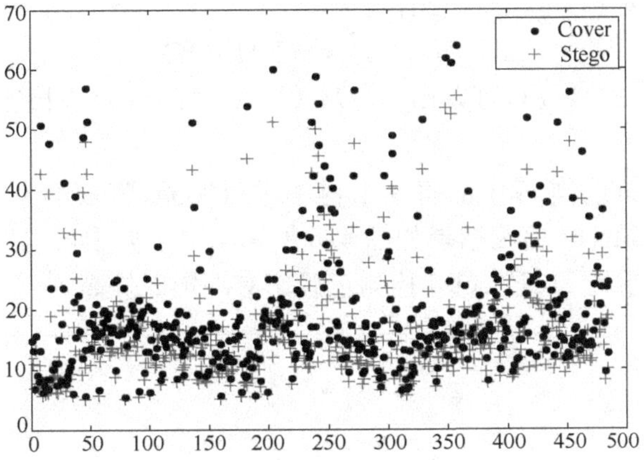

图 4.5　485 幅载体图像和隐密图像的 HCF-COM 特征

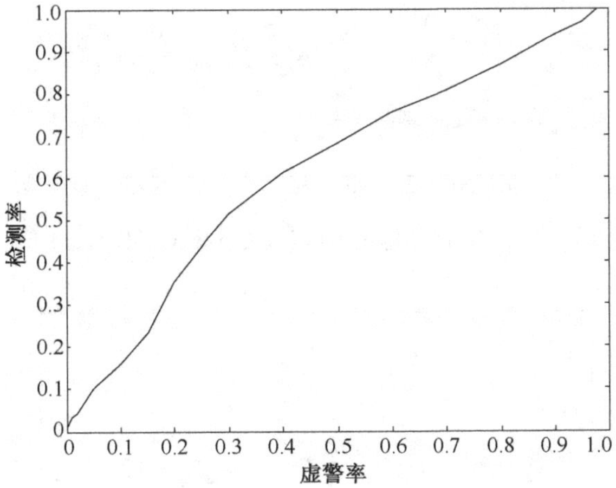

图 4.6　HCF-COM 特征的 ROC 检测曲线

前面介绍了 HCF-COM 分析算法，从图 4.6 中看到该算法的检测性能不是很理想，其主要原因是不同载体图像本身的 HCF-COM 特征值差异太大，甚至超过隐密过程造成的差异。因此，Ker 等提出了下采样的校准方法，来消除载体图像的多样性。下面介绍如下。

若 $p(i,j)$ 为原始图像的灰度值，则经过下采样后图像形成校准的载体图像 p'

$$p'(i,j)=\left\lfloor \sum_{u=0}^{1}\sum_{v=0}^{1}\frac{p(2i+u,2j+v)}{4}\right\rfloor \tag{4-17}$$

对于每一个图像样本都有四幅图像，即载体图像 P_C、隐密图像 P_S、载体校准图像 P' 和隐密校准图像 P'_S。下面通过实验来观察每个样本这四幅图像的 HCF-COM 值的关系，分别记为 $C(H_C(K))$，$C(H_S(K))$，$C(H'_C(K))$ 和 $C(H'_S(K))$。此次实验的样本图像是在实验图像库中随机选取的 100 幅图像。

载体图像和载体校准图像的 HCF-COM 值基本相等(图 4.7)，即

$$C(H_C(K))\approx C(H'_C(K)) \tag{4-18}$$

载体图像与隐密图像的 HCF-COM 值差异大于校准图像(图 4.8)，即

$$C(H_C(K))-C(H_S(K))>C(H'_C(K))-C(H'_S(K)) \tag{4-19}$$

于是，从式(4-18)和式(4-19)可以得出结论：

$$C(H_S(K)) < C(H'_S(K)) \tag{4-20}$$

从式(4-18)和式(4-20)看出，可以用 $C(H(K))/C(H'(K))$ 来检测图像是否经过 LSB 匹配隐密。

对 485 幅图像组成的图像库中的每一个样本进行实验，将校准方法的实验结果和 HCF-COM 方法进行比较，其 ROC 检测结果如图 4.6 所示。从结果中可以看出，经过校准的 HCF-COM 检测方法相比原始的 HCF-COM 检测正确率有一定的提高。

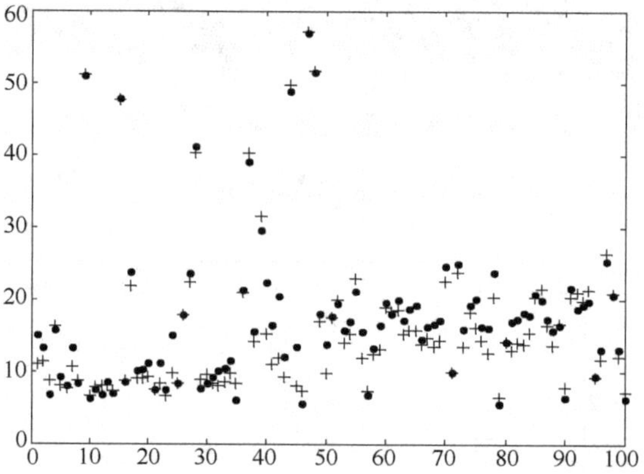

图 4.7　100 幅图像的 $C(H_C(K))$ 和 $C(H'_C(K))$ 值

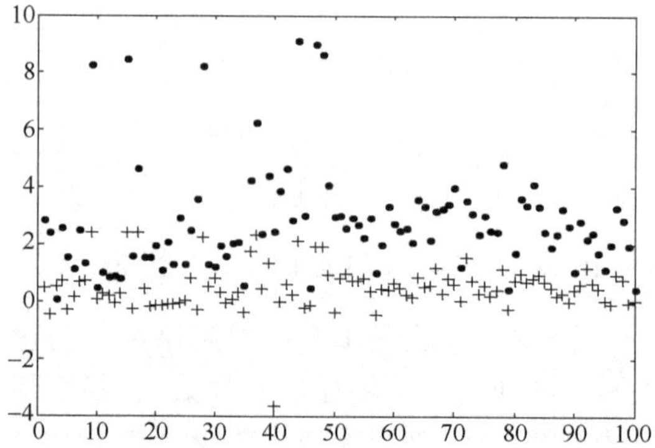

图 4.8　100 幅图像的 $C(H_C(K)) - C(H'_C(K))$ 和 $C(H_S(K)) - C(H'_S(K))$

(2)ALE 隐密分析方法。

直方图局部极值幅度(Amplitude of Histogram Local Extrema, ALE)隐密分析方法是 Zhang 等提出的专门针对 LSB 匹配隐密算法的分析方法。其主要原理：图像经过 LSB 匹配隐密后，它的直方图等同于经过了一个低通滤波器，图像直方图的局部极大值会减小，并且局部极小值会增加。可以将直方图局部极值的幅度和作为特征来检测隐密图像。

下面首先来分析 LSB 匹配隐密术对于图像直方图的影响。

令 $p_c(i,j)$ 表示原始图像在像素点 (i,j) 的像素值。直方图的定义如下

$$h_c(n) = |\{(i,j) \mid p_c(i,j) = n\}| \tag{4-21}$$

式中，n 的取值范围为 $0,\cdots,255$，代表图像的灰度级。也就是说，$h_c(n)$ 表示原始图像中灰度值为 n 的像素个数。

下面分析 LSB 匹配对于图像的影响,假设嵌入率为 ρ,即嵌入的秘密信息比特数与图像像素点个数的比值为 ρ。首先,被选定的要嵌入秘密信息的像素点的像素值 LSB 有 50%的可能性与秘密信息比特相同。因此,原始图像中有 $(1-\rho/2)$ 比例的像素值保持不变。假设要嵌入秘密信息的原始图像像素点的位置呈均匀分布,并且与像素值独立,由此可得隐密图像的直方图

$$h_s(n) = \left(1-\frac{\rho}{2}\right)h_c(n) + \frac{\rho}{4}(h_c(n-1)+h_c(n+1)) \tag{4-22}$$

LSB 匹配算法相当于将图像直方图通过一个核为 $[\rho/4, 1-\rho/2, \rho/4]$ 的低通滤波器。图 4.9 清楚地显示了直方图的变化,图 4.9(a)为原始图像的直方图,图 4.9(b)为相应经过 LSB 匹配隐密嵌入率 $\rho=1$ 的隐密图像。从图中可以看出,隐密图像的直方图要比原始图像的直方图更加圆滑。低通滤波器减弱了高频的能量,具体来说,就是减少了局部极值的幅度。

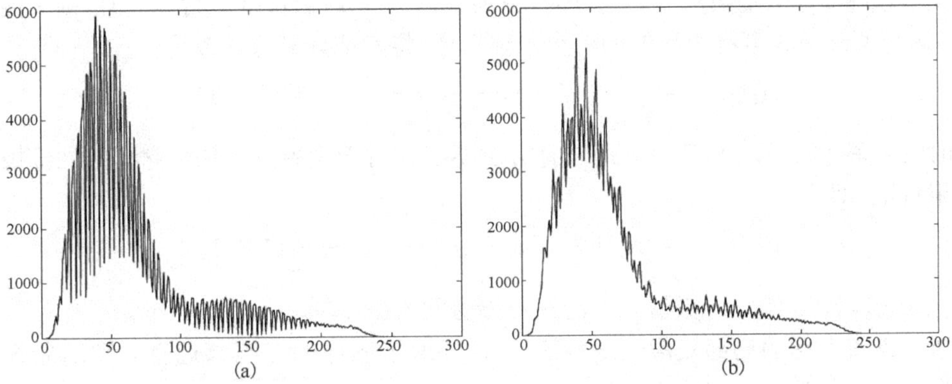

图 4.9　原始图像和经过 LSB 匹配隐密后隐密图像的直方图

直方图的局部极值点 k 满足下式

$$(h(k)-h(k-1))(h(k)-h(k+1)) > 0 \tag{4-23}$$

因此,对于任意局部极大值 k,有下式成立

$$\begin{aligned} h_s(k) &= \left(1-\frac{\rho}{2}\right)h_c(k) + \frac{\rho}{4}(h_c(k-1)+h_c(k+1)) \\ &= h_c(k) - \frac{\rho}{4}[(h_c(k)-h_c(k-1)) + (h_c(k)-h_c(k+1))] \\ &< h_c(k) \end{aligned} \tag{4-24}$$

同理,对于任意局部极小值 k,可得 $h_s(k) > h_c(k)$。因此,在 LSB 匹配嵌入后,图像直方图的局部极大值减小而局部极小值增大。

由以上分析可得 LSB 匹配隐密术会导致局部极值衰减,因此使用每个局部极值和其邻域的直方图的绝对差值的和作为特征来区分原始图像与隐密图像。原始图像和隐密图像的和分别用 D_c 和 D_s 表示

$$\begin{cases} D_c = \sum_k |2h_c(k)-h_c(k-1)-h_c(k+1)| \\ D_s = \sum_k |2h_s(k)-h_s(k-1)-h_s(k+1)| \end{cases} \tag{4-25}$$

由以上分析可知,在经过 LSB 匹配隐密后,$D_c > D_s$。

特征的计算方法如下

$$A_1(h_1) = \sum_{k\in\varepsilon_1} |2h_1(k) - h_1(k-1) - h_1(k+1)| \tag{4-26}$$

式中，k 指局部极值点；$\varepsilon_1 \in [1,254]$。式中的 k 应满足以下条件

$$k \in \varepsilon_1 \Leftrightarrow (h_1(k) - h_1(k-1))(h_1(k) - h_1(k+1)) > 0 \tag{4-27}$$

Cancelli 等对 ALE 隐密分析算法进行了以下几点改进。

① 将边界点单独考虑。

② 加入了二维直方图的局部极值幅度特征。

③ 将二维邻近直方图的对角元素的和也作为特征。

下面详细介绍改进之后的 ALE 算法。

LSB 匹配嵌入过程中，在灰度值的最低有效位与待隐藏的秘密比特不相等时，应将灰度值随机加 1 或减 1。但是当灰度值为 0 时，只能被修改为 1，当灰度值为 255 时，则只能被修改为 254。因此 Cancelli 等将边界的四个点单独考虑，将特征计算方法改为

$$A_1(h_1) = \sum_{k\in\varepsilon_1} |2h_1(k) - h_1(k-1) - h_1(k+1)| \tag{4-28}$$

此时的 $\varepsilon_1 \in [3,252]$ 极值点 k 的选择方法不变。对于边界点单独将它们的局部极值幅度作为一组特征，即

$$d_1(h_1) = \sum_{k\in\varepsilon_1} |2h_1(k) - h_1(k-1) - h_1(k+1)| \tag{4-29}$$

式中，$\varepsilon_1^* \subset \{1,2,253,254\}$ 极值点 k 的选择方法同式(4-27)。

提取一维直方图的局部极值幅度特征后，还提取了图像的二维邻近直方图的局部极值特征。水平方向的邻近直方图的定义如下

$$h_2(k,l) = |\{(i,j) \in I \mid p(i,j) = k, p(i,j+1) = l\}| \tag{4-30}$$

式中，$p(i,j)$ 表示图像的像素值；I 是所有像素点的集合。还提取了垂直方向、主对角线方向和副对角线方向的邻近直方图。

邻近直方图的局部极值点集合首先定义为

$$p = (k,l) \in \varepsilon_2 \Leftrightarrow \begin{cases} \exists\varepsilon \in \{-1,1\}, \forall n \in N \\ \operatorname{sign}(h_2(\boldsymbol{p}) - h_2(\boldsymbol{p}+\boldsymbol{n})) = \varepsilon \end{cases} \tag{4-31}$$

式中，$\boldsymbol{p}$ 和 $\boldsymbol{n}$ 都是向量；集合 $N = \{(-1,0),(1,0),(0,-1),(0,1)\}$。然而求出来极值的幅度很小，为了增加稳定性，将邻近直方图局部极值点集合的定义改为

$$p = (k,l) \in \varepsilon_2' \Leftrightarrow (k,l) \in \varepsilon_2 \text{ 且 } (l,k) \in \varepsilon_2 \tag{4-32}$$

找出极值点集合后，就可以按照下面的公式计算出四个方向邻近直方图的局部极值的幅度特征

$$A_2(h_2) = \sum_{p\in\varepsilon_2'} \left| 4h_2(\boldsymbol{p}) - \sum_{n\in N} h_2(\boldsymbol{p}+\boldsymbol{n}) \right| \tag{4-33}$$

最后，将邻近直方图对角元素的和也作为一组特征

$$d_2(h_2) = \sum_{k=0}^{255} h_2(k,k) \tag{4-34}$$

提取 485 幅图像图像库中的每一幅载体图像和相应隐密图像的 10 维 ALE 特征，并用 Fisher 分类器进行分类，其特征和 ROC 曲线如图 4.10 和图 4.11 所示。

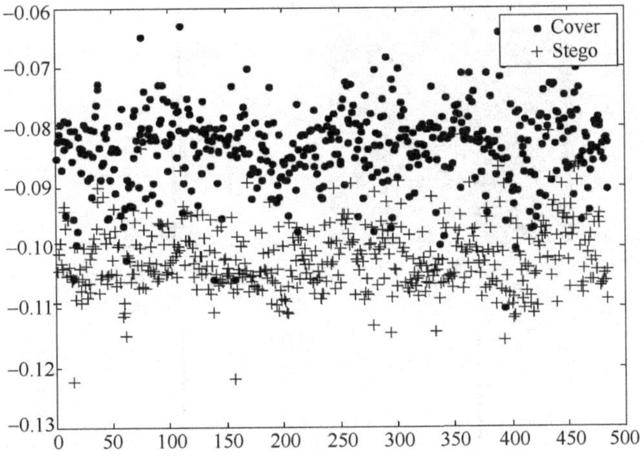

图 4.10　485 幅载体图像和隐密图像的 ALE 特征分类结果

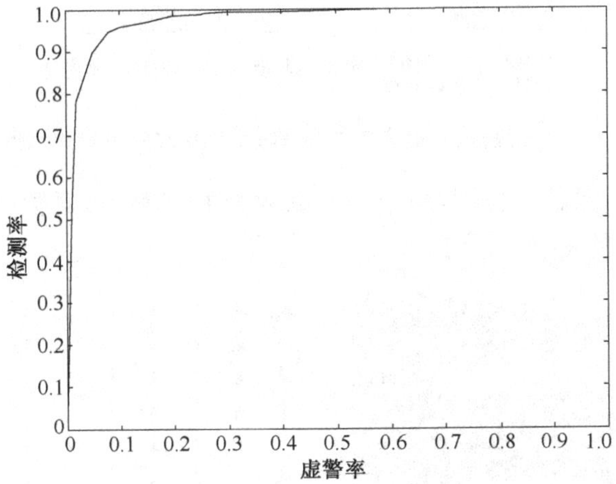

图 4.11　ALE 特征的 ROC 检测曲线

2. 变换域的隐密分析

1)针对 JSteg 的隐密分析

JSteg 隐密术相当于变换域的 LSB 隐密术，同样会引入系数值频率之间的依赖性。JSteg 影响成对系数值的频率，与 LSB 隐密术产生的“值对”现象类似，如图 4.12 所示。h_i 是量化 JPEG 系数的直方图幅值。对于由 JSteg 算法产生的隐密图像，假设相邻的频率 h_{2i} 和 h_{2i+1} 除 0 外其值是相近的。图 4.12 显示了由信息嵌入导致量化 DCT 系数统计分布的改变。图 4.12(a)表示的是 JPEG 压缩之后的标准图像 Lena；图 4.12(b)表示的是图 4.12(a)的量化 DCT 系数的分布；图 4.12(c)表示的是图 4.12(a)嵌入 1.5KB 数据信息之后的 DCT 系数分布；图 4.12(d)表示的是图 4.12(a)嵌入 7.5KB 数据信息(近乎最大的信息隐藏能力)之后的 DCT 系数分布。

下面介绍一种检测隐密信息存在与否的方法。该方法适用于传统的连续 JSteg 算法和离散 JSteg 算法。经过简单的计算能够估计隐藏信息的长度。为了更好地理解这种方法，下面先对 DCT 系数的统计分布进行研究。

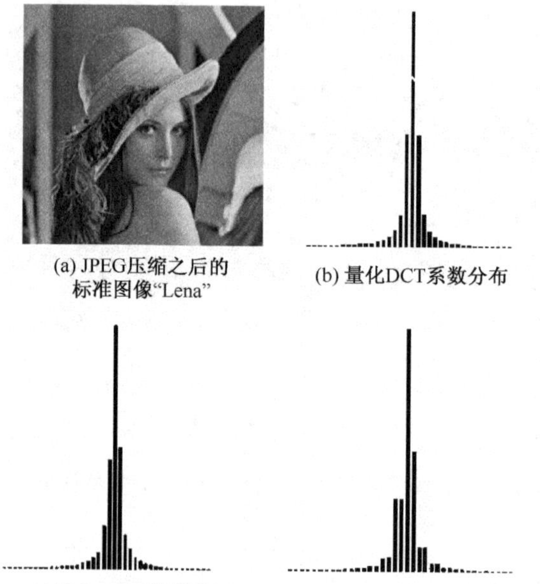

(a) JPEG压缩之后的标准图像“Lena”　(b) 量化DCT系数分布

(c) 嵌入1.5KB数据信息的DCT系数分布　(d) 嵌入7.5KB的DCT系数分布

图 4.12　秘密信息嵌入后导致的 DCT 系数分布变化示意图

图 4.13(a)的 DCT 系数直方图，左上角的系数为 DC(直流)系数，而余下的为 AC(交流)系数。图 4.13(b)给出的是“桥”图像。

(a) 标准图像“桥”　(b)“桥”的DCT系数分布

图 4.13　图像 DCT 系数分布示意图

早期 AC 系数被猜测是符合高斯分布的。但是，当用柯尔莫哥洛夫-斯米尔诺夫优化拟合检测方法检测时，如图 4.13(b)中的实验结果又表明是拉普拉斯分布。拉普拉斯分布的概率密度函数可以写成

$$p(x) = \frac{\mu}{2}\exp\{-\mu x\} \tag{4-35}$$

Lam 等用图像的双随机模型方法给出了严格的数学分析，从高阶统计分析得出的结果是 AC 系数是符合胖尾分布的。一般来说，广义的高斯分布更适合来描述它，广义高斯分布的概率密度函数为

$$p_{v,\beta}(x) = \frac{v}{2\beta\Gamma\left(\frac{1}{v}\right)}\exp\left\{-\left(\frac{|x|}{\beta}\right)^{v}\right\} \tag{4-36}$$

下面具体介绍分析方法。对一个整数集合 $G=\{G_0,G_1,\cdots,G_{n-1}\}$，定义 $f_0(G)$ 是集合 G 中正偶数和负奇数的总数和，$f_1(G)$ 是集合 G 中正奇数和负偶数的总数和。标定当计算 $f_0(G)$ 和 $f_1(G)$ 时，集合 G 中的 0 元素不包括在内，则它们的表达式为

$$f_0(G)=\sum_{i>0,\, i\bmod 2=0} h_i(G)+\sum_{i<0,\, i\bmod 2=1} h_i(G) \tag{4-37}$$

$$f_1(G)=\sum_{i>0,\, i\bmod 2=1} h_i(G)+\sum_{i<0,\, i\bmod 2=0} h_i(G) \tag{4-38}$$

基于上述对 DCT 系数统计分布的研究，可以假设 JPEG 图像的量化 DCT 系数关于 0 呈对称分布。实验表明这个假设是合理的，因为绝大多数的 DCT 系数分布都满足关于 0 对称。所以，对于 JPEG 图像的量化 DCT 系数的集合，有

$$f_0(C)\approx f_1(C) \tag{4-39}$$

假设卡方检验

$$\chi^2(C)=\frac{(f_1(C)-f_0(C))^2}{f_1(C)+f_0(C)} \tag{4-40}$$

服从自由度为 1 的卡方分布。

另外，标定信息位通常在被嵌入之前是被压缩的或者被编码的，所以 0 和 1 是均匀分布在信息位集合 M 中的。因此，集合 S 有类似于图 4.12 中所示的分布，得到

$$f_1(S)-f_0(S)\approx h_1(S) \tag{4-41}$$

$\bar{S}=C-S$ 表示集合 C 中 S 的补集。假设集合 $\bar{S}$ 的分布是关于 0 对称的，不管集合 S 中的元素是从集合 C 中连续选取的还是离散选取的。因此，有

$$f_1(\bar{S})\approx f_0(\bar{S}) \tag{4-42}$$

标定 $C=S\cup\bar{S}$，结合式(4-41)和式(4-42)，得到

$$f_1(S)-f_0(S)=(f_1(S)+f_1(\bar{S}))-(f_0(S)+f_0(\bar{S}))\approx h_1(S) \tag{4-43}$$

χ^2_α 表示显著性水平为 α，自由度为 1 的卡方分布。对于用 JSteg 算法嵌入秘密信息的隐密图像，有

$$\chi^2(C)>\chi^2_\alpha \text{ 并且 } f_1(C)-f_0(C)>0 \tag{4-44}$$

式(4-44)可以用来作为判断所给图像中是否存在用 JSteg 算法嵌入秘密信息的标准，而且能够通过式(4-43)准确地估计信息长度。

定义嵌入比 β 是信息位长度和最大嵌入容量的比值，JSteg 算法的最大嵌入容量是 $\|C\|-h_0(C)-h_1(C)$。现在分别介绍如何估计在连续 JSteg 算法和离散 JSteg 算法中的嵌入比 β。

(1)连续 JSteg 算法。

用和连续 JSteg 算法相同的方法创建集合 C 的一个子集 S'，使得 $h_1(S')$ 等于 $f_1(C)-f_0(C)$。因此，嵌入比例

$$\beta=\frac{\|S'\|-h_1(S')-h_0(S')}{\|C\|-h_1(C)-h_0(C)} \tag{4-45}$$

如果 $f_1(C)-f_0(C)\geqslant h_1(C)$，就可以认为嵌入比例 β 等于 1。

(2)离散 JSteg 算法。

对于离散 JSteg 算法，假设在信息嵌入之前，集合 S 的统计分布近似于对 S 的元素进行离散选择组成的集合 C 的分布。因为信息嵌入不会使集合 S 和 C 中等于 1 的元素发生任何改

变，嵌入比例 β 近似等于 $h_1(S)$ 和 $h_1(C)$ 的比例，即

$$\beta=\frac{\| S' \| - h_1(S') - h_0(S')}{\| C \| - h_1(C) - h_0(C)} \approx \frac{h_1(S)}{h_1(C)} \approx \frac{f_1(C) - f_0(C)}{h_1(C)} \tag{4-46}$$

如果 $f_1(C) - f_0(C) \geqslant h_1(C)$，就可以认为嵌入比例 β 等于 1。

现在得到秘密信息的检测和信息长度的估计算法步骤如下。

从所给测试用 JPEG 图像中，创建量化 DCT 系数的集合 C。首先计算集合 C 的 $f_0(C)$ 和 $f_1(C)$，然后根据式(4-40)计算卡方统计 $\chi^2(C)$。根据式(4-44)所给的判断标准，判断所给的测试图像是否在一个预先给定的显著性水平上包含隐藏信息。如果没有，认为该图像嵌入比例 $\beta = 0$，算法结束。

根据式(4-45)或者式(4-46)分别计算连续 JSteg 和离散 JSteg 的嵌入比例 β。如果 $\beta > 1.0$，则 β 等于 1，算法结束。

2)针对 F5 算法的隐密分析

F5 算法通过 DCT 系数绝对值减 1 的方法来隐藏信息，使量化后 DCT 系数中的 0 显著增加，会造成收缩现象。Fridrich 基于这个原理实现了对 F5 算法的检测，不仅能够检测秘密信息是否存在，而且能估计隐藏信息的长度。这种隐密分析算法的关键就是利用隐密图像估计载体图像的直方图。下面首先分析 F5 隐密术对于图像直方图的影响，然后阐述使用隐密图像估计载体图像直方图的方法，最后详细介绍该方法如何估计秘密信息长度。

(1)F5 算法对直方图的变化影响。

设 $h(d), d = 0,1,\cdots$ 为原始图像中 DCT 交流系数绝对值等于 d 的总个数。同样地，记 $h_{kl}(d)$ 为 8×8 的 DCT 交流系数矩阵中，下标为 (k,l)，$1 \leqslant k,l \leqslant 8$，且绝对值等于 d 的个数。对应地，记 $H(d)$ 为经过 F5 算法嵌入后的 DCT 交流系数绝对值为 d 的总个数，$H_{kl}(d)$ 为经过 F5 算法嵌入后，AC 系数矩阵中下标为 (k,l) 且绝对值为 d 的总个数。

假设待测图像经过 F5 嵌入算法后修改了 n 个 DCT 交流系数。那么，对于一个非零 DCT 交流系数，它被更改的概率为 β，即 $\beta = n/P$，P 为图像中所有非零 DCT 交流系数的个数，那么 $P = h(1) + h(2) + h(3) + \cdots$。因为在 F5 算法中，嵌入秘密信息的系数是随机选取的，所以隐密图像直方图 H_{kl} 的期望值是

$$\begin{aligned} H_{kl}(d) &= (1-\beta)h_{kl} + \beta h_{kl}(d+1), \quad d > 0 \\ H_{kl}(0) &= h_{kl}(0) + \beta h_{kl}(1), \quad\quad\quad\;\; d = 0 \end{aligned} \tag{4-47}$$

进一步假设估计的载体图像直方图为 $\hat{h}_{kl}(d)$。然后使用这个估计值利用式(4-47)计算 H_{kl} 的期望值并且估计 β。通过使用不同计算 β 的公式，通过实验证明，最好的效果是使用最小平方估计。由于直方图中的前两个值 ($d = 0$ 和 $d = 1$) 在嵌入过程中改变最大，计算使得隐密图像直方图 H_{kl} 与由式(4-35)中估计的直方图 $\hat{h}_{kl}(d)$ 得来的隐密图像直方图的期望值 $\hat{H}_{kl}(d)$ 之间的均方误差最小的 β。

$$\beta_{kl} = \arg\min_{\beta}[H_{kl}(0) - \hat{h}_{kl} - \beta\hat{h}_{kl}(1)]^2 + [H_{kl}(1) - (1-\beta)\hat{h}_{kl}(1) - \beta\hat{h}_{kl}(2)]^2$$

由(4-32)式中的最小平方估计得到 β 的计算式

$$\beta_{kl} = \frac{\hat{h}_{kl}(1)[H_{kl}(0) - \hat{h}_{kl}(0)] + [H_{kl}(1) - \hat{h}_{kl}(1)](\hat{h}_{kl}(2) - \hat{h}_{kl}(1))}{\hat{h}^2_{kl}(1) + [\hat{h}_{kl}(2) + \hat{h}_{kl}(1)]^2}$$

参数 β 的最终值是通过计算在选定的低频 DCT 系数 $(k,l) \in \{(1,2),(2,1),(2,2)\}$ 上的平均值得到。

最终 β 为所选低频 DCT 系数 $(k,l) \in \{(1,2),(2,1),(2,2)\}$ 的平均值

$$\beta = (\beta_{12} + \beta_{12} + \beta_{23})/3 \tag{4-48}$$

不选用高频系数是由于高频系数提供的统计特性不充足，尤其是针对小图像。选择独立的低频 DCT 系数直方图而不是全局直方图的原因将在下面阐述。

(2)估计载体图像直方图。

从前面的分析可知，正确估计载体图像直方图 h 对于隐密分析至关重要。首先将隐密图像解压到空间域，然后在水平、垂直两个方向对隐密图像进行 4 个像素裁剪，最后将裁剪后的隐密图像使用与原隐密图像相同的量化矩阵重新压缩，得到的就是用于隐密分析的估计直方图 $\hat{h}_{kl}(d)$。

由于估计值的正确性是影响隐密分析准确率的主要因素，所以通过在重压缩前的裁剪来去除可能的 JPEG 块边界误差。当取如下 3×3 核 B 的简单均匀模糊运算时，即 $B_{22} = 1 - 4e$，$B_{21} = B_{23} = B_{12} = B_{32} = e$，且其他的 $B_{ij} = 0$，使获得的低频 $\hat{h}_{kl}(d)$ 最准确。低通滤波器去除了在块边界由不连续性产生的虚假非零 DCT 系数。

实验证明了估计的直方图与原始载体图像直方图非常接近。事实上，除非 JPEG 压缩的质量因数过低，如小于 60，则由 F5 算法产生的隐密图像与载体图像无论在视觉上还是如 PSNR 等地评价参数上都非常接近。在空间域平移 4 个像素有效地破坏了量化 DCT 系数的结果，而随后的低通滤波器减少了由块边界的不连续性产生的虚假频率。因此，得到的 DCT 系数的统计特性与载体图像类似。

可以看出，估计的直方图与载体图像的直方图非常近似，即将估计图像视为载体图像。但与隐密图像的直方图在直流上有很大区别，从这一点就可以判断出哪一个是隐密图像。图中显示了载体图像直方图(十字)，以 F5 嵌入可能的最多秘密信息(即 $\beta = 0.5$)的隐密图像直方图(星)和估计的直方图(圆)。

使用独立的低频 DCT 系数直方图而不使用全局直方图的主要原因如下。尽管有低通滤波器进行预处理，但是由于块边界的不连续性，空间域的 4 像素偏移还是会在高频系数中引入一些非零值，并且空间域的 4 像素偏移影响最大的值是 0，−1 和 1，这些值对计算影响巨大，而独立的低频系数直方图则不容易受到这些虚假的非零 DCT 系数影响。

(3)估计秘密信息长度。

一旦隐密算法的相对改变数 β 被估计出来，就可以尝试更进一步估计出秘密信息长度。设 n 是由 F5 嵌入算法引入的量化 DCT 系数变化的总数。可以将 n 写为 $n = s + m$，其中 s 是收缩个数(不会导致信息嵌入改变的个数)，m 是由信息嵌入导致的改变的个数。选择一个导致收缩的系数概率是 $P_s = h(1)/P$。由于系数的选择是随机的，所以 s 的期望值是 nP_s。由此可得到

$$m + nP_s = n \tag{4-49}$$

式中，$m = n(1 - P_s)$ 表示由嵌入秘密信息导致改变的系数个数。

假设采用 $(1, 2^k - 1, k)$ 进行矩阵编码，其嵌入效率(每个改变对应的比特数的期望值)为

$$W(k) = \frac{2^k}{2^k - 1}k \tag{4-50}$$

则隐藏信息长度为

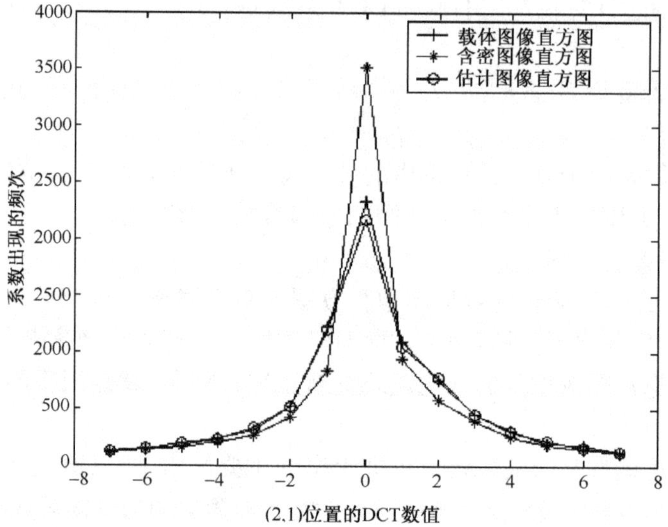

图 4.14 估计图像(裁减图像)、载体图像与隐密图像的直方图

$$M = W(k)m = \frac{2^k}{2^k-1}kn(1-P_s) = \frac{2^k}{2^k-1}k\beta P(1-h(1)/P) = \frac{2^k}{2^k-1}k\beta(P-h(1)) \tag{4-51}$$

式中

$$P = \sum_{i\geqslant 0} h(i) \approx \sum_{i\geqslant 0} \sum_{\substack{k,l=1 \\ k+l>2}}^{8} \hat{h}_{kl}(i) \tag{4-52}$$

综上所述,F5 隐密分析算法如下。

① 由式(4-52)求出所有非零 AC 系数的总数。

② 由式(4-50)估计 β 的值。

③ 计算 $n=\beta * P$,由 $n=2^k-1$,求出 k。

④ $h(1)$ 是交流 DCT 系数绝对值为 1 的数量,由量化 DCT 系数,计算 $h(1)$。

⑤ 将以上计算结果代入式(4-51),得出秘密信息长度的估计值。

3)针对 OutGuess 的隐密分析

OutGuess 算法的嵌入方法与 JSteg 算法类似,在 DCT 系数除 0 和 1 的位置上嵌入秘密信息。但为了抵抗攻击,对 DCT 系数进行修改以使得隐密图像直方图与载体图像直方图匹配,算法安全性得到了提高。由于卡方检测分析隐密图像一阶统计特性,所以对于 OutGuess 算法分析失效,但是由于信息嵌入和纠正均修改了 DCT 系数,所以会引起图像空间域的边界不连续性,且嵌入信息越多,带来的变化越大,可以利用测试图像和校正图像在解压缩到空域后的块效应变化量来估计数据嵌入率。

Fridrich 针对 OutGuess 算法的隐密检测原理如下。

设 $h_d, d=\cdots,-2,-1,0,1,2,\cdots$ 是载体图像量化 DCT 系数的直方图。设 P 是除 0 和 1 外的系数总数,这些系数称为可使用系数

$$P = \sum_{i\neq 1}^{i\neq 0} h_i \tag{4-53}$$

OutGuess 算法首先计算能够嵌入图像的随机分布秘密信息最大长度以保证能够将直方图校正为原始值。在载体图像可使用系数的 LSB 中随机嵌入 m 个伪随机比特序列，则直方图 (h_{2i},h_{2i+1}) 的值变为

$$h_{2i}\rightarrow h_{2i}-\alpha(h_{2i}-h_{2i+1}),h_{2i+1}\rightarrow h_{2i+1}+\alpha(h_{2i}-h_{2i+1}) \tag{4-54}$$

式中，$2\alpha=m/P$。假设 $h_{2i}>h_{2i+1}$，嵌入之后，必须有足够的值为 $2i+1$ 的系数以便校正。因此，$h_{2i+1}-2\alpha h_{2i+1}=\alpha(h_{2i}-h_{2i+1})$，可得

$$\alpha_i=\frac{h_{2i+1}}{h_{2i+1}+h_{2i}} \tag{4-55}$$

对于所有直方图对 (h_{2i},h_{2i+1}) 都应满足上述条件。因此，为了能够合适校正，嵌入到图像的最大信息长度为 $2aP$，其中 $a=\min_i\alpha_i$。

在载体图像中嵌入长度为 $2paP(0\leqslant p\leqslant 1)$ 比特的秘密信息后(称该秘密信息为百分之 p 的信息)，由于需要校正，对于值为 $2i$ 和 $2i+1$ 的改变个数都是 pah_{2i}，假设 $h_{2i}>h_{2i+1}$。因此，包括嵌入过程和校正过程的总改变个数是

$$T_p=2pa\sum_{i\neq 0}\bar{h}_{2i}=paP+pa\sum_{i\neq 0}\left|\bar{h}_{2i}-\underline{h}_{2i}\right| \tag{4-56}$$

式中，对于任意 i，$\bar{h}_{2i}=\max(h_{2i},h_{2i+1})$ 并且 $\underline{h}_{2i+1}=\min(h_{2i},h_{2i+1})$。其中，$\bar{h}_{2i}$ 是信息嵌入产生的；$\underline{h}_{2i}$ 是校正产生的。

JPEG 压缩首先对图像进行分块，在每个 8×8 小块内进行 DCT 变换，然后进行线性量化，最后对量化后的 DCT 系数编码。由于量化引起的不连续性，JPEG 图像中或多或少存在分块效应。当在 JPEG 图像上根据隐密算法嵌入秘密信息时，会改变 DCT 系数的值，引起明显的分块效应。由于 OutGuess 算法是在量化系数中随机嵌入的，空间域在每个 8×8 块边界的不连续性会增加。定义 B 为 JPEG 图像 8×8 分块的边界不连续性的区分统计量。

$$B=\sum_{i=1}^{\lfloor M-1/8\rfloor}\sum_{j=1}^{N}g_{8i,j}-g_{8i+1,j}+\sum_{j=1}^{\lfloor N-1/8\rfloor}\sum_{i=1}^{M}g_{i,8j}-g_{i,8j+1} \tag{4-57}$$

使用 OutGuess 算法嵌入 100% 的隐密信息后，该统计量值增加。相对于原始图像，隐密图像该统计量增加的幅度更少，这是由于校正操作使得一些改变被抵消。这种差异就是估计秘密信息长度的基础。

为了分析上述思想，首先计算在同一图像中连续嵌入两条秘密信息之后图像系数改变的个数。给定 n 个整数集合，如果随机选取其中 s 个整数组成子集 S 并翻转它们的 LSB，然后随机选取 r 个整数组成子集 R 并翻转它们的 LSB，那么被翻转了 LSB 的整数个数就是 $|S\div R|$，其中 $\div$ 代表对称集合差，$|A|$ 是 A 的基数。这是由于在 $S\cap R$ 中的整数会翻转两次，也就保持不变。因此，被翻转 LSB 的整数个数的期望值为 $r+s-2rs/n$。

因此，如果在已经嵌入 $2paP$ 比特秘密信息的图像中再嵌入长度为 $2qaP$，$0\leqslant q\leqslant 1$ 的附加信息，则在值 $2i$ 和 $2i+1$ 处的改变数的期望值分别是

$$\begin{aligned}&pa\bar{h}_{2i}+qa\bar{h}_{2i}-2pqa^2\bar{h}_{2i}=a\bar{h}_{2i}(p+q-2pqa)\\&pa\bar{h}_{2i}+qa\bar{h}_{2i}-2pqa^2\bar{h}_{2i}{}^2/h_{2i+1}=a\bar{h}_{2i}(p+q-2pqa\bar{h}_{2i}/\bar{h}_{2i+1})\end{aligned} \tag{4-58}$$

因此，在载体图像中连续嵌入两段随机分布长度分别为 $2paP$ 和 $2qaP$，$0\leqslant p,q\leqslant 1$ 的秘密信息后，改变数的期望值是

$$T_{pq}=2a\sum_{i\neq 0}\bar{h}_{2i}\left[p+q-apq\left(1+\frac{\bar{h}_{2i}}{\underline{h}_{2i}}\right)\right] \tag{4-59}$$

块边界的块效应统计量计算公式如下

$$B=\sum_{i=1}^{\lfloor M-1/8\rfloor}\sum_{j=1}^{N}g_{8i,j}-g_{8i+1,j}+\sum_{j=1}^{\lfloor N-1/8\rfloor}\sum_{i=1}^{M}g_{i,8j}-g_{i,8j+1} \tag{4-60}$$

式中，g_{ij} 是大小为$M\times N$ 的灰度图像的像素值；$\lfloor x\rfloor$表示 x 的整数部分。

实验证明，块效应统计量随着翻转 LSB 的 DCT 系数的个数线性增加，该线性斜率对于载体图像取得最大值，对于嵌入信息的隐密图像则逐渐变小。因此，使用该斜率作为估计信息长度的统计量。

隐密信息长度估计算法分为 6 个步骤。

(1) 解压缩隐密图像，利用公式计算 B 值，表示为 $B_S(0)$。

(2) 使用 OutGuess 算法在隐密图像中嵌入最大长度($2aP$)的信息 $m_{\max}$，解压缩计算 B 值，表示为 $B_S(1)$，计算斜率 $S=B_S(1)-B_S(0)$。

(3) 将隐密图像解压缩到空域；在水平、垂直两个方向上对隐密图像进行 4 像素裁减，得到的图像就是用于校正的基准图像，利用与隐密图像相同的量化矩阵进行压缩。解压缩到空域，计算块 $B(0)$。

(4) 使用 OutGuess 算法在裁减图像中嵌入最大长度的秘密信息，计算块 $B(1)$。

(5) 将第(4)步得到的图像再嵌入最大长度的秘密信息，计算 B 值。表示为 $B1(1)$ 。

(6) 利用下面的公式计算秘密信息的长度(公式将在下面进行讲解)。

$$P=\frac{S_0-S}{S_0-S_1} \tag{4-61}$$

斜率 $S_0=B(1)-B(0)$ 是期望的原始载体图像($p=0$)对应的值。斜率 $S_1=B1(1)-B(1)$ 是通过嵌入最大长度的信息($p=1$)操作获得的。隐密图像斜率 $S=B_s(1)-B_s(0)$ 将会介于上述两个斜率之间，$S\in[S_1,S_0]$ 对应于不同长度 p 的秘密信息。可以使用线性插值来获得 p 的计算公式，$S=S_0-p(S_0-S_1)$，也就是式(4-61)。

线性插值和式(4-61)可以使用式(4-59)进行调整。因为块效应统计量是翻转 LSB 的 DCT 系数个数的线性函数，记为 $B(p)=c+dT_p$，其中 T_p 是在嵌入长度为 $2paP$ 的信息后翻转 LSB 的系数个数，c 和 d 是常数。由式(4-59)可得

$$\begin{cases}S_1=B1(1)-B(1)=d(T_{11}-T_{10})=2ad\sum\limits_{i\neq 0}\bar{h}_{2i}\left[1-a\left(1+\dfrac{\bar{h}_{2i}}{\underline{h}_{2i}}\right)\right]\\ S_0=B1(1)-B(0)=d(T_{10}-T_{00})=2ad\sum\limits_{i\neq 0}\bar{h}_{2i})\\ S=Bs(1)-Bs(1)=d(T_{p1}-T_{p0})=2ad\sum\limits_{i\neq 0}\bar{h}_{2i}\left[1-ap\left(1+\dfrac{\bar{h}_{2i}}{\underline{h}_{2i}}\right)\right]\end{cases} \tag{4-62}$$

4.1.2　通用性的图像隐密分析

通用性隐密分析的一般思路是选取检测对象的多个特征统计量，由统计量构成特征矢量集，再利用神经网络、聚类算法、回归分析或者其他软件计算工具从试验数据中构造检测模型，在检测模型中经过训练寻找最佳判决门限，利用这一检测模型作为载体对象与隐密对象的分类器。通用性检测法包含两个重要步骤：选择特征统计量与分类判决。

1. IQM 隐密分析方法

Avcibas 等最早将模式识别中监督学习的概念引入隐密分析领域，提出的 IQM(Image Quality Metrics)方法，采用方差分析(Analysis of Variance，ANOVA)方法选取可用于区分载体图像和隐密图像的质量度量，然后根据所选取的图像质量特征来采用多元回归对图像进行分类。

ANOVA 是一种判断不同的数据集合之间统计分布的异同性大小的统计假设检验技术。在载体数据集与隐密数据集之间对统计量进行 ANOVA 测试，测试结果代表了统计量对正常数据与载密数据的区分力大小，该结果的值越低，则说明统计量的区分力越强，然后选取其中区分力较强的质量度量进行隐密分析。下面具体介绍 IQM 方法。

载体图像是信息隐藏的载体，IQM 可用来度量原始图像和其受损图像间的相互关系。受损图像包括隐藏信息后的图像、加水印后的图像、按不同压缩方法和压缩比压缩处理后的图像、加噪处理后的图像等。在原始图像中嵌入隐藏信息后，图像质量会有所下降，利用合适的 IQM 可以捕捉这一质量下降的规律。

此隐密分析算法的思想就是相对于一个公共的参考图像，载体图像和隐密图像之间存在一致的距离度量。由于高斯滤波器针对隐密算法都能取得一定效果，所以使用高斯滤波来产生参考图像。

为了更清楚地解释 IQM 算法原理，下面以在 HCF-COM 算法中提到的加性噪声模型为例，如图 4.15 所示。设 f 为载体图像，$g=f+w$ 为隐密图像，w 为嵌入信息。令 H 为用于估计秘密信息的最大似然估计(ML)操作。

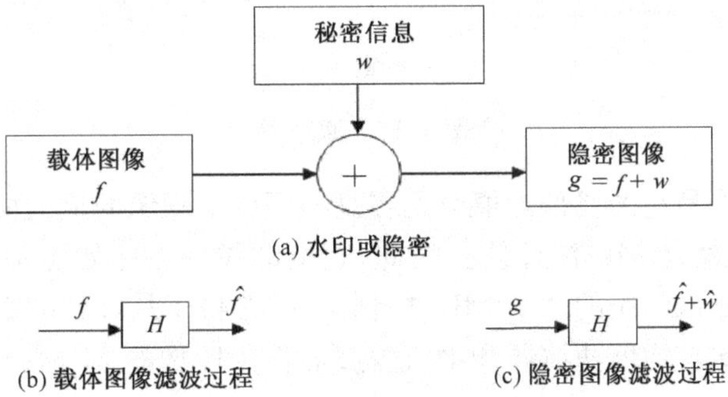

图 4.15 IQM 算法原理图描述

对于没有嵌入秘密信息的载体图像，输出 $Hg=\hat{f}$ 对应图像的高频分量 $\hat{f}$。

对于嵌入秘密信息的隐密图像，输出 $Hg=\hat{f}+\hat{w}$。其中 $\hat{w}$ 表示秘密信息的最大似然估计。

图像质量度量实际上就是用于区分信号 $\hat{f}$ 和 $\hat{f}+\hat{w}$ 的。图 4.16 为用三种图像质量度量的散布图来表征原始图像和隐密图像的可分性视图。训练过程如图 4.17 所示。

算法选用高斯平滑滤波器 $H(m,n)=Kg(m,n)$，其中 $g(m,n)=(2\pi\sigma^2)^{-1}\exp\{-(m^2+n^2)/2\sigma^2\}$ 是二维高斯内核，$K=\left(\sum_m\sum_n |g(m,n)|^2\right)^{-1/2}$ 是归一化常数。

高斯滤波的口径通过实验经验设为 $\sigma=0.5$，滤镜尺寸为 3×3。高斯模糊作为一个参考标

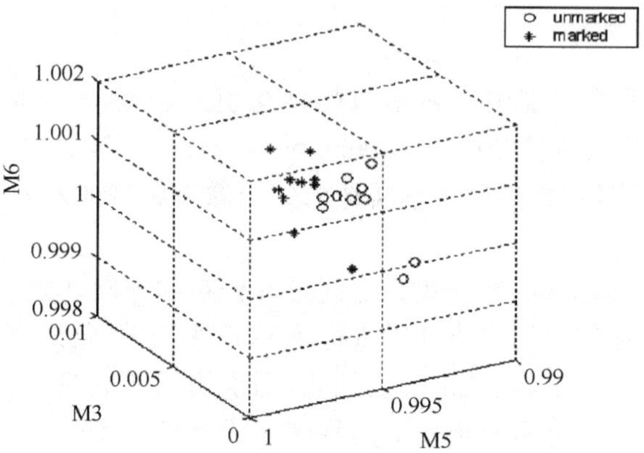

图 4.16　三种图像质量度量的散布图

M3—Czekakowski 度量；M5—图像保真度；M6—标准互相关

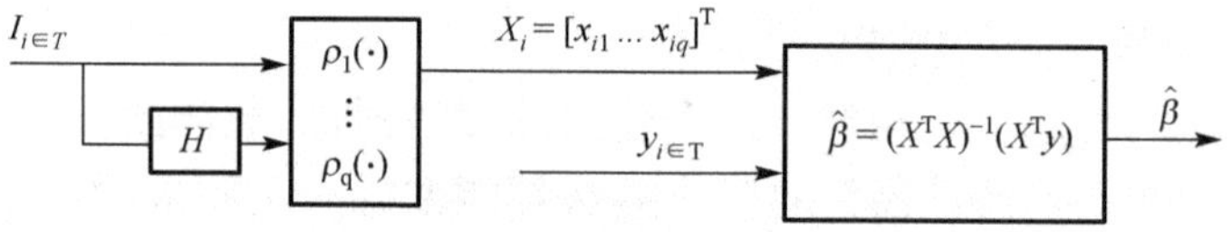

(a) 训练

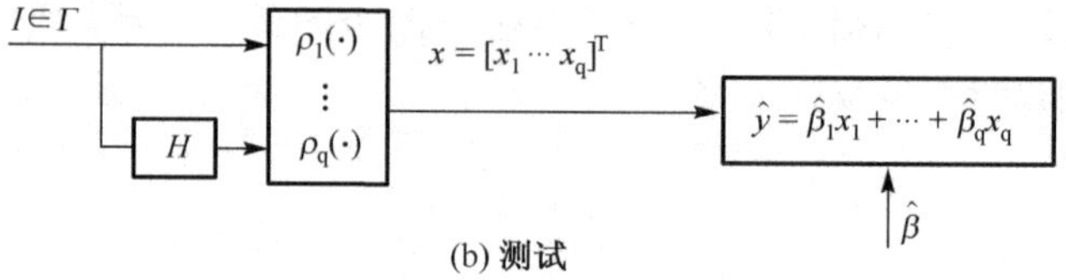

(b) 测试

图 4.17　原理图

准取得良好效果的原因是它的局部均值就是在高斯假设下图像的最大似然估计值。在拉普拉斯分布的假设下，中值就是 ML 估计值。因此，模糊图像减去原始图像产生加性秘密信息的最大似然估计。对于测试使用的两个 ML 估计器，H 等价于从收到的隐密图像中减去其局部均值或者中值。最后比较均值滤波器和中值滤波器作为图像的 ML 估计的效果，发现均值滤波器效果更好。

使用滤波器对图像进行高斯滤波可以得到原始图像和隐藏图像的两个参照版本。利用原始图像和其滤波图像之间的关系可以得到描述无隐藏信息的 IQMs；而利用隐藏图像和其滤波图像之间的关系可以得到描述有隐藏信息的另一类 IQMs。通过比较这两类 IQMs 的差别可以区分图像中是否含有隐藏信息。

Avcibas 等研究了图像的客观质量评价量及其统计特性。研究表明，合适的 IQMs 具有较好的统计特性，能较好地反映由加噪、污损、嵌入水印或隐藏信息而导致的图像质量下降。在前人工作使用的 26 个 IQMs 中，一些质量评价量对图像中的隐藏信息较为敏感，能用来检测图像中是否含有隐藏信息。如前所述，利用 ANOVA 技术从 26 个 IQMs 中选取 10 个用于隐密分析。

Avcibas 等总结了描述图像质量属性的 26 个统计量，这些统计量分为 6 类：① 像素亮度差别统计量，比较两个图像的像素亮度以寻找差异；② 图像相关性的统计量，通过相关函数检测两个图像之间的相似性，与像素亮度差别统计量相互补充；③ 图像边界品质统计量；④ 基于频谱距离的统计量，根据从图像的傅里叶频谱获取的变形惩罚函数抽取；⑤ 基于上下文的统计量，针对图像中邻近像素之间关系的统计量；⑥ 基于人类视觉系统的统计量，根据信息嵌入使图像质量变差的思想设计。

下面简要介绍使用的图像质量度量。通过 ANOVA 测试选中 10 个图像质量度量。将图像在像素点 (i,j)，带 k 的多谱线表示为 $C_k(i,j)$，其中 $k=1,\cdots,3$ 表示彩色图像。黑体符号 $C(i,j),\hat{C}(i,j)$ 表示在点 (i,j) 的像素向量的多谱线。多通道图像矩阵表示为 Can $\bar{d}$ $\hat{C}$，其中上标的尖角表示图像的隐密版本。使用 $M_i, i=1,\cdots,10$ 来描述算法使用的 10 个图像质量度量特征。

1）Minkowsky 度量

两幅图像差异的 L_γ 范数可以通过计算空间域像素差值的 Minkowsky 来计算。

$$M\gamma = \frac{1}{K}\sum_{k=1}^{K}\left\{\frac{1}{N^2}\sum_{i,j=1}^{N}\left|C_k(i,j)-\hat{C}(i,j)^{\gamma}\right|\right\}^{1/\gamma} \tag{4-63}$$

$\gamma=1$ 对应平均绝对误差 M1，$\gamma=2$ 对应均方误差 M2。

2）相关度量

该度量用来比较严格非负向量，对于图像就是 Czekanowski 距离。

$$M_3 = \frac{1}{N^2}\sum_{i,j=0}^{N-1}\left(1-\frac{2\sum_{k=1}^{K}\min(C_k(i,j),\hat{C}(i,j))}{\sum_{k=1}^{K}(C_k(i,j),\hat{C}(i,j))}\right) \tag{4-64}$$

基于相关性度量的一个变形就是两幅图像像素向量间角度的统计特性。相似的颜色会导致图像向量指向颜色空间的同一方向；具有显著差异的颜色会指向颜色空间的不同方向。由于处理的是正向量 Can $\bar{d}$ $\hat{C}$，限定直角坐标系的第一象限，这样得到的最大角度差值就是 $\pi/2$。两个向量间的角度相关定义如下

$$M_4 = 1-\frac{1}{N^2}\sum_{i,j=1}^{N}\frac{2}{\pi}\cos^{-1}\frac{\langle C(i,j),\hat{C}(i,j)\rangle}{\|C(i,j)\|\ \ \|\hat{C}(i,j)\|} \tag{4-65}$$

两幅数字图像间的接近程度可以被量化成相关函数。图像保真度度量和标准互相关度量的定义如下

$$M_5 = 1-\left(\frac{1}{K}\sum_{k=1}^{K}\frac{\sum_{i,j=0}^{N-1}[C(i,j),\hat{C}(i,j)]^2}{\sum_{i,j=0}^{N-1}C_k(i,j)^2}\right) \tag{4-66}$$

$$M_6 = \frac{1}{K}\sum_{k=1}^{K}\frac{\sum_{i,j=0}^{N-1}C(i,j),\hat{C}(i,j)}{\sum_{i,j=0}^{N-1}C_k(i,j)^2} \tag{4-67}$$

3）谱度量

设原始图像和隐密图像的 k 阶带的离散傅里叶变换分别表示为 $\Gamma_k(u,v)$ 和 $\hat{\Gamma}_k(u,v)$。谱

定义如下

$$\Gamma_k(u,v) = \sum_{m,n=0}^{N-1} C_k(m,n)\exp\left[-2\pi im\frac{u}{N}\right]\exp\left[-2\pi in\frac{v}{N}\right],\quad k=1,\cdots,K \tag{4-68}$$

谱的相位和幅度分别表示为 $\varphi(u,v) = \arctan(\Gamma(u,v))$ 和 $M(u,v) = |\Gamma(u,v)|$，谱幅度失真度量的定义如下

$$M_7 = \frac{1}{KN^2}\sum_{k=1}^{3}\sum_{u,v=0}^{N-1} |\Gamma_k(u,v) - |\hat{\Gamma}(u,v)\|^2 \tag{4-69}$$

由于失真的局部特性及图像的非平稳，块谱失真的 Minkowsky 平均用于隐密分析的效果或许更好。因此，将图像划分为大小为 $b\times b$（如 32×32）的 L 块，每块的谱失真可以计算。设第 k 阶带图像的第 l 块 $C_k^l(m,n)$ 的 DFT 记为 $\Gamma_k^l(u,v)$

$$\Gamma_k^l(u,v) = \sum_{m,n=0}^{b-1} C_k^l(m,n)\exp\left(-2\pi im\frac{u}{b}\right)\exp\left(-2\pi in\frac{v}{b}\right) \tag{4-70}$$

式中，$u,v = -(b/2)\cdots(b/2)$；$l = 1,\cdots,L$ 或者用幅度-相位的形式表示

$$\Gamma_k^l(u,v) = |\Gamma_k^l(u,v)|\,e^{j\Phi_k^l(u,v)} \tag{4-71}$$

第 l 块在变换域的度量定义如下

$$J_M^l = \frac{1}{K}\sum_{k=1}^{K}\left(\sum_{u,v=0}^{b-1}(|\Gamma_k^l(u,v)| - |\hat{\Gamma}_k^l(u,v)|)^\gamma\right)^{1/\gamma} \tag{4-72}$$

$$J_\varphi^l = \frac{1}{K}\sum_{k=1}^{K}\left(\sum_{u,v=0}^{b-1}(|\phi_k^l(u,v)| - |\hat{\Phi}_k^l(u,v)|)^\gamma\right)^{1/\gamma} \tag{4-73}$$

$$J^l = \lambda J_M^l + (1-\lambda)J_\varphi^l \tag{4-74}$$

式中，λ 为幅度和相位谱的相对权重因数。范数参数设为 $\gamma=2$ 和块大小 32×32 时效果较好。权重参数 λ 的选择是为了突出幅度和相位的同等贡献。块相位谱中值和加权块谱失真中值的度量定义如下

$$M_8 = \underset{l=1,\cdots,L}{\text{median}} J_\Phi^l \tag{4-75}$$

$$M_9 = \underset{l=1,\cdots,L}{\text{median}} J^l \tag{4-76}$$

4）基于人类视觉系统的度量

将人类视觉系统（HVS）模型融入客观度量中，将主观评价引入到度量体系中。假设人类视觉系统的模型是在极坐标下有如下转移函数的带通滤波器。

$$H(\rho) = \begin{cases} 0.05e^{\rho^{0.554}}, & \rho < 7 \\ e^{-9[|\log_{10}\rho - \log_{10}9|]^{2.3}}, & \rho \geq 7 \end{cases} \tag{4-77}$$

式中，$\rho = (u^2+v^2)^{1/2}$。图像经过上述谱处理和逆 DCT 变换，标准均方 HVS 误差定义如下

$$M_{10} = \frac{1}{K}\sum_{k=1}^{K}\frac{\sum_{i,j=0}^{N-1}[U\{C_k(i,j)\} - U\{\hat{C}(i,j)\}]^2}{\sum_{i,j=0}^{N-1}[U\{C_k(i,j)\}]^2} \tag{4-78}$$

2. 高阶统计量隐密分析法

Farid 等对图像采用 QMF 分解（Quadrature Mirror Filter Decomposition），使用分解系数及其预测图像系数的高阶统计量作为分类特征，采用 Fisher 线性判别器、线性或非线性支持

向量机来对图像进行分类。该方法对空域隐密术和 DCT 域隐密术在数据嵌入率较大的情况下效果较好。下面具体介绍离散小波变换，高阶统计量及预测图像。

此算法是利用小波分解树的原理把低频部分进行连续分解，分解成四部分：尺度 $j+1$ 的低频部分和三个方向（水平、垂直、斜线）的高频部分，如图 4.18 所示。从上到下是层数，依次为 0、1 和 2，从左到右是方向，依次为低频（A）、垂直高频（V）、水平高频（H）和斜线高频（D）。其分解具有关系：$S=A_1+V_1+H_1+D_1$，$A_1=AA_2+AV_2+AH_2+AD_2$。

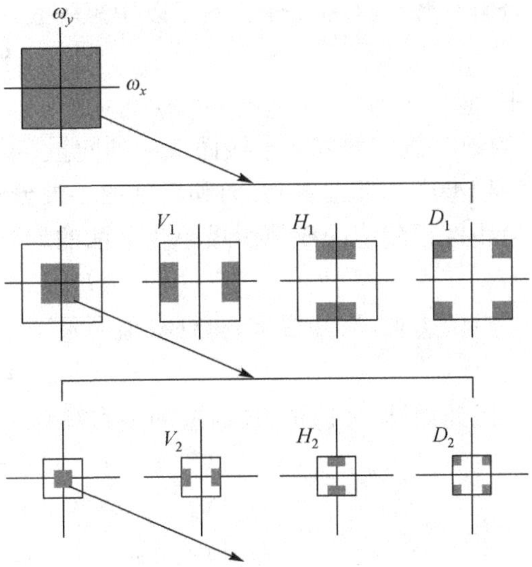

图 4.18　频域空间理想多级和多向的小波分解

在一个统计问题中，由样本去推断总体情况，需要对样本进行“加工”和“提炼”，这就要构造一些样本的函数，它把样本中所含的（某一方面）的信息集中起来。

1）统计量的定义

设 $(x_1,x_2,\cdots,x_n)$ 为取自总体 X 的一个样本，$T=T(x_1,x_2,\cdots,x_n)$ 为样本 $(x_1,x_2,\cdots,x_n)$ 一个实值连续函数，且 T 中不含任何未知参数，则称 $T(x_1,x_2,\cdots,x_n)$ 为一个统计量。

2）高阶统计量及其定义

利用高阶统计量中的高阶矩建立统计模型，高阶矩是利用其特征函数来定义的。

对于 n 维随机变量 $(x_1,x_2,\cdots,x_n)$，定义其联合特征函数为

$$\Phi(w_1,w_2\Lambda w_n)=E\{\exp[j(w_1x_1+w_2x_2+\cdots+w_nx_n)]\} \tag{4-79}$$

定义其第二联合特征函数为

$$\Psi(w_1,w_2,\cdots,w_n)=\ln\Phi(w_1,w_2,\cdots,w_n) \tag{4-80}$$

可见，联合特征函数 $\Phi(w_1,w_2,\cdots,w_n)$ 就是 n 维随机变量 $(x_1,x_2,\cdots,x_n)$ 的联合概率密度函数 $f(x_1,x_2,\cdots,x_n)$ 的 n 维傅里叶变换。

对式(4-79)和式(4-80)分别按泰勒级数展开，则阶数 $r=k_1+k_2+\cdots+k_n$ 的联合矩，可用联合特征函数定义如下

$$m_{k_1k_2\cdots k_n}=E\{x_1^{k_1}x_2^{k_2},\cdots,x_n^{k_n}\}=(-\mathrm{j})^r\left.\frac{\partial^r\Phi(w_1,w_2,\cdots,w_n)}{\partial w_1^{k_1}\partial w_2^{k_2},\cdots,\partial w_n^{k_n}}\right/_{w_1=w_2=\cdots=w_n=0} \tag{4-81}$$

预测图像如下。

根据相邻尺度、位置和方向的小波分解系数绝对值具有线性相关性，给出了彩色图像小波分解系数绝对值的线性预测模型。

把尺度为 i 的垂直、水平及斜线高频中一点的绝对值分别表示为 $V_i(x,y)$，$V_i(x,y)$，$H_i(x,y)$，$D_i(x,y)$。对真彩色图像，分别对图像的每个彩色通道作小波分解。各个高频可以表示为 $V_i^c(x,y)$，$H_i^c(x,y)$，$D_i^c(x,y)$。这里 $c\in\{r,g,b\}$。以尺度为 i 的绿色通道的垂直高频为例，其小波分解系数绝对值线性预测模型可以表示为

$$|V_i^g(x,y)|=w_1|V_i^g(x-1,y)|+w_2|V_i^g(x+1,y)|+w_3|V_i^g(x,y-1)|+$$
$$w_4|V_i^g(x,y+1)|+w_5|V_i^g(x/2,y/2)|+w_6|D_i^g(x,y)|+$$

$$w_7|D_{i+1}^g(x/2,y/2)|+w_8|V_i^r(x,y)|+w_9|V_i^b(x,y)|$$

式中，w_k 为权值；i 为尺度；x，y 为位置；$V_i(x,y)$ 表示尺度为 i、位置为 (x,y) 的垂直高频小波分解系数。这种线性关系可以用矩阵表示为

$$\boldsymbol{V}=\boldsymbol{Q}\boldsymbol{w} \tag{4-82}$$

式中，$\boldsymbol{w}=(w_1,w_2,w_3,w_4,w_5,w_6,w_7,w_8,w_9)$；$\boldsymbol{V}$ 是垂直高频小波分解系数矩阵中将 $V_i^g(x,y)$ 的绝对值按列方向串接而成的列向量；矩阵 $\boldsymbol{Q}$ 的各列则对应垂直高频小波分解系数绝对值预测模型中相邻位置、方向和尺度的小波分解系数的绝对值。满足垂直高频小波分解系数绝对值线性预测值的权值由最小化下面的均方误差函数得到

$$E(\boldsymbol{w})=|\boldsymbol{V}-\boldsymbol{Q}\boldsymbol{w}|^2 \tag{4-83}$$

对两边求导，并置零，得到权值向量 $\boldsymbol{w}$。线性预测模型的对数误差由式(4-84)给出

$$E=\log_2(\boldsymbol{V})-\log_2(|\boldsymbol{Q}\boldsymbol{w}|) \tag{4-84}$$

以此类推，R 通道，B 通道的垂直高频小波分解系数绝对值线性预测模型分别为

$$\begin{aligned}|V_i^r(x,y)|=&w_1|V_i^r(x-1,y)|+w_2|V_i^r(x+1,y)|+w_3|V_i^r(x,y-1)|+\\&w_4|V_i^r(x,y+1)|+w_5|V_i^r(x/2,y/2)|+w_6|D_i^r(x,y)|+\\&w_7|D_{i+1}^r(x/2,y/2)|+w_8|V_i^g(x,y)|+w_9|V_i^b(x,y)|\end{aligned} \tag{4-85}$$

$$\begin{aligned}|V_i^b(x,y)|=&w_1|V_i^b(x-1,y)|+w_2|V_i^b(x+1,y)|+w_3|V_i^b(x,y-1)|+\\&w_4|V_i^b(x,y+1)|+w_5|V_i^b(x/2,y/2)|+w_6|D_i^b(x,y)|+\\&w_7|D_{i+1}^b(x/2,y/2)|+w_8|V_i^r(x,y)|+w_9|V_i^g(x,y)|\end{aligned} \tag{4-86}$$

同样地，也可得出水平和斜线高频小波分解系数绝对值预测模型。给出 R 通道的水平高频和斜线高频的预测模型

$$\begin{aligned}|H_i^r(x,y)|=&w_1|H_i^r(x-1,y)|+w_2|H_i^r(x+1,y)|+w_3|H_i^r(x,y-1)|+\\&w_4|H_i^r(x,y+1)|+w_5|H_i^r(x/2,y/2)|+w_6|D_i^r(x,y)|+\\&w_7|D_{i+1}^r(x/2,y/2)|+w_8|H_i^g(x,y)|+w_9|H_i^b(x,y)|\end{aligned} \tag{4-87}$$

$$\begin{aligned}|D_i^r(x,y)|=&w_1|D_i^r(x-1,y)|+w_2|D_i^r(x+1,y)|+w_3|D_i^r(x,y-1)|+\\&w_4|D_i^r(x,y+1)|+w_5|D_i^r(x/2,y/2)|+w_6|H_i^r(x,y)|+\\&w_7|V_i^r(x,y)|+w_8|H_i^g(x,y)|+w_9|H_i^b(x,y)|\end{aligned} \tag{4-88}$$

特征生成如下。

对图像进行小波分解，就可以得到小波分解树所有终端节点的小波分解系数。自然图像的小波分解系数之间几乎是毫无关系的，但它们的绝对值之间则具有线性相关性，这种线性相关性体现在那些绝对值较大的小波分解系数倾向于出现在相邻分解层次的同一相对空间位置上。例如，图像的边缘细节信息会体现在各个尺度的分解系数上。如果在某一水平高频子带有一个较大的系数，那么很可能在同一频带中，它的邻节点也有大的系数。这些小波分解系数的统计特征，即均值、方差、偏度和峰度形成了图像的第一组特征。即

均值为

$$\mu=E\{x\} \tag{4-89}$$

方差为

$$\delta_x^2=E\{(x-\mu_x)^2\} \tag{4-90}$$

偏度为

$$\zeta_x = E\left\{\left(\frac{x-\mu_x}{\sigma_x}\right)^3\right\} \tag{4-91}$$

峰度为

$$\kappa_x = E\left\{\left(\frac{x-\mu_x}{\sigma_x}\right)^4\right\} \tag{4-92}$$

通过计算小波分解系数绝对值线性预测模型对数误差的均值、方差、偏度和峰度，得到了第二组特征。

具体的特征提取方法如下。

(1) 采用正交镜像滤波器(Quadrature Mirror Filter，QMF)对待检测的图像进行 n 级小波分解(Farid 在实现算法时采用 3 级小波分解)。

(2)对每一层小波分解的垂直、水平和对角线子带分别计算均值、方差、偏度和峰度。

(3)对每个小波系数进行线性预测，求出各子带小波系数的线性预测误差。

(4)同样计算每个子带在水平、垂直和对角方向线性预测误差的均值、方差、偏度和峰度 4 个统计量。将前面求出的一组特征值与这组误差特征值结合起来可构成图片的特征向量。

提取的特征由两部分组成，即分解系数的高阶统计量和预测系数的高阶统计量，它们反映了空间邻域之间、不同方向之间和不同尺度之间的相关性。这样的特征更具一般性，它可以不依赖于具体的隐藏算法，因此这种方法称为通用的检测方法。

以上算法对于 JPEG 图像的检测效果一般，Fridrich 曾在文献中通过实验证明提出，对于隐密分析算法，直接从信息嵌入域提取的特征用于隐密分析，会取得更好的效果。因此，下面先介绍一些针对 JPEG 图像的隐密分析算法，这些算法可以对 JPEG 图像隐密术进行有效的检测，但是对于空域的隐密术检测效果可能并不理想。因此，将其称为“半通用型”隐密分析。

3. 特征函数隐密分析法

隐密分析也是模式识别问题，即将图像分成嵌入隐藏信息前后两类。训练时从训练图像库提取特征，然后使用这些特征训练分类器，测试时使用训练好的分类器进行分类。因此，决定隐密分析性能的因素主要有一组对嵌入信息敏感的特征和一个有效的分类器。其中提取特征过程如图 4.19 所示。

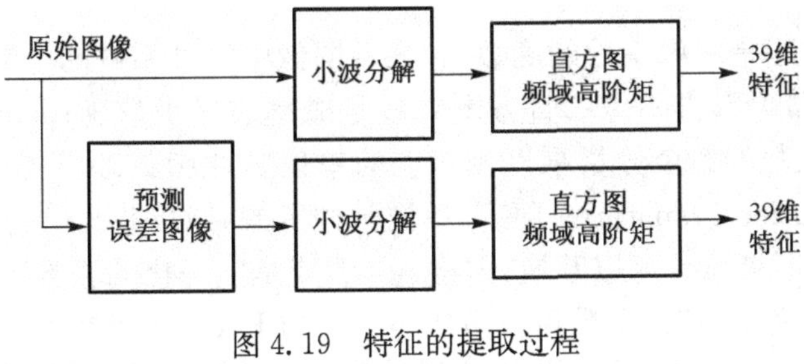

图 4.19　特征的提取过程

1)小波分解

离散小波变换(Discrete Wavelet Transform，DWT)具有去相关性，同一级小波分解的不同子带可以认为是相互独立的。因此，从不同子带系数提取的特征也可以认为是相互独立的，这种特性可以提高隐密分析算法的泛化能力。为了计算简便，形成包含原图空域的 13 个小波子带(空域，LL_1，LH_1，HL_1，HH_1，LL_2，LH_2，HL_2，HH_2，LL_3，LH_3，HL_3，HH_3)。形成 78 维特征之后，用 SVM 进行分类。

2)预测误差图像

通用隐密分析一个重要的指标是其泛化能力，即对不同的图像库，不同的嵌入方法是否普遍适用。由于各种自然图像的本身性质和各种嵌入方法的多样性，直接对原图提取特征，导致其推广能力常常受到限制。由于图像的连续性，相邻像素间存在相关性质。预测误差图像可以把这种相关性信息提取出来。从预测误差图像提取的各个特征之间相关性更小，用于隐密分析泛化能力更强。

3)预测误差图像 Δx 提取方法

设原始灰度图像的像素值 x，预测图像像素值为 $\hat{x}$，预测误差图像像素值为 $\Delta x = x - \hat{x}$。预测图像像素值 $\hat{x}$ 与其右侧、下侧及右下侧像素相关。预测图像像素值的计算方法如下式所示

$$\hat{x} = \begin{cases} \max(a,b), & c \leqslant \min(a,b) \\ \min(a,b), & c \geqslant \max(a,b) \\ a+b-c, & \text{其他} \end{cases} \tag{4-93}$$

式中，x 是当前的像素值；$\hat{x}$ 是预测值；a，b，c 是当前像素预测上下文，如图 4.20 所示。

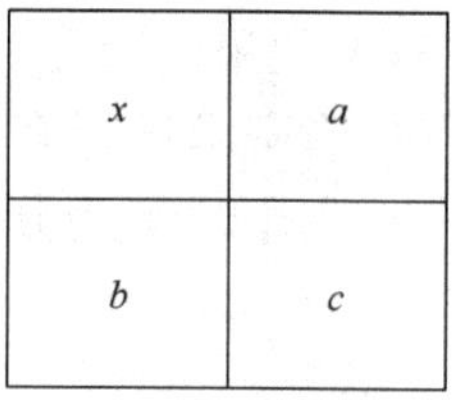

图 4.20　预测上下文

按照式(4-93)对每一像素求预测误差得到的图像即预测误差图像。最后一列和最后一行的上下文只有一个像素，它们的预测值即原像素值，因而预测误差值为 0。

4)直方图频域的统计矩

在介绍 HCF-COM 分析方法时提出了数据隐藏的一个通用模型：加性噪声模型。该模型将待隐藏的数据视为噪声，它是服从一定分布的伪随机序列。噪声与载体统计独立，且多次数据隐藏过程叠加的噪声独立同分布。数据隐藏过程相当于将载体图像的直方图与隐藏数据(即噪声)的概率密度函数进行卷积得到隐密图像的直方图。因而，信息隐藏前后，图像的统计信息(直方图)发生了变化。

图像的系数直方图是图像系数的函数，它表示图像中每种系数的个数，反映图像中每种系数出现的频率。因而，可以将图像的直方图看成是概率质量函数(probability mass function，pmf)。将概率质量函数的每个分量乘以相对应的单位脉冲函数即可得到概率密度函数。对于 DFT(Discrete Fourier Transform)而言，单位脉冲函数对 DFT 变换的结果不影响，因此，在 DFT 意义下，认为 pdf 和 pmf 可以互换，即将 pdf 看成是归一化的直方图。

由特征函数的定义知，特征函数可以看成是 pdf 的 Fourier 变换(仅指数项的符号相反)。因此算法采用直方图的 Fourier 变换作为特征函数来描述隐密前后图像统计特性的变化。为了提取信息隐藏前后特征函数的不同，将提取特征函数的 1/2/3 阶幅度矩作为特征。

概括来说采用直方图频域的统计量：先对直方图进行 Fourier 变换，得到直方图的频率序列，然后计算该频率幅度序列的多阶统计矩。

定义直方图频域高阶统计矩 M_n (以下简称频域矩)如下

$$M_n = \sum_{k=-N/2}^{N/2} | f_k |^n p(f_k) \tag{4-94}$$

式中，n 是矩的阶数(本算法中取 $n=1,2,3$)；N 为直方图水平轴变量的个数；f_k 为傅里叶变换的第 k 次频率，$k=-N/2,\cdots,-1,0,1,\cdots,N/2$；$p(f_k)$ 为直方图傅里叶变换后的幅度分布，即

$$p(f_k) = |H(f_k)| / \left(\sum_{k=-N/2}^{N/2} |H(f_k)| \right) \tag{4-95}$$

式中，$|H(f_k)|$ 是直方图 $h(x_k)$ 傅里叶变换的第 k 次频率的幅度，傅里叶变换如下

$$H(f) = \int_{-\infty}^{\infty} h(x) \mathrm{e}^{-\mathrm{j}2\pi f_x} \mathrm{d}x \tag{4-96}$$

为了从理论上进一步论证小波子带直方图频域矩相对于空域矩的优势，该分析方法的提出者建立起图像载体及噪声叠加模型，并用公式进行了详细推导和证明，得到以下结论。

(1)空域矩和频域矩都能反映数据隐藏前后小波直方图的变化。

(2)所隐藏的数据散布于整个空域直方图，而将空域直方图进行傅里叶变换之后，也就是在频域直方图上，所隐藏的数据集中在高频部分，即直方图上远离原点的两端。

(3)数据嵌入前后，频域直方图的变化将比空域直方图更为明显。

因此，在频域直方图上求取统计矩(频域矩)比在空域直方图上求取统计矩(空域矩)更能反映数据隐藏前后的变化。

4. CFB(Calibrated Feature Based)隐密分析算法

Fridrich 介绍了一种针对 JPEG 图像新的隐密分析方法(图 4.21)。与上述几种算法不同，算法提取隐密图像和校准图像的某些函数值差值的范数作为特征，所使用的函数是图像 DCT 系数的联合和边缘统计量。对于 JPEG 图像，校准就是解压缩隐密图像，在水平、垂直方向各剪切一些像素后使用相同的量化表重新压缩。使用校准技术，可以提高算法的正确率和可靠性，如针对 F5 算法的检测。

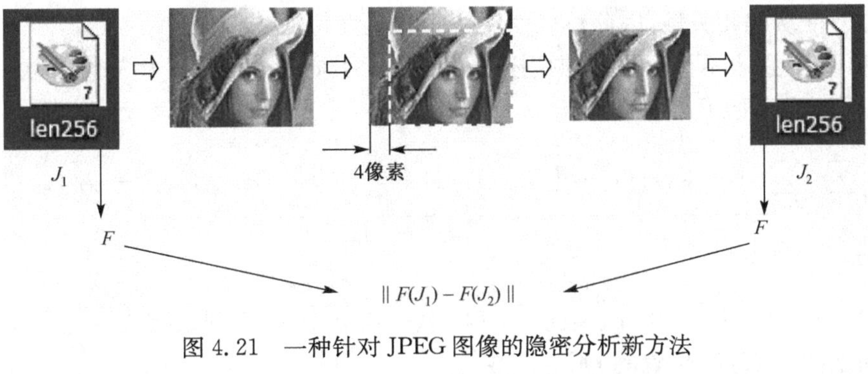

图 4.21　一种针对 JPEG 图像的隐密分析新方法

算法使用一阶特征和二阶特征等两类特征。所有的特征都按照以下方式构建：对于隐密图像 J_1 应用向量函数 $\boldsymbol{F}$。该函数可以是全局 DCT 系数直方图、共生矩阵、空间域块统计量等。隐密图像 J_1 解压到空间域，在水平和垂直方向各剪切掉 4 个像素，再用与 J_1 相同的量化表重新压缩得到图像 J_2。同样将向量函数 $\boldsymbol{F}$ 应用于 J_2。最终特征就是 J_1 和 J_2 的函数 $\boldsymbol{F}$ 值差值的 L_1 范数，L_1 范数定义为向量或矩阵的所有元素绝对值的和。

$$f = \| \boldsymbol{F}(J_1) - \boldsymbol{F}(J_2) \|_{L_1} \tag{4-97}$$

1)一阶特征:

最简单的DCT系数一阶统计特性就是直方图。图像DCT系数的全局直方图是对图像一种最直观的描述方式,可以用来攻击JSteg这类较早期的隐密算法。设隐密JPEG图像的DCT系数矩阵为 $d_k(i,j)$,量化矩阵为 $Q(i,j),i,j=1,\cdots,8,k=1,\cdots,B$。符号 $d_k(i,j)$ 表示在第 k 块(总共 B 块)中位置 (i,j) 处的量化DCT系数。$64k$DCT系数的全局直方图记为 H_r,其中 $r=L,\cdots,R$, $L=\min_{k,i,j}d_k(i,j)$, $\max_{k,i,j}d_k(i,j)$。

有的隐密算法会保持全局直方图但是并不保持每个DCT模式的直方图。例如,F5等隐密方法虽然能很好地保持DCT系数全局直方图,但是会对低频位置DCT系数产生一定影响。因此本算法将单独考察(2,1),(1,2),(2,2),(3,1)和(1,3)5个低频DCT模式的直方图作为函数 F。对于一个固定的DCT模式 (i,j),令 $h_r^{ij},r=L,\cdots,R$ 表示值 $d_k(i,j),k=1,\cdots,B$ 的直方图。由于中高频系数大部分为零元素,统计意义不大,所以算法只使用低频系数直方图。

为了提供描述宏观一阶统计特性的函数 F,采用双重直方图。对于固定的系数值 d,双重直方图是一个8×8的矩阵 g_{ij}^d

$$g_{ij}^d = \sum_{k=1}^{B} \delta(d, d_k(i,j)) \tag{4-98}$$

式中,$\delta(u,v)=1,u=v$ 或 $\delta(u,v)=0,u\neq v$。简而言之,g_{ij}^d 就是在JPEG图像的所有 B 块中位置 (i,j) 处值为 d 出现的次数。双重直方图捕捉的是给定系数值 d 在不同DCT模式间的分布。

2)二阶特征:

假如不同块的相应DCT系数是相互独立的,那么任何保持一阶统计特性——直方图的隐密术在Cachin定义的隐密术安全性意义下都是不可检测的。然而,由于自然图像在大于8像素的间隔位置仍有高阶相关性,即在相邻块的独立DCT模式不是相互独立的,而且大多数隐密算法会改变块间相关性,因此可以使用块间相关性特征。

设 I_r 和 I_c 分别表示按行和按列扫描图像的块索引向量。第一个用来衡量块间相关性的特征是方差 V,定义如下

$$V = \frac{\sum_{i,j=1}^{8}\sum_{k=1}^{|I_r|-1} |d_{I_r(k)}(i,j) - d_{I_r(k+1)}(i,j)| + \sum_{i,j=1}^{8}\sum_{k=1}^{|I_c|-1} |d_{I_c(k)}(i,j) - d_{I_c(k+1)}(i,j)|}{|I_c| + |I_r|} \tag{4-99}$$

式中,$I_r(k)$ 代表第 k 个8×8行系数块;$I_c(k)$ 代表第 k 个8×8列系数块;$d_{I(k)}(i,j)$ 表示第 k 个行或者列系数块 (i,j) 位置的DCT系数值。

大部分隐密术在某种意义上都会增加量化DCT系数矩阵的熵值,因此更有可能提高方差 V 的值。

嵌入信息也会增加8×8块边界的不连续性。关于块边界统计量的应用在针对OutGuess的检测中已详述,这里不再赘述。在本算法中,使用两个块统计量 B_α,$\alpha=1,2$ 作为特征。

描述块不连续性的特征计算公式如下所示

$$B_\alpha = \frac{\sum_{i=1}^{\lfloor (M-1)/8 \rfloor}\sum_{j=1}^{N} |g_{8i,j} - g_{8i+1,j}|^\alpha + \sum_{j=1}^{\lfloor (N-1)/8 \rfloor}\sum_{i=1}^{M} |g_{i,8j} - g_{i,8j+1}|^\alpha}{N\lfloor (M-1)/8 \rfloor + M\lfloor (N-1)/8 \rfloor} \tag{4-100}$$

式中，M 和 N 分别表示图像的长和宽；$g_{i,j}$ 表示图像 (i,j) 位置的像素值；α 可以取 1 或 2，当 α 取 1 时，式(4-100)即归一化的块不连续性计算公式。

最后计算图像的共生矩阵，其计算方法如式(4-101)所示。图像的共生矩阵 $\boldsymbol{C}_{st}$ 是一个 D 维的方阵，$D=R-L+1$，当 s、t 取不同数值时产生不同的 $\boldsymbol{C}_{st}$ 值。

$$\boldsymbol{C}_{st} = \frac{\sum_{i,j=1}^{8}\sum_{k=1}^{|I_r|-1}\delta(s,d_{I_r(k)}(i,j))\delta(t,d_{I_r(k+1)}(i,j)) + \sum_{i,j=1}^{8}\sum_{k=1}^{|I_c|-1}\delta(s,d_{I_c(k)}(i,j))\delta(t,d_{I_c(k+1)}(i,j))}{|I_c|+|I_r|} \tag{4-101}$$

共生矩阵描述了相邻块对应位置特定 DCT 系数的分布情况。共生矩阵通常在 (0,0) 取得尖锐峰值然后快速下降。设 $\boldsymbol{C}(J_1)$ 和 $\boldsymbol{C}(J_2)$ 分别为 JPEG 图像 J_1 及其校准图像 J_2 的共生矩阵。由于共生矩阵 $\boldsymbol{C}_{st}$ 关于 $(s,t)=(0,0)$ 近似对称，则 $\boldsymbol{C}_{st}(J_1)-C_{st}(J_2)$ 在 $(s,t)\in\{(0,1),(1,0),(-1,0),(0,-1),(1,-1),(-1,-1)\}$ 处的差值是严格正相关的。对于几乎所有的隐密术，信息嵌入对于 DCT 系数的改变都是很小范围的波动。因此隐密图像的共生矩阵可以由 $C*P(q)$ 的卷积值获得，其中 P 表示嵌入引入失真的概率分布，取决于相对信息长度 q。这意味着共生矩阵 $C*P(q)$ 的值会更分散。为了衡量这种分散，采取以下三个量作为特征

$$\begin{aligned}
N_{00} &= C_{00}(J_1) - C_{00}(J_2)\\
N_{01} &= C_{01}(J_1) - C_{01}(J_2) + C_{10}(J_1) - C_{10}(J_2) + C_{-10}(J_1) - C_{-10}(J_2) + C_{0-1}(J_1) - C_{0-1}(J_2)\\
N_{11} &= C_{11}(J_1) - C_{11}(J_2) + C_{1-1}(J_1) - C_{1-1}(J_2) + C_{-11}(J_1) - C_{-11}(J_2) + C_{-1-1}(J_1) - C_{-1-1}(J_2)
\end{aligned} \tag{4-102}$$

最后得到的 23 维特征组成的特征向量的构成如表 4.1 所示。

表 4.1　23 个分布函数

特征名称	函数 $\boldsymbol{F}$ 表达式
全局直方图	$\boldsymbol{H}/\Vert\boldsymbol{H}\Vert_{L_1}$
特定位置直方图	$\frac{\boldsymbol{h}^{21}}{\Vert\boldsymbol{h}^{21}\Vert_{L1}},\frac{\boldsymbol{h}^{31}}{\Vert\boldsymbol{h}^{31}\Vert_{L1}},\frac{\boldsymbol{h}^{12}}{\Vert\boldsymbol{h}^{12}\Vert_{L1}},\frac{\boldsymbol{h}^{22}}{\Vert\boldsymbol{h}^{22}\Vert_{L1}},\frac{\boldsymbol{h}^{13}}{\Vert\boldsymbol{h}^{13}\Vert_{L1}}$
(−5,…,5)区间内 DCT 系数双重直方图	$\frac{\boldsymbol{g}^{-5}}{\Vert\boldsymbol{g}^{-5}\Vert_{L1}},\frac{\boldsymbol{g}^{-4}}{\Vert\boldsymbol{g}^{-4}\Vert_{L1}},\cdots,\frac{\boldsymbol{g}^{4}}{\Vert\boldsymbol{g}^{4}\Vert_{L1}},\frac{\boldsymbol{g}^{5}}{\Vert\boldsymbol{g}^{5}\Vert_{L1}}$
方差	V
块不连续性	B_1, B_2
共生特征	N_{00}, N_{01}, N_{011}

算法不仅计算了图像的一维和二维特征量且对原始载体图像进行了估计。原图估计操作的步骤与前面介绍相同的是：先将一幅 JPEG 隐密图解压缩，剪切掉其最上方和最左侧的四行四列，再将剪切后的时域图像进行 JPEG 压缩得到原始图像，质量因数不变，可以通过估计得到的原始图像计算相应载体图像的统计特征量。如式(4-97)中的 J_1、J_2 分别代表隐密图像及其估计出的原始载体图像。利用该方法能成功地检测 OutGuess、F5 和 MB1 等 JPEG 隐密算法。23 维特征中，除最后 3 维是直接根据公式计算出特征值，其余 20 维都需要根据特征函数 F 和 J_1、J_2 计算 L_1 范数 $\Vert F(J_1)-F(J_2)\Vert_{L_1}$，得到最终的特征值。

5.马尔可夫过程分析法

一般情况下,自然图像的像素与像素之间过渡比较平滑,存在较强的相关性,由于 DCT 变化不是一个正交变换,得到的 DCT 系数间仍然会存在一定的相关性,且通常秘密信息经过加密后表现为随机化的信息比特流,在自然图像中嵌入随机比特流会使得图像相邻像素、像素块和位平面间的相关性降低,这种嵌入前后系数相关性的变化在图像 DCT 系数绝对值上体现得更为明显。

施云庆等利用马尔可夫过程来描述信息嵌入前后的 JPEG 系数,提出一种新 JPEG 隐密分析方法。对于给定的 JPEG 图像可以得到 JPEG 图像二维系数矩阵,沿着水平、垂直、主对角线、副对角线四个方向进行差分运算,加强由隐密算法产生的变化。马尔可夫过程用来对这些差分 JPEG 二维矩阵建模,使用二阶统计数据作为隐密分析的特征。此外,利用阈值技术来降低转移概率矩阵的维数,也就是特征的维数,使计算复杂度趋于合理。如图 4.22 所示为块内特征提取流程图。

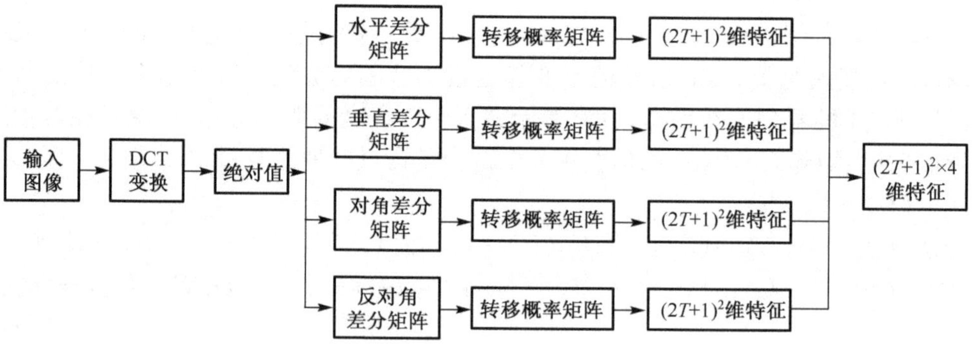

图 4.22　块内特征提取流程图

1)JPEG 二维矩阵

对于 JPEG 图像,从量化后的块 DCT 系数提取特征来检测隐密算法是有原因的。因此,先介绍一下 JPEG 系数的性质。

对于给定的 JPEG 图像,用 JPEG 量化表量化 JPEG 系数,并且没有进行 zig-zag 扫描、长度编码和哈弗曼编码,这些所有的 JPEG 系数就构成了二维矩阵。二维矩阵与按 8×8 分块的量化块 DCT 系数的图像有相同的长度和宽度。然后,对每个系数取绝对值,构成二维矩阵,如图 4.23 所示。本算法称此二维矩阵为 JPEG 二维矩阵。本算法提取的特征源于 JPEG 二维矩阵。

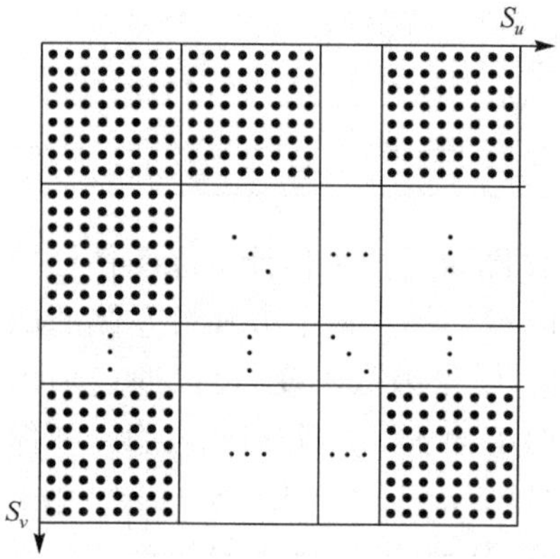

图 4.23　JPEG 二维矩阵

2)差分 JPEG 二维矩阵

预测误差图像与原始测试图像相比,由数据嵌入引起的扰动更加明显。所以,在 JPEG 二维矩阵中通过观察相邻系数之间的差异,来增强 JPEG 图像由隐密方法所产生的扰动。引入以下四种差分 JPEG 二维矩阵。

用 $F(u,v)$ 表示一幅给定图像的 JPEG 二维矩阵（$u\in[0,S_u-1]$，$v\in[0,S_v-1]$），其中 S_u 是 JPEG 二维矩阵水平方向的长度，S_v 是垂直方向的长度。差分矩阵通过以下公式得出

$$F_h(u,v)=F(u,v)-F(u+1,v) \tag{4-103}$$

$$F_v(u,v)=F(u,v)-F(u,v+1) \tag{4-104}$$

$$F_d(u,v)=F(u,v)-F(u+1,v+1) \tag{4-105}$$

$$F_m(u,v)=F(u+1,v)-F(u,v+1) \tag{4-106}$$

式中，$u\in[0,S_u-2]$，$v\in[0,S_v-2]$，$F_h(u,v)$，$F_v(u,v)$，$F_d(u,v)$，$F_m(u,v)$ 分别表示水平、垂直、主对角线、副对角线四个方向的差分矩阵，如图 4.24 所示。

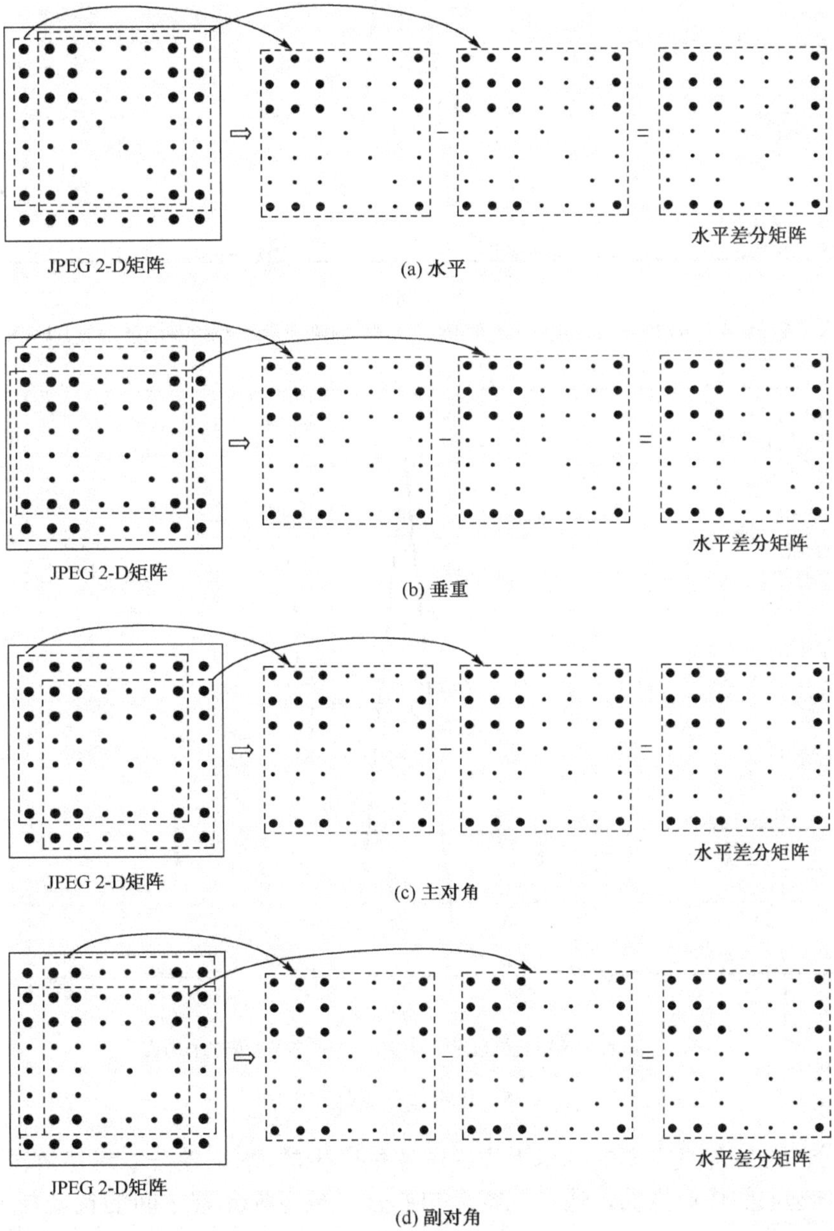

图 4.24　生成差分矩阵

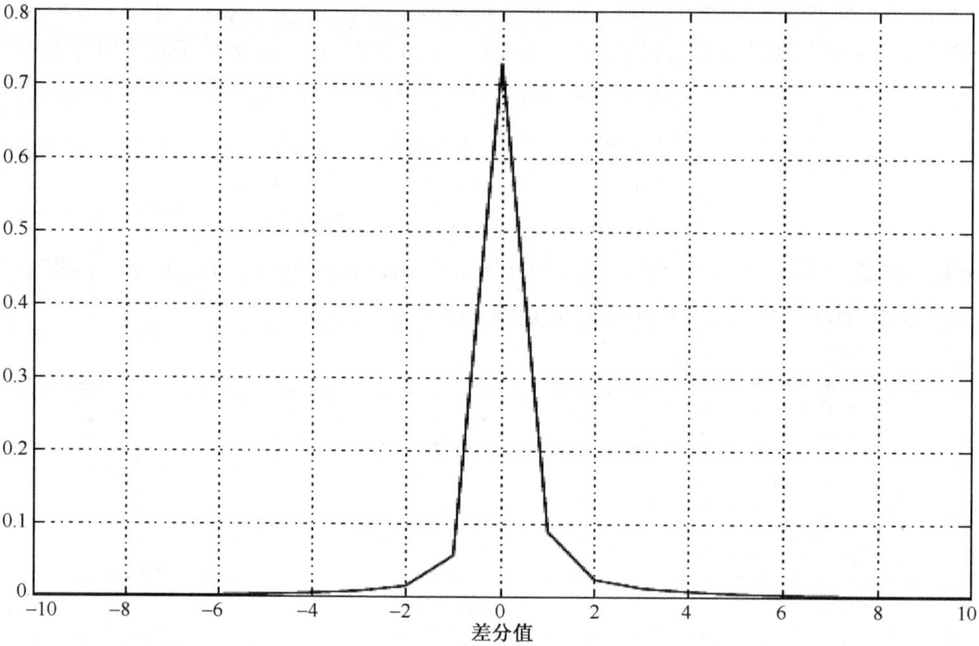

(a) 水平差分矩阵直方图的统计平均值，水平差分矩阵由7560幅质量因素从70到90不等的 JPEG图像组成

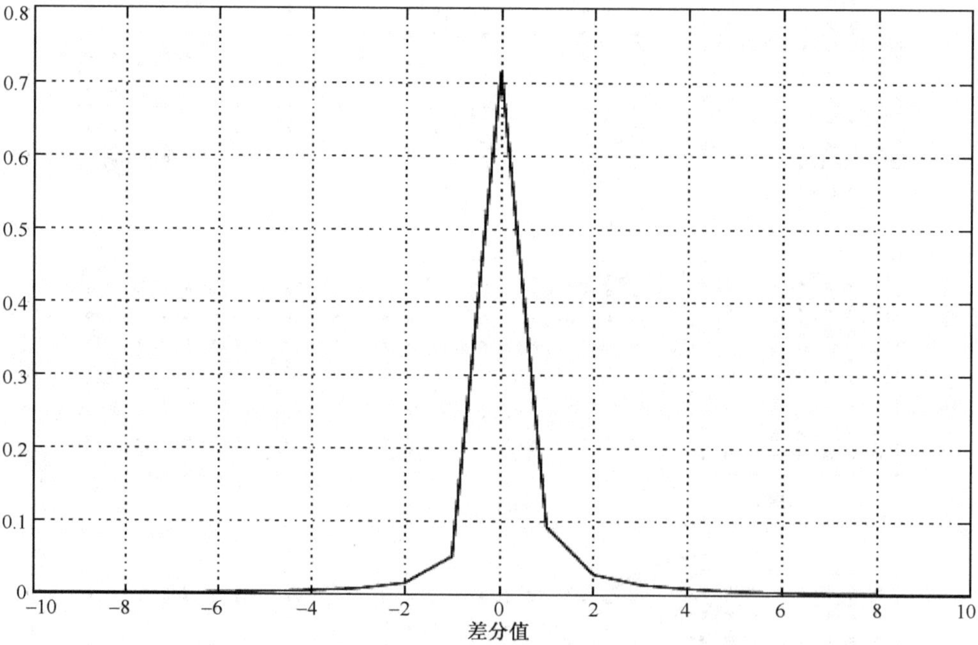

(b) 图像库中随机选择一幅图像的水平差分矩阵的直方图

图 4.25　水平差分矩阵直方图

水平差分二维矩阵直方图的算术平均由图像集产生的，水平差分二维矩阵的直方图是在图像库中随机选取图像产生的。通过观察得知差分二维矩阵元素之间的扰动与 Laplacian 相似。大部分的差分数据接近于 0。对于给定的图像集，水平差分二维矩阵元素的百分比数字

的均值和标准差数值,在区间中$[-T,T]$,当$T=1,2,3,4,5,6,7$时,如表4.2所示。通过观察得知,在水平差分二维矩阵中90%以上的元素在间隔$[-3,3]$。图4.25和表4.2支持了水平差分二维矩阵元素间的扰动与Laplacian相似这个结论。对于垂直、主对角线、副对角线三个方向的差分二维矩阵同样适用。

表4.2　水平差分二维矩阵元素的百分比数字的均值和标准差

	[−1,1]	[−2,2]	[−3,3]	[−4,4](*)	[−5,5]	[−6,6]	[−7,7]
数值间隔	84.72	88.58	90.66	91.99	92.92	93.60	94.12
均值标准差	5.657	4.243	3.464	2.836	2.421	2.104	1.850

3)转移概率矩阵

根据转移概率矩阵公式,计算特征如下

$$p\{F_h(u+1,v)=n \mid F_h(u,v)=m\}=\frac{\sum_{u,v}\delta(F_h(u,v)=m,F_h=(u+1,v)=n)}{\sum_{u,v}\delta(F_h(u,v)=m)} \tag{4-107}$$

$$p\{F_v(u,v+1)=n \mid F_v(u,v)=m\}=\frac{\sum_{u,v}\delta(F_v(u,v)=m,F_v=(u,v+1)=n)}{\sum_{u,v}\delta(F_v(u,v)=m)} \tag{4-108}$$

$$p\{F_d(u+1,v+1)=n \mid F_d(u,v)=m\}=\frac{\sum_{u,v}\delta(F_d(u,v)=m,F_d=(u+1,v+1)=n)}{\sum_{u,v}\delta(F_d(u,v)=m)} \tag{4-109}$$

$$p\{F_m(u,v+1)=n \mid F_m(u+1,v)=m\}=\frac{\sum_{u,v}\delta(F_m(u+1,v)=m,F_m=(u,v+1)=n)}{\sum_{u,v}\delta(F_m(u+1,v)=m)} \tag{4-110}$$

其中,$m,n\in\{-T,\cdots,0,\cdots,T\}$,$u$的变化范围为$0\sim S_u-2$,$v$的变化范围为$0\sim S_v-2$。

$$\delta(A=m,B=n)=\begin{cases}1, & A=m,B=n\\0, & \text{其他}\end{cases} \tag{4-111}$$

总之,对于以上四个转移概率矩阵,每个矩阵都有$(2T+1)\times(2T+1)$个元素,总共就有$(2T+1)\times(2T+1)\times4$个元素,所有这些元素作为隐密分析的特征。换句话说,有$(2T+1)\times(2T+1)\times4$维特征向量。很明显,为了得到好的隐密分析效果和适当的计算复杂度,应该选取一个合适的T值。

出于此原因,根据图4.25和表4.2的统计研究,在实验中选取$T=4$。如果元素的绝对值比4大,这个元素将被重新用4赋值,而符号不变。所以,对于每一个差分二维矩阵,转移概率矩阵的大小为9×9,也就是说每一个转移概率矩阵有81个元素,四个转移概率矩阵共有$81\times4=324$个元素。

小波绝对矩(Wavelet Absolute Moment ,WAM)隐密分析算法是使用在 HCF-COM 算法中的加性噪声模型,通过在小波域直接提取噪声成分的特征来检测隐密图像。该隐密分析方法灵活可靠,可检测 LSB 匹配隐密术、LSB 隐密术、扩频等隐密算法。这是一种空域的"半通用型"隐密分析算法。

6. WAM 隐密分析法

该算法可分为三步:隐密信号估计、特征提取、分类。下面逐一介绍并将重点放在前两步。

1)隐密信号估计

在前面提到的隐密术噪声模型中,可以将隐密图像 y 看成是原始图像 x 和加性小幅度隐密噪声信号 $g(s,K)$ 的和,其中 s 代表秘密信息,K 代表隐密密钥,函数 $g(\cdot)$ 代表嵌入规则。

$$y = f(s,K) = x + g(s,K) \tag{4-112}$$

算法的第一步就是对隐密信号 $g(s,K)$ 进行估计。对隐密图像使用 8 阶 Daubechies 正交镜像滤波器进行一级小波分解。尽管滤波器类型会对估计的效果产生影响,但是关于此方面的研究超出本书研究范围,在此处不予讨论。隐密信号估计的目的是去除至少减少载体图像的影响,从而获得一个对于嵌入过程更敏感的信号。该估计的理论基础是在小波域,隐密图像建模为载体图像(非平稳高斯模型)和隐密信号(平稳高斯模型 $N(0,\sigma_s^2)$ 且 $\sigma_s^2 = 0.5$)的和。

2)特征提取

选择合适的特征空间对于隐密分析至关重要。这些特征不仅要对嵌入过程敏感还要对图像内容不敏感。前面估计的隐密信号满足上述两个要求。

自然图像的能量主要集中在小波分解前几级,而对于大部分的加性隐密噪声信号模型隐密术来说,隐密信号的能量实际上是均匀分布在小波分解的各个级的。对于 LSB 匹配算法,已经证实上述结论的正确性,如图 4.26(a)所示。这会导致不同分解级数的信噪比 SNR(隐密信号和载体图像的比例)不同。由于正确检测隐密信号的概率 P_{corr} 与信噪比 SNR 成正比,即 $P_{corr} \propto \text{SNR}$,可以估计不同小波分解级数的 P_{corr} 和 $P'_{err} = \hat{1} - \hat{P}_{corr}$ (图 4.26(b))。

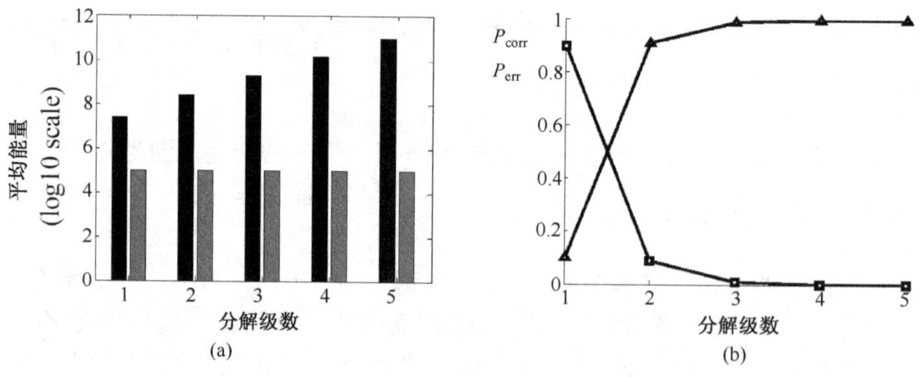

图 4.26

图 4.26 表明在分解级数为 1 时,对于隐密信号的估计最准确。随着分解级数的上升,能量不同和样本数的减少会导致 P_{err} 增加。因此,本算法只使用一级小波分解,这样可以减少特征向量的维数并且简化分类器的构造。

图 4.27 为由 LSB 匹配隐密图像 $y=x+s$ 和载体图像 x 通过一级小波分解估计的隐密信

号的直方图。从图中可以看出，两种直方图在中间区域外的尾部有很大不同。这意味着估计的隐密信号确实对嵌入过程敏感。可以利用这一特性来区分载体图像和隐密图像。

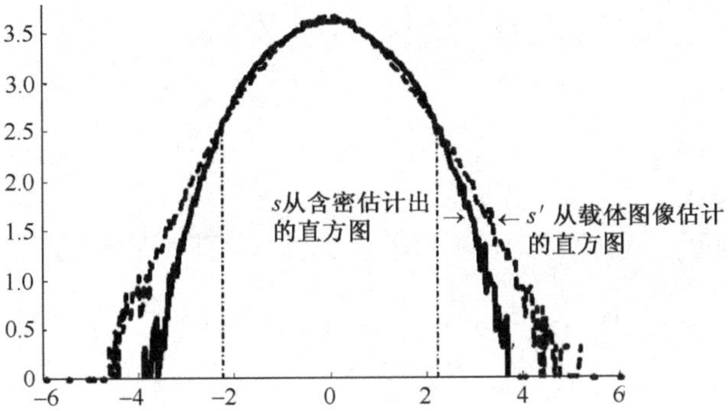

图 4.27　估计的隐密信号的直方图

将由载体图像和隐密图像估计的隐密信号的概率密度函数(PDF)分别记为 p_0 和 p_1。为了区分上述两个 PDFs，可以使用某一种现存的距离度量，例如，Kullback-Leibler 距离(KLD)。然而由于选取数值积分的位宽对于计算 KLD 至关重要，这会带来潜在的问题，所以可以通过模型来参数化 PDF 并简化 KLD，这样可以只计算模型的参数。只需建立一个对于不同嵌入算法和不同隐密信号参数都能正确地表示隐密信号的模型，将 p_0 和 p_1 映射到其他域(参数空间)并使用参数空间的欧氏距离作为距离度量即可，而且不需要 PDF 的显示。

使用实值指数和泰勒系数展开 $\exp(tx)$，变换域中隐密信号估计值的多项式描述如下

$$\begin{aligned} M(x) &= \int_{-\infty}^{\infty} p(t)\exp(tx)\mathrm{d}t = \int_{-\infty}^{\infty} p(t)\left[1 + tx + \frac{t^2x^2}{2!} + \cdots + Q_n(t)\right]\mathrm{d}t \\ &= 1 + m_1 x + \frac{m_2 x^2}{2!} + \cdots + R_n(x) \end{aligned} \tag{4-113}$$

式中，m_i 是第 i 阶矩；Q_n 和 R_n 是对于固定的 x 和不断增加的 n 来说逐渐接近零的残差；函数 $M(x)$ 就是统计学中的矩生成函数。将产生的矩作为特征进行隐密分析。

在图 4.28 中显示了 10 幅载体图像和以 LSB 匹配嵌入 50%秘密信息的隐密图像的矩 m_2 和 m_4、方差 σ^2 和峰态 κ (归一化矩 m_2 和 m_4)、σ^2_{GGD} 和 α_{GGD} (广义高斯分布(GGD)模型的参数)，其中广义高斯分布模型被广泛应用于建模小波子带系数的分布，GGD 参数是矩的函数 $\{\sigma^2_{\mathrm{GGD}}, \alpha_{\mathrm{GGD}}\} = f(m_2, m_4)$。

显然，前两个偶数矩或其变换形式并不能区分载体图像和隐密图像。图 4.29 显示了用高阶矩来捕捉这种不同的优势。从图中可以看到，尽管只使用隐密信号估计值的 m_2 或 m_4 不足以区分载体图像和隐密图像，但是当使用高阶矩 m_8，m_{12} 和 m_{20} 时，载体图像和隐密图像变得可分。

为了研究哪些矩更适合用于分类，在图 4.30 中，对于每个矩画出了使用 Fisher 线性分类器得到的正确分类的概率。从图中可以看出，随着矩的阶数上升，载体图像正确分类的概率下降，而同时隐密图像正确分类的概率增加到 18 阶矩后也开始下降。将这个局部极大值的形成归于以下两个事实。

(1)由于隐密信号估计并不是完美的，所以载体图像对于低阶矩的影响要高于高阶矩。

(2)更高阶矩对于隐密信号和不充足的统计量的不同表现更加敏感。

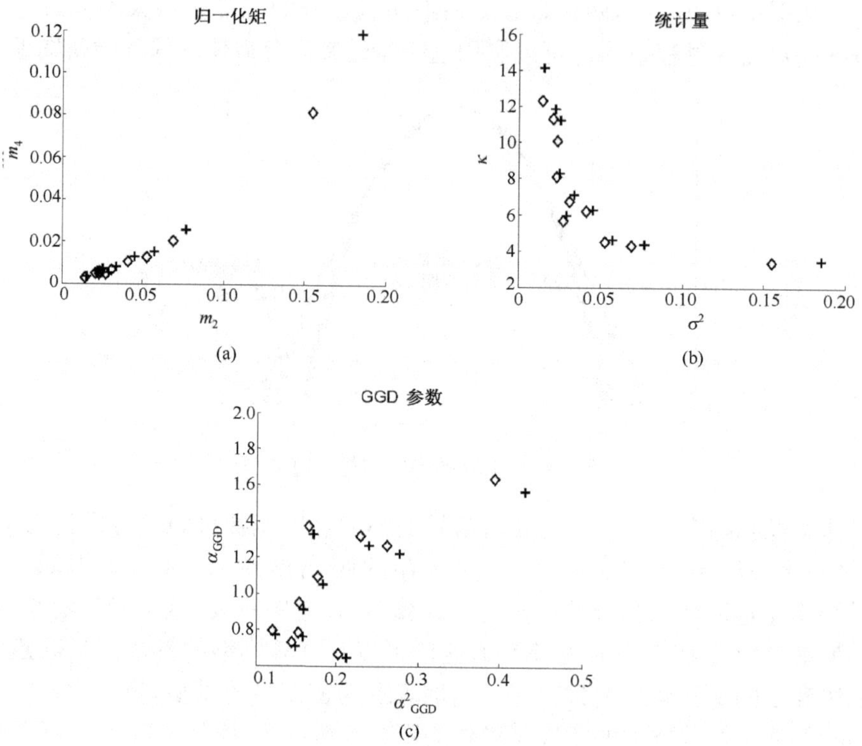

图 4.28 载体图像和隐密图像的特征分布

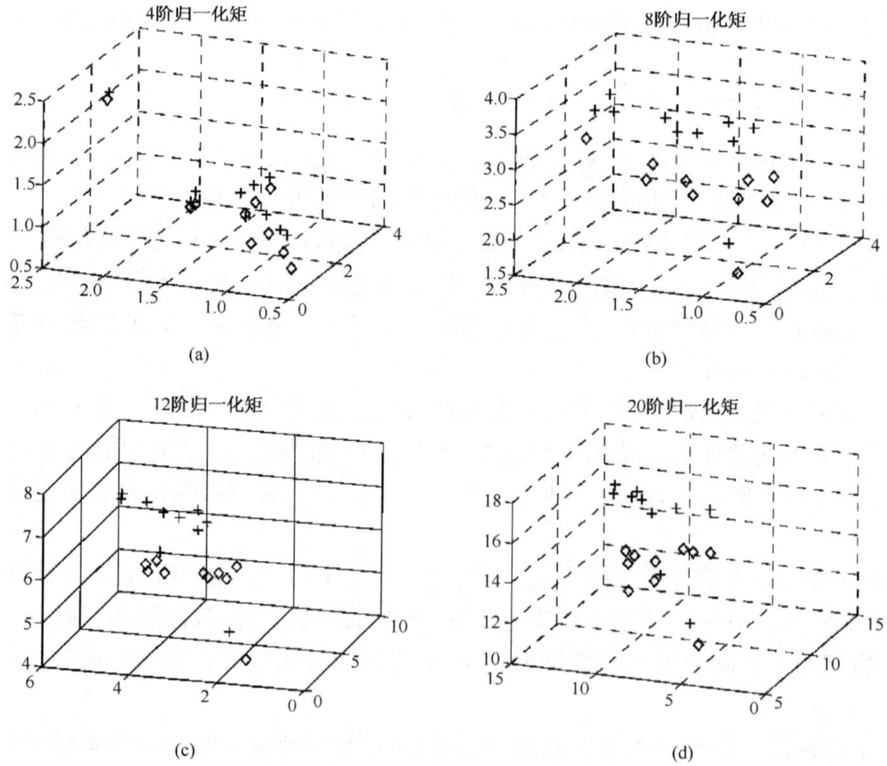

图 4.29 不同阶归一化矩下的差异

图 4.30(b)显示了载体图像和隐密图像正确分类的概率结果。可以利用最大最小准则确定分类使用的矩阶数，通常希望使用最少维数的特征向量获得最高的分类准确率。由最大最小准则得到的是矩 12。同时其他矩对于分类也至关重要。因此，使用所有正确分类概率大于随机猜测(即 0.5)的矩。基于上述机理选择用标准差归一化的矩作为特征。

$$\sqrt{m_2}, i.e., m'_i = m_i / \sqrt{m_2^i}, \quad i = 4, 6, \cdots, 24$$

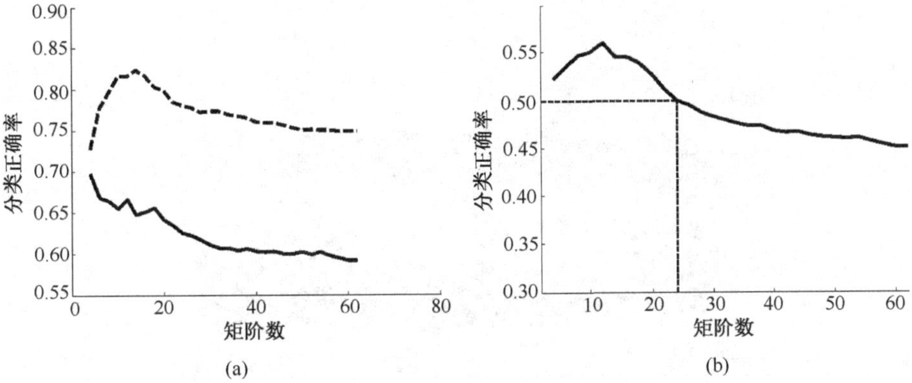

图 4.30　矩阶数与分类正确率的关系

该算法的作者提出了对该算法的改进，将原算法中的高阶归一化偶数矩替换为 1～9 阶归一化绝对矩。将这种改进的算法称为 WAM 分析法。具体的特征提取过程如下。

第一步：对隐密图像使用 8 阶 Daubechies 正交镜像滤波器进行一级小波分解，分别用 $h(i,j)$、$v(i,j)$ 和 $d(i,j)$ 表示小波分解水平子带、垂直子带和对角子带，其中 (i,j) 表示图像的索引集 J。

第二步：对于每一个子带，利用 4 个 $N\times N$ 的正方形邻域，使用最大后验概率(MAP)准则估计每一个小波系数的载体图像的局部方差，其中 $N\in\{3,5,7,9\}$

$$\hat{\sigma}_N^2(i,j) = \max\left(0, \frac{1}{N^2}\sum_{(i,j)\subset N} w^2(i,j) - \sigma_0^2\right), (i,j)\subset J \tag{4-114}$$

式中，σ_0^2 指噪声的方差，对于 LSB 匹配隐密术，σ_0^2 为 0.5。然后取四个方差的最小值作为最终的估计值。

$$\hat{\sigma}^2(i,j) = \min(\hat{\sigma}_3^2(i,j), \hat{\sigma}_5^2(i,j), \hat{\sigma}_7^2(i,j), \hat{\sigma}_9^2(i,j)), (i,j)\subset J \tag{4-115}$$

第三步：使用维纳滤波器对每个小波系数进行去噪

$$h_{\text{den}}(i,j) = h(i,j)\frac{\hat{\sigma}^2}{\hat{\sigma}^2(i,j)+\sigma_0^2} \tag{4-116}$$

同理，对 $v(i,j)$ 和 $d(i,j)$ 进行去噪。

第四步：计算出每个子带的噪声残留

$$r_h(i,j) = h(i,j) - h_{\text{den}}(i,j) \tag{4-117}$$

同理，计算出 $v(i,j)$ 和 $d(i,j)$ 的噪声残留。

第五步：计算出每个噪声残留的均值，用变量上面加一横线表示；对于每一个噪声残留，分别计算出 $p=1,2,\cdots,9$ 阶的绝对矩。

$$m_p = \frac{1}{J}\sum_{(i,j)\subset J} | r_h(i,j) - \bar{r}_h |^p \tag{4-118}$$

按照以上步骤，每一幅图像都能提取 3×9＝27 维的特征向量，称为 WAM 特征。通过提取图像库中的所有载体图像和隐密图像的 WAM 特征，就可以利用分类器来检测图像是否经过 LSB 匹配隐密。

提取 485 幅图像组成的图像库中的每一幅载体图像和相应隐密图像的 27 维 WAM 特征，并用 Fisher 分类器进行分类，其特征和 ROC 检测曲线如图 4.31 和图 4.32 所示。

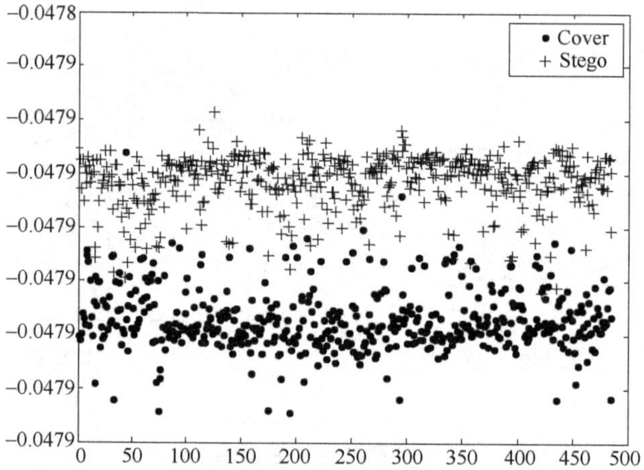

图 4.31　485 幅载体图像和隐密图像的 WAM 特征分类结果

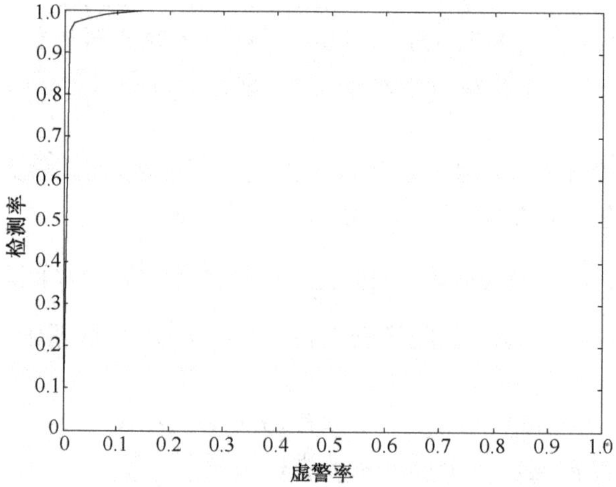

图 4.32　WAM 特征的 ROC 检测曲线

4.2　典型音频隐密分析方法

按照隐密域范围，隐密分析方法可以分为专用隐密分析算法和通用隐密分析算法。顾名思义，专用隐密方法只对特定的隐密方法有效，而通用隐密方法则对多种隐密方法有效。下面首先介绍专用隐密分析方法。

4.2.1 针对性隐密分析

1. 针对回声隐密的分析方法

回声隐藏改变了自然语音的倒谱分布，构造倒谱和差分方差统计量 VDSC(Variants of Difference of Sum of Cepstrum)反映隐密对自然音频的影响，因此以下简称这个算法为 VDSC 算法。VDSC 简记为 V，定义如下：

$$V = \underset{[lb,ub]}{\mathrm{var}}\left[\frac{d^2}{d_i^2}\left(\frac{\sum_{k=0}^{N-1}\hat{x}(i)}{N}\right)\right];\quad i = 0,\cdots,M-1 \tag{4-119}$$

式中，$\hat{x}_k(i)$ 代表语音复倒谱第 k 个分段样点，每个分段长为 M。

$N = \lfloor \mathrm{AudioFileLength}/M \rfloor$ 为音频文件分段总数。即 V 为 N 个分段复倒谱之和的数学平均二阶导数的方差。

VDSC 算法基于音频的以下 3 个特点。

(1)回声语音倒谱在回声延迟位置处会出现峰值，而自然语音在特定区域近似噪声，2 类音频 V 值分布不同。

(2)对于自然语音，改变检测位置和分段大小计算所得 V 变化不大。

(3)对于隐密语音，改变检测位置和分段大小计算所得 V 有显著区别。

2. 分析算法步骤

步骤 1：在不同偏置条件下计算 V，如果 V 值有显著变化，则判定该语音为回声隐藏语音；否则，该语音有可能是自然语音，也有可能是隐密语音(检测分段与实际分段不一致，因此由检测位置不一致引起的 V 的差别没有得到体现)，则进行步骤 2 判断。

步骤 2：观测待查语音 V 值，如果 V 值小于阈值 Thr_a，认为该语音的确是自然语音；否则进行步骤 3 判断(少数自然语音 V 大于阈值 Thr_a，绝大多数隐密语音，无论检测分段与实际分段大小差异如何，V 大于阈值 Thr_a)。

步骤 3：选择不同分段计算 V，如果 V 没有显著变化，则认为该语音是自然语音；否则，认为该语音是隐密语音。

算法的关键是阈值 Thr_a 的确定和显著变化的定义。阈值 Thr_a 可通过统计自然语音的 V 确定，其计算式如下

$$\mathrm{Thr}_a = \mathrm{mean}\,(V_i) + a\mathrm{var}(V_i) \tag{4-120}$$

式中，$\mathrm{mean}(V_i)$ 表示若干段语音 V 的均值；$\mathrm{var}(V_i)$ 表示若干段语音 V 的方差 a 可取 0,1,2,3,…,a 值越大，漏检率越低，误判率越高。

3. 针对扩频隐密的分析方法

目前的音频隐密分析方法常需要原始音频作为参考信号，在盲检测中只能对待测音频进行去噪或者平滑(小波收缩、线性预测等) 来获得原始音频的估计值。但是由于直接扩频隐密方式将秘密信息扩展到载体音频的整个频谱上，所以用去噪或者平滑的方法来估计原始音频的效果并不理想。

设当前待测的音频为 X，采用直接扩频方式对其作一次嵌入得到 $X+\varepsilon$（将嵌入内容看成是时域加性噪声）。为了表述方便，将这次嵌入称为检测嵌入，待测音频本身的嵌入称为原始嵌入（下面同）。然后计算 X 和 $X+\varepsilon$ 之间的失真测度 $D(X,X+\varepsilon)$，将 $D(X,X+\varepsilon)$ 作为特征向量由支持向量机(Support Vector Machine,SVM)对其进行分类，判断其是否隐藏有秘密信息。

若 X 为原始音频 X_0，则 $D(X,X+\varepsilon)=D(X_0,X_1)$；若 X 为隐藏有秘密信息的载体音频 X_1，则 $D(X,X+\varepsilon)=D(X_1,X_2)$。

为了避免能量差异对特征向量提取的影响，应首先对音频进行归一化。隐密分析系统示意图如图 4.33 所示。

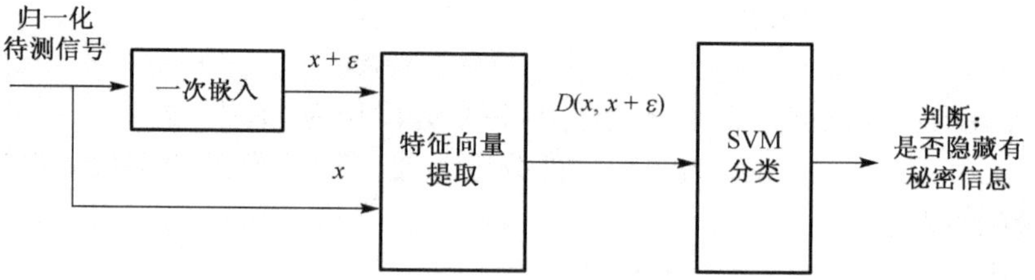

图 4.33　隐密分析的系统示意图

4.2.2　通用性隐密分析

通用检测的一般思路是选取检测对象的多个特征统计量，由统计量构成特征矢量集，再利用分类器从试验数据中构造检测模型，在检测模型中经过训练寻找最佳判决门限，利用这一检测模型作为载体对象与载密对象的分类器。该类检测方法的检测对象一般是针对多类隐藏方法或多种隐藏工具，这也是“通用”的意义所在。

通用盲检测法包含两个重要步骤：选择特征统计量与分类判决。统计特征的构造方法可以采用邻域差分、小波变换等手段，小波变换可以对信号进行多分辨率的分析，提取的隐密特征对盲检测非常有效。统计量的选取一般可以利用高阶矩的概念，信号的前 4 阶矩分别对应随机信号的均值、方差、偏度和峰度。

通用盲检测的另一个关键是选择分类算法，常用的分类算法主要有三类：一类是基于概率统计和信息理论的分类算法，如贝叶斯算法(Naïve Bayes)、最大熵算法(Maximum Entropy)等；一类是基于权值计算方法的分类算法，包括 k 邻域算法(k Nearest Neighbors)等；一类是基于机器学习的分类算法，如人工神经网络(Artificial Neural Networks)、支持向量机(Support Vector Machine)算法。

4.3　典型视频隐密分析方法

4.3.1　视频信息隐藏分析的特点

视频序列可以视为一帧帧静止图像的顺序组合，因而前面所述的一些静止图像隐藏分析的思想可以被借鉴，但由于视频信息与静止图像在隐藏算法设计等诸多方面仍存在一定的差异，也不能直接地将静止图像信息隐藏分析的方法引入视频隐藏检测中，主要体现在以下几个方面。

(1)绝对大的隐藏容量。由于视频资源自身的数据量远远大于静止图像的数据量,所以它所体现出来的绝对隐藏容量很大,如一个 DVD 文件可以隐藏约 10Mbit 的隐藏信息,而一幅图像的信息隐藏量往往仅有几千比特。这些海量数据为视频信息隐藏提供了一个稳定的数据载体,这也是基于视频信息隐藏隐蔽通信的最大诱人之处。

(2)相对小的嵌入比率。视频绝对大的嵌入容量往往容易使人忽略其相对小的嵌入比率,视频信息隐藏的嵌入率一般最多只有 1%,远小于静止图像的数据嵌入率。这是由于视频信息必须引入高压缩比的视频压缩编码技术,使之形成压缩码流才能够进行有效存储,而这些压缩编码技术在最大限度消除视频序列图像冗余信息的同时,也压缩了隐藏信息的生存空间,从而导致视频信息隐藏的嵌入率远远小于静止图像隐藏技术,这使得嵌入的秘密信息以极低的密度分散在较大的视频码流中,也进一步提高了视频信息隐藏分析的难度。

(3)对视频编解码系统的强依赖性。较为成熟的视频信息隐藏算法往往对视频编码系统具有较高的依赖性,甚至完全融入视频编解码系统之中,这是由于如果隐藏算法游离于这些视频编码系统之外,那么视频有损压缩编码过程就成为这些隐藏系统必须能够抗击的一种特殊攻击模式,例如,一些将视频序列作为一幅幅静止图像进行隐藏处理的空间域信息隐藏技术,在高压缩编码条件下,往往会产生大量的提取错误,因此必须采用信道编码和扩频等手段来提高隐藏信息提取的正确率,这将以大幅度缩减实际数据隐藏量为代价。

(4)序列图像存在时间域相关特性。在静止图像隐藏分析算法中,多数利用图像的空间域和变换域相关特性进行统计分析,而视频信息隐藏系统往往因为高压缩算法的引入使得这些相关特性消失殆尽,但视频系统又存在其独有的时间域相关特性,而一般单向的压缩编码流程使得隐藏算法很难估计时间域特性的变化,这为视频信息隐藏分析提供了一个有力的工具。

正是由于上述差异的存在,使得视频信息隐藏分析在吸取静止图像隐藏分析算法设计思想的同时,还必须要另辟蹊径。首先,要依据自身载体信息特性和对应隐藏算法的设计特点,进行针对性统计分析;其次,利用视频图像的各种相关特性,建立多种预测分析模型,从多角度考察隐藏嵌入对载体信息的影响;最后,充分利用视频信息隐藏对视频系统的依赖性,针对视频中可以引入隐藏调制的嵌入点进行综合分析,从而形成一套完整的视频信息隐藏分析系统。

4.3.2　视频信息隐藏分析设计策略

现行的视频压缩编码系统是通过一套完整的混合体系将多种压缩编码技术融合在一起的,各种编码模块之间相互联系、相互制约。同时,视频编码标准还通过严格的码流语法将视频编码后的数据流进行了格式规范。这些约束为信息隐藏技术的引入带来了许多障碍,但为信息隐藏分析提供了相应的思路和方法。

从视频码流语法角度看,抛开算法细节,任何信息隐藏算法最终必然调整视频码流数据中的某些信息,或改变其数值或位置,使其按照嵌入信息进行必要调制,从而实现特殊隐藏信息的传递。隐藏分析系统如果能够准确检测出这种数据上的变化,就能够追踪到隐藏信息的藏身之地。

从视频系统结构角度看,各种隐藏算法必然要与视频压缩编解码系统相结合,并从中选择适当的模块引入嵌入信息,这样就可以使隐藏的信息能够更为有效地融于视频数据之中,同时也可以避免视频有损压缩编码所带来的信息丢失。隐藏分析系统可以通过分析系统模块之间的相关程度，来定性判断每个模块引入信息隐藏的可能性，并根据局部数据的相关特性定量分析检测可疑数据。

根据 3.5.2 小节的分析，视频信息隐藏的嵌入点可以是多种多样的，只要嵌入点数据具备随机性和可控性，就可以作为信息隐藏的载体。

对于具备一定可控性但随机性较低的可能嵌入点，如码流填充信息数据、VLC 编码码表选择等，由于数据自身的规律性较强，隐藏分析系统可以采用遍历监控的方法，按照其规律性建立起来的标准模型进行对比分析，对其异常变化进行记录分析，进而可检测出它是否存在隐藏信息。

对于具备一定随机性但可控性较低的可能嵌入点，如编码模式、宏块类型、量化等级等，可以从其可控性角度出发，利用其相关特性建立预测模型，以此为依据来检测其变化的可预测性，从而判断引入信息隐藏的可能。

在码流中占有很大比例的 DCT 系数及其对应形成的 VLC 码字、运动矢量等数据元素，是视频信息隐藏分析系统检测的重点。它们同时具备随机性和可控性，是大容量隐藏算法的首选。对于它们的检测较为复杂，有时难以一种通用的检测算法来实现隐藏分析，而必须根据不同的嵌入策略来进行针对性分析，为其建立统计分布模型，并以此为依据设计检测算法。

总体来说，由于视频信息隐藏与视频压缩编码标准的融合导致的不确定性因素太多，所以视频隐藏分析比图像信息隐藏分析要复杂得多。若假定已知信息隐藏嵌入点，则可以进行针对性的分析，但对于一个陌生的视频文件，隐藏分析方法通常无法事先获得隐藏算法的相关信息，在这种情况下，一方面可以先对待检视频进行隐藏嵌入点的判断，进而对该嵌入点进行针对性分析，而特定嵌入点上也可能存在多种信息隐藏技术，这时可以借鉴图像信息隐藏分析的方法，同时结合视频隐藏独有的特性，设计适当的检测算法；另一方面可以对视频码流中的众多疑似嵌入点进行遍历检测，建立一个通用完整的信息隐藏分析系统。

4.3.3 视频信息隐藏分析方法

1. 针对性隐密分析

由于视频隐藏分析算法的设计需要与视频压缩编解码系统相结合，增加了视频隐藏分析的难度；此外，网络上流传的基于内容的视频信息隐藏软件较少，使得目前视频隐藏分析研究尚未充分展开，已经公开发表的文章只有寥寥数篇，主要都是针对空域嵌入的隐藏分析算法。

1）基于共谋攻击的视频隐藏分析算法

Budhia 等针对扩频隐藏算法提出了一种视频隐藏分析算法，它能够有效地检测叠加嵌入的高斯扩频信息。扩频技术的隐藏算法由于其操作简单，而且适用范围广等优点，受到多数视频隐藏分析研究者的重视。其基本的嵌入模式为

$$Y_k = X_k + \alpha W_k, W_k \sim N(0, \sigma_w^2) \tag{4-121}$$

式中，X_k 为宿主信号即载体视频序列；Y_k 为载密序列；W_k 为需嵌入的信息，服从均值为 0、方差为 σ_w^2 的正态分布；α 则为自适应因子，通过控制嵌入信息的强度权衡隐蔽性与鲁棒性的要求；k 为每帧图像的序号，也可以看成是图像的采样时间。

该隐藏分析算法利用时间域共谋攻击能够减弱嵌入信息对载体信息的影响这一特点，检测待检序列与共谋攻击得到的序列之间差异的统计分布特性，从而判断序列是否有嵌入的痕

迹。记 $Y_n(n=1,2,3,\cdots,N)$ 表示待检序列中的第 n 帧图像，利用时间域滑动窗口的线性共谋攻击为

$$\hat{X}_k=\Psi_L(Y_k)=\begin{cases}\dfrac{1}{2L+1}\sum\limits_{i=1}^{2L+1}Y_i, & 1\leqslant k\leqslant L\\ \dfrac{1}{2L+1}\sum\limits_{i=K-L}^{K+L}Y_i, & L\leqslant k\leqslant N-L\\ \dfrac{1}{2L+1}\sum\limits_{i=N-2L}^{N}Y_i, & N-L\leqslant k\leqslant N\end{cases} \tag{4-122}$$

式中，$\hat{X}_k$ 是共谋攻击的结果，也正是对于原始序列中第 k 帧图像 X_k（若待检序列无信息嵌入，则 $Y_k=X_k$）的估计。Ψ_L 是以 L 为参数的共谋操作符，这里 L 表示共谋攻击滑动窗口的长度，共谋攻击的有效性依赖于 L 的取值。L 取决于视频序列的特点，如帧与帧之间的相关系数、运动程度和每帧图像的方差。Budhia 通过对不同嵌入强度及不同序列的测量，经验性地给出 $L=5$。最优的 L 取值会极大地减弱高斯水印的影响，因而无论待检序列是否含有秘密信息，共谋攻击以及最优的窗口长度 L，都会使得假设 $\hat{X}_k\approx X_k$ 成立。

Y_k 与 $\hat{X}_k$ 之间的差值会由于是否有秘密信息的嵌入而不同，若待检序列含有嵌入信息，则 $Y_k-\hat{X}_k\approx Y_k-X_k=\alpha\hat{W}_k$，得到嵌入高斯水印信息的一个估计。若待检序列不含有秘密信息，则 $Y_k-\hat{X}_k$ 是一个由滑动窗口滤波产生的非高斯信号。因而，对一个序列通过检测 Y_k-X_k 的统计分布特性即可作出判断。文献中利用可以探测高斯性的三个特征量：峭度 Kurtosis，熵 Entropy 和 25th 百分点作为特征向量。峭度用来衡量一个分布的“形状”，对于一个给定的样本集 $\{x_i\}$，其峭度定义为

$$\text{Kurtosis}=\frac{1}{\sigma^2 N}\sum_{\forall i}(x_i-\mu)^4 \tag{4-123}$$

式中，σ 和 μ 分别为方差和均值。熵用来衡量一个给定分布的“随机性”，方差固定时高斯分布具有最大熵。熵定义为

$$\text{Entropy}=-\sum_{\forall i}(p_x(i)\log(p_x(i))) \tag{4-124}$$

式中，$p_x(i)$ 是 $\hat{W}_k$ 的估计分布。最后一个特征则为直方图中 25%的点所在区域的下限。利用 KNN 分类器来判断待检视频序列是否有秘密信息嵌入的痕迹。

这种算法对于运动缓慢的序列在嵌入强度大时非常有效，但是对于运动剧烈的序列，包括镜头的高速运动或者场景的全局运动，分析算法将失效。而且算法假定在视频序列的每帧图像每个像素都嵌入信息，当嵌入率下降时算法的有效性也将大大减弱。

2）基于检验运动矢量一致性的视频隐密分析算法

Vinod 等提出了一种能够分析检测符合运动矢量一致性的不相关水印信息的隐藏分析算法。它利用了视频压缩编码过程中的运动估值与补偿技术进行时间域的共谋攻击。信息嵌入模式依然如(4-121)式所示。

设 $Mt_1\rightarrow t_2(n)$ 表示 t_1 时刻图像中点的位置，此点 t_1 时刻所处的位置为 $Mt_1\rightarrow t_2(n)$，当它移动到 t_2 时刻时，其在图像的位置为 n。利用 t_1 时刻图像作为 t_2 时刻图像的参考，运动补偿预测得到的预测图像定义为

$$X_{t_1}[Mt_1 \rightarrow t_2(n)] = X_{t_1}^{(t_2)}[n] \approx X_{t_2}[n] \tag{4-125}$$

因此 P 帧图像的预测误差(Prediction Error Frames,PEF)可以表示为

$$P_{t_2}^x = X_{t_2} - X_{t_1}^{(t_2)}, \quad t_1 < t_2 \tag{4-126}$$

相应的 B 帧的预测误差为

$$B_{t_2}^x = X_{t_2} - \frac{1}{2}(X_{t_1}^{(t_2)} + X_{t_3}^{(t_2)}), \quad t_1 < t_2 < t_3 \tag{4-127}$$

假设所有的运动补偿预测都是基于整像素的,则载密序列的运动补偿预测图像为

$$Y_{t_1}[Mt_1 \rightarrow t_2(n)] = X_{t_1}[Mt_1 \rightarrow t_2(n)] + W_{t_1}[Mt_1 \rightarrow t_2(n)] \tag{4-128}$$

而载密序列的 P-PEF 可以表示为

$$P_{t_2}^y = Y_{t_2} - Y_{t_1}^{(t_2)} = X_{t_2} + X_{t_2} - (X_{t_1}^{(t_2)} + X_{t_1}^{(t_2)}) = P_{t_2}^x + P_{t_2}^w \tag{4-129}$$

式中,$P_{t_2}^x$ 和 $P_{t_2}^w$ 分别对应为载体序列和水印信息的 PEF。若嵌入信息是不相关的,则 $P_{t_2}^w \sim N(0,2\sigma_w^2)$;类似地,B-PEF 为 $B_{t_2}^y = B_{t_2}^x + B_{t_2}^w$,且 $B_{t_2}^w \sim N(0,1.5\sigma_w^2)$。若运动模型很好地模拟了载体序列的运动,则 $P_{t_2}^x$ 和 $B_{t_2}^x$ 是可以忽略的,可以通过测量预测误差信号的高斯性判断是否有信息嵌入。然而,实际中运动估值没有达到理想的状态,而且传统的基于块的运动估值技术,不能准确地预测图像内非平动的运动,因此预测误差 $P_{t_2}^x$ 和 $B_{t_2}^x$ 还存有相当大的能量,简单度量 $P_{t_2}^y$ 和 $B_{t_2}^y$ 的高斯性,检测效率有很大程度的下降,而且当嵌入信息利用运动矢量一致性原则嵌入时,检测算法将会失效。因此,Vinod 通过为预测误差信号建模解决这一问题,设定 P-PEF 和 B-BEF 都符合高斯分布,即

$$P_{t_2}^x[n] \sim N(\mu_{t_2}[n],\sigma_{t_2}^2[n]), B_{t_2}^x[n] \sim N(\mu_{t_2}[n],\sigma_{t_2}^2[n]) \tag{4-130}$$

从而

$$P_{t_2}^y[n] \sim N(\mu_{t_2}[n],\sigma_{t_2}^2[n] + 2\sigma_w^2), B_{t_2}^y[n] \sim N(\mu_{t_2}[n],\sigma_{t_2}^2[n] + 1.5\sigma_w^2) \tag{4-131}$$

因此载体序列和载密序列 $P_{t_2}^y$ 的方差会呈现不同的直方图分布,用两个参数的 Gamma 分布如式(4-106)来近似这种直方图分布

$$f(x) = \begin{cases} \dfrac{b^{-a}}{\Gamma(a)} x^{a-1} \mathrm{e}^{-\frac{x}{b}}, & x \geqslant 0 \\ 0, & x < 0 \end{cases} \tag{4-132}$$

式中,$a>0$ 为形状参数;$b>0$ 为尺度参数,以及

$$\Gamma(x) = \int_0^a t^{x-1} \mathrm{e}^{-t} \mathrm{d}t \tag{4-133}$$

利用 Gamma 分布的形状参数作为特性量判断序列是否含有嵌入信息。

Vinod 的算法考虑到运动估计预测的不准确性,对载体序列预测误差建模,与 Budhia 的算法相比较,即使在检测高速运动或者运动复杂的序列时依然可以得到可靠的结果,而且检测算法不会被符合运动矢量一致性的嵌入算法所触发,可以分辨信息是否沿着运动轨迹嵌入。但是同 Budhia 的算法一样,都是在大嵌入容量的条件下进行针对性分析的,当嵌入率下降时,检测效果也会有一定幅度的下降。

2. 通用隐密分析方法

Pankajakshan 等提出了一种盲视频隐藏分析检测方案。算法借鉴了特征函数分析法,利用视频序列的时间相关性对其作出相应的修改,形成一种有效的视频隐藏分析算法。

由于视频序列在时域与空域都具有很强的相关特性,算法首先利用运动估值与补偿技术

来消除时间相关性，对于压缩的视频码流可以通过部分解码得到预测误差信号(PEFs)，而对于未压缩的视频序列则需要计算运动估值，然后通过空间预测模块减弱预测误差信号存在的空间相关性。

这种算法突破了前面两小节中算法要求视频序列每帧每个像素全部嵌入的限制，而且即使在嵌入率很低时，依然有较好的检测结果，但是算法的检测性能依赖于训练样本的选择。

以上几种视频隐藏分析算法主要针对空域嵌入的高斯扩频信息，由于 DCT 变换是线性变化，在 DCT 域叠加嵌入高斯扩频信息等同于空域嵌入高斯扩频信息，因此以上几种方法对 DCT 域叠加嵌入高斯分布的信息同样能够进行检测。它们的一个共性是利用了视频序列的时间域相关性，以及独立同高斯分布的嵌入信息经过线性处理后依然是高斯分布的这一特性，当嵌入信息所拥有的这种特点隐匿于视频压缩编码过程中时，这些隐藏分析算法也就失效了，例如，用运动矢量进行嵌入的隐藏算法，嵌入后不会改变运动估值和补偿技术产生的预测误差信号的统计分布，这些算法对它将会束手无策。视频信息隐藏嵌入点有多种不同的选择，因此在实际应用中需要根据嵌入位置的不同，分类讨论视频隐藏算法的嵌入特性，并针对性地设计相应地隐藏分析算法。

习　题

1. 信息隐藏分析的目标是什么？
2. 针对图像 LSB+1 方法的 RS 隐藏分析的原理是什么？
3. 描述针对 JSteg 的隐密分析原理。
4. 说明 F5 分析方法和 OutGuess 分析方法的异同点。
5. 描述 IQM(Image Quality Metrics)隐密分析原理。
6. 说明马尔可夫过程(Markov Process，MP)分析法的原理。
7. 简述回声隐密方法的分析方法。
8. 视频隐密分析方法的特点是什么？

参考文献

陈铭. 2003. 隐密与隐密分析算法及实践研究[D]. 北京：北京邮电大学硕士学位论文.

黄聪，宣国荣，高建炯，等. 2006. 基于图像及其预测误差图小波频域矩的隐密分析[J]. 计算机应用，26(8)：1851-1853.

黄昊，郭立，李琳. 2008. 基于失真测度的直接扩频音频隐密分析[J]. 中国科学院研究生院学报，25(2)：251-256.

刘昌鑫，朱平，夏春和. 2006. 基于 JPEG 图像的秘密信息长度估计研究[J]. 计算机工程与应用，30：51-53.

刘潇潇. 2010. 基于 JPEG 图像的 YASS 隐密分析新方法[D]. 辽宁：大连理工大学硕士学位论文.

汝学民. 2006. 音频隐密与分析技术研究[D]. 浙江：浙江大学硕士学位论文.

孙明星. 2007. 基于 LSB 的图像盲隐密分析算法研究[D]. 长沙：湖南大学硕士学位论文.

王莉莉. 2007. 视频信息隐藏分析算法研究[D]. 天津：天津大学硕士学位论文.

杨博. 2010. MIDI 音频隐密和隐密分析[D]. 合肥：中国科学技术大学硕士学位论文.

杨榆，雷敏，钮心忻，等. 2009. 基于回声隐藏的 VDSC 隐密分析算法[J]. 通信学报，30(2)：83-88.

詹双环，张鸿宾. 2006. 基于图像质量评价量的信息隐藏盲检测[J]. 北京工业大学学报，32(5)：473-476.

张承谦. 2008. 视频信息隐藏分析研究[D]. 天津：天津大学硕士学位论文.

张秋余，张燕，袁占亭. 2006. 一种新的小波域高阶统计量图像隐密分析方法[J]. 兰州理工大学学报.

张文静. 2008. 基于帧间预测的视频信息隐藏分析算法[D]. 天津：天津大学硕士学位论文.

张新鹏，王朔中. 2007，对空域 BPCS 密写的统计分析[J]. 计算机辅助设计与图形学学报，7(17)：1621-1629.

Avcibas I, Memon N, Sankur B. 2011. Steganalysis using image quality metrics[J]. IEEE Transactions on Image Processing, 20(12): 1057-7149.

Budhia U. 2005. Steganalysis of video sequence using collusion sensitivity[D]. Ph. D. dissertation, Texas A&M University, College Station.

Budhia U, Kundur D. 2004. Video steganalysis using collusion sensitivity[C]. Proceedings of the SPIE: Sensors, Command, Control, Communications, and Intelligence(C3I) Technologies for Homeland Security and Homeland Defense, 5403: 210-221.

Budhia U, Kundur D, Zourntos T. 2006. Digital video steganalysis exploiting statistical visibility in the temporal domain[J]. IEEE Transactions on Information Forensics and Security, 1: 43-55.

Cancelli G, Doerr G, Cox I J, et al. 2008. Detection of ±1LSB steganography based on the amplitude of histogram local extrema[C]. 15th IEEE Int ernational Conference on Image Processing, ICIP2008: 1288-1291.

Fridrich J. 2004. Feature-based steganalysis for JPEG images and its implications for future design of steganographic schemes[J]. Sixth Information Hiding Workshop Springer, 3200: 67-81.

Fridrich J, Goljan M, Du R. 2001. Detecting LSB steganography in color and grayscale images[J]. IEEE Multimedia, 8(4): 22-28.

Fridrich J, Goljan M, Hogea D. 2002. Attacking the OutGuess[C]. Proceedings of the ACM Workshop on Multimedia and Security 2002, France.

Fridrich J, Goljan M, Hogea D. 2002. Steganalysis of JPEG images: Breaking the F5 algorithm[C]. 5th Information Hiding Workshop, Netherlands: 7-9302.

Goljan M, Fridrich J, Holotyak T. 2006. New blind steganalysis and its implications[C]. Security, Steganography and Watermarking of Multimedia Contents VIII, Proceedings. SPIE 6072: 607201-1.

Harmsen J, Pearlman W. 2003. Steganalysis of additive noise modelable information hiding[C]. Proceedings of SPIE, Electronic Imaging 5022. Santa Clara, CA: SPIE: 21-24.

Kawaguchi E, Eason R O. 1998. Principles and applications of BPCS steganography[C]. Multimedia Systems and Applications, Boston, MA, USA, 3528: 464-473.

Pankajakshan V, Ho A T S. 2007. Improving video steganalysis using temporal correlation[C]. Third International Conference on Intelligent Information Hiding and Multimedia Signal Processing, 1: 287-290.

Provos N. 2001. Defending against statistical steganalysis[C]. Proceedings of the 10th Usenix Security Symposium, Washington, DC.

Shi Y Q, Chen C, Chen W. 2006. A Markov process based approach to effective attacking JPEG steganography[A]. Information Hiding, 8th International Working: 249-264.

Upham D. JPEG-JSteg-V4. 2008. http://www.funet.fi/pub/crypt/steganography/jpeg-jsteg-v4.diff.gz.

Vinod P, Doerr G I, Bora P K. 2006. Assessing motion-coherency in video watermarking[C]. In Proceedings of the ACM Multimedia and Security Workshop: 114-119.

Westfeld A. 1999. Attacks on steganographic systems[C]. Proceedings of the 3rd Int'1 Workshop in Information Hiding, Dresden, Germany: [s. n.].

Westfeld A. 2001. F5-A steganographic algorithm [C]. Springer-Verlag Berlin Heidellberg, New York: 289-302.

Zhang J, Cox I J, Doerr G. 2007. Steganalysis for LSB matching in images with high-frequency noise[J]. Multimedia Signal Processing, 2007. MMSP 2007. IEEE 9th Workshop on: 385-388.

第5章 数字水印

随着计算机技术和网络技术的迅速发展，许多人在计算机上直接创作数字作品，或以数字作品的方式保存自己的创作成果。互联网的发展和信息媒体的数字化为信息的存取和扩散提供了极大的便利，各种形式的多媒体数字作品，如图像、视频、音频等纷纷在网络上发表。数字化形式的图像、音频、视频作品因具有无损复制、易于修改、扩散迅速等特点引发了多姿多彩的喜闻乐见的多媒体应用，但同时也导致大量未授权的复制品泛滥出现。这些作品完全符合版权法对作品的定义，理应受到版权保护。

《世界知识产权组织公约》已规定了计算机软件作为数字作品予以保护，但恶意的个人或团体在没得到授权许可下随意复制和广泛传播有版权的多媒体作品，数字作品的特性可以做出与原版丝毫不差的复制，并通过互联网进行散布和传播，造成知识产权的侵权盗版行为屡屡发生，使版权所有者损失了巨大的收益，威胁到数字世界的安全，制约着音乐、电影、图书和软件等出版业的发展。

因此，如何在网络环境中针对多媒体作品实施有效的版权保护(Copyright Protection)，成为现实世界一个迫在眉睫的国际性问题。

版权保护属于知识产权保护范畴。知识产权(Intellectual Property)是从法律上确认和保护人们在科学、技术、文学、艺术等精神领域所创造的产品具有专用权或独占权，他人不得侵犯，否则要受法律制裁。对于知识产权的保护是一个全世界都关注的问题。

1952年，在美国的推动下，以联合国教育、科学及文化组织(UNESCO)为中心在日内瓦缔结了关于作品国际保护的《世界版权公约》。1967年7月14日在斯德哥尔摩签署了《世界知识产权组织公约》，成立了世界知识产权组织(WIPO)，我国也制定了《中华人民共和国商标法》、《中华人民共和国专利法》、《中华人民共和国著作权法》以及《计算机软件保护条例》等一系列法律、法规对知识产权进行保护。

版权是指法律赋予作者因创作文学、艺术和科学作品享有的专有权利。作者的专有权利包括人身权利和财产权利两个方面。著作人身权包括发表权、署名权、修改权和保护作品完整权。著作财产权包括复制权、发行权、出租权、信息网络传播权等12项权利。未经著作权人许可，不得对作品进行实质性修改，更不得故意改变或用防伪的手段改动原作品。

数字作品的版权问题有以下几点比较突出的问题需要解决：如何鉴别一个数字作品的作者？如何确定数字作品的版权？如何公证一个数字作品的签名与版权说明？在采取登记制的情况下，怎样确认登记的有效性？

传统的加密方法在应用多媒体作品保护时会遇到一些问题，加密方法对内容的保护一旦解密，被保护内容和保护手段即刻分离；加密是对内容保密，并不能追踪盗版的多媒体作品，也难以在法庭上作为证据。密码学中的认证方法不容许一个比特的改变，多媒体内容应用往往需要容忍一定程度的失真；用于多媒体认证的认证信息往往需要直接嵌入在多媒体内容中，不另外保存认证信息，密码学中的认证方法则需另外保存信息认证码(MAC)。

数字签名可以对数据的认证和完整性保护，但数字作品的版权标记需要与原数字作品紧密结合，使用者不能将其分开，不能修改版权信息，因此需要版权信息具有一定的独立性。因此，仅用密码学和数字签名难以得到数字作品的版权问题的全部解决方案，需要根据多媒体特性引进新概念和新技术。

为解决对数字多媒体作品进行版权保护的难题引发了一个新的研究方向——数字水印技术。数字水印(Digital Watermarking)是通过在原始数据中嵌入秘密信息——数字水印来证实该数字媒体的所有权。这种被嵌入的数字水印可以是一段文字、标识、序列号、图形等。数字水印通常是不可见或不可感知的，它隐藏在被保护的原始数据，如图像、音频、视频数据中，并能历经不破坏源数据使用价值的操作而由授权者提取出来。

5.1　数字水印的基本概念

5.1.1　数字水印的概念

数字水印的目的是在数字多媒体作品中通过隐藏标识信息的方法，以验证和确认内容提供者、购买者或判断载体是否被篡改，以证明一个数字产品的拥有权和真实性。在发生数字媒体侵权使用、版权争议时，可以通过检测数字媒体内容中的数字水印，获得数字媒体的版权信息、授权信息等，帮助追查是否存在版权侵犯及发现盗版者，从而起到保护数字媒体知识产权的目的。

数字水印是将特定的信息作为数字水印嵌入到被保护的信息中，以及从被保护的信息中提取或检测出特定信息的技术。某些标识数据作为数字水印信息嵌入到载体数据中，并且需要保证数字水印信息在载体数据中不可感知和足够安全。

从信号处理的角度看，不可见数字水印的嵌入可以视为在强背景(原始作品)下迭加一个弱信号(数字水印)，由于人的视觉系统受到一定的限制，当数字水印信号强度低于人类视觉系统的感知阈值时，人类则无法感知信号的存在，此时可以通过对载体对象作一定的微调整，就有可能在不改变感知效果的情况下嵌入一些信息。

从数字通信的角度看，数字水印嵌入可理解为在一个宽带信道(原始作品)上用扩频通信技术传输一个窄带信号(数字水印)。尽管数字水印作为信号具有一定的能量，但分布到信道中任一频率上的能量是难以检测的。

数字水印安全指的是在数字作品中嵌入的数字水印历经有意攻击和正常处理后，还可以提取出来，并可以证明是原作品水印。

数字水印和隐密都属于信息隐藏，但因需求和目的不同，在算法设计和性能评价方面有不同之处：数字水印的目的是保护数字作品，隐密的目的是伪装秘密通信。

5.1.2　数字水印的模型

对于图像数字水印系统来说，载体数据是灰度和彩色图像，数字水印可以是任何形式的数据，如数值、文本和图像等。为了保证数字水印的安全性，防止他人在获知数字水印算法的情况下篡改或伪造数字水印，在实际应用的系统中也需要使用密码技术。当使用私钥时，嵌入数字水印的技术通常称为秘密数字水印技术，也称为私有型数字水印；当使用公钥时，则称为公开型数字水印。数字水印的基本模型包括数字水印信号生成、数字水印嵌入和提取。下面分述如下。

1. 数字水印信号生成

数字水印信号可以是有意义的信号或无意义的数字序列。无意义的数字序列指数字水印为随机数，只需要进行相关就可检测出隐藏的数字水印，缺点是鲁棒性较差，容易受攻击。有意义的数字水印信号指数字水印信号代表一定意义的文本、声音、图像或视频信号，可以与被保护的宿主信号相关或者与版权信息相关，在历经有损操作后提取的数字水印质量下降情况下仍然可以观察出数字水印代表的含义。

一般为了让数字水印算法具有更好的安全性，即攻击者提取出数字水印信号后也无法获知具体信息，那么需要在数字水印嵌入前对其进行信号加密或调制，因此数字水印信号 W 依赖于密钥 K 和数字水印信息 I，即数字水印信号可以表示为

$$W = f(I, K) \tag{5-1}$$

有时数字水印信号的生成依赖于载体数据 X，这种情况下的数字水印信号调制过程可以表示为

$$W = f(I, K, X) \tag{5-2}$$

2. 数字水印嵌入

数字水印系统都包含一个数字水印嵌入过程和一个数字水印检测过程。图 5.1 给出了一般的数字水印嵌入系统模型。在数字水印嵌入系统中，系统的输入一般是载体数据 I、数字水印信息 W 和私有或公有密钥 K。对于图像数字水印系统来说，载体数据是灰度和彩色图像，数字水印可以是任何形式的数据，如数值、文本和图像等。数字水印的嵌入就是把数字水印信号 W 嵌入到原始要被保护的数字产品 I 中。嵌入系统至少有两个输入：一个是原始载体信息 I，一个是数字水印信息 W。另外，可能还有一个公钥或私钥 K。图 5.1 是数字图像数字水印嵌入模型。为了保证数字水印的安全性，防止他人在获知数字水印算法的情况下篡改数字水印或伪造数字水印，在实际应用的系统中至少使用一个密钥，有的甚至是几个密钥结合来对数字水印信息加密或控制数字水印的嵌入位置。对于图像和视频数字水印，为了保证数字水印的感知不可见性，一般还会加入基于人眼视觉系统（HVS）的视觉感知模型来控制数字水印的嵌入强度。

数字水印的嵌入规则可以描述为

$$\tilde{I} = E(I, W, K) \tag{5-3}$$

其中嵌入函数 E 可以有多种形式，既可以是线性变换，也可以是非线性变换。

常见的几种嵌入形式有以下三种。

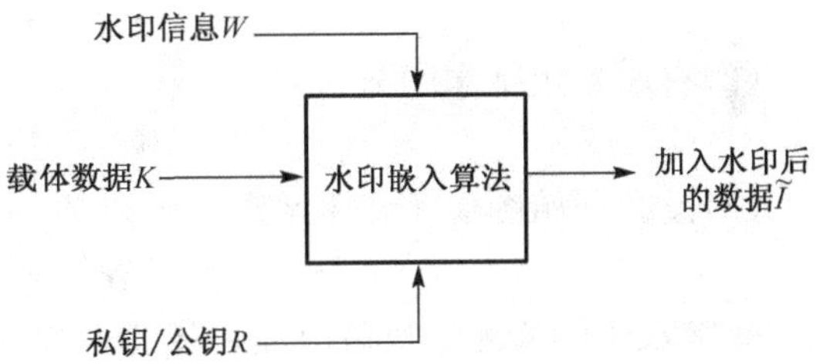

图 5.1　数字水印嵌入模型

① 加性嵌入方法

$$\tilde{I} = I + \alpha W \tag{5-4}$$

② 乘性嵌入方法

$$\tilde{I} = I(1 + \alpha W) \tag{5-5}$$

③ 指数嵌入方法

$$\tilde{I} = I \cdot e^{\alpha w(n)} \tag{5-6}$$

式中，W 是数字水印信号分量；α 是嵌入强度因子。α 的选择需要结合图像特性和人眼视觉系统的感知特性来确定。为了使嵌入数字水印后的图像质量不产生可感知的改变，同时增强数字水印的鲁棒性，在多数数字水印方案中都采用了人眼视觉模型（Human Visual System，HVS）。一般情况下，α 越大，数字水印的鲁棒性越好，而嵌入数字水印的数字作品的感知质量就越低，即 α 影响视觉或听觉效果。反之则嵌入数字水印的作品质量越好，数字水印的鲁棒性越差。

3. 数字水印提取

数字水印提取是指根据一定的算法从待测图像中提取出数字水印信息，或者根据一定的算法判断待测图像中是否含有数字水印。对于图像数字水印检测系统来说，输入一般是已嵌入数字水印的图像，而私钥或公钥 K、原始图像 I 和原始数字水印信息 W 的需要与否取决于数字水印的实际应用。对于盲数字水印则不需要 I，甚至不需要 W。检测系统的输出是检测得到的数字水印 W'，或者是某种可信度的值，它表明了所检测数据中存在给定数字水印的概率或嵌入的确定数据。

一般情况下，对无意义的数字水印采用检测的方法，对有意义的数字水印采用提取的方法。图 5.2 是数字水印的提取模型。

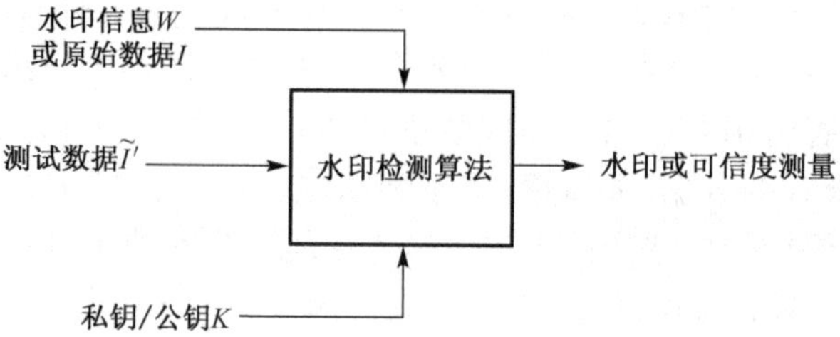

图 5.2　数字水印的检测和提取模型

$\tilde{I}$ 是待检测的图像，D 为数字水印检测。数字水印提取过程中原始图像和数字水印信息是否参与需依据实际需求，数字水印提取模型可用以下三种方式描述。

(1)有原始图像 I 时

$$W = D(I', I, K)$$

(2)有原始数字水印 W 时

$$W' = D(I', W, K)$$

(3)没有原始图像 I 和原始数字水印 W 时

$$W' = D(I', K)$$

数字水印的检测结果可以通过相关性判断或者水印提取。数字水印检测的相关性判决有比特差错率 BER、线性相关、归一相关性、相关系数方法等。数字水印检测方法通常采用如下假设检验

$$\begin{cases} H_0: E = \tilde{I}' - I = N & (\text{无水印}) \\ H_1: E = \tilde{I}' - I = W' + N & (\text{有水印}) \end{cases}$$

式中，$\tilde{I}'$和 I 分别是待检测数据和原始数据；W'为检测出的数字水印（$W' = \{x_i'\}$），N 为可能

引入的噪声。由于嵌入数字水印的数据可能受到噪声等各种因素的干扰，所以检测出的数字水印信息也将在一定程度上与原始数字水印有所不同。为了确定检出的数字水印是否为给定的数字水印，首先要做的是相关检测。已知原水印的相关检测需要计算 W' 与 W 的相关性

$$\rho(W',W)=\sum_{i=0}^{N-1}x'_i\cdot x_i\Bigg/\sqrt{\sum_{i=0}^{N-1}(x'_i)^2}$$

数字水印存在与否的判断标准：若 $\rho(W',W)>T$，可以判定被测数据中有数字水印 W 存在；否则，没有数字水印 W。T 为一门限，其选择要同时考虑虚警概率和漏警概率。T 减小，漏警概率降低而虚警概率提高；T 增大，则虚警概率降低而漏警概率提高。

数字水印检测模型中，如果需要原始数据 I，则是一种非盲数字水印检测。如果不需要原始数据，通常的检测是计算 $\tilde{I}'$ 和 W 的相关。如果 $\tilde{I}'$ 中不含有数字水印 W，那么二者的相关值很低；反之则很高，说明 $\tilde{I}'$ 中含有数字水印 W。但在某些应用中，仅给出相关值是不够的，有些算法需要有待检的数字水印，这限制了数字水印的应用。因此，在数字水印的检测过程中，不需要原始数据，也不需要数字水印的盲数字水印方案成为数字水印研究中一个重要的课题。图 5.3 和图 5.4 分别介绍了非盲检测器水印系统和盲检测器水印系统。

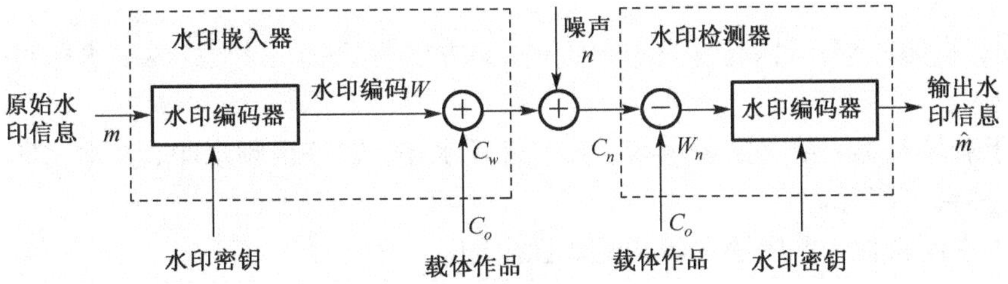

图 5.3　非盲检测器水印系统

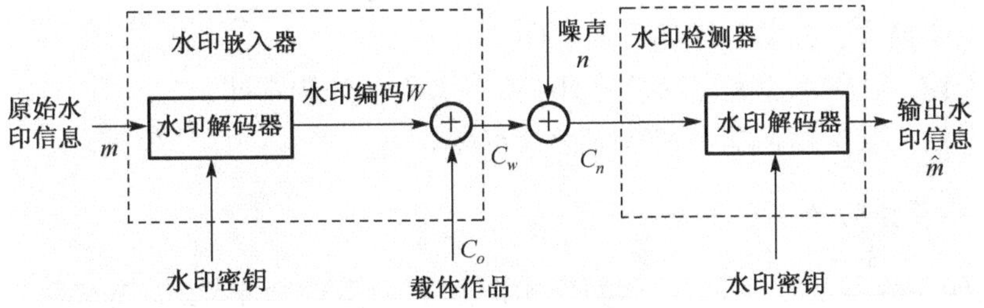

图 5.4　盲检测器水印系统

数字水印的检测存在两类错误：一是虚警错误，即在未加数字水印的图像中检测到数字水印信号；二是漏警错误，即在加了数字水印的图像中没有检测到数字水印信号。在设计数字水印算法时，应尽量减少这两种错误的发生。

5.1.3　数字水印的特点

数字水印的思想虽然简单，但是要达到应用的目的，还需要满足一定的性能指标，其中相对重要的性能指标包括如下。

(1)不可感知性(Fidelity)。对图像水印而言,不可见数字水印应是不可感知的。宿主信号多是供观赏的多媒体数据,嵌入数字水印后的多媒体数据应具有很高的保真性,不能改变感知效果,不影响被保护数据的正常使用。

(2)鲁棒性(Robustness)。是指数字水印在媒体数据历经编辑、处理过程中的多种无意或有意的信号处理过程后,数字水印仍能保持部分完整性并能被准确提取出来可以达到鉴别的能力。媒体数据的各种操作如压缩、滤波、加噪、剪切、缩放和旋转等,也包括一些恶意的攻击。

(3)信息容量(Data Payload)。是指在满足不可感知性的前提下,数字水印信号可传递的信息量。很多实际应用中要求数字水印可嵌入多位信息,或者嵌入多个水印。

(4)安全性(Security)。是指嵌入在宿主数据中的数字水印是不可删除的,且能够提供完全的版权证据。数字水印的安全还包括水印难以篡改或伪造,同时,应当有较低的误检测率。在数字水印系统中,隐藏水印的丢失意味着版权信息的丢失,从而失去了版权保护的功能。

一个数字水印系统的设计应该围绕上述性能指标来设计数字水印算法,但有些特性之间是不相容的,例如,不可见性、鲁棒性和信息容量,因此设计数字水印算法时必须根据实际需求进行权衡。

5.1.4 数字水印的类型

根据数字水印的感知性、鲁棒性、嵌入和检测方法等方面的考虑,数字水印可以分为以下几类。

(1)基于载体类型:数字图像水印、数字音频水印、数字视频水印、文本水印和用于三维网络模型的网格水印等。

(2)基于水印特性:鲁棒性水印和脆弱性水印。

(3)基于加载方法:时/空域水印、变换域水印。

(4)基于水印检测器类型:非盲水印、半盲水印和盲水印。

(5)基于感知特性:可见水印和不可见水印。

(6)基于载体损失:有损水印和可逆水印。

(7)基于密钥:对称水印和非对称水印;私钥水印和公钥水印。

(8)基于用途:版权标志水印和数字指纹水印。

1. 不同载体类型的数字水印

按数字水印所附载的媒体,可以将数字水印划分为图像数字水印、音频数字水印、视频数字水印、文本数字水印、图形数字水印。图像数字水印指静止图像中加入数字水印,用于图像数据库、网上图片发布等;视频数字水印主要是在视频媒体中加入数字水印从而控制视频的应用,如DVD的控制存取、数字广播的控制等;文本数字水印是在PDF、DOC等文本文件中添加数字水印,追踪对文本文件的修改;图形数字水印指在计算机生成的二维或三维图形中嵌入数字水印,以此表明版权。另外还有软件数字水印、数据库数字水印、矢量图像数字水印、印刷数字水印等。

2. 鲁棒数字水印和脆弱数字水印

鲁棒数字水印(Robust Watermarking)主要用于在数字作品中标识著作权信息,其目的是在多媒体内容的数据中嵌入创建者、所有者标识信息，或者嵌入购买者的标识(即序列号)。在发生版权纠纷时，创建者或所有者的信息用于标识数据的版权所有者，而序列号用于追踪违反协议而为盗版提供多媒体数据的用户。用于版权保护的鲁棒性数字水印除了要求能够抵御常见的编辑处理、图像处理和有损压缩之外，还需要能抵抗一些恶意攻击。

脆弱数字水印(Fragile Watermarking)主要用于完整性保护和认证。这种数字水印同样是在要保护的数据中嵌入不可见的信息，其目的是当内容发生改变时，利用这些数字水印会提示内容改变情况，从而可以鉴定要保护的数据是否被篡改。它要求既要有较强的鲁棒性，需要抵抗常见如有损压缩 JPEG 和噪声等，同时又要求有较强的敏感性，既允许宿主作品有一定程度的失真，又要能将失真自动标记出来。因此，设计脆弱水印算法必须对信号的改动很敏感，根据脆弱性数字水印的状态就可以判断数据是否被篡改过。

3. 空域数字水印和频域数字水印

按数字水印的隐藏位置，可以将其划分为空域数字水印、频域数字水印。空域数字水印是直接在信号空间上叠加数字水印信息，指直接通过对空域/时域中的数据采样点的幅度值进行改变，从而实现数字水印的嵌入。而频域数字水印则首先将原始媒体数据进行变换，如傅里叶变换、离散余弦变换、离散小波变换等，然后在变换域中进行数字水印的嵌入。一般来说，只要有信号变换，就可以在其变换空间上隐藏数字水印。频域数字水印具有鲁棒性好、数字水印容量大、不可感知性好、和压缩编码标准兼容等特点，但其算法实现的复杂度也较高。

4. 非盲水印和盲水印

按数字水印的检测过程可以将数字水印划分为盲数字水印和非盲数字水印。盲数字水印是指在检测水印的过程中不需要未加水印的原始图像作为参考，直接从待检图像中提取水印。非盲数字水印则是指在水印的检测过程中，需要未加水印的原始图像作为参考。一般来说，非盲数字水印的鲁棒性比较强，但其应用受到存储成本的限制。目前学术界研究的数字水印大多数是盲数字水印。

5. 感知可见数字水印和不可见数字水印

按照数字水印的可见性可以将数字水印划分为可见数字水印和不可见数字水印。可见的数字水印主要用于对数字产品的所有权、著作权及来源等保护。可见数字水印一般为不影响观赏质量的标识。可见数字水印还有另一些用途，为了节约带宽、存储空间等原因，可在 VCD、DVD 等电影复制中用嵌入不可见数字水印的方式配上多种语言的副标题和字幕，待播放时由硬件根据需要实时地解出每一帧中的数字水印文字，将其显示在屏幕上。可见数字水印在某些产品中或多或少降低了作品的观赏价值，使其用途相对受到一定限制。不可见数字水印的应用层次更高，技术方法的难度更大，在这里主要考虑不可见数字水印。

6. 有损水印和可逆水印

一般的水印嵌入都会对载体质量造成损失，成为有损水印。可逆水印以完全可逆的形式嵌入载体数据中，同时满足一般水印技术的不可感知性和同载体的不可分离性。水印提取阶段，嵌入的水印能从载体数据中完全而精确地提取出来，同时，原始载体 X 能够被完整而精确地恢复。载体对水印造成的改动具有鲁棒的恢复特性，嵌入水印的载体 XW 受到一定改动或者特定的改动时，水印 W 具有鲁棒性；但对于其他改动，水印不具有鲁棒性，因此有脆弱可逆水印、鲁棒可逆水印和半脆弱可逆水印之分。

7. 私钥水印和公钥水印

私钥水印方案在嵌入水印和检测水印过程中采用同一密钥，因此需要在发送和接收双方之间有一安全通道以确保密钥的安全传送。而公钥水印则在水印的嵌入和检测过程中采用不同的密钥，由所有者用一个秘密的密钥嵌入水印，嵌入水印后的作品可由任何知道公开密钥的人来进行检测。也就是说，只有所有者可以嵌入水印，但任何人都可以进行水印的提取或检测。

8. 基于用途的数字水印

版权标志水印、数字指纹水印、票据防伪数字水印、篡改提示数字水印和隐蔽标识数字水印等。

以上的分类并不是独立不相关的，而是相互紧密联系又相互包含的，例如，频域水印中既包括公开数字水印和私有数字水印，也包括脆弱型数字水印和鲁棒型数字水印；鲁棒型数字水印中也包括私有数字水印和公开数字水印。

5.1.5　数字水印的性能评价

数字水印的性能评价和基准包括很多方面，如容量、不可感知性、鲁棒性、安全性等。一般来说这些指标是相互冲突的，在不同的应用中有不同的平衡条件。

1. 不可感知性的主观评价

不可感知性是数字水印系统中最基本的要求，它是数字水印系统和方法能够应用的必要条件，对于此方面的评价主要采用依靠观察者主观感觉的主观测试方法和客观质量度量来衡量。可以遵循 JTU-R Rec、500，按照从 1 到 5 范围内的质量等级进行主观判别。

2. 不可感知性客观评价

客观的量化度量因其结果不依赖于主观评定而成为科学研究中的有效手段和方法。在图像和视频处理中评价图像质量的客观度量主要是基于像素的差分失真度量，包括平均绝对差分、均方误差、L^p 范数、拉普拉斯均方误差、信噪比、峰值信噪比等，目前在图像和视频编码中应用最广泛的失真度量标准是信噪比（SNR）和峰值信噪比（PSNR）客观测度。由于测量结果不依赖于主观感觉和意识，所以可以使不同原理的方法按照同一个固定的评价标准进行计算，互相的结果比较也更趋于合理。

1）视觉失真度量

常用的基于像素的图像视觉失真度量标准如信噪比、峰值信噪比、拉普拉斯均方误差、归一化互相关、全局西格马信噪比、直方图相似性等，都被广泛地应用到各个领域中，见表 3.4。图像质量评价的另一类方法是基于人类感知系统（HVS）的质量评价矩阵。一般来说，在图像质量客观评价方面，基于 HVS 模型的测量方法优于没有考虑人的视觉特性的测量方法。从数字水印可感知性的角度来说，也有类似的结论。这是因为含隐藏信息的数据在传输过程中受到的大多数攻击(如 AD/DA 转换及几何攻击等)都会破坏原始数据与接收到的数据之间的同步性。这样，为了提高数字水印的有效性，很多算法都采用了视觉模型以便尽可能地在不可感知的范围内增大隐藏信息的能量以抵抗攻击。因此用基于视觉模型的失真测量方法往往会与人的视觉感知效果保持一致。

在数字水印中有感知性评价与视觉模型相结合的方法，如 Stirmark 软件中采用了用于编码图像质量评价矩阵 MPSNR 公式，通过计算人类空域视觉的多信道模型中的对比敏感度和掩蔽特性进行评价；Pereira 和 Voloshynovskiy 在他们的第二代数字水印评价方案中则使用了 Watson 在 1993 年针对单个图像提出的 WPSNR 矩阵，通过计算子图像的 DCT 系数超过感知阈值的部分作为累积误差对图像质量进行评价。

2)峰值信噪比

在数字水印方法的视觉失真度量中，许多研究者将图像嵌入隐藏信息前后的峰值信噪比作为数字水印技术中感知性评价一个重要的客观评价指标。但实际上，峰值信噪比是对整个图像数据变化情况的平均统计，因此只能反映图像在数字水印前后的总体统计差别，难以表达局部视觉感受严重破坏所引起的数字水印性能的差别，并不能完整地客观表达人类的视觉特性。

由于数字水印算法以不同于常规的信息处理方式对视、听系统产生影响，在数字水印性能评价中使用这些度量会产生一些问题，尤其是与人的感觉系统关联的不相符，导致失真度量的误导。因此用传统的峰值信噪比度量数字水印的感知质量和性能具有明显的局限性，而且数字水印的本质机理也不是简单的信号与噪声的关系，传统的峰值信噪比不宜简单地用做数字水印算法的评价指标。

对于数字水印来说，其感知质量的衡量包括两个方面的问题：一是衡量含隐藏信息的数据与原始数据之间是否有明显的感知变化，即视觉质量；二是衡量含数字水印的数据经过攻击之后的数据与原始数据之间的失真，即失真误差。一般来说，好的数字水印方法不会对原始数据带来明显的感知失真，PSNR 作为初始的粗略衡量标准是可以接受的，但图像的视觉质量总要和人的感知相符合，采用 PSNR 所得到的结果会与人眼的感知结果不相符合，见第三章中详细讨论过的内容。

3. 数字水印的嵌入容量

图像水印容量是指在宿主图像中可以隐藏的最大信息量。水印容量取决于宿主图像的统计特性、失真限度以及水印嵌入、提取方法等。

4. 数字水印算法的鲁棒性

鲁棒性评价中使用的是攻击方法，可以分为无意攻击和有意攻击。也可以分为未经授权的嵌入、未经授权的检测和未经授权的删除安全性。具体为去除攻击、几何攻击、伪造攻击、共谋攻击等水印攻击方法。

几何攻击通过对水印作品进行某种处理，削弱、破坏嵌入的水印或使水印检测器检测不出实际还存在的水印。这些攻击方法包括叠加噪声、滤波、剪切、平移、旋转、缩放或有损压缩等。能否抵御此类攻击是目前绝大多数水印算法性能评价的重要指标。

伪造攻击即试图通过伪造原始数字作品和原始水印来迷惑版权保护。如攻击者并没有除去水印，而是在待检测作品中嵌入了他自己的水印，从而导致所有权的争议。此类攻击实际上使水印的版权保护功能受到了挑战。

共谋攻击指利用一幅作品的多个加了不同水印的版本，生成一个原作品的近似，从而将水印除去。最简单的实现是假设嵌入的水印服从平均分布，利用统计或平均的方法来计算近似作品。

具体的鲁棒性可以用比特错误率来衡量。比特错误率 BER(Bit Error Ratio)指提取出的错误比特数与全部嵌入比特数之比。

$$\mathrm{BER}=\frac{100}{B}\sum_{n=0}^{B-1}\begin{cases}1, & W'(n)\neq W(n)\\ 0, & W'(n)=W(n)\end{cases}$$

式中，B 为提取的水印系列长度；W 为原始水印信息；W' 为提取出来的水印信息。在可以提取出水印信息的场合，使用 BER。

算法的性能还可通过虚警检测率、误警检测率和平均检测率等指标进行，其定义如下：

$$\mathrm{PFP}=\text{将原始载体误判为含水印载体的次数}$$

$$\mathrm{PFN}=\text{将含水印载体误判为原始载体的次数}$$

$$\mathrm{PD}=\left(1-\frac{\mathrm{PFP}+\mathrm{PFN}}{2}\right)\text{，平均正确检测出含水印载体的次数}$$

进一步，以 PFP 作为横轴，PFN 作为纵轴，得到典型的 ROC(Receiver Operating Characteristic)曲线作为直观性图示分析工具，用相同数目的加水印载体和未加水印载体来测试。水印检测器的精度越高，ROC 曲线越接近左上角，曲线的积分通常作为水印检测器性能度量的指标。

5. 可靠性评价

可靠性表征水印算法的可靠程度，通常可用鲁棒性-攻击强度曲线、鲁棒性-保真度曲线、攻击强度-保真度曲线等表示。由于算法鲁棒性与保真度、容量等因素有关，为了能够进行合理的性能评估，通常固定某些因素。例如，鲁棒性-攻击强度曲线反映了在固定保真度和容量的前提下，水印算法鲁棒性与攻击强度之间的函数关系，即水印系统对攻击的整体鲁棒性性能。

为避免采用一个固定阈值比较不同的水印算法可能导致的错误评价结果，引入 ROC 曲线采用不同的判定阈值来进行比较。ROC 曲线对整体水印方案的性能与可靠性评估有十分重要的作用。

定义虚警率(FPF)、漏报率(FNF)、检测率(TPF)如下

$$\mathrm{FNF}=\frac{\mathrm{FN}}{\mathrm{TP}+\mathrm{FN}}$$

$$\mathrm{FPF}=\frac{\mathrm{FP}}{\mathrm{TN}+\mathrm{FP}}$$

$$\mathrm{TPF}=\frac{\mathrm{TP}}{\mathrm{TP}+\mathrm{FN}}$$

式中，TP 为正确地检测出含水印载体的次数；TN 为正确地检测出原始载体的次数；FP 为将原始载体误判为含水印载体的次数；FN 是将含水印载体误判为原始载体的次数。

6. 数字水印算法的安全性

数字水印系统使用一个或多个密钥来确保安全，以防止修改和擦除水印。水印信息被隐藏在多媒体内容中，历经各种无意攻击和有意攻击后，还可以提取出水印。且未经授权者不能检测出水印，恢复出的水印或水印判决的结果应该能够确定地表明所有权，不会发生多重所有权的纠纷。

5.1.6 数字水印发展和应用

1994年，Tirkel等在ICIP上发表了题目为*A digital watermark*的一篇有关数字水印的文章，并提出了数字水印的概念及可能的应用，针对灰度图像提出了两种在图像最低有效位中嵌入数字水印的算法，并提出可以使用扩频技术向静止图像中添加数字水印。随后几年国际上相继发表了大量的关于数字水印技术的学术文章，内容主要包括数字水印的特点和分类、模型、应用和算法等。其中Cox等提出的基于扩频通信的私有数字水印算法已经成为数字水印技术中一个经典算法。1997年，Fleet等将数字水印信号投影到一组正弦曲线集上，在频域空间则表现为一些峰值点，通过利用这些峰值点使数字水印同步以抵抗几何攻击。同样针对抗几何攻击的最具有代表性的是由Ruanaidh和Pun于1998年提出的基于FMT变换的数字水印。

1999年，在英国剑桥牛顿研究所召开了第一届国际数字水印学术研讨会，标志着信息隐藏学的诞生，而作为信息隐藏学主要分支之一的数字水印成为主要研究内容，全部33篇文章中有18篇是关于数字水印的研究。无论学术界还是工业界对数字水印技术的研究关注日益增多，有关数字水印和信息隐藏的会议增加很多，工业界则大幅度提高了对数字水印研究的资助力度。

数字水印技术是一门学科交叉的新兴应用技术。它与信息安全、信息隐藏和数据加密等均有密切的关系，来自通信、模式识别和信息安全等领域的研究人员各自从不同的研究角度进行了很多探索。国外已有一些著名的大学和研究机构，如美国的MIT大学、Purdue大学、IBM研究所，英国的剑桥大学、德国的Erlangen Nuremberg大学，NEC研究所等，投入相当多的人力和财力，致力于该项技术的研究，并取得一定的成果。

国外一些商业数字水印软件也应运而生，如著名Digimarc公司将数字水印集成到Adobe公司的Photoshop 4.0以上版本和其他应用中，Macrovision、Philips、Sony公司等联合成立视频数字水印研究组(Video Watermarking Group)，IBM、Toshiba公司等也进行了大量的研究和开发。随着技术交流的加快和数字水印技术的迅速发展，国内一些研究单位也已逐步从技术跟踪转向深入的系统研究。如北京邮电大学信息安全中心、中国科学院自动化研究所、大连理工大学、中科院信息安全国家重点实验室、清华大学、浙江大学、哈尔滨工业大学、中山大学、上海交通大学、上海大学、天津大学、南京理工大学等。

国内的企业在数字水印的研发方面也取得了一定的成果，在数字证件、数字印章、文本数字水印、多媒体和网络安全等多方面进行研究开发。可以看到，越来越多的应用领域对数字水印提出了实际要求。在这个充满生机的领域中，有着飞速的进展，但也有很多问题没有解决，这促使数字水印的研究应该更加深入，更加实用。

数字水印的提出是为了保护版权，但人们发现数字水印还具有一些其他的重要应用，如数字文件真伪鉴别(Document Authentication)、网络的秘密通信(Secrete and Invisible Communication)和隐含标注(Hidden Annotation)等。目前，数字水印技术的应用大体上分为版权保护、数字指纹、认证和完整性校验、内容标识和隐藏标识、使用控制、内容保护、安全不可见通信等几个方面。

版权保护:网络上分发多媒体内容以及大规模的广播服务或者三网合一时,数字产品的创造者和提供者可以应用数字水印保护产品;数字图像、视频摄录机、数字照相机和 DVD 的制造者可在图像生成之时加入水印。

隐藏标识:在医学、制图、多媒体索引和基于内容的检索等领域得到应用,嵌入的数字水印信息成为索引或注释。

访问控制:在特定的应用系统中,多媒体内容需要特殊的硬件来复制和观看使用,插入数字水印来标识允许的复制控制,允许复制的次数和记录复制的分发,以防止大规模的盗版。

内容保护:对数字水印技术的要求随着应用的不同而不同,针对不同的应用,采用的技术也不一样。一个数字水印方案很难满足所有应用的所有要求,因此,数字水印算法往往是针对某类应用而设计的。

5.2 数字水印版权保护系统

5.2.1 数字作品保护系统 IMPRIMATUR

数字水印技术为数字产品的知识产权保护提供了新的技术工具,但在实际应用中,需要结合应用需求和多媒体产品的流通过程,构建一个系统工程以达到版权保护的目的。在互联网的开放环境中,数字作品的原创者、版权归属者、多媒体产品的提供商、数字产品登记中心、版权管理认证中心、数字产品的购买者和数字产品网上传播、网上有利益关系的各方等构成数字产品的流通生态链,结合数字水印的嵌入和检测技术的实施方案,在这些利益方发生数字产品交易时还需遵守一套认可的体系和协议,才能构成一个完整的数字产品的保护系统。

在数字产品的版权保护系统中,需要解决一些典型的问题:数字水印的算法从何而来?数字水印的安全性和可靠性如何?数字水印的加载和检测是由所有者执行还是媒体发行商执行,一个数字作品的数字水印应该在发行和流通环节中包含什么信息?媒体销售和流通中需要何种版权认证公正的第三方机构?这些问题涉及法律、版权机构、协议、数字水印算法和运行机制等。

欧洲委员会 DGIII 中计划制定的网络数字产品的知识产权保护认证和保护体系标准是一个比较有影响的数字水印体系,简记为 IMPRIMATUR。IMPRIMATUR 是欧盟委员会资助的研究项目,主要研究电子商务中的知识产权保护方案,其目标是使欧盟成员国在数字作品电子交易方面达成协议。IMPRIMATUR 提出了所谓"版权敏感作品"网上交易的商业模型,同时开发了一个电子版权管理系统(ECMS)。

对于数字作品电子交易系统来说,基本的角色包括作品提供者、媒体发行人、作品购买者和知识产权持有者。数字作品的创作者将作品交给作品提供者进行包装和出版,作品提供者成为知识产权的持有者;媒体发行者从作品提供者那里购买数字作品,存储于服务器中,通过 WWW 服务器进行广告宣传;购买者使用电子支付系统在线购买数字作品;版权持有者通过媒体发行者的服务器监控其作品的销售情况,并取得版税收入。

在实际应用中,数字作品电子交易系统可能面临着各种攻击和欺骗,所以对电子版权管理系统的第一要求是可靠,此外还要提供与数字作品创作者之间的交互认证界面。除了版权敏感信息之外,电子版权管理系统还要安全地传输其他重要数据。例如,为了计算版税,创作者需要得到反映数字作品销售情况的统计数字。为了保护消费者的利益,带有版权信息的媒体数据在网络上传输时也需要安全保护。

为了满足传输安全的需要,IMPRIMATUR 采用了标准的 SSL 安全协议,它既满足了客户端应用程序的开放性要求,又实现了基于公钥体制的客户 /服务器认证和传输数据加密。目前,大多数网络浏览器都支持 SSL 协议和公钥体制,因此在应用中不会给用户带来麻烦。

为了明确数字作品交易系统中的各种权益关系,电子版权管理系统提供了一个类似于 ISBN 体制的注册码发行机构。IMPRIMATUR 共有三种唯一的标识信息,分别是著作者标识、版权所有者标识和发行者标识。

在此体系标准中,作品原创者授权给 RH 版权所有者。CP(Creation Provider)和 MD 是网络多媒体产品的提供商,他们需从版权所有者那里得到发行才能提供服务,并成为合法的数字产品提供商。

UNI (Unique Number Issues)产品序列号分发机构。主要负责为数字产品产生唯一表示的序列号。版权管理机构主要通过国际标准序列号来管理 IPR,数字产品的版权保护也需要一个产品序号标准来标识其唯一性。

CA(Certification Authority)认证中心。它是数字水印的检验机构,同时负责提供数字水印算法和分发数字水印密钥。它是经过官方授权的机构,主要控制数字水印的加载和鉴定。CA 和网络多媒体产品提供商之间需遵守数字水印协议。

IPR 信息数据库。一个法律授权的权威机构,负责登记产品的版权信息、版权所有者的信息、经过版权所有者许可的网络多媒体产品提供商的信息。版权所有者必须在此库中登记。提供以上所有参与者的信息、注册信息和期限等。

MSP(Monitoring Service Provider)监视数字产品的非法复制工作,由法定部门进行。作品原创者从版权所有者处获得版税,版权所有者向网络多媒体提供商和中间商提供发行许可。其中的可信任第三方有产品序列号分发机构、认证中心、信息数据库。

IMPRIMATUR 的数字水印系统(图 5.5)可以提供对复制品的探测追踪。在数字作品转让之前,作品创作者可以嵌入自己的创作标志数字水印;作品转让后,媒体发行者对存储在服务器中的作品进行数字水印处理,加入发行者标记;在出售作品的一个复制时,媒体发行者在其中还要加入销售标记。为了包容各种数字媒体,IMPRIMATUR 开发了一系列数字水印模型,包括数字图像、音频、视频等。即使这样,也很难适应多媒体技术的快速发展,因此 IMPRIMATUR 还提供了对第三方数字水印插件的支持。

5.2.2　基于数字水印的数字作品版权保护系统

以上版权保护系统中的机构设置过多,国内实行此方案易造成管理臃肿,因此提出一个基于数字水印的数字产品版权保护方案。

网络上数字作品的销售过程虽然比一般产品的销售过程简单,在此仅将与版权利益相关的过程简化为以下的模型,如图 5.6 所示。数字作品的原创作者通过销售商经过网络向用户进行销售。在网络传送过程中,盗版者可以通过现代网络技术和图像处理技术复制原作品,或

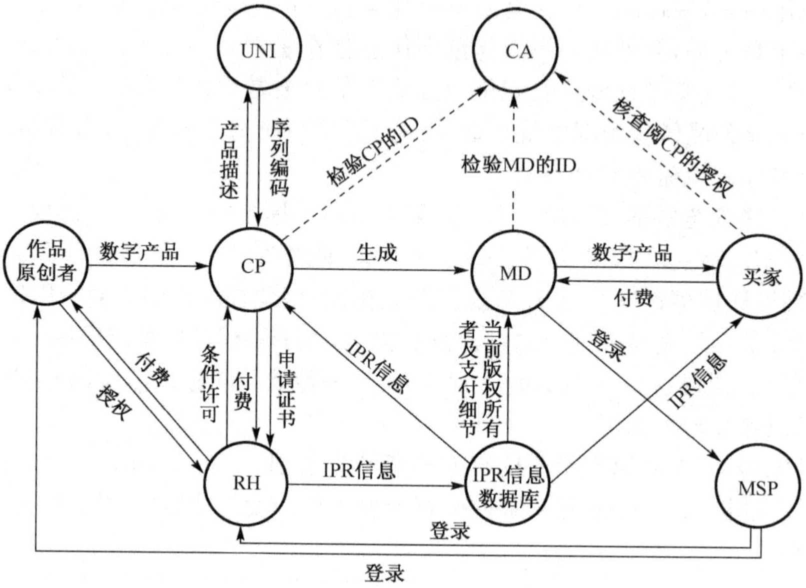

图 5.5　IMPRIMATUR 数字水印系统

者进行篡改后发送给顾客，不能保障购买者得到真实的原创作品，也难以保障创作者和销售商得到经济收益，原创者和销售商之间的利益如何分配无法得到监督。针对数字作品的创作和销售模型，考虑到从原创者、销售商到购买者之间的权益关系，以及防止盗版的各种途径，本节提出基于数字水印的数字作品保护模型，如图 5.6 所示。

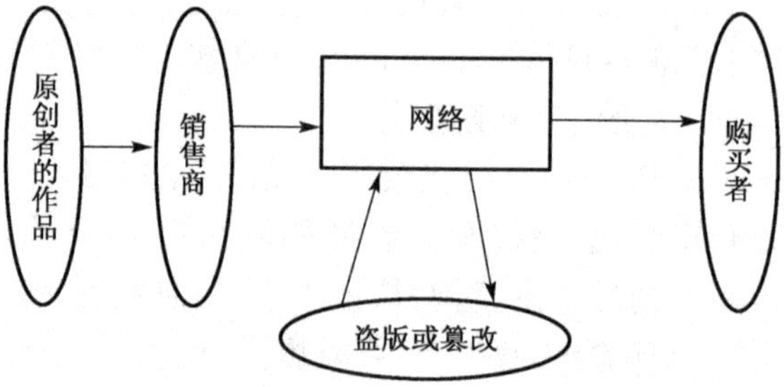

图 5.6　数字产品的销售模型

基于数字水印的数字作品版权保护系统的工作程序描述如下。

如图 5.7 所示，设 A 为数字作品的创作者，WR 为版权登记认证中心，A 创作出数字作品后，授权给版权所有者 B，然后由版权所有者 B 向版权认证中心 WR 进行作品登记，并在 WR 中 B 选择私钥 Key1 向期望保护的数字作品 AW 嵌入含有 B 标志（PIN1）的第一个数字水印 Watermarking1，再将加过数字水印的数字作品 AW1 传一份备份到 WR 的数据库中，Key1 由 B 的口令产生，具有唯一性。

当 B 决定将其数字作品授权给数字媒体销售商 MD，让 MD 销售其作品的复制品时，B 需要将 MD 的标志（如 PIN2）结合私钥 Key1 对数字作品嵌入第二个数字水印 Watermarking2，以表示对 MD 的授权和认可。MD 得到加有两个数字水印标志的数字作品，并也可以用 B 的公钥 Key2 验证 B 确实在其作品的复制中加入了 MD 的标志，即 Watermarking 2。MD 作为

B的作品销售商,可以应用检测数字水印的软件,验证第二个数字水印的内容和第一个数字水印的内容,但MD并不感兴趣破坏数字水印的内容,因为这将破坏他的利益。

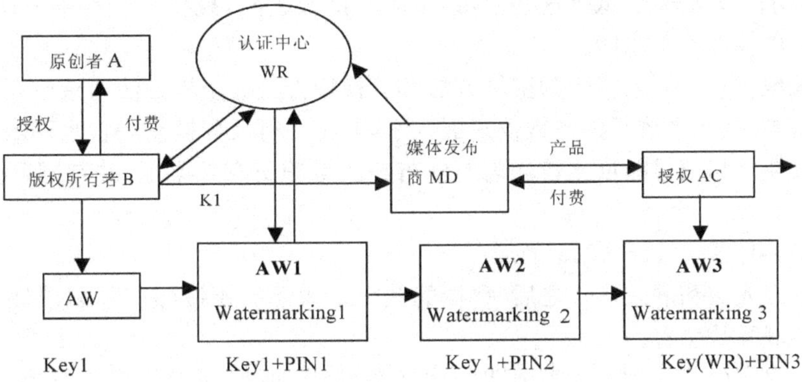

图5.7 基于数字水印的数字作品版权保护系统

授权的MD将作品售给授权用户AC,为证明AC是经过授权的正版用户,MD用WR的私钥Key(WR)和AC的标志(PIN3)对作品嵌入第三个数字水印Watermarking3,并将此信息通知WR,WR发给MD一个证书,给B增加一份收益。在此过程中WR充当认证中心的作用。数字水印算法的分发可由版权认证登记中心提供认定的安全算法,授权用户可以下载。

由此模型可以看出,其中涉及的数字水印处理系统有三个,前两个系统为私钥加密、公钥解密,是非对称的数字水印处理系统;最后一个系统是对称数字水印处理系统,只有WR才可以验证其内容。在此系统中,负责产品序列号分发的机构以及IPR信息数据库可以和认证中心合并为一体。监视数字产品的非法复制工作由法定部门进行,如我国的版权局或知识产权局等。

随着电子商务的加速发展和网络用户的直线增长,媒体的保护要求将更加迫切。电子书、数字图书馆等的保护都是紧要解决的问题,数字水印技术提供了一个有效的数字产品保护手段,将数字水印技术的特点结合网络上的销售方式以及利益方的相互关系建立起数字产品保护系统,充分保护原创者和授权销售商的正当权益,并能对购买者进行版权追踪和监督,系统的实现取决于可靠的数字水印技术和值得信任的版权登记认证中心。除了技术因素外,监管、法律、标准等在整个版权保护系统中起着重要的保障作用。

5.3 鲁棒数字图像数字水印

数字水印主要应用于多媒体信息的版权保护,鲁棒数字水印的目的是在多媒体作品中嵌入数据的来源信息以及版权所有者等信息,不影响多媒体信息的应用和可视感觉,以防止他人宣称这个作品的拥有权。这样就可以用来公正地解决版权问题,这种应用要求数字水印算法在遭受一定程度的失真或攻击后仍能有效地提取出所嵌入的数字水印,这就是鲁棒性数字水印。

5.3.1 鲁棒数字水印特点

数字图像通过互联网进行传输时经常受到一些无意或有意的攻击:如噪声、JPEG有损压缩、JPEG2000有损压缩、变比例缩放、滤波、旋转等几何形变等。在数字图像打印为纸质模拟照片后又经过扫描变为数字图像的过程中，A/D和D/A转换是必不可少的过程，因而设计此类鲁棒性数字水印方法需要抵抗这些攻击，水印不能被去除，授权者仍能提取出水印，这样的数字水印称为鲁棒性数字水印。

鲁棒图像数字水印嵌入域分为空域方法和变换域方法。空域方法直接改变某些像素的灰度来嵌入水印，变换域修改某些系数值来嵌入水印，再进行反变换获得含水印的图像。变换域嵌入方法可以使水印信号能量比较均匀地分布到空域的所有像素上，并与国际数据压缩标准兼容。

嵌入形式参见式(5-4)～式(5-6)。

在确定了嵌入域和嵌入形式之后，鲁棒的数字水印还需要按照实际需求优选可以修改的像素或者变换域系数位置。

为了保证水印的不可见性，在早期的水印算法中，原始图像像素最低有效位的比特面(LSB)被用来嵌入水印。Schynde等使用特定的密钥通过 m 序列发生器来产生随机序列数字水印信号，并把它嵌入到随机选择的每行像素的最低几位上，通过置乱提高鲁棒性。Wolfgang等把 m 序列扩展成一维数字水印信号，并在检测数字水印的过程中使用了互相关函数，以提高检测成功率。在DCT域，与LSB方法等效的做法是把水印嵌入到DCT高频系数中。这些LSB方法可以隐藏大量的数据，但由于图像的LSB对常见的信号处理和噪声比较敏感，而且不抵抗压缩，这些算法所产生的水印鲁棒性较差，因此无法满足版权保护水印的要求。

5.3.2 DCT域嵌入水印

由于基于离散余弦变换(DCT)方法计算量较小，且与国际数据压缩标准如JPEG、MPEG、H261/263等标准兼容，便于在压缩域中实现，所以在DCT域嵌入水印得到了广泛应用，在DCT域中将不同位置的DCT系数作为水印载体将会对水印的鲁棒性造成不同的影响。

用于嵌入水印的DCT系数需要满足如下条件。

(1)嵌入水印后不会引起原始图像视觉质量的明显改变。

(2)历经常见信号处理和噪声干扰后，数字水印仍能很好地保留。

(3)具有一定的嵌入容量。

数字水印是一个按照高斯分布的实数序列 $W=\{w_i\}_{i=1}^{n}$，在值域 $\{-1,1\}$、$\{0,1\}$ 或 $[0,1]$ 上服从均匀分布或高斯分布。

Tirkel等最初把扩频技术应用于数字水印，为提高鲁棒性，Cox等在1997年提出了基于扩展频谱的数字水印算法，指出数字水印应该嵌入到图像视觉最重要的部分，如频域的低频系数，以提高其鲁棒性。原因是载体图像的低频部分携带较多的能量，在图像有一定失真的情况下，这部分仍能保留下来，因此具有鲁棒性。Cox的方法已经成为典型模式，该方案首先对图像作全局DCT变换，然后将服从高斯分布的随机实数序列数字水印叠加到幅度最大的DCT交流系数上，也即视觉感知上最重要的部分，这种方法利用扩频通信的原理可以对数字水印的不可见性和鲁棒性进行平衡。

Cox方法主要过程如下，

数字水印嵌入到数字图像经离散余弦变换得到 n 个对感觉最有意义的频率部分 $V=\{v_i\}_{i=1}^{n}$，对应于DCT域中的低频系数，即取DCT域系数幅度绝对值最大的 n 个交流系数

(AC) $V_1, V_2, \cdots, V_n$ 为可嵌入水印的位置，使用方程 $\tilde{v}_i = v_i(1+\alpha w_i)$ 进行水印嵌入，式中，参数 α 为水印嵌入的强度。经 DCT 反变换后得到含水印的图像 $\tilde{I}$。

对数字水印的提取：原始图像为 I，数字水印嵌入图像为 $\tilde{I}$，在 $\tilde{I}$ 中进行 DCT 变换后按照相同的系数位置索引顺序提取 DCT 系数，并使用嵌入方程的逆过程来得到一个可能经过修改的数字水印 W'。仅当 $W \cdot W' / \sqrt{W \cdot W'}$ 大于一个给定的阈值时，认为 $\tilde{I}$ 中存在数字水印。

作者声明在破坏原始数字水印之前，$O(\sqrt{n/\ln n})$ 个数字水印应该被嵌入。这个方法对 JPEG 压缩、抖动、裁剪以及图像平均等具有鲁棒性。但检测数字水印的存在性时需要原始图像。

Cox 的数字水印算法，具有隐蔽性好和鲁棒性强的特点，易于兼容 JPEG、MPEG 等压缩标准。之后发展的数字水印方法除了在 DCT 域上得到了多方面的改进外，还衍生出小波变换域等其他变换域上的一系列扩频类算法。

基于分块 DCT 水印技术出现于 Koch，Zhao 的文献。针对静止图像和视频压缩标准(JPEG 和 MPEG)，他们的水印方案中，图像被分成 8×8 的块进行 DCT 变换，由密钥随机选择图像的分块子集，对子集的每一个块，选择嵌入位置在频域中频上进行系数改变，以隐藏二进制序列信息。选择在中频分量编码是因为在高频编码易于被各种信号处理方法破坏。由于不知道水印嵌入的区域，所以很难测出水印，该水印算法适用于有损压缩和对低通滤波鲁棒。

随后，Podilchuk 等提出基于 Watson 模型的图像自适应数字水印方法。该方法利用视觉的三个掩蔽效应：频率掩蔽、亮度掩蔽和对比度掩蔽，计算图像每个 8×8 子块 DCT 系数的视觉临界值(Just Noticeable Difference，JND)，对数字水印的嵌入调制进行自适应的控制。数字水印嵌入方法为

$$I'_{\mathrm{dct}} = \begin{cases} I_{\mathrm{dct}} + \mathrm{JND} \times w, & I_{\mathrm{dct}} > \mathrm{JND} \\ I_{\mathrm{dct}}, & I_{\mathrm{dct}} \leqslant \mathrm{JND} \end{cases} \tag{5-7}$$

式中，I_{dct} 是图像子块的 DCT 变换系数；I'_{dct} 是嵌入数字水印后的 DCT 系数；w 是嵌入的数字水印序列；JND 是基于 Watson 模型计算出的视觉掩蔽值。数字水印的检测基于检测图像和原始图像的差值与数字水印序列的相关性。该算法对 JPEG 压缩、剪切、缩放和加噪等攻击都具有良好的鲁棒性。

除了将水印放在 DCT 域中的低频系数、中频系数上之外，DC(直流)分量开始被明确地排除在外，主要是避免加水印的图像出现块效应现象。在 DCT 域的数字水印算法中，大部分都是选择中频系数作为水印嵌入的位置，但有文献提出 DC 分量比 AC 分量更适合嵌入水印信号，原因是 DC 系数的值通常比最大的 AC 系数值还要大几十倍，甚至上百倍。与 AC 系数相比，尽管 DC 系数可以被改变的比例不如 AC 系数大，但可改变的绝对值却比 AC 系数大得多。从鲁棒性的角度看，DC 分量更适合嵌入数字水印，因此可以把视觉系统纹理掩蔽特性结合到数字水印编码过程，研发自适应的数字水印算法。

在图像中嵌入水印可视为在强背景下叠加一个弱信号。根据 Weber 定律和视觉系统的照度掩蔽(Iuminance Masking)特性，背景亮度越亮(DC 系数值越大)，嵌入信号的可见性检测门限就越高，即 DC 系数(代表图像块的平均亮度)的感觉容量越大。另外根据信号处理理论，嵌入水印的图像最有可能遭遇到的信号处理过程，如数据压缩、低通滤波、次抽样、插值、D/A 和 A/D 转换等，此时 DC 分量的保护比 AC 分量要好。

图像分块 DCT 水印思想可以扩展到视频水印。Hartung 等提出基于 DCT 域的视频数字水印算法，直接使用扩展频谱的方法在视频中嵌入加性数字水印。数字水印信号使用一个和视频帧相同尺寸的伪随机噪声信号与数字水印信息比特调制而成，对每一个压缩后的 I 帧、P 帧和 B 帧嵌入数字水印，对数字水印信息进行 8×8 的 DCT 变换，然后把数字水印信号的 DCT 系数叠加到视频帧的 DCT 系数上，恒定位率的实现通过比较每一嵌入数字水印后的 DCT 系数与数字水印嵌入前的 DCT 系数编码后所需的比特数，视频序列嵌入数字水印之后和之前的运动补偿误差可以通过添加一个"漂移"补偿信号来纠正。

5.3.3 DFT 域数字水印

DCT 域中嵌入数字水印对抵抗一般的图像操作，如滤波、剪切、加噪等都有很好的鲁棒性，但难以抵抗旋转、平移、缩放等几何变换。DFT 的性质可以成为解决此种问题的一条途径，DFT 方法可以把信号分解为相位信息和幅值信息，具有更丰富的细节信息，所嵌入的水印能抵抗图像的 RST(旋转、比例缩放、平移)操作等几何变换攻击以及 A/D 变换等。

几何变换攻击通过对含水印图像作各种全局或局部仿射、投影变换等进行攻击，包括平移、旋转、缩放、纵横比改变、水平翻转、镜像、投影失真和删除行列等。其中旋转(Rotation)、缩放(Scale)和平移(Translation)通常简称为 RST，也称为仿射变换。在几何攻击下，虽然水印仍然存在于攻击的数字作品中，甚至幅度都没有变化，但是水印信号已经错位，不能维持正常水印提取过程所需要的同步性。目前，被数字水印的几何攻击主要指去同步攻击，它破坏了载体数据和数字水印的同步性，被攻击的载体数据的数字水印只能够依然存在，但是数字水印信号已经发生错位，不能提供数字水印提取时所需要的同步信息。下面介绍一下抗几何攻击的鲁棒性数字水印的研究。

嵌入方法可以是在 DFT 系数的幅值信息或者相位信息中，可以采用整体 DFT 水印算法或者分块 DFT 水印算法，但 DFT 得到的系数是复数，在嵌入水印时要考虑系数的对称性，以确保进行反变换时得到实数值。

RST 不变水印法在作品中寻找或建立相对于旋转、缩放和平移固定的特征矢量，并将有效水印信息嵌入其中。由于 Fourier-Mellin 变换(FMT)具有 RST 不变性，数字图像的 Zernike 矩具有旋转不变性，Radon 变换具有缩放和旋转不变性，所以这些技术常用于设计或寻找尺度不变的特征矢量。

Ruanaidh 等提出一种 DFT 域数字水印算法是将数字水印嵌入到 DFT 系数的相位信息中，选定 $M\times N$ 个相位系数 $\{F(i,j)\mid 1\leqslant i\leqslant N_1, 1\leqslant j\leqslant N_2\}$，对每个系数的相位信息进行如下修改以嵌入数字水印：

$$\angle F(i,j)' = \angle F(i,j) + w \tag{5-8}$$

为了保证数字水印的不可见性，只能对相对能量超过给定阈值的相位信息进行修改，数字水印检测通过比较检测图像和原始图像的相位信息实现。

专门用来检测载体作品所经历的几何变换的同步模板法，其思想是在嵌入有效水印信息的同时，嵌入一个专门用于同步的同步模板信号，目前大多数基于同步模板的水印算法都是 DFT 域的，不同的算法体现在组成模板的点数、强度和嵌入位置的不同。

Pereira 等提出了基于对数-极坐标映射和对数-对数映射来抗几何失真的水印算法。该算法在图像离散傅里叶变换的 25 个系数中嵌入同步模板；检测时通过对待检测图像进行离散傅里叶变换，并对其幅度值进行对数极坐标映射，从而将新坐标系下的旋转和缩放都转化为平移，进而可以利用穷举搜索的方法匹配失真图像中25个模板系数的坐标与原始图像中模板系数的坐标。该算法只能对抗单一的旋转攻击或缩放攻击，实时性不高。还可以将频域模板嵌入到图像DFT频谱的中频圆环上，通过放大圆环上被选择的系数幅度，形成一些局部峰值，通过相关最大值运算进行模板匹配，通过几何逆变换还原原始图像。

2003年Kang等在Pereira等的算法基础上，提出了基于DFT-DWT (Discrete Wavelet Transform)的复合域水印算法，该算法将多个水印信息嵌在不同的变换域，以避免相互干扰。此外还利用水印结构设计和2-D交错等方法来进一步增强算法在抗旋转、缩放、剪切和错切(X-shearing、Y-shearing和XY-shearing)等几何失真方面的效果，但检测时要知道原始图像的大小。

在基于同步模板的算法中，有些算法所嵌入的水印既作为同步模板，又作为有效载荷，检测时通过预测并计算水印的自相关函数来计算图像遭受的仿射变换参数。这些方法对旋转、缩放、平移和纵横比变换有较好的鲁棒性，但不能很好地抵抗剪切和镜像等攻击。

Kutter等将同一个数字水印在图像的四个不同位置分别嵌入，根据ACF峰值位置的改变预测数字水印遭受的几何变换，并在检测数字水印前纠正，这种方法是第一个能够抵抗纵横比改变攻击的数字水印算法。

有文献构造了一个环带状对称数字水印，数字水印信息为{1,−1}，将其嵌入到DFT的中频带中，根据向量$\boldsymbol{S}$来控制抵抗旋转的角度，该算法还可以抵抗压缩，剪裁等。

DFT方法在水印算法中的计算相对复杂，并与国际压缩标准JPEG和JPEG2000不兼容，限制了它的应用。

5.3.4 DWT域数字水印

小波变换(DWT)与人眼的某些视觉特性相一致，具有多尺度的特点，小波变换将原始图像分解为一系列的细节信号部分和低频的参考信号部分，可以由粗及细地逐步观察信号；人类视觉系统对图像低频分量的改变非常敏感，但对图像的纹理等高频部分改变的敏感性要小得多，因而可以利用这些特点对图像进行数字水印信息的嵌入。

离散小波变换不仅可以较好地匹配HVS的特性，而且与JPEG2000、MPEG4压缩标准兼容，DWT由于将水印分散到载体图像的多个尺度中，利用小波变换产生的水印具有良好的视觉效果和抵抗多种攻击的能力，使水印有更强的鲁棒性。

图像进行小波变换后成为低频和高频两部分，低频表示图像的概貌，高频表示图像的细节，分为图像水平分量的HL、垂直分量的LH和图像对角方向分量的HH三部分区域。对低频区域再进行小波变换，低频区域将按照上述原则递归生成更高一级的低频和高频区域。

有文献研究了水印算法中小波基的选择和正交小波基的性质与鲁棒性的关系，研究结果表明正交小波基的正则性、消失矩阶数、支撑长度以及小波图像能量在低频带的集中程度对水印鲁棒性的影响极小。

由于图像能量主要集中于低频范围，低频范围信息量大，所以在低频范围嵌水印会对原图像的影响较大，很容易视觉感知出来。多数的压缩方法都是将高频信号去除掉，因此需要找到一个能量很高，而且又不容易被人眼感觉的频带作为嵌入频带。

有文献提出了两种小波域的数字水印算法。它根据零树(Zerotree)算法将小波系数分为重要和非重要两类。第一种算法将数字水印嵌入到非重要的系数中，通过在小波子带中修改系数的幅度来表示。第二种算法是将数字水印嵌入到重要的系数中，但需要保存这些系数的位置、子带和分类阈值。实验结果显示该算法能很好地保持图像的质量并能抵抗 JPEG 压缩。还有文献提出了一种基于双正交 9/7 小波分解的静态图像数字水印算法，该算法在进行数字水印信息的检测时不需要利用原始图像。实验表明对常用的图像处理方法显示了较强的稳健性。由于对图像的低频部分和强边缘的保护，保证了图像的质量。

Kundur 等融合小波的多分辨特性和人类视觉特性，提出基于 DWT 的数字水印技术，对图像进行多维小波分解，对数字水印仅作一次小波分解，然后在图像 DWT 分解后的高频系数中根据视觉特性嵌入数字水印。

5.4 脆弱数字图像数字水印

脆弱性数字水印的目的是用于内容完整性、真实性的认证。数字水印的真实性和完整性保护要求保证数字媒体信息在一定视觉（或听觉）质量的前提下，将与媒体内容相关或不相关的标志信息作为数字水印直接嵌入到媒体内容中，数字水印本身对内容篡改具有敏感性和脆弱性，当媒体需要认证时，可提取数字水印判断水印和保护的媒体是否真实完整，从而判断其真实性。

脆弱性数字水印又分为完全脆弱性数字水印和半脆弱性数字水印。

(1)脆弱性数字水印(Fragiel Watermark)。其目的是利用数字水印检测出任何对图像像素值改变的操作或图像完整性的破坏操作。脆弱性数字水印无论对恶意篡改还是对正常图像处理都非常敏感。

(2)半脆弱性数字水印(Semi-fragile watermark)。图像或视频、音频的有损 JPEG 压缩等图像处理是不可避免的，有损 JPEG 压缩视觉感知上不会造成任何改变，但会改变图像中的许多比特。半脆弱性数字水印在容忍一定程度的常见信号处理操作的同时，可以提示恶意篡改，篡改发生时，半脆弱数字水印认证系统提供篡改位置。

5.4.1 脆弱数字水印特点

(1)脆弱和半脆弱数字水印目的是检测图像上的任何非法改动，要求较高的图像变化敏感度。

(2)脆弱和半脆弱数字水印要求它本身对图像原始信息的影响要尽量小，最好不改变图像的原有内容。

(3)半脆弱水印需要抵御常见的图像处理攻击。

(4)脆弱和半脆弱数字水印检测时不需要原始图像。

5.4.2 脆弱数字水印算法

Walton 提出的 Checksum 算法将所有像素中的高 7 位的校验和作为数字水印信息。求校验和的算法实质上是一种特殊的 Hash 函数，在该算法中，每个字由 8 部分构成，每个部分又是由像素值的高 7 位组成。根据校验和，在图像中随机选取固定数目的像素，将每个像素值的最低位(LSB)用校验和对应的一比特替换完成数字水印嵌入。验证时，只需检测图像的校验和与提取的数字水印信息是否一致即可。嵌入数字水印的像素在嵌入后平均只有半数像素发生改变，所以该算法能较好地保持图像的透明性。但校验和无法检测像素之间的交换，篡改者可以通过替换图像LBS平面来移除数字水印信息。

Wong则是采用二值图像作为数字水印信息，并将原始图像与二值图像分成同等尺寸的对应图像块，对原图每个图像块的LSB平面置零并经Hash函数置乱后，与数字水印信息进行异或操作，然后结合私钥进行加密得到数字水印信号，将原图像块的LSB用数字水印信号置换后得到含数字水印图像，通过比较数字水印图像完成认证。此算法安全性好，且能够标识篡改位置，但虚警率较高。

Fridrich等提出了一种脆弱的自嵌入数字水印方法。Fridrich等先对原始图像的每个8×8图像块进行DCT变换，利用JPGE量化矩阵对DCT低频系数分别进行量化，再对这些系数采用Zig-Zag扫描并进行编码后，嵌入到图像的相应块的LSB平面上。当认证失败时，还可以根据提取的数字水印信息近似的复原图像。经算法重构的图像可视性强，但数字水印极其脆弱，图像LSB平面上像素值发生任何微小的变化，都会使认证失败。

Yang等则通过改进空域像素之间的相关性来提高检测效果。首先根据图像大小结合密钥生成同等大小的二值数字水印信息，用数字水印信息的前127×8比特值来生成值域在[0，255]的127个整数，并用这些整数表示图像左上角水平方向的前127个像素值，最后采用Zig-Zag扫描图像并结合像素灰度值序列嵌入数字水印。此法对拼贴攻击和查找表LUT(Look-Up-Table)破译的攻击方法有稳健的检测效果。

Fridrich先将图像分成8×16的图像块，对每个图像块计算128个像素中的7个MBS的Hash值，用相应的值作为数字水印信息的二值标识块进行异或操作，加密后嵌入同一图像块的LSB平面上。其中，数字水印标识也被分成8×16的块，并携带原始图像信息、数字相机DI、著者DI、随机码等信息，每个标识块前52比特的像素值与下一个52比特的像素值相同，用后者构造认证信息，通过比较前52比特值与后52比特值是否一致完成认证，同时可通过阅读认证信息来了解篡改情况。该算法几乎对所有的篡改攻击都有极好的检测效果。

Marvel等首先将原图分成N个8×8的DCT块，利用伪随机发生器选取H个DCT块，并对剩余的DCT块结合密钥构造H比特的信息认证码(MAC)，再将认证码通过Stego-JPEG方案嵌入到选定的DCT图像块中。具体过程如下：先对每个选取的DTC图像块中的像素进行扫描形成一维序列，并结合量化阵对独立的DCT块中的各个像素进行运算并求和，再对求和结果进行奇偶性量化来选取合适的嵌入点并进行嵌入。认证仅需提取量化后的DCT块系数和的奇偶性即可完成认证。此种算法对基于DCT的压缩较为稳健。

Kundur提出了一种量化的脆弱数字水印算法，先对图像进行L级分解，利用密钥挑选需嵌入数字水印的小波系数，将这些小波系数用预定的量化步长进行奇偶性量化后，与数字水印信息比较，若不等，利用量化步长调整小波系数。提取时首先将待测图像L级分解后，对相应位置的小波系数量化，判断量化系数的奇偶性，嵌入相应值，然后将提取结果与原始数字水印比较得到检测结果。该方案可以检测不同分辨率下的数字水印篡改图以及能够实现对篡改的定位，并可通过调节门限来降低虚警率。

下面介绍两种经典的脆弱水印算法。

1. Wong 脆弱数字水印算法

Wong 提出的基于 RSA 公钥的分块认证的脆弱数字水印算法(简称 Wong 算法)能够检测到对图像的剪切、缩放、压缩、像素值修改等篡改操作并能对篡改定位,算法利用了公钥加密和 Hash 函数,有较好的安全性嵌入过程如图 5.8 所示。水印检测过程如图 5.8 所示。

1)数字水印嵌入过程

以大小为 $M\times N$ 像素的灰度图像 X 为例。要把同样大小的二值数字水印图像 W 嵌入到载体图像 X 中得到含数字水印图像 Y,为此按照 $I\times J$ 像素大小对载体图像和数字水印图像进行分块,逐块进行数字水印的嵌入。

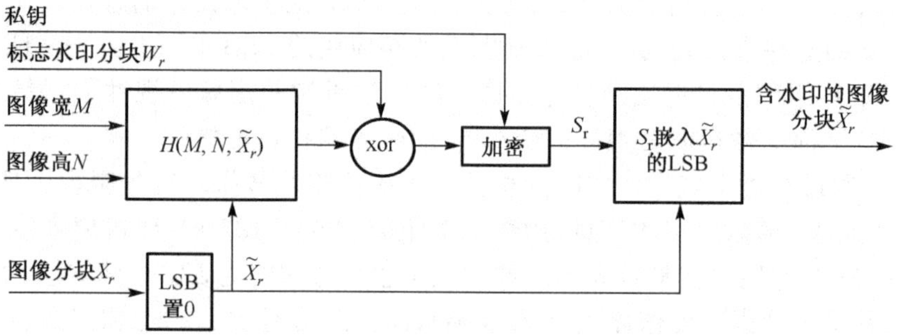

图 5.8　Wong 算法数字水印嵌入流程图

步骤 1:假定 X_r 表示载体图像中第 r 块子图,将 X_r 的 LSB(最低有效位)平面值置为 0,得到 $\tilde{X}_r$。

步骤 2:设 $H(\cdot)$ 是一种散列加密函数,用式(5-9)计算散列值

$$H(M,N,\tilde{X}_r)=(p_1^r,p_2^r,\cdots,p_s^r) \tag{5-9}$$

式中,p_i^r 对是散列函数的输出比特值;S 是输出比特位的大小,其值取决于所使用的特定散列函数,例如,对 SHA-1 算法而言,$S=128$。如果,$s<I\times J$ 则重复散列值使输出比特矩阵 $\boldsymbol{d}$ 大小为 $I\times J$:如果 $s\geqslant I\times J$ 则取前 $I\times J$ 位构成散列值输出矩阵 $\boldsymbol{d}$。

步骤 3:对 $\boldsymbol{d}$ 和对应的 W 中的字块 W_r 通过逐位异或得到新的矩阵 $\boldsymbol{C}_r$

$$\boldsymbol{C}_r=W_r\oplus d_{m,n} \tag{5-10}$$

步骤 4:使用公钥对 $\boldsymbol{C}_r$ 进行加密运算,$S_r=E_k(\boldsymbol{C}_r)$,其中 $E(\cdot)$ 表示公钥加密系统;k 表示私钥。

步骤 5:把得到的二进制值 S_r 嵌入到 $\tilde{X}_r$ 的 LSB 位得到含有数字水印图像的 Y 的第 $\boldsymbol{r}$ 个字块 Y_r。

步骤 6:重复以上步骤直到所有数字水印图像块都嵌入到载体图像中。

2)数字水印检测过程

步骤 1:把待测图像的每个子块 Z_r 分成两部分:第一部分 G_r 是 Z_r 子块的 LSB 值,第二部分是 $\tilde{Z}_r$ 是把 Z_r 子块的 LSB 置零的值。

步骤 2:利用公钥加密系统公钥 k' 对 G_r 解密得到 U_r

$$U_r=E_{k'}(G_r) \tag{5-11}$$

步骤 3：计算 M，N 和 $\widetilde{Z}_r$ 的散列值 Q_r。

步骤 4：利用嵌入数字水印的第三步操作提取出数字水印：$B'_r = Q_r \oplus U_r$。

步骤 5：重复以上步骤直到恢复出所有数字水印信息，得到提取出的二值数字水印图像 B。

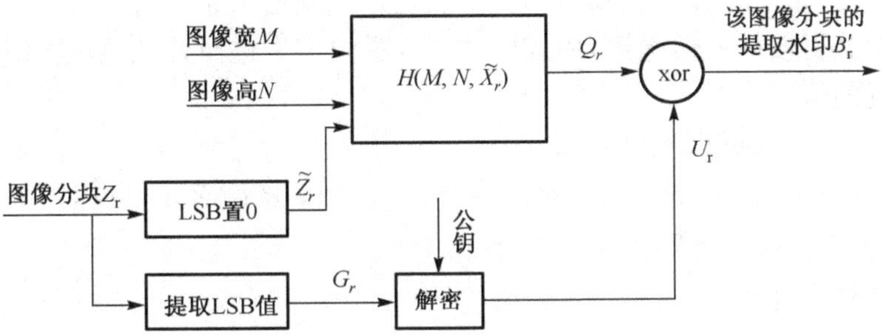

图 5.9　Wong 算法数字水印检测流程图

图 5.10 是对 Lena 图像利用 Wong 数字水印算法嵌入二值图像，没有进行破坏攻击操作和经过局部修改操作对比的实验结果。从图中可以看出，Wong 算法对篡改有着良好的检测性能。通过利用散列函数对任意两个不同输入取得相同输出的概率很小的特性，使算法对图像像素值发生的变化很敏感，能够检测到对图像的篡改。

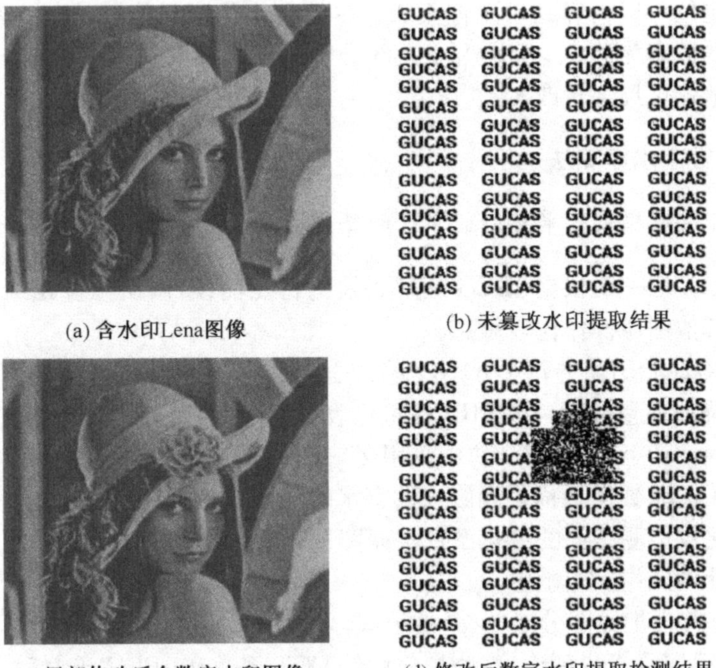

(a) 含水印Lena图像　(b) 未篡改水印提取结果

(c) 局部修改后含数字水印图像　(d) 修改后数字水印提取检测结果

图 5.10　Wong 算法仿真实验结果

2. Y-M 脆弱数字水印算法

1）数字水印嵌入过程

Y-M 算法采用与图像无关的密钥 K，通过伪随机序列发生器产生一个查询表 LUT。

LUT 对应一个二值映射函数 $f:\{0,1,\cdots,255\}\rightarrow\{0,1\}$，把灰度值 0 到 255 映射为 0 或 1。算法采用与图像尺寸相同的二值数字水印 W。数字水印嵌入过程是逐一修改图像 X 的像素的灰度值，以使其对应 LUT 的映射值与数字水印标识中相应的比特相同，使生成图像 X' 满足 $W=L_k(X')$ 的关系的过程，其中 L_k 为 LUT 表对应的映射关系。

为了使图像获得较好的信噪比，用式(5-12)对图像像素进行修改，根据 LUT 表寻找与其灰度值最为接近的值。

$$x_{i,j}=\begin{cases}x_{i,j}, & \mathrm{LUT}(x_{i,j})=w_{i,j}\\ x_{i,j}+\delta, & \mathrm{LUT}(x_{i,j})\neq w_{i,j},\delta=\min\mid d\mid,\{d\in Z:\mathrm{LUT}(x_{i,j}+d)=w_{i,j}\}\end{cases}\tag{5-12}$$

2)数字水印检测过程

检测数字水印时，将待检测的含数字水印图像的灰度值反向查询 LUT 表，就能求出嵌入的数字水印信息 W'。将 W' 与原始数字水印 W 进行对比，就可以发现图像被修改的部分。生成数字水印的公式 $W=L_k(X')$，其中，X' 代表接收的图像。

3)性能分析

当图像没有修改时，提取的数字水印和嵌入的标志数字水印完全匹配。当有篡改时，篡改部位的数字水印被破坏，由于数字水印的嵌入是通过对照查找表修改每个像素值来实现，所以该算法对篡改的定位可以精确到一个像素级。尽管每个像素只能被映射为 0 或 1，理论上检测出被篡改像素的概率为 50%，但是由于大部分篡改都会涉及较多的像素，所以该算法通常能够检测并精确地定位局部篡改。

5.4.3 半脆弱性数字水印算法

1. 结合 JPEG 编解码器的半脆弱数字水印算法

这类数字水印算法一般根据 JPEG 编解码器的特点而设计，所以算法通常对 JPEG 压缩具有鲁棒性而对其他图像操作比较敏感。

Tewfik 首先对原始图像的每个 8×8 图像块进行 DCT 变换，接着把各个图像块按顺序排列，用 Hilbert 扫描成向量空间，对照 JPEG 量化表再把向量分解成更小的子向量，再把子向量纵排列形成 Hadamard 矩阵，把每个块中采用 Zig-Zag 扫描法选取的 DCT 系数进行奇偶性量化，将调制后的 DCT 系数逆扫描得到嵌入数字水印的图像块，结合图像块形成含数字水印的图像。最后通过比较待测图像的量化系数与原图量化系数的奇偶性相符情况完成认证。这种方法对正常图像处理操作反应敏感。

Lin 和 Chang 首先把原图分成 8×8 的子块，采用 JPEG 量化矩阵分别对子块进行量化嵌入数字水印信息，根据预量化理论，这些量化后的 DCT 系数在 JPEG 压缩后，采用图像脆弱性数字水印技术研究前量化矩阵就可精确重构；其次，利用图像进行 JPEG 压缩编码前后，不同的两个图像块中的相应 DCT 系数相对关系不变，这个特征可用来生成数字水印。整个算法实现过程中只是改变嵌入域的 DCT 系数，且可同时在 DCT 域嵌入认证信息和用于恢复被篡改部分的信息。在认证时，只利用压缩的比特流来重构量化的 DCT 系数，而无须回到产生数字水印的像素域。此算法虚警率近似为 0，允许图像在一定范围内进行 JPEG 有损压缩编码，而对其他大多数攻击(如去噪、剪切、直方图均衡及替换等)检测效果好。Lie 等结合拉格朗日乘法嵌入数字水印,分两步提取数字水印,提高了算法的不可感知性,并且运算简单便于实时计算。

Eggers借用了SES(Scazar Eosta Seheme)数字水印方法。先用Scalar编码器对数字水印信息进行编码得到二值码书,再用对应的Scalar量化函数对所选8×8DCT块中的系数量化,即可把码书的各个元素嵌入相应宿主信息内。同时为了使嵌入随机化,嵌入过程引入二值伪随机序列。认证时,把待测信息与相应的量化函数、步长因子、二值伪随机序列进行混合运算得到验证值,若无数字水印则验证值近似为0,且数字水印存在其验证值绝对值应接近步长因子值的一半,通过这种方法完成认证。此种算法虚警率为0,且对JPEG压缩稳健,能容忍一般的图像处理操作,但对直方图均衡及锐化敏感。

人们对图像是否遭受篡改,首先来自于人的主观视觉。如果将人眼视觉系统模型应用于数字水印系统,务必会使嵌入数字水印后的图像具有更好的主观视觉质量。Zhu等提出了一种基于图像空域或频域的利用人眼视觉系统的半脆弱数字水印算法。该算法将每个图像块的像素用该块的人眼视觉系统量化后再反量化,然后将该块的视觉掩模与一个伪随机序列相乘后再与反量化后的像素叠加生成含有数字水印的图像。图像认证时,先求被测图像的视觉掩模,再将求得的掩模与图像像素一起输入误差估测函数。这种方法能够准确检测出低于最大视觉可察觉门限一般的图像改动。但是由于人人都可计算得到人眼视觉系统的HVS模型,所以该算法的安全性主要取决于产生伪随机序列的密钥,当用同一密钥生成多幅数字水印图像时,系统的安全性显然不够。

Paquet等则结合人类视觉系统量化小波包系数,其算法首先生成ID序列,并用此ID序列选择小波变换函数及分解层数,在此基础上进行小波包分解;再次运用ID序列选择所要嵌入数字水印的区域及系数,利用人类视觉掩蔽特性,对不同的小波系数选择合适的嵌入强度,完成小波包系数量化的同时将ID序列一起嵌入,经小波包重构后得到含数字水印的图像;最后用密钥提取数字水印,结合小波包系数区域分别对带内频域及带间空域进行对比得出检测结果。

Dittmann把提取的图像边缘特征作为数字水印信息嵌入空间域,采用Canny边缘检测器,通过比较被测图像边缘与提取的数字水印信息是否一致来判断图像真伪。此算法对常操作和恶意篡改识别能力强,但对各种压缩较敏感。

2. Kundur半脆弱数字水印算法

由Kundur提出的一种小波域量化数字水印算法,利用小波变换的空频特性,能检测不同分辨率下的数字水印篡改并定位,还可通过调节估测函数的门限来区分恶意篡改和JPEG压缩。

1)数字水印嵌入过程

步骤1:首先计算载体图像的L级小波分解,采用Harr小波变换。

步骤2:选取长度为N_w的二值序列作为数字水印信息W。

步骤3:利用密钥$k(i), i=1,2,\cdots,N_w$在除近似子带外的其他子带中选出要嵌入数字水印的N_w个小波系数,记为$f_{k,l}(m,n)$。

步骤4:对选定的小波系数$f_{k,l}(m,n)$用预定义的量化步长量化。

$$Q_\delta(f)=\begin{cases}0, & \left[\dfrac{f}{\delta 2^l}\right]\text{为偶}\\ 1, & \left[\dfrac{f}{\delta 2^l}\right]\text{为奇}\end{cases} \tag{5-13}$$

式中，f 为小波系数值；l 为小波分解级数；$Q_\delta(f)$ 为量化系数值。

步骤 5：将量化系数值 $Q_\delta(f)$ 与二值数字水印信号 W 逐位进行比较，若不等，通过将小波系数 $f_{k,l}(m,n)$ 加减一个量化步长使二者相等

$$z_{k,l}(m,n)=\begin{cases}f_{k,l}(m,n)-\delta 2^l, & f_{k,l}(m,n)>0\\ f_{k,l}(m,n)+\delta 2^l & f_{k,l}(m,n)\leqslant 0\end{cases} \tag{5-14}$$

步骤 6：逆小波变换得到含数字水印图像。

2）数字水印检测过程

提取时同样对相应位置上的小波系数量化，判断量化系数的奇偶性，得到数字水印序列，利用篡改估计函数(TAF)与判定阈值 τ 的比较来检测篡改程度

$$\mathrm{TAF}(w,\tilde{w})=\frac{1}{N_w}\sum_{i=1}^{N_w} w(i)\oplus\tilde{w}(i) \tag{5-15}$$

式中，w 为原始数字水印；$\tilde{w}$ 为提取的数字水印。当 $\mathrm{TAF}\geqslant\tau$ 时为恶意篡改，$\mathrm{TAF}<\tau$ 可以认为没有恶意篡改。该算法将数字水印嵌入在小波变换域的不同尺度、不同方向分量上来检测局部空域和频域的变化，既能够对篡改进行定位，又可以通过分析小波变换每一级别的篡改反应来区分恶意篡改和 JPEG 压缩，但是该算法在量化步长、数字水印嵌入系数、判定阈值的选择等方面还需要改进。

3）实验仿真

对含有数字水印的 Lena 图像采用不同压缩因子进行 JPEG 压缩，结果见表 5.3。对图像进行邻域平均处理，检测结果见表 5.4。对加数字水印图像进行局部添加修改，检测各级小波变换的提取数字水印与嵌入数字水印的区别，结果见图 5.14，可知算法能实现对篡改的定位。

表 5.3　不同 JPEG 压缩下各级图像 TAF 值

压缩因子 \ TAF	$L=1$	$L=2$	$L=3$	$L=4$	$L=5$	整体
100	0.0168	0.0176	0	0	0	0.0159
95	0.4168	0.0818	0.0316	0.0156	0	0.3257
90	0.4600	0.1635	0.0684	0	0	0.3750
85	0.4815	0.2327	0.0737	0.0156	0	0.4048
80	0.4851	0.2591	0.1421	0.0313	0.0153	0.4165
75	0.4894	0.3421	0.1526	0.0625	0	0.4363
70	0.4805	0.3912	0.1000	0.1094	0.0526	0.4377

表 5.4　邻域平均处理后各级图像 TAF 值

处理方式 \ TAF	$L=1$	$L=2$	$L=3$	$L=4$	$L=5$	整体
4 邻域平均	0.4386	0.4302	0.2947	0.1875	0.0526	0.4246
8 邻域平均	0.4937	0.4692	0.3474	0.2969	0.0526	0.4771

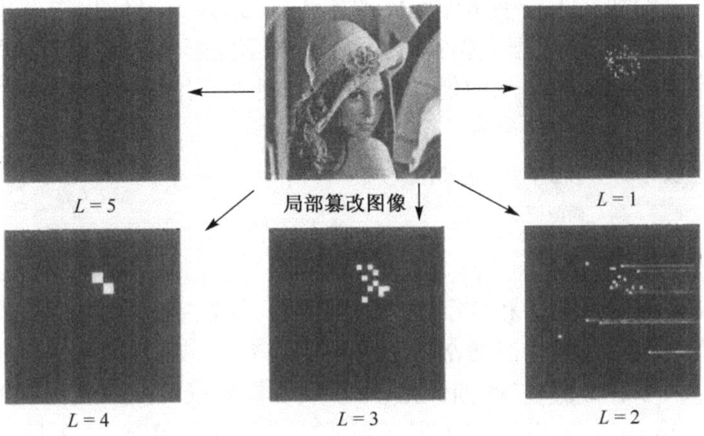

图 5.11 Kundur 算法局部篡改实验结果

5.5 对数字水印攻击和评价基准

在许多数字水印应用中,嵌入数字水印的图像或音视频在传输过程中通常会遭受到一些攻击。攻击指的是可能削弱数字水印检测或数字水印所表达信息含义的处理,这些攻击包括有意或无意攻击。有意攻击是指为了去除数字水印而采取的各种处理方法,往往是恶意的,对数字水印的破坏性大;无意攻击是指含数字水印的媒体在使用过程中受到诸如有损压缩、信号增强、D/A 或 A/D 转换、噪声影响、滤波、剪辑等正常处理。

数字水印算法如果在经历多种数据处理或恶意攻击后,仍能准确鉴别出多媒体数据中所包含的数字水印,那么这个算法就是鲁棒的。成功的攻击不会破坏多媒体数据的视觉或听觉质量,但它能把数字水印削弱到无法恢复和提取的地步,或者加上自己的数字水印,引起原始载体拥有权的纷争。

数字水印基准是利用攻击技术对数字水印算法性能提供有效的评估,它有助于改进水印算法的鲁棒性和安全性。目前数字水印攻击基准测试软件主要有 Stirmark、Checkmark、Optimark、Certimark 等。对前三种基准测试软件,对它们的功能和攻击类进行了分析比较。2000 年欧洲标准化组织为了解决当前的测基准方法仅能使用在有限的应用领域,而且合成攻击方法鉴定进程在现实中还不存在,以及为解决严重影响数字水印领域标准化制定的问题,成立了 Certimark 工作组。

5.5.1 简单攻击

简单攻击是指对整个嵌入数字水印后的载体数据进行操作来干扰嵌入的数字水印幅度,从而导致数字水印的提取发生错误,或者根本无法提取出数字水印信号。常见的操作有线性滤波、通用非线性滤波、压缩(JPEG 压缩、MPEG 压缩)、噪声、像素域量化、A/D 转换或 D/A 转换。

简单攻击中的操作会给数字水印数据造成类噪声失真,在数字水印提取和校验处理后得到一个失真变形的数字水印信号。可以采用两种方法抵抗这种噪声失真:增加嵌入水印的幅度和冗余嵌入。通过增加嵌入数字水印幅度的方法，可以大大降低攻击产生的类噪声失真现象，嵌入的最大容许幅度应该根据人类视觉特性决定，不能影响数字水印的不可感知性。冗余嵌入在空间域上可以将一个数字水印信号多次嵌入，另外采用错误校验码技术进行校验，也可以有效地减少攻击产生的类噪声失真。冗余嵌入会减少数字水印数据嵌入的比特，需要平衡鲁棒性和增加水印数据嵌入比率两者之间的矛盾。

5.5.2　同步攻击

同步攻击试图破坏载体数据和数字水印的同步性，使数字水印的相关检测失真或使嵌入的数字水印提取不出来。同步攻击通常采用几何变换方法，如缩放、空间方向的平移、时间方向的平移、旋转剪切、像素置换、二次抽样化、像素或者像素簇的插入或抽取等。目前复杂的几何攻击是抖动(Jittering)攻击，它可将数据切割、除去、复制和组合，攻击后的作品只有很细微的改变。这种攻击能非常有效地破坏大多数水印算法中正常的数字水印提取过程。几何失真可以用仿射变换表示，表达方式如下

$$\begin{bmatrix} x_n \\ y_n \end{bmatrix} = \begin{bmatrix} a & c \\ b & d \end{bmatrix} \begin{bmatrix} x_0 \\ y_0 \end{bmatrix} + \begin{bmatrix} x_t \\ y_t \end{bmatrix} \tag{5-16}$$

式中，(x_0, y_0)表示未失真区域的任一像素；(x_t, y_t)表示平移量；(x_n, y_n)表示真区域的像素。

针对这种攻击的对策是恢复载体与数字水印之间的同步性。在可以利用原始载体时可以将原始载体和待检测载体的数据进行比较，从而消除几何失真。也可以在原始载体中嵌入参照物，提取数字水印时，先提取参照物判断载体数据所经历的几何变换并进行逆变换以还原原始载体。还可以选择原始载体中对几何变换具有不变性的区域嵌入数字水印，从而使得数字水印抵抗几何变换的影响。

5.5.3　共谋攻击

共谋攻击(Collusion Attacks)通常采用一个数字作品的多个不同的数字水印复制实现，利用多个检测体进行多次平均统计操作，最后得到一个成功删去数字水印的载体数据。或者从每个检测体中提取不同位置的一小部分数据，重新合并成一个新的载体数据，而这个载体数据中的数字水印基本上已经不存在了。针对这种攻击的对策是限制数字水印复制的数量。通过实验发现数字水印化复制的数量少于四个的时候，这种攻击难以成功。

针对特定的数字水印技术采用确定的信号过滤处理，可以直接从数字水印数据中削去数字水印。在已知数字水印嵌入程序和数字水印数据的情况下，还存在着一种基于伪随机化的削去攻击，其原理：首先根据数字水印嵌入程序和数字水印化数据得到近似的源数据，利用数字水印化数据和近似的源数据之间的差异，将近似的源数据进行伪随机化操作，最后可以得到不包含数字水印的源数据。为了对抗这种攻击，必须采用随机密钥加密的方法生成数字水印信号，这对于数字水印的提取过程没有影响，但由于每次嵌入的数字水印都不同，数字水印嵌入器将不能确定出近似的源数据，使得基于伪随机化的削去攻击无法成功。

5.5.4　IBM 攻击

混淆攻击是试图生成一个伪源数据、伪数字水印化数据来混淆含有真正数字水印的数字

作品的版权,最早由IBM的Craver等提出,也称IBM攻击。典型的例子是倒置攻击,虽然载体数据是真实的,数字水印信号也存在,但是由于嵌入了一个或多个伪造的数字水印,混淆了第一个含有主权信息的数字水印,失去了唯一性。在混淆攻击中,同时存在伪数字水印、伪源数据、伪数字水印化数据和真实数字水印、真实源数据、真实数字水印化数据。要解决数字作品正确的所有权,必须在一个数据载体的几个数字水印中判断出具有真正主权的数字水印。一种对策是采用时间戳(Timestamps)技术,时间戳由可信的第三方提供,可以正确判断谁第一个为载体数据加了数字水印,这样就可以判断数字水印的真实性。另一种对策是采用不可逆数字水印(Noninvertible Watermarking)技术,构造不可逆的数字水印技术的方法是使数字水印编码互相依赖,如使用单向杂凑函数。

5.5.5 Stirmark

Stirmark是英国剑桥大学开发的水印攻击软件,它采用软件方法实现对水印载体图像进行的各种攻击,从而在水印载体图像中引入一定的误差,可以以水印检测器能否从遭受攻击的水印载体中提取/检测出水印信息来评定水印算法抗攻击的能力。第一代数字水印性能评价系统Stirmark包括了大量的信号和图像处理操作,它们可以分为如下几类。

(1)去除数字水印攻击(Removal Attack)。主要包括A/D、D/A转换、去噪、滤波、直方图修改、量化和有损压缩等。这些操作造成了媒体数据的信息损失,特别是压缩,能在保证一定信息质量的前提下,尽可能多地剔出冗余,使得数字水印被去掉。

(2)几何攻击(Geometrical Attack)。主要包括各种几何变换,例如,旋转、平移、尺度变换、剪切、删除行或列、随机几何变换等。这些操作使得媒体数据的空间或时间序列的排布发生变化,造成数字水印的不可检测,因此也称为异步攻击。

(3)共谋攻击。攻击者利用同一条媒体信息的多个含数字水印复制,使用统计方法构造出不含数字水印的媒体数据。

(4)重复嵌入攻击。攻击者在已嵌入他人数字水印的媒体数据中嵌入自己的版权信息,从而造成版权纠纷。

第二代数字水印攻击系统由Voloshynovskiy提出,其核心思想是利用合理的媒体数据统计模型和最大后验概率来估计数字水印或者原始媒体信号,从而将数字水印剔除。

对攻击技术的分析和研究促进了数字水印技术的革新,但也为数字水印自身提出了一个又一个挑战。当前,还不存在一种算法能够抵抗所有的攻击,特别是几何攻击被认为是学术界公认的最困难的问题。

Stirmark是一种通用的工具,目的是对图像数字水印算法的基本鲁棒性进行测试,从1997年11月开始免费提供,Stirmark可以执行一系列已指定的测试,作为测试图像数字水印算法的基准。(http://www.cl.cam.ac.uk/～fapp2/Watermarking/stirmark/)。它使用了一种无法察觉的几何扭曲:图像被轻微地拉伸、裁剪、平移、倾斜和旋转,由不可见的随机数量控制。一个轻微的随机低频平移。作用于每个像素在图像中心最大。图5.12给出了这种扭曲的一个例子。

图5.15(a)、(b)为Stimark缺省参数操作之前和之后"Lena";图5.15(c)、(d)为同样的扭曲作用于一个网格。

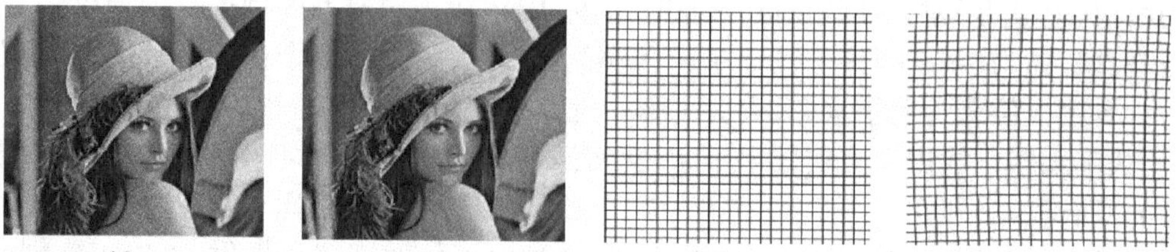
(a) (b) (c) (d)

图 5.12 Stirmark 作用于图像时引入的扭曲

5.5.6 Checkmark

Checkmark 是由瑞士日内瓦大学开发的一种基准测试工具，它是在 UNIX 或 Windows 平台下运行于 MATLAB 上用于数字水印技术的一组基准套件。

Checkmark 最初的 1.0 版是在 2001 年 6 月 10 日发布的，最新的 Checkmark 1.2 版是在 2001 年发布的。Checkmark 根据 Stirmark 改写了全部的攻击类，考虑了水印应用，还包含了一些未在 Stirmark 中提出的攻击，与 Stirmark 相比 ，添加了新的质量测量方法：加权 PSNR 和 Watson 测量方法，特别是用于算法快速测试的非几何应用，其算法不包括同步机制；

(1)Checkmark 保留了很多 Stirmark 的攻击方法，例如，剪切、旋转、复制、JPEG 压缩等，同时又增加了以下几类新的攻击方法：基于小波的图像压缩（Wavelet Compression, JPEG2000）、投影变换（Projective Transformation）、几何扭曲（Warping）、复制攻击（Copy）、模板去除（Template Removal）、去噪（Denoising）、过/欠采样、抖动、阈值（Up/Down Sampling、Dithering、Thresholding）。

(2)Checkmark 的作者认为常用的图像质量评判标准峰值信噪比难以准确地描述图像受到各种水印攻击以后的变化，因此他们在 Checkmark 中采用了加权峰值信噪比（WPSNR）和 Watson 标准（Watson Metric）来评判图像质量，避免了峰值信噪比的局限性。

(3)Checkmark 的输出采用了灵活的 XML 格式，并能自动生成 HTML 表格。

(4)以加权平均的方式计算总的性能得分。

5.5.7 Certimark

Certimark（Certification of Watermarking Techniques）是第一个带有官方性质的专门用于数字水印的 Benchmark 方案（European Project Certimark），项目编号：IST-1999-10987，于 2000 年 5 月开始研究，于 2002 年 9 月完成，但是没有对外提供免费下载服务。研究成员包括欧洲的一些著名大学以及飞利浦、汤姆逊公司等 15 家企业科研机构。

Certimark 的目标在于为静态图像、视频技术和未来可应用的媒体系统提供一个尽可能复杂完整的评测基准组，为这些基准组研制出相关的工具，保护网络传输媒体的安全，伴随新攻击技术的出现，它将所有的参数评估整合在一起，允许不同的数字水印算法、攻击和可视质量评估进行模块化整合。

典型数字水印攻击基准测试软件 Certimark 的工作模块如图 5.13 所示。

(1)图像源模块。根据内容的应用类别分发嵌入水印的载体图像；参数包括格式、标准、尺度和文件等。

(2)嵌入模块。基准的所有者在图像中嵌入水印信息；参数包括编码、密钥和有效载荷。

(3)攻击模块。使用有意攻击和无意攻击；参数包括攻击类型、长度和累积效果等。

(4)检测模块。用户检测和提取有效载体；参数包括密钥管理、解码、检测和提取信息。

(5)比较模块。用户与源文件进行比较检测的有效载体。

(6)报告模块。用数字和表格等方式给出基准攻击的结果，书写用户能够理解的基准报告。

(7)认证模块。根据不同的评测标准和内容应用的类型来评估水印系统，并且在一些应用领域中证实它是被鉴定的。

(8)可视质量。并行地在主/客观上进行视觉质量的评估。

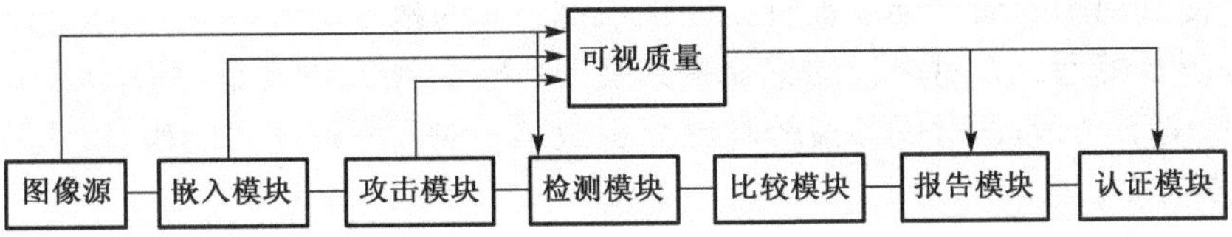

图 5.13 数字水印基准 Certimark 功能模块图

5.5.8 Optimark

Optimark 是用于静止图像水印算法的一个基准测试工具，它由希腊 Thessalonikir 的 Aristotle 大学信息学系的人工智能和信息分析实验室开发。目前 Optimark 最新的版本是 2002 年更新的 1.0 版。与 Stirmark 和 Checkmark 不同的是，Optimark 具有图形界面，它能利用不同的水印密钥和信息，使用多重测试进行检测/解码性能评估。Optimark 根据水印检测器给出的不同结果(浮点结果或二值结果)，给出不同的性能测量方法的评估。提供了对解码性能的测量方法、平均嵌入和检测时间、算法有效载荷以及某一攻击和某一性能标准的算法崩溃极限的评估。

5.6 音频数字水印算法

5.6.1 音频数字水印原理

音频数字水印就是在不影响原始音频质量的条件下，利用数字音频信号中的冗余信息向其中嵌入具有特定意义且能提取的信息。根据应用目的不同，被嵌入的信息可以是版权标识符、作品序列号、文字、图像或一小段音频等。数字水印与原始音频数据紧密结合并隐藏在其中，而且能够抵抗一般音频信号处理和盗版者的某些恶意攻击。

良好的音频数字水印必须要充分考虑音频信号的特点。自然界中的音频信号是幅度随时间而变的一维连续信号，在时间和幅度上是连续的，它是一般频率范围为 20～20000Hz 的模拟音频信号。计算机一般使用采样和量化来实现数字水印，采样是将时间上连续的音频信号 $x_a(t)$ 离散化为样本序列 $x(n)=x_a(nT)$，T 为抽样周期。量化将该序列的样本幅度离散化，最后得到时间和幅度都为离散值。音频常用的采样频率包括 5kHz、9.6kHz、10kHz、12kHz、16kHz、22.05kHz 和 44.1kHz，采样频率影响数字水印数据的隐藏量，它给出了可用频谱的上限，对大多数已有的数字水印技术而言，可用的数据空间与采样频率的增长呈线性关系。量化方法会使信号产生一些畸变，对高质量音频流行的量化方式的格式有 16bit 线性量化。

5.6.2 音频数字水印特点

人的视觉和听觉特性差别较大，与图像数字水印相比，音频数字水印除了具有鲁棒性、不可检测性、透明性、安全性和自恢复性等特点外，还有以下固有的特点。

(1)人的听觉掩蔽效应。当几个强弱不同的声音同时存在时，强声使弱声难以被听见的现象称为同时掩蔽，它受掩蔽声音和被掩蔽声音之间的相对频率关系影响；声音在不同时间先后发生时，强声使其周围的弱声难以被听见的现象称为异时掩蔽。

(2)人的听觉模型。人对声音的感知是其强弱(声强)和音调高低(频率)。人耳对不同频段的声音敏感度不同，通常对低频段较高频段更敏感。对同样声压级的声音，人耳实际感觉到的音量随频率而变。

(3)人耳对声音的相位不敏感。人耳听不到或感知极不灵敏的声音分量都不妨视为冗余的。

(4)人耳对不同频率声音的敏感程度差别很大，对 2～4kHz 范围的信号最为敏感，数量级小到 10～17W/cm 也可听见，而在低、高频区，可听到信号的幅度要高得多，相差可超过百倍。

(5)相对静止图像，音频数据量要大得多，因此很多算法要分块处理，且必须考虑块和块之间的关系。另外声音是一种非平稳的信号，在对声音进行分块变换时，需要考虑信号的时变特性。

(6)水印应易于提取，嵌入和检测的计算量低，以方便其集成到一般电子产品中。

与数字图像和视频水印技术相比，数字音频水印技术面临着更大的挑战。一方面是因为人类听觉系统对随机噪声十分敏感，使可以嵌入的水印数据量非常有限；另一方面，在互联网上可以免费得到众多的音频，编辑工作对数字音频进行修改，从而对水印的生存构成了巨大的威胁。理论上，一个成功的音频数字水印算法需要具备以下性质。

(1)数字水印不应对原始音频的声音质量造成可听到的失真。

(2)数字水印具有一定的鲁棒性，表现在能抵抗宿主音频信号上的压缩、滤波、重采样、重量化、剪切、加噪声等一般信号处理。

(3)数字水印算法必须具备某种同步机制，以对抗时间域上的同步攻击。

(4)数字水印的检测不需要原始音频，即实现盲检测。

5.6.3 音频数字水印攻击

针对音频水印攻击手段如下。

(1)量化攻击：均匀量化、非均匀量化。

(2)平滑攻击：中值平滑、均值平衡、动态规划平滑。

(3)插值平移：Lagrange 插值拉伸、三次样条拉伸。

(4)低通滤波、高通滤波、带通滤波、带阻滤波。

(5)有损语音编码：ADPCM 自适应差分脉冲编码调制、LD-CELP 低延时码本激励线性预测编码、CS-ACELP 共扼结构代数码本激励线性预测编码。

(6)有损压缩格式：MPEG-1、MPEG-2、AAC、MPEG-4、WMA、(Window Media Audio)、RM(Real Media)。

5.6.4 音频数字水印算法

1. 回声数据隐藏数字水印算法

回声数据隐藏数字水印算法利用了人类听觉系统在时域的掩蔽作用。利用在强音后弱音变得不可听的情况会持续 50～200ms 的人耳的后向掩蔽效应，可以在音频时域引入回声信号作为水印，水印的强度选取以人耳无法分辨为准则。

主要思想：将音频信号 $f(t)$ 分帧，根据延迟时间 Δt 的不同产生两个回声信号 $\alpha f(t-\Delta t)$。当嵌入的水印信号为“0”时，延迟时间为 Δt_0，如果嵌入的水印是“1”，则延迟时间是 Δt_1，最后将两个回声信号嵌入到原始音频信号中，通过改变回声信号的延迟时间来对数字水印信号进行编码，其中 α 是回声信号的衰减因子，Δt 为回声的延迟时间。

解码通过信号倒谱的自相关函数来进行，不需要原始信号。倒谱自相关函数在延迟时间上产生两个峰值，根据两个峰值之间的距离决定数字水印信号的编码是 1 还是 0。算法对有损压缩算法具有一定的鲁棒性。

2. 变换域音频数字水印算法

典型变换域音频数字水印算法是对原始数据进行某种变换，如傅里叶变换、离散余弦变换、离散小波变换等，得到相应的频域信号后，通过修改其频域信号某些指定的频域系数来嵌入数据，再反变换到时域得到带水印的音频信号。接收方通过相应的变换来恢复或提取数字水印。对频域信号的低频区域系数改动可能会影响到载体信号的感知效果，而高频系数容易被破坏，一般选取中频区域系数来嵌入数字水印信号，从而使之既满足不可感知性，又满足对失真压缩等操作的鲁棒性。

DFT 方法：首先对音频信息进行 DFT，然后选择其中频率范围为 2.4～6.4kHz 的 DFT 系数进行数字水印嵌入，用表示数字水印序列的频谱分量来替换相应的 DFT 系数。选择该频段使得数字水印被储存在音频信号中具有较强能量的部分。如果嵌入数字水印量不大且幅度小于当前的音频信号，则该技术对加噪声、录音失真等具有一定鲁棒性。

DCT 方法：首先根据伪随机序列重新排列音频采样信号，然后对序列进行修正离散余变换(Modified Discrete Cosine Transform，MDCT)，通过对 MDCT 的系数进行修改以嵌入数字水印，然后进行逆变换得到嵌入数字水印后的音频序列。在使用 DCT 的基础上使用嵌入同步信号的方法以增强对同步攻击的鲁棒性，对添加噪声、滤波等攻击具有一定的鲁棒性。

DWT 方法：由于小波水印具有良好的稳健性，在经历各种处理后，如加噪、滤波、重采样、压缩等，仍能保持很高的可靠性。具体方法如下。

(1)对原始音频信号 A 进行 N 级小波分解，得到不同分辨率级下的细节分量 $D_i(i=1,2,\cdots,N)$ 和逼近分量 A_0，对逼近分量予以保留，而对细节分量进行后面的处理。

(2)对待隐藏的秘密音频信号 W 进行一级分解，得 N 个细节分量 $(i=1,2,\cdots,N)$ 和逼近分量 W_0。

(3)对原始信号小波变换后的部分细节分量进行水印嵌入

$$D'_i = D_i(1+\alpha W_i) \tag{5-17}$$

式中，α 用来控制水印嵌入强度，其值大，表明嵌入水印信号强度大，受攻击时鲁棒性好，但对原始信号影响大，其值小，表明嵌入水印信号弱，不易被觉察，但抵抗干扰能力差。

(4)对嵌入水印后的音频段 $D'_i(i=1,2,\cdots,N)$ 和逼近分量 A_0 进行小波重组，得到含水印信号的音频信号。

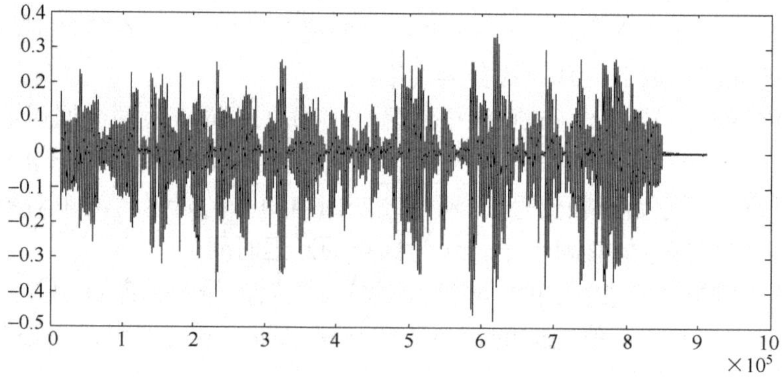

图 5.14　原始音频信号波形图

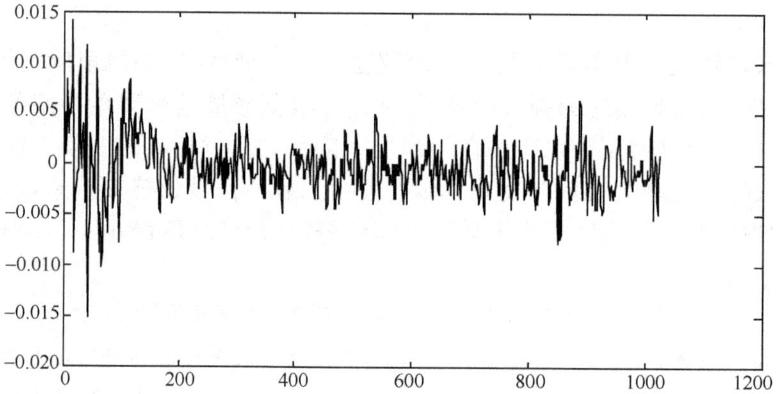

图 5.15　第 i 帧音频信号波形图

3. 面向广播检测 YB 音频水印算法

Yaslan 和 Gunsel 提出了面向广播检测的音频水印方法，具体介绍如下。

1)水印的生成和嵌入

对原始音频信号 S 进行分帧成语音帧 s_i，s_i 表示分帧之后的第 i 帧语音信号，如图 5.15 所示。

$$S=s_1+s_2+s_3+\cdots+s_i \tag{5-18}$$

生成一个伪随机序列作为密钥信号 k，为均值为 0 的高斯白噪声，均值为 0，长度与窗长 N 相同，如图 5.16 所示。

2)得到掩蔽特性曲线

对第 i 帧语音信号 s_i 进行 MPEG 心理声学模型Ⅰ建模，得到掩蔽特性曲线。

计算这一帧 s_i 的声压级，然后对已经映射到 Bark 域中的信号进行类调信号和类噪信号的抽取，分别计算类调信号和类噪信号的自身掩蔽级，计算互掩蔽级函数，然后计算第 i 个 Bark

对第 j 个 Bark 产生的掩蔽效应，最后结合绝对听觉阈值曲线，将绝对听觉阈值与自身掩蔽级和互掩蔽级求和，绘制出该帧语音信号的掩蔽特性曲线，如图 5.17(a)所示。

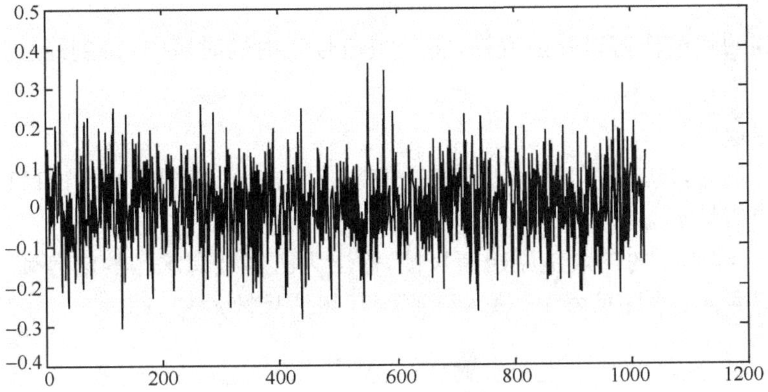

图 5.16　生成的密钥信号波形

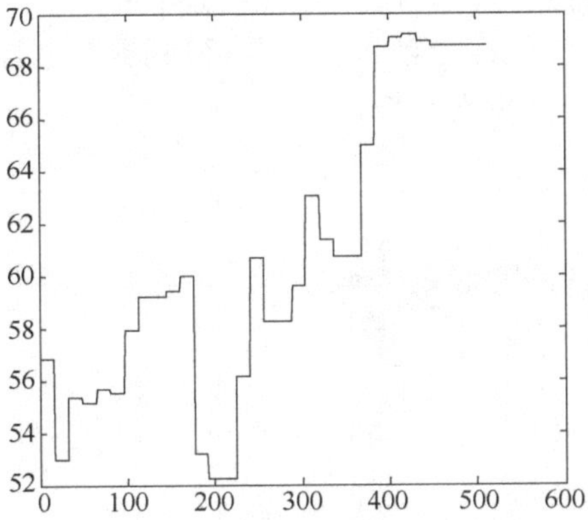

(a) 掩蔽特性曲线

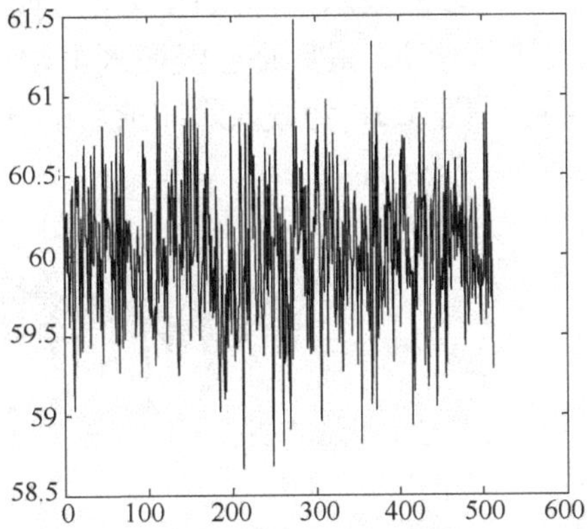

(b) 伪随机序列的频域曲线

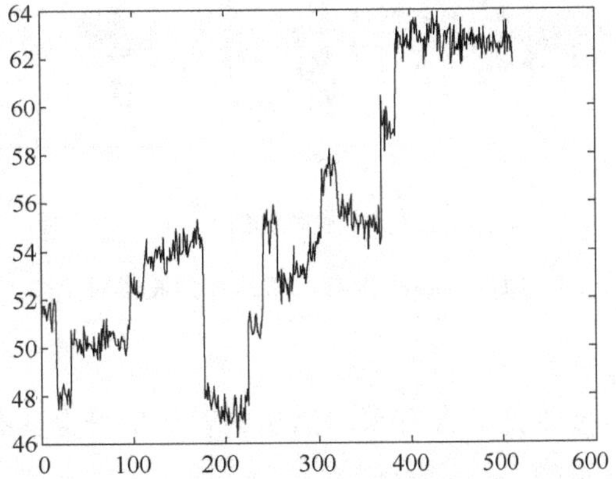

(c) 经过频域整形后的伪随机序列

图 5.17　掩蔽特性曲线和频域整形

3）频域整形曲线

将得到的伪随机序列进行快速傅里叶变换，绘制出频谱特性，如图 5.17(b)，然后将其与掩蔽特性曲线相乘，使其形状与掩蔽特性曲线相似，然后下移到全部位于掩蔽特性曲线之下，这样保证得到的密钥信号具有理论上的隐蔽性，图 5.17(c)为经过频域整形后的曲线。

最后将得到的频谱作傅里叶逆变换，将频域信号映射到时域中，得到经过频域整形后的时域密钥信号 k_i。

4)数字水印嵌入

完成频域整形后，读入水印信号 B，$B\in[-1,1]$，加入水印同步头［11111111］，得到了含有同步头的水印信号 w_j。

在每个时刻，编码器的输入是原始信号帧，输出为已经载有水印的信号帧。将经过掩蔽模型处理的密钥信号 k_i、水印信号 w_j 嵌入到原始音频信号帧 s_i 中，即

$$s_{\text{iwm}} = s_i + w_j k_i \tag{5.19}$$

式中，s_{iwm} 即含有水印的音频信号的第 i 帧；w_j 表示水印信息，$j=1,2,\cdots,L$，L 为水印块的长度。$i=L\times \text{RP}$，RP 表示水印块的数量。如果有需要，每 L 个帧相同的水印可以嵌入的次数 RP 可以大于等于 1。最后将已经嵌入水印信息的音频信号帧 s_{iwm} 合并，得到含有水印信息的语音信号 s_{wm}。图 5.18 为嵌入水印前后的音频信号波形对比图。

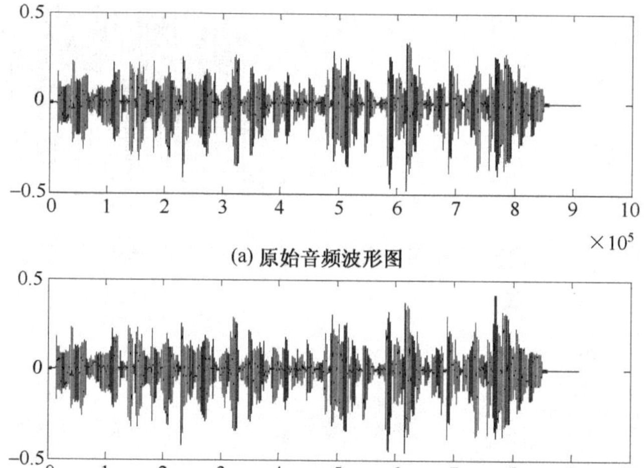

(a) 原始音频波形图

(b) 含有水印音频波形图

图 5.18 原始音频与含有水印的音频波形对比图

5)水印的检测与提取

由于传输信道的延迟性，接收到的含有水印信息的音频信号也具有延迟性，为了去除延迟性，需对信号进行数据同步点检测。

设 τ 为延迟的时间，取 $c_i(\tau)$，令

$$c_i(\tau) \approx w_j \sum_{n=1}^{N} k(n) s_{\text{iwm}}(n+\tau), \quad \tau = 0,1,2,\cdots,n-1 \tag{5-20}$$

建立一个以 τ 为自变量的函数，函数最大值所对应的 τ 即数据同步点，这里，N 为帧长。水印同步信息为 11111111，找到水印同步信息后，进行信息提取。

盲音频水印检测解码系统用匹配滤波器来检测相关性。因此，水印提取就变成检验 H_0 和 H_1。

H_0：没有水印的帧。

H_1：有水印的帧。

H_{1a}：嵌入+1水印的帧。

H_{1b}：嵌入−1水印的帧。

令 $s_{ir}=s_i+w_jk_i+r_i$ 表示解码器得到的帧，r_i 为加性噪声。

计算密钥信号和得到信号的相关性

$$c_i(\tau=0)=c_i=\frac{1}{N}\sum_{n=1}^{N}k(n)s_{iR}(n)=\frac{1}{N}\sum_{n=1}^{N}k(n)s_i(n)+w_j\frac{1}{N}\sum_{n=1}^{N}k(n)k_i(n)+\frac{1}{N}\sum_{n=1}^{N}k(n)r_i(n)$$

式中，N 为嵌入一个音频帧的样本数量；k 是一个PN序列，理论上与 s_i 和信道噪声 r_i 不相关。所以，式中 $\frac{1}{N}\sum_{n=1}^{N}k(n)s_i(n)\approx 0$，$\frac{1}{N}\sum_{n=1}^{N}k(n)r_i(n)\approx 0$，化简为

$$c_i\approx w_j\frac{1}{N}\sum_{n=1}^{N}k(n)k_i(n) \tag{5-21}$$

嵌入 i 帧的水印信息 w_j 由以下的判定原则决定

$$F(s_{iR})=\begin{cases}w_j=\mathrm{sgn}(c_i), & |c_i|\geqslant T\\ 0, & |c_i|<T\end{cases} \tag{5-22}$$

式中，sgn()表示符号函数；T 表示判决门限，这个判决门限是通过实验统计得到的。如果相关值 c_i 小于 T，则得到 H_0；如果相关值大于 T，则得到 H_1。如果检测到水印信息，c_i 的符号就是水印信息的符号。

水印检测与提取的流程如图5.19所示。

图5.19 YB算法水印检测与提取流程图

6）YB算法的性能分析

Yaslan和Gunsel等提出的音频水印算法将水印信号在时域中嵌入，实质上是利用水印信号控制嵌入高斯白噪声嵌入的正负号，利用MPEG心理声学模型Ⅰ对高斯白噪声进行声学掩蔽。针对每一帧音频信号绘制其掩蔽特性曲线，利用FFT变换，保证水印信号在频域中低于掩蔽特性曲线，最后反射到时域中，以保证水印信号的隐蔽性，检测时，利用伪随机序列 k 对接收的音频信号进行相关值计算，通过实验统计得到判决门限，最终提取水印信息。下面将通过实验对YB算法的进行性能分析。

（1）实验环境。

实验样本采用的音频信号是16位单声道PCM编码的WAV文件，采样率为44.1kHz，音频文件涵盖了各种音乐风格。实验样本如表5.5所示，下面用序列编号来表示实验数据。在实验时，抽取前14s的音频序列进行水印的嵌入和检测，分别表示为序列1～5号，并且得出结果。

表 5.5　实验样本

编号	歌名	演唱者	风格
1	蓝莲花	许巍	中文摇滚
2	Tomorrow	Avril	pop
3	Zombie	The Cranberries	Rock
4	寂寞光年	刘力扬	中文流行
5	7 Days	Craig David	Blues

表 5.6　测试环境信息

硬件	播放设备	Nokia 5230
	接收设备	Danyin DT-2102 麦克风
	声卡	Realtek HD Audio
软件	播放软件	Nokia 5230 自带播放器
	接收软件	Cool Edit Pro2.1
环境	实验室(背景噪声 15～25dB)	
方位	麦克风正对音箱为 0°,偏移 0°、±25°、±50°±90°	
音量	音量为 30%、60%、100%	
距离	音箱到麦克风距离为 0.2m、0.8m、1.6m	

(2)准确性测试。

针对水印提取准确性评估,为了保证实验的客观性,设计了不同方位、不同音量、不同距离三种情况的实验。

① 不同方位下的水印提取正确率。

以麦克风正对音箱为 0°,左右各偏 25°、50°、90°的情况下,测试算法水印提取的正确率,此时保证麦克风距离音箱 0.2m,播放音箱 100%。

表 5.7 为不同角度下的水印提取正确率。测试表明,播放设备与录音设备的方位差异对隐写信息的提取影响较小,正确率维持在 70%左右。

② 不同音量下的水印提取正确率。

以播放音量分别取 30%、50%、100%的情况下,测试算法水印提取的正确率,此时保持麦克风正对音箱,距离为 0.2m。

表 5.8 为不同播放音量水印提取正确率。测试表明,相对安静(实验室)的环境下,水印提取的正确率在不同音量的大小下相差不大。

表 5.7　不同角度下算法的水印提取正确率　(单位:%)

编号	0°	±25°	±50°	±90°
1	73.8	74.3	73.2	79.3
2	64.6	73.1	75.4	70.9
3	69.3	69.2	78.3	69.3
4	75.1	79.3	75.1	70.9
5	68.2	70.1	74.6	76.6

表 5.8　不同播放音量下算法的水印提取正确率　(单位:%)

编号	音量 30%	音量 50%	音量 100%
1	70.8	74.3	73.8
2	69.2	73.1	64.5
3	79.3	69.2	69.3
4	69.6	79.3	75.1
5	84.2	70.1	68.2

③ 不同距离下的水印提取正确率。

以麦克风距离音箱 0.2m、0.8m、1.6m 的情况下,测试算法水印提取的正确率,此时保持麦克风正对音箱,音量调整到 100%。

表 5.9 为不同距离下的水印提取正确率。测试表明,随着距离的增加,水印提取的正确率有减小的趋势。

从上述三类实验结果中,可以知道在不同角度、不同音量、不同距离的情况下,水印提取的正确率最低为 66.2%,最高为 84.2%,平均正确率仅达到 70%左右。

(3)感知隐蔽性测试。

为了评判嵌入的水印信号是否对原来的音频造成听觉质量上的下降，引入一个听觉评分标准 MOS(Mean Opinion Score)。测试过程如下，给听者按顺序播放三段音频片断，R/A/B。R 为原始音频，A 和 B 一个是原始音频，另一个是嵌入水印后的音频，顺序随机。每一次实验，听者都要求判断哪一段是嵌入水印的音频。相应地，定义了 5 个评分等级，每一个评级中又分 10 个小级。

表 5.9 不同播放距离下算法的水印提取正确率

(单位:%)

编号	0.2m	0.8m	1.6m
1	73.8	70.3	66.8
2	64.6	70.9	69.6
3	69.3	66.2	68.1
4	75.1	70.3	69.9
5	68.2	65.8	66.1

① 5.0:完全感觉不出。

② 4.0:能轻微感觉出，但是区别不大。

③ 3.0:有点让人不适。

④ 2.0:让人不适。

⑤ 1.0:非常让人不适。

所有的原始音频的评分都假定为 5.0。主观隐秘性测试请了 10 位同学，分别以 A～J 表示，在安静的环境下进行播放实验。实验原始音频如表 5.5 所示。主观测试结果如表 5.10 所示。

表 5.10 音频感知隐蔽性测试结果

测试者	音频 1	音频 2	音频 3	音频 4	音频 5
A	4.5	4.8	5.0	4.3	4.8
B	4.6	4.7	4.3	4.4	4.6
C	4.4	4.7	4.7	4.3	4.5
D	4.8	4.9	4.8	4.2	4.5
E	4.2	4.6	4.9	4.2	4.4
F	5.0	4.4	4.6	4.0	4.8
G	4.5	4.9	4.6	4.3	5.0
H	4.5	4.6	4.8	4.7	4.9
I	4.8	4.3	4.9	4.4	4.8
J	4.7	4.8	4.5	4.2	4.9

从表 5.10 中可以看到，只有编号为 4 的音频在嵌入水印之后会让一部分测试者有轻微的不适感，而其余 4 段音频都表现优异。

5.7 视频数字水印算法

5.7.1 视频数字水印特点

视频数字水印在很大程度上是与压缩编码标准紧密联系的。由于数字视频是连续播放的图像序列，其相临帧之间的内容有高度的相关性，连续帧之间存在大量的数据冗余，所以视频数字水印除了具有一般数字水印技术的特征外，还有一些特殊的要求。

(1)鲁棒性。视频数字水印应该能够抵抗各种无意或有意的攻击,包括帧平均、帧丢弃、帧交换等针对视频数字水印的攻击。

(2)视频速率的恒定性。数字水印嵌入视频数据后不能改变视频流的码率,服从传输信道规定的带宽限制,否则将有可能造成解码后的视频图像和声音的失步,降低视频的质量。

(3)实时性。数字水印的嵌入和检测要保证视频数据的实时编解码。

5.7.2 视频水印算法攻击

针对视频水印算法的攻击方法按照攻击对象来划分,可分成像素攻击、宏块攻击、帧攻击和视频攻击。

(1)像素攻击。典型的案例是跳跃攻击,具体为随机地删除一定数量的像素列,然后用另外的不带水印信息的像素列补齐。该方法对水印信号检验结果的破坏非常有效。

(2)宏块攻击。宏块攻击中的宏块是指各类视频编码中的 $N \times N$ 的 DCT 块,也可以是每 4 个亮度块和 2 个色度块构成的宏块。这类攻击方法中,以马赛克攻击为主要的攻击手段。该攻击方法首先把图像分割成许多个小图像,然后将每个小图像放在 HTML 页面上拼成一个完整的图像,拼凑出来的图像整体效果和原始图像一样,从而无法从中检测到攻击的行为。

(3)帧攻击。几何攻击是指对水印信息进行时间或空间上的改变。对视频这种时间序列信号主要是利用时间的缩放进行攻击。其中著名的水印评测 Stirmark 软件就组合了各种几何攻击的方法对水印信息进行各种攻击。它可以对水印信息进行重新采样攻击,或者进行几何失真攻击,对水印图像进行拉伸、剪切、旋转等几何操作。

(4)视频攻击。一般的攻击是通过改变视频中的帧频,通过破坏时间上的联系,使检测装置无法检测到水印信息。视频编辑攻击方法也是较常见的一种攻击方法。在视频攻击中,共谋攻击是最有效的一种攻击方法。所谓共谋攻击,是多个攻击者将他们所拥有的信息组合起来得到非法的内容。

共谋攻击主要有两种情况。

(1)从多个不同视频媒体中估算水印信息,对所得到的水印求平均值。估计准确后对含水印的视频文件去除水印信息。

(2)对所有含有水印信息的视频文件取平均以去除水印信息,或对不同的视频文件取部分,然后把从多个文件中取出的视频数据组合成新的视频文件,从而去除了水印信息。

5.7.3 视频水印分类

视频压缩的标准包括 ISO / IEC 的 MPEG-1、MPEG-2、MPEG-4 和 ITU-T 的 H. 261、H. 263、H. 264 等,基本编码思想是运动补偿预测和基于块的变换编码。在 MPEG 标准中有 3 种图像类型:内部编码帧(I 帧)、前向预测帧(P 帧)和双向预测帧(B 帧)。I 帧的编码类似于 JPEG,利用帧内相邻像素间的空域冗余来压缩信息;P 帧编码时要用到先前的帧,当前的帧又可以作为后面的预测帧的参考帧;B 帧的数据压缩效果最显著,它在预测时需要先前和后续的信息,且自身不能作为其他帧的预测参考帧。P 帧和 B 帧都利用了相邻帧间的时域冗余来压缩信息,同时预测误差信号还可以进一步地去除空域冗余。去除空域冗余主要用到了 DCT、量化和熵编码等技术;去除时域冗余应用了运动补偿、运动表示和运动估计等技术。

5.7.4　视频编码域水印

对 MPEG-2 视频，可以有三种水印嵌入的方案，相应有三种水印提取方案，如图 5.20 所示。

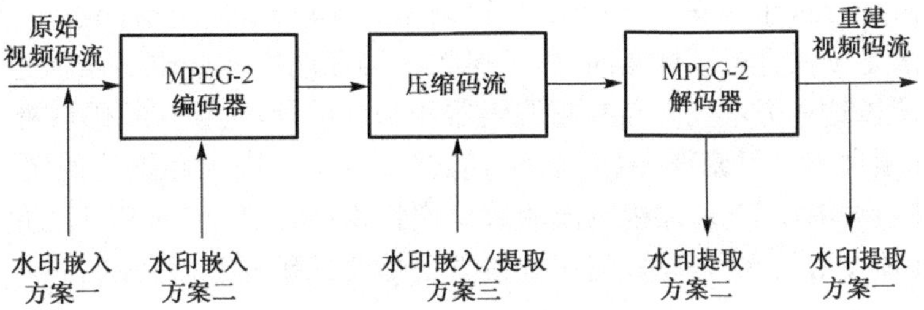

图 5.20　视频水印嵌入和提取方案

(1)视频水印嵌入方案一。数字水印直接嵌入到未经过编码的原始视频图像序列中，然后对含有数字水印信息的视频图像进行编码压缩。这类算法的优点是可以利用现成的数字图像水印算法，如静止图像数字水印的扩频、人类视觉模型、图像自适应、数字水印不可逆、同步检测机制等都可以推广应用到视频数字水印系统中。但这种方案会增加视频码流的数据比特率：经 MPEG-2 压缩后会丢失水印；对于已压缩的视频，需先进行解码后嵌入水印，再重新编码，因此增加了计算的复杂性，降低了视频质量。

(2)视频水印嵌入方案二。将数字水印直接嵌入到编码的离散余弦变换的量化系数中。如去空域冗余的变换、量化和熵编码技术，去时域冗余的运动补偿、运动表示、运动估计技术，充分利用了编码数据的特性。数字水印的嵌入和提取处理比较简单，能够实现数字水印嵌入和提取的实时处理。不会增加视频流的数据比特率；但是有解码、嵌入和再编码的过程。

(3)视频水印嵌入方案三。数字水印直接嵌入到编码压缩后的比特流中。这种方案没有解码和再编码的过程，因而不会造成视频质量的下降，同时计算复杂度较低。其缺点是由于压缩比特率的限制对嵌入数字水印数据量的大小有限定，嵌入数字水印的强度受视频解码误差的约束，嵌入策略受相应视频压缩算法和编码标准的局限。

在未压缩视频数据里，第一代视频水印一般是移植静止图像的水印技术，结合视频帧结构特点，形成适用于视频的水印方案。这类方案算法成熟，如鲁棒性水印、脆弱性水印等；经过视频编码处理后造成部分水印信息丢失，这类算法运算量大、效率低、防攻击能力差。下面是一些典型方法的思想。

爱立信研究院的 Hartung 提出了借鉴扩频通信的基本思想，在未压缩原始视频中嵌入数字水印，是典型的空间像素域扩频水印算法。

美国 Villanova 大学的 Mobasseri 将视频看成是时间轴上的比特面序列，通过伪随机形式的二维序列的水印信息来替换不同视频帧中的不重要比特面，达到水印的嵌入。

飞利浦研究院的 Kalker 教授等针对广播监控的特点，提出了所谓的 JAWS (Just Another Watermarking System)水印方案。该算法具有不可见、对广播传输链中的正常操作具有鲁棒性、误警率低、高速传输中有较大负载率、低复杂度和能实时检测的特点。

直接在像素域进行水印嵌入和提取，主要是为了降低水印处理的复杂度，但在鲁棒性方面会有较大缺陷。除了特殊的情况，一般考虑在视频变换域嵌入水印的算法较多。

第二代视频水印要复杂很多,算法的主要思想是统计不可见性和与内容同步嵌入,增强了鲁棒能力。频域水印是指在原始视频的某个变换域中进行水印的嵌入和提取,常用的变换域包括离散余弦变换域、离散傅里叶变换域、小波变换域、分形域、Hadamard 变换域等。有 3 种处理方法:一种方法是将视频流看成一个三维信号,其中两维在空间上,一维在时间上,对其进行三维变换,然后进行水印处理;一种方法将视频流看成静态图像的序列,采用图像水印技术即可;另一种方法是按块进行频域变换,由于视频编码标准中同样也是按块进行频域变换(多为 DCT 变换),所以这种方法大多与视频编码器相结合进行,这将在编码域视频水印中介绍。

编码域的视频水印利用编码数据的特性,能够实现水印嵌入和提取的实时处理。水印一般嵌入在变换域系数中,不会增加视频流的数据比特率;将水印嵌入和编码过程结合紧密,可以设计出抵抗多种攻击的水印算法,但该方案需要修改编码器和解码器,存在图像组 GOP 的误差积累。

5.7.5 视频压缩域水印

在压缩视频中嵌入水印是将水印嵌入到编码压缩后的比特流中。压缩域视频水印算法包括针对 MPEG 压缩域视频的 DCT 系数加入水印、运动矢量水印以及其他压缩域参数水印。其中 DCT 系数中加入水印的方法又可根据部分解码的程度分为系数域、VLC 域以及比特位域水印算法。

把水印信息嵌入到视频压缩码流中,最大优点就是不需要完全解码和再编码,提高了水印嵌入和提取的效率;缺点是压缩比特率的限制限定了嵌入水印数据量的大小,嵌入水印的强度受视频解码误差的约束,嵌入后效果可能有可察觉的变化。这思想受相应视频压缩算法和视频编码标准的局限,例如,恒定码率的约束。因此在算法设计要求:水印信息的嵌入不能影响视频码流的正常解码和显示;嵌入水印的视频码流要满足原始码流的码率约束条件;嵌入水印在满足视觉不易感知性的同时,也能抵抗有损压缩编码等。

5.7.6 基于对象的数字水印方法

MPEG-4 在众多领域有着广泛的应用,如视频编辑、Internet、视频发布、无线视频通信等。MPEG-4 标准支持内容的制作,并能直接访问与处理视频序列中的对象。因此,需要基于对象的数字水印方案。

Li 等提出了一种基于形状自适应离散小波变换(SA-DWT)的图像与视频对象的盲数字水印方案。数字水印嵌入在小波块的统计量中。利用人眼视觉系统来达到在感知不可见性与鲁棒性之间的最佳平衡。数字水印检测采用统计检测技术,不需要原始的图像/视频对象。

1. 基于 SA-DWT 的对象小波树重组

给定一具有形状掩模信息的任意形状对象,SA-DWT 将这任意形状区域中的样本变换为与子带域具有相同数目的系数,同时保持空间相关性、局部性和子带间的自相似性。如图 5.21 和图 5.22 所示。在 SA-DWT 分解中,形状掩模也同时被分解为子带金字塔状,这样每一个子带都有相应的形状掩模来确定子带中系数的位置。图 5.21(a)表示了来自子带 LL3 中的一个系数的 SA-DWT 树的父子关系。在树中有两种类型的节点:在对象内部的内节点与在对象外部的外节点。一种简单的方法就是将所有的外节点置为 0,然后按传统的数字水印方法将数字水印嵌入整个区域中。然而，这种方法可能导致那些嵌入在对象区域外数字水印的丢失，因为对象外的区域在图像或视频对象处理过程中是被舍弃的。为了避免这种情况，将小波树中的系数重组形成小波块，如图 5.21(b)所示。这样，每个小波块分为两类：有内节点的 care 块和无内节点的 don′t care 块。通过这样的重组，所有的 don′t care 块不需要嵌入数字水印而将被跳过，而那些在 care 块中的外节点将置为 0，下面将采用一种方法来确保数字水印不会被嵌入到 care 块中的外节点。

(a) 在SA-DWT中小波树的父子关系　(b) 重组小波树为小波块　(c) 任意形状对象　(d)对象的多分辨率分解

图 5.21　SA-DWT 树的父子关系

2. 基于对象的视频数字水印嵌入方案

对图像进行小波分解后得到小波系数，可以发现小波系数的某些统计量比单个系数具有更小的方差，数字水印嵌入在小波系数的稳定统计量中比嵌入在单个系数中具有更高的鲁棒性。设数字水印序列 W 为二值伪随机序列，$W(k) \in \{-1,1\}$，数字水印通过下式嵌入小波的稳定统计量中，即

$$\hat{I}'(k) = \hat{I}(k) + \alpha \cdot T(k) \cdot W(k) \tag{5-23}$$

式中，$\hat{I}(k)$ 为第 k 个小波集合的统计量；α 为调节因子。加权函数 $T(k)$定义为基于人眼视觉系统的量化视觉模型。

小波系数集合的统计量 $\hat{I}(k)$定义为

$$\hat{I}(k) = \sum_{i=1}^{N-1} P_i \cdot | I_i(k) | \tag{5-24}$$

式中，$I_i(k)$为第 k 个小波块中的第 i 个小波系数，$i=1,\cdots,N$，N 为小波块中系数的个数。$I_0(k)$为第 k 个小波块的 DC 系数，P_i为具有均匀分布的二值伪随机序列，$P_i \in \{-1,1\}$。利用 P_i 的伪随机特性可以保证数字水印系统的安全性，防止攻击者移去数字水印；利用 P_i二值均匀分布特性可以使得小波块的稳定统计量在出现一些失真后仍能保持较小的方差，具体分析如下。

假设由于某些失真导致所有 I_i的幅值改变了 Ω，则

$$\hat{I}'(k) = \sum_{i=1}^{N-1} P_i \cdot (| I_i(k) | + \Omega) = \underbrace{\sum_{i=1}^{N-1} P_i \cdot | I_i(k) |}_{\Sigma_1} + \underbrace{\sum_{i=1}^{N-1} P_i \cdot \Omega}_{\Sigma_2} \tag{5-25}$$

由于 P_i为具有均匀分布的二值随机序列，Σ_2近似为零，这样加权均值变为

$$\hat{I}'(k) = \Sigma_1 + \Sigma_2 \approx \sum_{i=1}^{N-1} P_i \cdot | I_i(k) | = \hat{I}(k) \tag{5-26}$$

因此当出现一些失真时加权均值具有保持较小方差的优点。

$T(k)$视觉模型考虑了小波块的亮度灵敏度和纹理灵敏度，定义如下

$$T(k) = \text{brightness}(k) \cdot \text{texture}(k)^{\beta}$$

式中

$$\begin{cases} \text{brightness}(k) = A + I_0(k)/B \\ \text{texture}(k) = \text{var}\{I_i(k): i = 1, \cdots, N-1\} \end{cases} \tag{5-27}$$

其中，β为纹理灵敏度的调节因子；A为亮度基值；B为最大灰度值；var{ · }为方差运算符。由于人眼对图像中的较高亮度和纹理复杂区域中噪声并不很敏感，所以函数 brightness(k)利用小波块中低通子带系数来估计局部亮度，函数 texture(k)被用来估计小波块的纹理复杂度，定义为小波块中除直流系数外的小波系数的局部方差。

为了更新 $\hat{I}(k)$，第k个小波块中的每一个小波系数$I_i(k)$必须相应更新。令 $\Delta = \alpha \cdot T(k) \cdot W(k)$，更新规则为

$$I'_i(k) = I_i(k) + P_i \cdot \text{sign}(I_i(k)) \cdot \Delta_i$$

式中

$$\begin{cases} \text{sign}(x) = \begin{cases} +1, & x > 0 \\ -1, & x < 0 \end{cases} \\ \Delta_i = \dfrac{| I_i(k) |}{\sum\limits_{i=1}^{N-1} | I_i(k) |} \cdot \Delta \end{cases} \tag{5-28}$$

如果在应用式(5-28)后 $I_i(k)$的符号改变，那么 $I'_i(k)$置为 0。Δ_i为$I_i(k)$更新的幅度，如果$I_i(k)$为 care 小波块中的外节点，那么由于 care 块中的外节点都被置为 0，Δ_i也相应为 0。这样，数字水印将不会嵌入在 care 块的外节点中。式(5-28)的证明如下

$$\begin{aligned} \hat{I}'(k) &= \sum_{i=1}^{N-1} q_i \cdot | I_i(k) | + \sum_{i=1}^{N-1} \Delta_i = \sum_{i=1}^{N-1} q_i \cdot (| I_i(k) | + q_i \cdot \Delta_i) \\ &= \sum_{i=1}^{N-1} q_i \cdot \text{sign}(I_i(k)) \cdot (I_i(k) + q_i \cdot \text{sign}(I_i(k)) \cdot \Delta_i) \end{aligned}$$

令 $I'_i(k) = I_i(k) + q_i \cdot \text{sign}(I_i(k)) \cdot \Delta_i$，并引入限定条件：如果 $\text{sign}(I'_i(k)) \neq \text{sign}(I_i(k))$，那么 $I'_i(k) = 0$。

由此可得

$$\hat{I}'(k) = \sum_{i=1}^{N-1} q_i \cdot \text{sign}(I'_i(k)) \cdot I'_i(k) = \sum_{i=1}^{N-1} q_i \cdot | I'_i(k) | \tag{5-29}$$

因此，当 $I_i(k)$ 被更新到 $I'_i(k)$ 时，那么 $\hat{I}(k)$ 也被更新到 $\hat{I}'(k)$。

3. 视频对象的盲数字水印检测方案

数字水印检测不需要原始的图像/视频对象，其检测策略：通过对可能加数字水印的小波块加权均值和数字水印进行相关，对相关值c作出判决是否存在数字水印。相关公式如下

$$c=\frac{\sum_{k=0}^{M-1}Y(k)}{\sigma\cdot\sqrt{M}}=\frac{\mu\cdot\sqrt{M}}{\sigma} \tag{5-30}$$

式中，$Y(k)=\hat{I}'(k)\cdot W(k)$；$M$ 为数字水印序列的长度；μ 和 σ^2 分别为 $Y(k)$ 的均值和方差

$$\mu=\frac{\sum_{k=0}^{M-1}Y(k)}{M},\quad \sigma^2=\frac{\sum_{k=0}^{M-1}(Y(k)-\mu)^2}{M-1} \tag{5-31}$$

如果对象中嵌入了数字水印 W'，$W\neq W'$，那么相关值 c 为

$$c=\frac{\sum_{k=0}^{M-1}\hat{I}(k)\cdot W(k)+\sum_{k=0}^{M-1}\alpha\cdot T(k)\cdot W'(k)\cdot W(k)}{\sigma\cdot\sqrt{M}} \tag{5-32}$$

如果对象中嵌入了数字水印 W，那么相关值 c 为

$$c=\frac{\sum_{k=0}^{M-1}\hat{I}(k)\cdot W(k)+\sum_{k=0}^{M-1}\alpha\cdot T(k)\cdot W^2(k)}{\sigma\cdot\sqrt{M}} \tag{5-33}$$

假设 $\hat{I}$，W 为独立同分布的随机变量，W 具有零均值，那么 c 的均值为

$$\mu_c=\begin{cases}0, & W\neq W' \text{ 无水印}\\ \dfrac{E(\alpha\cdot T(k))\cdot\sqrt{M}}{\sigma}\approx\dfrac{\alpha\cdot\sum_{k=0}^{M-1}T(k)}{\sigma\cdot\sqrt{M}}, & W=W'\end{cases} \tag{5-34}$$

相关值 c 与阈值 T_c 比较，如果 $c>T_c$，那么数字水印 W 被认为存在，如果 $c<T_c$，那么数字水印被认为不存在。在实验中，阈值 $T_c=4$。用于产生具有均匀分步的随机序列 P 的种子和用于产生数字水印 W 的种子可作为私钥，并利用用户 ID 加密使之不为公众所知。

习　题

1. 数字水印技术的目的是什么？
2. 数字水印技术有哪些典型算法？
3. 简述数字水印的分类。
4. 请举例说明数字水印技术的典型应用。
5. 安全可靠的数字水印应满足什么要求？
6. 对数字水印的攻击手段有哪些？
7. 数字水印的信息嵌入位置有哪几类？
8. 请画出数字水印嵌入和检测流程框图。
9. 简述数字水印版权保护系统的构成。
10. 简述什么是音频掩蔽效应。
11. 请简述音频数字水印系统的要求。
12. 评价数字水印的指标有哪些？

参 考 文 献

陈生潭,侯振华,王虹现. 2005. 双重认证的变换域图像半脆弱数字水印算法[J]. 计算机辅助设计与图形学学报,5(17):1114-1119.

李春,黄继武. 2006. 一种抗 JPEG 压缩的半脆弱图像数字水印算法[J]. 软件学报,2(17):315-324.

凌贺飞,卢正鼎,邹复好. 2006. 基于 Watson 视觉感知模型的能量调制数字水印算法[J]. Journal of Software, 17(5):1124-1132.

马秀莹, 林家骏. 2009. 数字水印系统性能评价研究的现状与展望[J]. 计算机工程与设计, 30 (22): 5233-5238.

桑茂栋,赵耀. 2004. 抵抗几何攻击的数字图像数字水印. 电子与信息学报,26(12):1875-1881.

唐国坪,廖晓峰. 2005. 基于混沌映射的抗剪切鲁棒数字水印算法[J]. 计算机工程,31:34-36.

Arce G,Xie L. 1998. Joint wavelet compression and authentication watermarking[C]. Proceedings of the IEEE International Conference on Image Processing,2:42-431.

Bender W,Gruhl D,Morimoto N,et al. 1996. Techniques for data hiding[J]. IBM System Journal,35(3/4): 313-336.

Bors A G,Pitas I. 1996. Image watermarking using DCT domain constraints[C]. Proceeding of the IEEE International Conference on Image Processing. Lausanne, Switz: IEEE: 231-234.

Cox I J,Kilian J,Leighton T. 1997. Secure spread spectrum watermarking for multimedia[J]. IEEE Transactions on Image Processing,6(12): 1673-1687.

Eggers J J,Girod B. 2001. Blind watermarking applied to image authentication[C]. ICASSP' 2001: International Conference on Acoustics,Speech and Signal Processing:1977-1980.

Fleet D J,Heeger D J. 1997. Embedding invisible information in color images[C]. Proceeding of International Conference on Image Processing,531(1):532-535.

Fridrich J,Goljan M. 1999. Image with sel-correcting capabilities[A]. Proceedings of the IEEE International Conference on Image Processing,Kobe,Japan,3:792-796.

Fridrieh J. 2002. Security of fragile authentication watermarks with localization[A]. Proceedings of SPIE, 4675 (75):691-700.

Hartung F,Girod B. 1997. Digital watermarking of MPEG2 coded video in the bit stream domain[C]. Proceeding of IEEE International Conference on Acoustic, Speech and Signal Processing, Munich, Germany, 2621-2624.

Jayant N, Johnston J, Safrankek R. 1993. Signal compression based on models of human perception[C]. Proceedings of The IEEE, 81(10): 1385-1421.

Kim G Y,Lee J,Won C S. 1999. Object-based video watermarking[C]. Proceedings of ICCE'99:100-101.

Kong W, Liu Y, Liu H J, et al. 2004. Object watermarks for Digital Images and Video, Image and. Vision Computing[J], 22(08): 583-595.

Kundur D,Hatzinakos D. 1997. A robust digital image watermarking method using Wavelet-based fusion[C]. Image Processing,1997. Proceeding of International Conference on,1(10):544-547.

Kundur D, Hatzinakos D. 1999. Digital watermarking of telltale tamper-proofing and authentication[A]. Proceedings of the IEEE Special Issue on Identification and Protection of Multimedia Information, 87(7): 1167-1180.

Kutter M. 1999. Watermarking resisting to translation, rotation, and scaling[C]. Proceedings of SPIE-Multimedia Systems and Applications, Boston, MA, USA, 3528: 423-431.

Li C T, Yang F M, Lee C S. 2002. Oblivious fragile watermarking scheme for image authentication[A]. Proceedings IEEE International Conference on Acoustics, Speech, and Signal Processing, Orlando, FL, USA, VI: 3445-3448.

Lin C Y, Chang S F. 2001. A robust image authentication method distinguishing JPEG compression from malicious manipulation[J]. IEEE Transactions on Circuits and Systems for Video Technology, 11(2): 153-168.

Li S, Li W. 2000. Shape-adaptive discrete wavelet transforms for arbitrarily shaped visual object coding[J]. IEEE Transactions on Circuits and Systems for Video Technology, 10(5): 725-743.

Marvel L M, Hartwig Jr GW, Boncelet Jr C. 2000. Compression compatible fragile and semi-fragile tamper detection[C]. Proceedings of SPIE Conference on Security and Watermarking of Multimedia Contents II, san Jose, CA, USA, 3971(12): 131-139.

Paquet A H, Ward R K. 2002. Wavelet-based digital watermarking for image authentication[C]. Proceedings of 2002 IEEE Canadian Conference on Electrical and Computer Engineering, 2: 879-884.

Pereira S, Ruanaidh J, Deguillaume F. 1999. Template based recovery of Fourier-based watermarks using log-log maps[C]. Proceeding of the 1999 6th International Conference on Multimedia Computing and Systems (ICMCS, 99), Florence, Italy, (1): 870-874.

Piva A, Caldelli R, Rosa A D. 2000. A DWT-based object watermarking system for MPEG-4 video streams [C]. Proceedings of ICIP'2000, Vancouver, Canada, III: 5-8.

Podilchuk C L, Zeng W J. 1998. Image-adaptive watermarking using visual models[J]. IEEE Journal on Selected Areas in Communications, 16(4): 525-539.

Ruanaidh J, Pun T. 1998. Rotation, scale and translation invariant spread spectrum digital image watermarking [J]. Signal Processing, 66(3): 303-317.

Schyndel R, Tirkel A, Oshorne C. 1994. A digital watermark[C]. Proceeding of the IEEE, International Conference on Image Processing, Austin, Texas, 2: 86-90.

Swanson M, Zhu B. 1998. Multiresolution scene-based video watermarking using perceptual models[J]. IEEE Journal on Selected Areas in Communications, 16(4): 540-550.

Walton S. 1995. Information authentication for a slippery new age[J]. Dr Dobbs Journal, 20(4): 18-26.

Watson A B. 1993. DCT quantization matrices optimized for individual images[C]. //Allebach J P, Rogowitz B E. Human Vision, Visual Processing, and Digital Display IV. San Jose: SPIE Press: 202-216.

Wolfgang R B, Delp E J. 1996. A watermark for digital images[C]. Proceeding of IEEE International Conference on Image processing, (3): 219-222.

Wong P W. 1998. A public key watermark for image verification and authentication[A]. Proceedings of the IEEE International Conference on Image Processing, Chicago, Illinois, USA, 1: 455-459.

Wu X, Zhu W, Xiong Z, et al. 2000. Object-based multiresolution watermarking of images and video[C]. Proceedings of ISCAS'2000, Geneva, Switzerland:212-215.

Yen J C. 2001. Watermarks embedded in the permuted image[J]. Electronics Letters,37: 80-81.

Yu G J,Lu C S,Liao H Y M ,et al. 2000. Mean quantization blind watermarking for image authentieation[C]. Proceedings of 7th IEEE International. Conference, on Image Processing. 111: 706-709.

Zhu B,Swanson M D,Tewfik A H. 1996. Transparent robust authentication and distortion measurement technique for images[C]. Digital Signal Processing Workshop Proceedings,3:45-48.

第 6 章　数字媒体取证

6.1　绪　　论

6.1.1　数字媒体取证问题的提出

1. 数码照片

在当今数字时代,价格低廉的图像获取设备,功能强大的图像编辑软件,互联网的普及与迅猛发展,分别从图像获取、图像处理和图像传播三个方面降低了图像篡改伪造的技术门槛。这使得任何普通计算机用户都可以对数字图像进行“移花接木”,其效果甚至能达到以假乱真的程度。而 Internet 的强大传播功能更是为现代数字图像伪造篡改提供了丰富的软件和图像资源。

报纸、期刊、杂志上的造假图片层出不穷,使得人们正在逐渐丧失对新闻图片的信任。而在政治、军事、科学以及社会公共事件中不断出现的,由伪造数字图像引发的焦点事件,也在颠覆着人们“耳听为虚,眼见为实”的传统观念,使得数字化时代被打上了“眼见未必为实”的标签。而更让人们担忧的是,随着社会数字化程度的逐渐提高,电子证据的不断采用,一旦造假图片作为司法证据出现在法庭上,则很有可能会给法庭造成错误的引导,进而导致误判、错判,引发严重的司法信任危机。

因此,数字和网络时代下伪造图像的鉴别和检测,已经成为了亟待解决的重要社会问题。

鉴于此,对于一幅图像,期望能够得到对于如下问题的准确回答。

(1)它是直接来自成像设备、未经过任何处理的原始图像吗?(原始性)

(2)它是真实的吗?是否经过某种篡改?(真实性)

(3)该图像是完整的吗?有无剪切或删除?(完整性)

进一步地,如果照片是真实的,还可能期望知道图像成像时间,甚至了解成像设备的相关信息。如果该图像是非原始的、非真实的,那么则可能期望通过已有的先验知识,分析和鉴别篡改和伪造过程中所使用的手段和方式;也可能期望再现篡改伪造图像的生成过程;甚至期望利用技术手段消除篡改遗留的痕迹,进而客观、真实地再现图像的本来面目。

2. 打印文档

随着打印文档的使用越来越广泛,近年来因为伪造打印文档而引发的民事、经济纠纷和刑事案件也越来越多,例如,伪造合同、伪造文档证据以及非法传单。在法庭的审判中,需要验证这些作为证据的文档的真实性;在刑事侦查过程中,则往往需要追踪文档的来源,以便缩小侦查范围,开展进一步工作。因此,司法和公安部门都迫切地需要打印文档的取证技术,来检验文档是否经过伪造,以及判断文档来自于哪一台打印机。

目前我国司法部门的文件检验技术,主要采用光学、物理、化学等仪器和技术手段,通过文件检验专家进行主观、经验式的分析鉴定。针对喷墨打印机,主要从墨水驱动方式、墨水种类、打印字符质量、打印介质、用纸、油墨的理化性质等进行种类鉴别;针对激光打印机,主要利用拉曼光谱分析打印文件字迹确定墨粉种类,从而推断打印机品牌和大致型号。这些方法所使用的专业分析仪器往往价格偏高,同时需要专业性较强的经验式人工操作,因此往往存在分析成本高、有一定的主观性等特点。在实际的检验过程中,如何确定文档的打印机品牌、打印机型号,甚至进一步具体确定来自哪一台打印机,一直是文件检验中的一个亟待解决的问题。

随着计算机科学的发展,人们逐步尝试使用图像处理和模式识别技术来解决文档检验问题。这种技术通过扫描仪将文档扫描成文档图像,然后利用图像处理技术从文档图像中提取一些能够代表打印机固有特征的特征,最后使用模式识别技术判断文档的打印机来源。

3. 音频

1974 年美国“水门事件”使得语音取证成为公众和取证科学的热点和焦点。自此之后,音频取证技术开始在法庭取证中得到应用。对数字音频真实性的分析可以分为两部分。

第一部分是确定录制的事件与已知或者所宣称的一致,包括如下。

(1)确定音频中的声音是否和录制时在场的人的声音一致。

(2)确定音频的录制时间、日期等是否与所提供的一致。

(3)确定音频录制的地点是否和所宣称的一致。

第二部分是确定该音频是原始的还是经过篡改的,包括如下。

(1)该音频是原始的还是经过复制的?

(2)从该音频产生后,是否经过编辑修改?

(3)该音频是否在所指定的设备上录制?

(4)录制内容是否和所宣称的一致?

4. 视频

随着数码摄像机的普及以及包括 YouTube、优酷在内的视频共享网站的流行,数字视频正在成为人们日常生活的重要组成部分,数字视频业务也正在成为互联网的最大增长点。尽管数字视频的篡改伪造相对于静止图像来说要更为复杂和耗时,但如 Video Edit Magic 这样功能强大的视频编辑软件,也在不断降低着数字视频的篡改伪造门槛。

与数字图像相比,篡改伪造的数字视频对社会诚信和稳定更具冲击力和破坏力。2007 年 6 月 17 日捷克电视台在未经审查的情况下,播放了一段波西米亚当地实景与核爆蘑菇云合成的视频,数以万计的观众看到了波西米亚发生核爆炸的可怕画面,几乎引起社会恐慌,捷克政府和军方也因此承受了来自各方的压力和质疑。

数字视频被动取证技术主要分为如下两类。

(1)视频来源鉴别。判断生成视频的数据获取设备,这一类技术往往将视频与一系列具有共同特性的视频源联系起来,以便将视频匹配给某一类型的来源设备。

(2)视频篡改检测。判断数字视频是否遭受了任何形式的修改或处理。

6.1.2 数字媒体取证的分类

从取证技术的行为特征上划分,数字图像取证技术可以分为主动取证和被动盲取证两大类,它们都可以对图像是否经过了篡改进行认证,但是各自有着不同的应用领域。主动取证技术所采用的基本思路是在传播、分发数字图像之前，即尚未产生任何关于数字图像真实性和完整性的争议之前，未雨绸缪地对原始真实图像添加或者提取相关信息，以便将来对图像进行鉴别和检测。现有的主动取证技术包括以脆弱数字水印为代表的篡改检测技术，以及以数字摘要、图像哈希为代表的认证技术。而数字图像被动盲取证技术则假设真实性的争议已经产生，并且难以获得该图像的相关先验信息，因此只能依据数字图像本身的数据进行鉴别和检测。

1. 数字媒体主动取证

数字媒体主动取证主要包括两种技术。一种是以脆弱数字水印作为其技术基础。脆弱数字水印事先在图像的空域或者频域中嵌入易碎水印信息，这种水印信息的特点在于，一旦作为载体的媒体经过了修改和处理，将会轻易破坏嵌入在媒体中的全局或者局部水印信息。因此，通过判断数字媒体中水印信息是否完整，就可以鉴别数字媒体在传输过程中是否受到了篡改，甚至可以通过对水印信息局部完整性的分析，对伪造的数字媒体进行篡改定位。

使用脆弱数字水印对数字媒体进行取证需要两个前提条件。

(1)要求媒体获取设备具备脆弱水印的嵌入功能，这对媒体获取设备提出了额外的要求和限制条件，而实际上绝大部分媒体获取设备并不具备这样的功能。

(2)嵌入的脆弱水印不能被轻易去除，而目前数字水印的技术发展，还不能保证这个假设能够被充分地满足。

水印思想也在打印文档的主动取证中得到了应用。通过控制打印机在文档中打印不可见的信息，作为识别该文档或打印机的外部特征(Extrinsic Signature)，从而实现打印文档的主动取证。目前打印取证的典型技术有：打印机厂商在部分品牌彩色激光打印机的打印品中打印视觉不可见的、经过编码的黄色斑点阵列信息，如图 6.1 和图 6.2 所示，通过解码该阵列可以确定打印文档的生成时间、打印机序列号等信息；有些学者则研究了在打印机半色调过程中嵌入视觉不可见的水印信息；而 Purdue 大学的研究人员则通过改变打印机机械级参数控制墨点大小和位置来嵌入视觉不可见的外部特征。

图 6.1　扫描文档中黄色斑点的观察

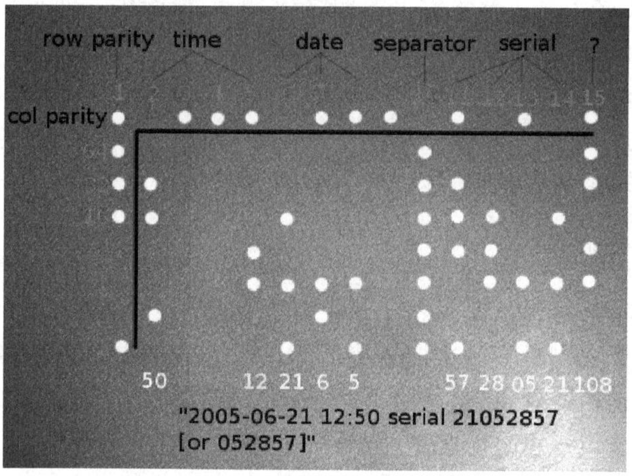

图 6.2　黄色斑点阵列的编码格式

另一种技术则是以数字摘要、图像哈希为代表。这类方法的基本思想是对数字媒体的比特信息即数据单元进行摘要计算，通过哈希函数将变长的数据转换为定长的摘要信息，并通过检验摘要信息的完整性和正确性来鉴别数字媒体内容的完整性和真实性。这种用于数字媒体和文件的认证方法也可以应用到数字图像的认证上，但是显然地，对于数字图像，这类方法也有其局限性，原因在于数字图像并不能被强制性地要求不作任何比特数据上的修改。压缩、尺寸变换、旋转等操作都是常见、被允许的图像正常处理，而这些正常的图像处理操作显然都会导致数字摘要的变化。因此，图像哈希技术成为了研究者关注的一个焦点。

与一般的哈希技术不同的是，图像哈希不是直接对图像数据进行摘要计算，而是对图像特征向量进行哈希计算。而提取的图像特征向量，一般要求能够充分反映图像的内容或统计特征。同时为了在正常的图像处理操作下仍然能够保持哈希值的稳定，还往往需要图像特征具有旋转不变性和缩放不变性等属性。

2. 数字媒体被动盲取证

与上述的主动取证技术不同，数字媒体被动盲取证的出发点则认为：一方面，在许多实际的关于数字媒体真实性的争端中，是难以获得该数字媒体的相关先验信息的；另一方面，要求所有的数字媒体具备真实和完整性鉴别的水印或者签名信息，在实际可操作性上也有待商榷。

从取证实施方的角度来说，基于数字水印或数字签名的主动取证技术，一般来说需要数字图像的获取方(发布方)、取证方以及可信赖的第三方机构在共享算法和密钥的前提下完成，即获取方生成和嵌入数字水印或数字签名，并在可信赖的第三方机构进行注册确认，当该图像发生真实性争端时，取证方获得该图像的数字水印或签名，并在第三方机构的协同下进行鉴别认证。这样的方式，在现实中常常会给取证方带来执行的难度。

因此，人们开始从另一个角度考虑数字图像的真实性鉴别问题，提出了数字图像被动盲取证的概念。数字图像被动盲取证的核心思想是，原始的真实数字媒体与篡改伪造的数字媒体在统计特性上存在根本性的差别，因此可以通过对原始真实数字媒体的统计建模分析，或者对篡改伪造手段的引入特征分析，来达到鉴别、检测数字媒体真实性的目的。

所谓被动，是相对于数字水印等主动取证技术而言的。由于数字媒体被动盲取证假定在数字媒体没有经过任何嵌入水印、提取签名或指纹的预处理的情况下，发生了真实性争议(事实上，这种假设是更为符合现实情况的)，所以其取证过程完全是被动触发的，没有任何预先对数字媒体进行主动修改和处理的过程。而盲取证则是指在对数字媒体进行完整性和真实性鉴别检测的过程中，取证方无法获得数字媒体的相关原始信息，而只能依赖于待鉴别检测的数字图像数据本身。由于被动和盲分析这两个特性，取证分析人员可以在仅获得有争议的数字媒体本身的情况下，独立完成取证鉴定的工作。相对于主动取证，数字媒体被动盲取证技术的可操作性更强，实用性也更强，但同时这也是一项更具有挑战性的工作。数字媒体被动盲取证和主动取证的对比如表 6.1 所示。

表 6.1　数字媒体被动盲取证和主动取证技术的对比

	被动盲取证技术	主动取证技术
是否需要预处理	否	需要嵌入/提取数字水印或签名
所采用的技术路线	统计分析等	嵌入/提取/验证数字水印或签名
取证执行方	取证方	发布方、取证方、第三方机构
设备要求	无特殊要求	高端专业级设备
是否需要共享算法	否	是

6.1.3　数字媒体被动盲取证发展状况

数字图像取证方面，尽管以数字水印为代表的数字图像主动取证技术在 20 世纪 90 年代以后得到了飞速发展，但数字图像被动盲取证技术却是近几年来才刚刚兴起的。尤其是最近两年国内外因为篡改伪造的数字图像引发的事件和风波层出不穷，而这些图像大多没有经过任何数字水印或者数字签名等主动取证技术的操作，所以引起了人们对于数字图像被动盲取证技术的广泛关注。在学术界，已经有一些国际著名的大学，如美国的 Maryland、Purdue、Columbia、Dartmouth 等，开始从事数字图像被动盲取证的相关研究。而在国内，北京电子技术应用研究所、大连理工大学信息安全研究中心、北京邮电大学、中山大学、同济大学、解放军信息工程大学、南京理工大学等科研机构和高等院校，几乎和国际上的科研机构同步开展了数字图像被动盲取证的相关研究。

打印取证方面，美国 Purdue 大学的研究人员自 2003 年以来，在打印机取证领域中进行了深入的研究，并取得了令人满意的实验结果。国际上其他机构，如 University of Kaiserslautern in Germany、The London Institute in England 也进行了一些打印机取证的相关研究。国内的研究机构主要包括大连理工大学和华南理工大学，它们主要针对中文文本的打印取证进行相关的研究分析。

音频取证方面，随着语音信号处理技术的逐渐成熟，最近几年对音频取证技术的研究得到了广泛的关注。美国 Dartmouth 大学的研究团队根据篡改过程引入的非线性，通过高阶统计量检测信号是否经过篡改；而 Grigoras 等则提出通过录音设备中的电网残留信号(即国际电网频率：ENF)检测信号的真实性。国内主要的研究机构包括上海交通大学、大连理工大学、中山大学、解放军信息工程大学以及哈尔滨工业大学等。

视频取证的研究目前相对较少。Farid 教授领导的科研团队受到美国国家网络安全办公室(DHS-NCSD)的资助，率先开始了视频取证的研究。此后，Maryland 和 Polytechnic 大学等成立了专门的数字媒体取证研究小组,并开始将视频被动取证纳入研究范围。而在国内,天津大学苏育挺教授领导的团队在数字视频取证方面,开展了大量的研究工作。

许多国际上著名的期刊和重要的会议都密切关注数字媒体被动盲取证技术的发展。2001年之后,数字图像被动盲取证技术的相关论文开始在一些计算机取证的相关会议上出现。而2001年8月,一个更为偏向数字设备和数字证据内容取证的会议DFRWS(Digital Forensic Research Workshop)在美国召开。不久后,一些国际顶级的学术会议如ACM Multimedia and Security Workshop、International Information Hiding Workshop、International Workshop on Digital Watermarking等,都陆续推出了数字媒体被动盲取证技术的相关专题。2005年,IEEE开设了新的学术期刊IEEE Transaction on Information Forensics and Security;2006年,Springer也开设了新的学术期刊LNCS Transactions on Data Hiding and Multimedia Security,将数字媒体取证技术作为一个重要的主题。

而在国内,2006年在哈尔滨召开的第六届全国信息隐藏暨多媒体信息安全学术研讨会(CIHW2006)上,首次将数字取证(Digital Forensics)列入了征文主题之一,引起了国内学者对于数字媒体被动盲取证技术的广泛兴趣和高度关注。

6.2 数字媒体来源取证

首先以数字图像来源取证为例,介绍数字媒体来源取证的概念。

如今,可以获取数字图像的设备(数码相机、扫描仪、计算机、手机等)有很多种,数字图像来源鉴别技术,就是要在不明其来源的情况下,从图像本身来判别给定图像的获取设备类型、型号甚至个体。虽然在视觉上不同类型的设备产生的数字图像差别并不明显,但是由于各种图像生成设备有着内在的不同特性,这些特性可以通过对输出的数字图像进行分析来区别。常见的数字图像获取设备来源包括数码相机、计算机和扫描仪。数字图像来源鉴别技术试图在技术层面解决该问题,其鉴别示意图如图6.3所示。

理想的数字图像来源盲取证系统应是一个全自动的系统,能够依次解决如图6.3所示的以下几点问题。

(1)根据不同类型设备的成像原理及特性,判别一幅数字图像是由成像设备获取的真实场景照片,还是计算机软件制作的图像,是数码相机拍摄的照片,还是扫描仪扫描的图像,即确认成像的设备类型。

(2)根据同一类型设备,不同品牌与型号之间的差异确定生成图像设备的模型,即图像获取设备的品牌、型号。

(3)最后针对每个设备独有的特征来鉴别设备的个体,将待测的数字图像与具体的获取设备个体进行匹配。

6.2.1 数码相机来源鉴别

尽管不同年代、不同品牌、不同型号的数码相机,其外形外观、硬件器件、软件算法以及功能性能各不相同,但是,将真实的景物场景转换为数字图像信号的模型和过程,却都可以用图6.4来表示和描述。

在真实的物理世界中的景物,通过反射自然光或者人造光来被人们的眼睛或者照相机的

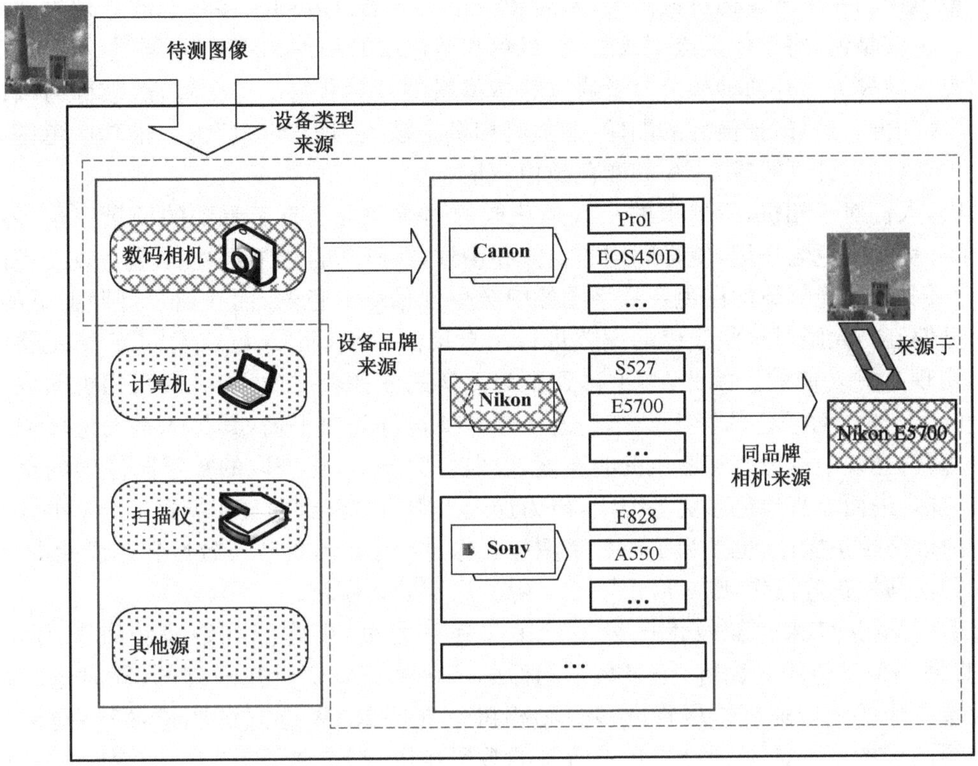

图 6.3　数字图像来源鉴别示意图

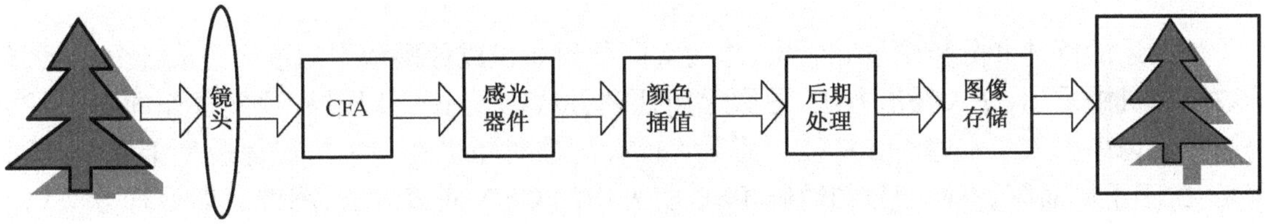

图 6.4　数码相机成像的一般模型

传感器件所感知。被拍摄的景物所反射的光子通过镜头进入相机，首先可能经过光学意义上的滤波和校正，然后被数码相机中的核心器件，即感光器件所接收和感知。现有数码相机里的感光器件多为电荷耦合元件(Charge Coupled Device，CCD)或者互补金属氧化物半导体(Complementary Metal Oxide Semiconductor，CMOS)，它们由若干微小的光敏物质排列在一起组成 CCD/CMOS 阵列，将光学信号转换为电流信号。每一个微小的光敏物质，对应着数字图像中的一个像素点。感光器件将不同亮度的光学信号转换为不同强度的电流信号，并通过相机中的 A/D 转换器，将模拟电流信号转换为数字信号，进而记录在数码相机的存储器中形成数字图像。这是数码相机成像的最基本模型，但是，在实际的应用中，要获取一幅清晰的彩色数字图像，在基本成像模型的基础上，还有许多问题需要进一步考虑和解决。

现有的感光器件，无论 CCD 还是 CMOS，均为单色电子元件，只能感应光照强度，而不能分辨颜色。人们给出的解决方案是，在绝大部分消费级数码相机中，出于感光器件制造工艺和相机制造成本的考虑，在感光器件前端放置一个颜色滤波阵列(CFA)，对于每一个像素点，仅允许三原色中的一个分量通过该阵列，然后用一个感光器件阵列来接收滤波阵列过滤出的颜色分量。也就是说，每个像素点记录红色、绿色和蓝色中的一种。随后，再通过插值算法，将每个像素点所缺失的另外两种颜色分量通过邻域像素值计算获得。这个过程，被称为颜色插值或者 CFA 插值。这样，插值后的图像，在数码相机中被人为地“恢复”为一幅真彩色图像。在图 6.4 中，该操作分别对应 CFA 和颜色插值模块。

其次，人们对于相机，所追求的一直是获取的图像和自己真实看到的场景完全一致。但是，由于环境光的色温作用，使得同样的物体和场景，在不同的光源照射下，会呈现出不同的颜色偏差。例如，荧光灯下的白色在数字图像中会呈现偏绿的色彩，而在白炽灯照射下的白色，则会明显偏红。人眼对这些颜色的偏差进行了自动的校正，而 CCD 或 CMOS 感光器件是无法自动实现这一功能的。因此，为了达到更为真实的图像获取效果，在数码相机的成像模型中，就有必要加入对颜色的修正操作。这一操作就被称为白平衡，其目的是无论环境光线如何，通过调整光线中红绿蓝三原色的明亮度，以白色为基准，将获取的数字图像中的最大光强修正到纯白，进而令其他色彩更为准确，更为逼近人眼所观察到的真实场景。类似的还有数码相机中的伽马校正操作，也是为了对数字图像成像过程中器件的非一致性和非线性进行修正。白平衡和伽马校正等操作，则对应了图 6.4 中的后期处理模块。

最后，尽管近年来存储技术已经得到了飞速的发展，但是要在数码相机上用 24 比特(红绿蓝每一个颜色用 8 比特)记录数字图像的一个像素点仍然是奢侈的，同时也影响相机存储拍摄图像的响应速度。尽管许多数码相机也支持 RAW 格式的图像，完整地记录数码相机拍摄图像的所有数据，但是，几乎所有的数码相机，都选择了 JPEG 压缩标准，对拍摄的数字图像进行有效的数据压缩。对获取的数字图像进行 JPEG 压缩，对应着图 6.4 中的图像存储模块。

从上述的阐述和分析中不难看出，作为实际数码相机成像模型中的重要组成部分，绝大部分数码相机中采用 CFA 插值方法、图像后期处理方法以及 JPEG 压缩，这些操作向拍摄的数码照片图像中引入了一些固有特征。而尽管现有的数码相机在基本的成像模型上完全相同，但是，由于不同品牌、不同型号的数码相机，所采用的 CFA 插值方法、图像后期处理方法以及 JPEG 压缩参数不尽相同，所以这些特征也随之呈现出差异。

1. 镜头失真

数码相机的镜头和普通相机的镜头一样，同样具有定焦镜头、变焦镜头等分类。相机的生产商出于对成本的考虑，大多数数码相机的镜头都是采用球形表面的，而且由于设计和制造过程中产生的问题，会产生镜头的扭曲，所以所拍摄的数码照片与原有的自然景物相比会产生一定的失真。由镜头扭曲所产生的失真主要包括以下几种：球形失真、散光失真、彗形象差失真、场弯曲失真、镜头径向失真和色差失真。在上述 6 种情况中，镜头径向失真是最严重的。针对径向失真的问题，相机生产商会对其进行校正和补偿。然而，不同品牌或者相同品牌不同型号的数码相机内部都对镜头失真有不同程度的补偿，因此不同相机所拍摄的数字照片中呈现出不同程度的径向失真，这种失真在用低端广角镜头所拍摄的数码照片中体现更为明显，其影响表现在它可以使物体空间的直线在相机传感器上呈现曲线，因此，即使每一点都对准了焦点，径向失真也会使拍摄出来的图像变形。

如图 6.5 所示为格形图像的径向失真，这个现象产生的原因是横向放大倍数 M_T 不是傍轴理论所预测的常数而是图像径向距离 r 的函数。也就是说，相机的镜头在不同区域有不同的焦距和不同的放大倍数。当 M_T 随着 r 增加而增大时，整个图像呈现正形失真；当 M_T 随着 r 增加而减小时，整个图像呈现桶形失真。

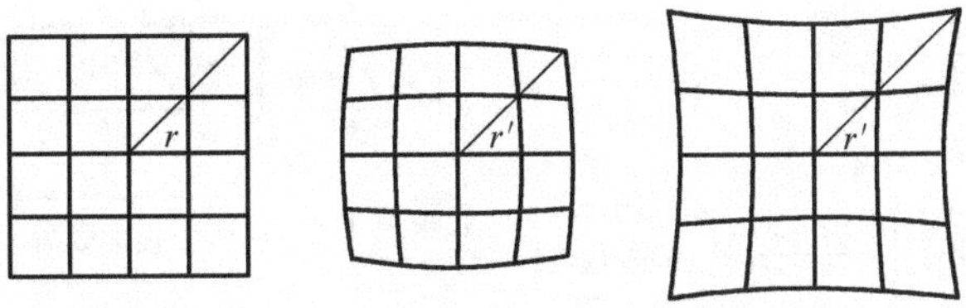

(a) 未失真的格形图像　(b) 桶形失真　(c) 正形失真

图 6.5　格形图像的径向失真

针对相机镜头扭曲产生的失真，Choi 等提出利用镜头径向失真的统计特征对数字图像的来源进行鉴别。应用 Devernay 提出的镜头失真系数的估计方法，估计镜头的失真系数，并把镜头失真系数特征加入到 Kharrazi 等所提出的特征中作为相机图像来源鉴别的统计特征，然而该估计方法需要提取图像中的直线信息，对于含有太短直线或者太少直线的样本，该方法失效。同时，当相机可以手动调焦时，镜头失真的参数会在一个较大的范围之内变动，这样会降低分类的准确率。

2. 传感器缺陷

作为成像中的核心器件，图像传感器的缺陷可以作为图像来源取证的手段之一。

在使用数码相机获取图像的过程中，存在很多不理想的因素。作为成像核心器件的感光器件，在制作工艺上也无法做到所有的像素点完全相同。因此，即使相机对一个绝对均匀的自然场景进行拍摄时，得到的数码照片在个别不同的像素位置上也会产生差异。造成这种差异一部分是因为一些随机噪声的引入，如拍摄噪声和温度噪声等。另一部分则是模式噪声，对于数码相机来说，它是一种确定性的噪声，对同样场景的多张照片来说模式噪声的分布是近似于相同的。正是由于这种特性，模式噪声存在于每一幅相机拍摄的数码照片中，可以应用于数字图像的来源鉴别技术中。

模式噪声主要包括以下两部分：固定样本噪声（Fixed Pattern Noise，FPN）和光感应不均匀噪声（Photo Response Nonuniformity Noise，PRNU）。FPN 是由暗电流产生的，是指无光的情况下 CCD 像素之间的差异。作为一种加性噪声，目前市场上一些中高端的消费级数码相机都能够自动对其进行抑制；而 PRNU 则是由传感器中的硅元素的同质性、均匀性不一致和制造过程的不理想产生的，不会受温度、湿度等环境的影响，是图像传感器的固有特性，是一种乘性噪声。

Fridrich 等利用相机模式噪声提出了一种来源鉴别方法，其算法流程图如图 6.6 所示。

1）提取模式噪声

在提取图像模式噪声时，使用基于图像小波系数的空间自适应模型的降噪方法，该方法对小波系数不是采用传统的阈值技术，而是考虑了图像空间复杂度的影响，降噪后得到的噪声中包含较少的场景信息，以尽量保证得到的噪声值受图像内容信息影响较小。

给定图像 I，用基于小波系数的空间自适应模型降噪方法得到降噪后的图像 I_r，则模式

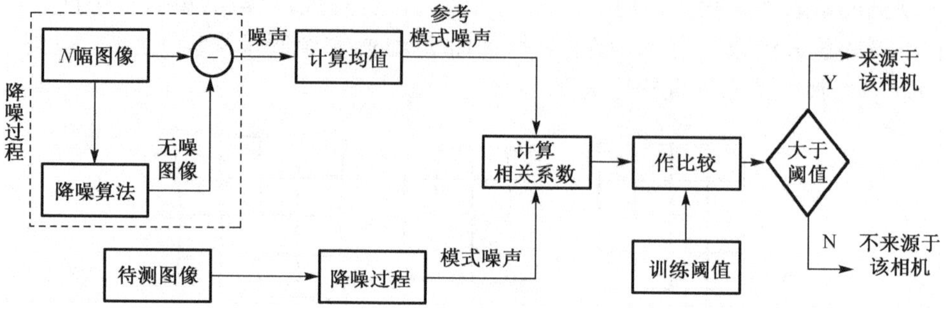

图 6.6　用模式噪声进行图像来源鉴别算法流程图

噪声的估计值 N 为

$$N = I - I_r \tag{6-1}$$

实际上,从数码相机输出图像中提取出的模式噪声不仅仅是由图像传感器产生的,数码相机镜头的瑕疵和灰尘也会贡献一部分系统噪声。

2)参考模式噪声

对于一幅数字图像而言,其中的随机噪声部分是指图像亮度与颜色值在图像的真实像素值上下小范围内进行波动。而固定的系统噪声是指数字图像的亮度和色度值超过了周围其他随机噪声的波动范围。

中心极限定理指出,在客观实际中存在许多随机变量,它们是受大量相互独立的随机因素的综合影响而形成的。而其中的每一个因素在总体中所起的作用都是极其微小的,这种变量往往近似服从正态分布。因此,对于数字图像中的随机噪声来说,通常是服从正态分布的。由于随机噪声的值是在图像的真实像素值上下很小范围内进行波动的,所以通常认为它是服从均值为零、方差较小的正态分布,即随机噪声值在零值左右聚集。提取出 M 幅图像的模式噪声,然后计算其均值,得到参考模式噪声

$$N_{\text{ref}} = \frac{1}{M}\sum_{k=1}^{M} N_k \tag{6-2}$$

3)相关系数

为了确定一幅图像是否来自相机 C,要计算该图像的模式噪声 N 和相机 C 的参考模式噪声 N_{C}之间的相关系数 ρ

$$\rho = \text{corr}(N, N_{\text{C}}) = \frac{(N - \bar{N}) \cdot (N_{\text{C}} - \overline{N_{\text{C}}})}{\| N - \bar{N} \| \cdot \| N_{\text{C}} - \overline{N_{\text{C}}} \|} \tag{6-3}$$

式中,变量上的横线表示对该变量求均值。

得到相关系数 ρ 之后,将其与训练得到的阈值 T 进行比较,并根据如下决策判别其是否来源于相机 C

$$\begin{cases} \rho > T, & \text{图像 } I \text{ 来源于相机 C} \\ \rho \leqslant T, & \text{图像 } I \text{ 不来源于相机 C} \end{cases} \tag{6-4}$$

实验中,用奈曼-皮尔逊准则获得阈值 T,可以在获得最小虚警率的情况下尽可能地提高鉴别准确率。

3. 颜色滤波阵列插值

在绝大部分消费级数码相机中，出于感光器件制造工艺和相机制造成本的考虑，往往在感光器件前端放置一个颜色滤波阵列(CFA)，以便在一个像素点获得 RGB 中的某一个颜色分量，随后再通过 CFA 插值算法，估计出该像素点缺失的另外两个颜色分量。

CFA 颜色模式的选择和排列方式因相机而异，大部分数码相机采用的都是 RGB 颜色模式，分别用 R、G、B 表示。Bayer 模式为最常见的一种排列模式，人眼对绿色细节最敏感，因此在该排列方式中绿色单元的数量是红色、蓝色单元数量的两倍，如图 6.7 所示。

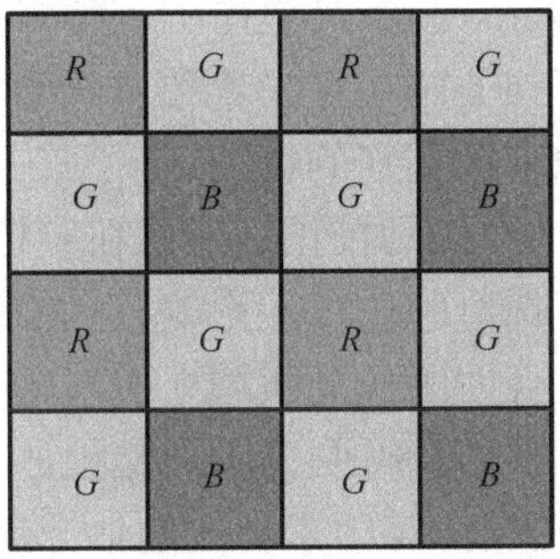

图 6.7　一种常见的 Bayer 排列模式

作为利用 CFA 进行图像来源鉴别算法的典型，Swaminathan 等系统地对 CFA 插值过程进行了分析。他们用线性插值模型描述 CFA 插值过程，并采用奇异值分解来估计 CFA 插值系数。他们的算法首先根据图像像素的纹理特征，将所有像素分为三大类，即水平纹理像素、垂直纹理像素和平滑区域像素。对于不同的像素集合，分别建立如下一组线性方程式

$$\boldsymbol{A}\boldsymbol{x} = \boldsymbol{b} \tag{6-5}$$

式中，$\boldsymbol{A}$ 为 $N_e \times N_u$ 的矩阵，代表所有通过数码相机感光器件直接获取得到的像素值，N_e 为方程个数，N_c 为未知数个数；$\boldsymbol{b}$ 为 $N_e \times 1$ 的向量，表示所有插值得到的像素值；$\boldsymbol{x}$ 则为 $N_u \times 1$ 的向量，代表需要估计的插值系数。这里，$\boldsymbol{A}$、$\boldsymbol{x}$ 和 $\boldsymbol{b}$ 都是在考虑了噪声以及其他操作对 CFA 插值影响的情况下的参数，即

$$\boldsymbol{A} = A_0 - E, \quad \boldsymbol{b} = \boldsymbol{b}_0 - \boldsymbol{r} \tag{6-6}$$

式中，A_0 和 $\boldsymbol{b}_0$ 分别代表没有噪声和其他操作影响情况下的像素值；而 E 和 $\boldsymbol{r}$ 则对应各自的误差。Swaminathan 等采用求解最小化问题 $\min\limits_{E,r} \| [E \quad \boldsymbol{r}] \|_F$ 的方式来估计插值系数向量 $\boldsymbol{x}$，$\| \cdot \|_F$ 代表矩阵的 Frobenius 范数，其约束条件为 $A_0\boldsymbol{x} - \boldsymbol{b}_0 = 0$。该式可以等价为

$$[A + E, \boldsymbol{b} + \boldsymbol{r}]\begin{bmatrix} x \\ -1 \end{bmatrix} = 0 \tag{6-7}$$

进一步地，可以得到

$$\| [E \quad \boldsymbol{r}] \|_F = \left(\sum_{m=1}^{N_e} \sum_{n=1}^{N_u} | e(m,n) |^2 + \sum_{m=1}^{N_e} | r(m) |^2 \right)^{1/2} \tag{6-8}$$

通过奇异值分解，最终得到估计的 CFA 插值系数如下

$$\begin{bmatrix} x \\ -1 \end{bmatrix} = -\frac{1}{v_{N_u+1,N_u+1}} \boldsymbol{v}_{N_u+1} \tag{6-9}$$

式中，$\boldsymbol{v}_{N_u+1}$ 表示混合矩阵 $[\boldsymbol{A} \quad \boldsymbol{b}]$ 的右奇异向量的第 $N_u + 1$ 列；而 v_{N_u+1,N_u+1} 则表示第 $N_u + 1$ 行，$N_u + 1$ 列的元素，即 $\boldsymbol{v}_{N_u+1}$ 的第 $N_u + 1$ 个元素值。

在得到估计的 CFA 插值系数之后，该算法将其作为支持向量机(SVM)分类器的输入特征向量，用大量的训练样本获得不同相机来源图像的分类模型，进而可以对数字图像的来源进行鉴别。Swaminathan 等的实验对 9 种不同品牌的 19 种不同型号数码相机拍摄的图像进行了来源鉴别取证实验，达到了目前对数字图像的相机型号来源鉴别很好的检测和分类效果，其

平均鉴别准确率达到了 85.9%；而如果对 9 种不同品牌的数码相机进行来源鉴别，则平均鉴别准确率甚至高达 89.8%。

4. 图像信号后期处理操作

(1) 白平衡。由于不同的光源具有不同的光谱成分和分布，这在色度学上称为色温。一个白色的物体，在低色温的光线照射下会偏红，而在高色温的光线照射下会偏蓝。为了获得真实正确的现实世界中各种色彩的图像，必须在拍摄时去除环境中光源色温的影响，即在图像经过存储之前要经过白平衡处理。因此，相机的白平衡参数可以作为数字图像盲取证的一种方法。Swaminathan 等提出了一种半插入式估计白平衡参数的方法。这种方法需要首先获得相机采用不同的白平衡设置拍摄的两幅图片，解一系列方程得到相机的白平衡参数，可将其作为数字图像来源鉴别的特征。

(2) 伽马校正。图像在相机内部读取到数据信息后，为了纠正由于先前的处理过程对图像亮度噪声的非线性影响，会在后期处理中对图像数据进行伽马校正。Farid 等认为伽马校正过程会在图像的频域中引入高阶相关性，并利用其近似估计每一相机的伽马校正曲线，但是实验发现估计得到的不同相机的曲线差异并不大。因此，在估计伽马校正曲线过程中，图像内容本身、噪声等因素引入的估计误差均可能严重影响图像来源鉴别的准确性，甚至导致该方法完全失效。

(3) 相机响应函数。自然场景中的光线亮度值通过镜头、传感器及内部的图像信号处理流程得到数字图像的值，这通常不是一个线性映射的过程。同时，伽马校正等信号处理过程会引起图像的亮度到像素值的失真。图像亮度到像素值之间的映射关系可以用一条曲线来表示，称为相机响应曲线（Camera Response Function，CRF），Chang 等提出了对相机系统估计 CRF 的方法，该方法通过图像的几何不变量特征进行估计，使用 SVM 进行分类认证数字图像的来源。

5. JPEG 量化表

JPEG 图像是网络上最为普遍和流行的图像格式，这种图像压缩和编码标准也是几乎所有数码相机中都支持的数字图像存储标准，它由联合照片专家组（Joint Photographic Experts Group）制定，并且从 1991 年开始广泛流行。

对一幅图像进行 JPEG 压缩，要经过色彩模型变换、分块 DCT 变换、量化、信息熵编码等几个关键步骤。而 JPEG 压缩图像的质量，很大程度上取决于量化表的设计。JPEG 专家小组根据心理视觉阀制作了一系列量化因子{1，2，…，100}索引的量化矩阵组，称为标准量化矩阵组。但是目前有许多的绘图软件如 Photoshop、ACDSee 等使用的都不是标准量化表，相机自动生成 JPEG 格式的照片时采用的一般是内置的量化表，且各个品牌甚至各个型号的相机使用的量化表都不同，图 6.8 给出了 Nikon 品牌一个型号的量化表。Farid 最早在 2006 年提出可以利用相机拍摄图片的量化表来确定相机来源，他们的工作表明 204 幅来源于不同相机的图片的量化表大多各不相同，其中使用相同量化表的相机几乎都是来自于同一生产商，而且还提到 Photoshop 软件提供了 0～12 的 13 个压缩级别，这些级别的量化表与 204 幅图片的均不同。

更进一步地，Kornblum 将 JPEG 量化表分为了四种。

(1)标准量化表。包含亮度和色度两个标准量化表。根据这一标准量化表可选择量化质量因数 1～100，生成 100 个不同的量化表，其中当 $Q=100$ 时，量化系数全部为 1。

(2)扩展标准量化表。它是标准量化表的一种特殊情况，包含三个量化表，其中第三个与第二个表相同。

(3)常用固定量化表。如 Photoshop 软件使用的 13 个压缩级别的量化表，用户可根据需要设置 0～12 的质量因数，从而得到不同质量的 JPEG 图像；一些相机或硬件设施也经常会使用不同的非标准量化表。

(4)从常用固定量化表衍生出来的自适应量化表。使用相同相机和相同设置生成的图像的量化表也可能不同，甚至同一图像的不同部分使用的量化表也不同。

通过建立相机量化表对比库，可以对数字图像的相机来源进行初步的分析和判断。

2	1	1	1	1	1	2	1
1	1	2	2	2	2	2	4
3	2	2	2	2	5	4	4
3	4	6	5	6	6	6	5
6	6	6	7	9	8	6	7
9	7	6	6	8	11	8	9
10	10	10	10	10	6	8	11
12	11	10	12	9	10	10	10
2	2	2	2	2	2	5	3
3	5	10	7	6	7	10	10
10	10	10	10	10	10	10	10
10	10	10	10	10	10	10	10
10	10	10	10	10	10	10	10
10	10	10	10	10	10	10	10
10	10	10	10	10	10	10	10
10	10	10	10	10	10	10	10
2	2	2	2	2	2	5	3
3	5	10	7	6	7	10	10
10	10	10	10	10	10	10	10
10	10	10	10	10	10	10	10
10	10	10	10	10	10	10	10
10	10	10	10	10	10	10	10
10	10	10	10	10	10	10	10
10	10	10	10	10	10	10	10

图 6.8　Nikon Coolpix 2500 使用的 JPEG 量化表

6. 多维统计特征

Kharrazi 等指出，尽管不同数码相机的成像流程基本相同，但是在生产过程中每一步的处理上都因相机而异，甚至是同一个厂家生产的相机也存在差异。Kharrazi 等认为相机输出的图像很大程度上受以下两个因素影响：一是颜色滤波阵列的构造，二是插值算法、颜色的处理和转换。由于受到这两个因素的影响，图像的 RGB 通道像素值一定会呈现出与图像内容无关的特性和模式；此外，除了颜色特征之外，不同的相机内部不同的信号处理过程会产生不同质量的图像，从而给人们带来视觉上的差异，这种质量上的差异可以用图像质量矩阵来评价。基于此，作者提出了能够捕获上述差异的 34 维特征。

(1)平均像素值特征(3 维)：即 RGB 三个通道的平均值。假如图像中的颜色足够丰富，那么 R、G、B 三个通道的平均值应该趋近于灰色。

(2)RGB 颜色对的相关性(3 维)：即 R、G、B 三个通道之间相互的相关性 $\mathrm{corr}(R,G)$，$\mathrm{corr}(R,B)$，$\mathrm{corr}(G,B)$，这组特征可以反映不同相机的信号处理结构。

(3)邻域像素分布中心(3 维)：即 RGB 各通道邻域像素直方图的中心位置。一个像素点的邻域像素是指与该像素值的差为 $+1$ 或 -1 的所有像素。通过统计邻域像素直方图可以直观地发现不同的相机处理过程对不同图像灰度级的敏感程度。

(4)RGB 颜色对能量之比(3 维)：即三个颜色通道两两之间的能量比，分别表示为 $\frac{|G|^2}{|B|^2}$、$\frac{|G|^2}{|R|^2}$、$\frac{|B|^2}{|R|^2}$。上述能量比应用于相机的白平衡过程中，是相机信号处理的一个重要环节，可以有效地表示白平衡过程对不同相机图像颜色的影响。

(5)小波域统计特征(9 维):即对 RGB 三个通道进行小波分解得到的三个子带方向上的系数均值。该特征参考了小波系数统计特征,认为图像不仅可以用空域中像素值的特征来描述,同时可以利用变换域的特征来描述。在提取该特征时利用可分离二次镜像滤波器对各通道像素值进行小波分解。

(6)图像质量矩阵特征(13 维):图像质量特征最早由 Memon 等提出。包括以下三类:基于像素差的特征(均方误差、平均绝对误差、修正无穷范数、图像的保真度)、基于相关性的特征(归一化的交叉相关、Czekonowski 相关、平均角度相似性)、基于频谱距离的特征(频谱幅度误差、频谱相位误差、频谱相位-幅度误差、图像块频谱幅度误差、图像块频谱相位误差、图像块频谱相位-幅度误差)。

6.2.2 视频设备来源鉴别

视频来源取证是指根据视频采集过程、处理过程遗留的痕迹确定视频捕获设备,甚至鉴别设备型号,进而追溯视频的来源。对于互联网上篡改伪造视频的非法传播,来源追溯具有重要意义。

1. 模式噪声

与图像来源取证类似,数字视频的来源辨识依赖于这样的假设:同一设备所获取的视频数据均携带该设备的内在特征,这些特征只与成像过程以及该设备独有的硬件元器件有关,与多媒体数据所表达的内容无关。

Houten 等提出了一种利用 PRUN 模式噪声,对上传到 YouTube 的视频进行摄像机来源鉴别的方法。它在离散小波变换的基础上,通过极大似然估计法(ML)得到视频序列的 PRNU,通过正规化相关匹配法来检测 PRNU 的存在,并依据提取的模式噪声进行来源鉴别。不过,现有的利用模式噪声进行视频来源鉴别的不足之处在于:首先,在视频的处理和传输过程中,往往会对视频的宽高比、压缩质量甚至码率/帧率进行调整和改变,而这些都会严重地影响和改变视频的模式噪声,导致错误鉴别;其次,YouTube 等视频服务网站的编码方案也在不断改良,这可能使得该文献提出的算法的鉴别效果有所下降;第三,随着摄像机成像器件制造工艺的不断精细化,成像器件的瑕疵和差异化也会逐渐减小,这使得未来视频中模式噪声的强度将会降低,影响对来源设备的鉴别准确率。

2. 视频码流特征

视频来源取证还可以借助输出数据流的统计特征进行。视频编码标准通常只规定了编码的框架、特征工具和解码器比特流的句法结构等,而编码器的实现具有相当大的灵活性。因此,不同的商家采用了不同的速率控制方案后,每帧输出的码流会在码率的分布控制上有很明显的差异。甚至,不同的运动估计算法,如编码器采用不同的匹配准则、搜索路径等,都可能为视频来源取证提供依据。

Su 等利用不同的视频压缩系统采用的速率控制策略可能不同的特点,提出了一种基于编码视频流的特征鉴定视频来源的方法。它以一个 GOP 作为训练样本,提取了两类码流的特征并用支持向量机进行训练分类,然后判决待测视频序列来自哪种类型的 MPEG 编码系统设备。该方法对于简单的速率控制方法能得到很好的分类,但是当速率控制算法变复杂时,会引入一些自适应的预测模式，导致码流的一些特征消失，因而会出现很多虚警，难以鉴定来源。此外，它只能用 4 种编码系统进行测试，还需要研究其他的码流特征，以提高检测性能。

根据同一视频序列经过不同的编码器编码后，运动矢量的分布会有明显差异的特点，Su 等通过提取这些特殊的差异特征，设计相关的分类器进行分类，并作为来源鉴定的依据。根据从视频流提取最小功率、最大搜索范围、标准的运动矢量差和匹配失真准则等特征，并利用了模式识别技术的最近邻 k 值分类器对 8 种典型的视频编码系统进行样本训练分类。该方法取得了初步的效果，能检测 5 种编码系统，还辅助其他特征进行更深入的探索。

Valenzise 等提出了一种视频的屏幕快照(Screenshot)识别方法。屏幕快照通常是对隔行扫描视频使用，如电视等进行的，而隔行扫描视频是通过将两个场编织在一起形成的，存在所谓的 Combingartifacts。因此，该方法利用隔行扫描视频的这一内在、最有代表性的特征。先从 DWT 变换的子带和垂直、水平差分直方图提取该特征，再利用支持向量机进行训练和分类。

6.2.3　打印机来源鉴别

使用图像处理的方法，能够从文本文档的扫描图像中提取打印机的固有和外部特征，实现打印机的来源取证。与传统的文件检验方法相比，基于图像的取证方法更容易实现自动化，节省人力。针对与喷墨和激光打印机、复印机相关的犯罪活动，所发展的这项技术将对刑事侦查、文件检验提供有力的帮助。

为了能够深入理解以及描述打印机的特征，了解激光打印机的工作过程是非常必要的。图 6.9 表示典型的激光打印过程，共有 6 步：①对感光鼓均匀充电；②激光扫描感光鼓，对特殊区域放电；③放电区域吸附墨粉；④感光鼓上的墨粉转印到纸张上；⑤墨粉与纸张相融合；⑥清洁感光鼓。需要注意的是，任何打印机的打印输出中都存在缺陷，它们是由打印机结构中的电子机械设备的波动或者不理想而产生的。由于这些“打印质量缺陷”直接和打印机结构有关，所以它们可以认为是打印机的固有特征。这些固有特征的主要成分不随时间变化，并且和打印机的耗材无关。

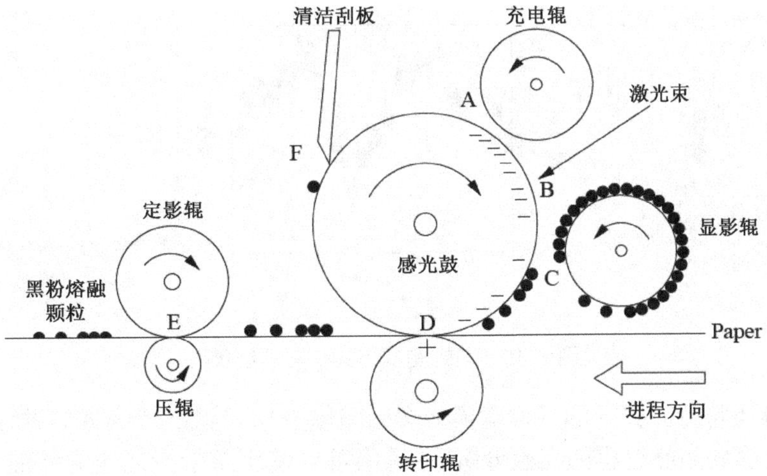

图 6.9　激光打印过程框图

A—充电；B—曝光；C—附墨；D—转印；E—融合；F—清墨

1. 条带特征

即使打印机这样的高精密仪器，由于其感光鼓的转动不能达到完全的匀速，所以会在打印文件上留有打印质量缺陷——条带。虽然“条带”是打印机研究专家和制造厂商正在试图解决的问题，但对于打印机取证研究，正好能利用这个每台打印机独有的特性：几乎每台打印机都存在不同的条带频率组合(表 6.2)。

Ali 等利用了条带作为打印机的固有特征来识别打印机的机型和生产厂家。不同品牌和型号的打印机具有不同的条带频率集合。条带特征从具有大面积均匀色调的区域中估计是相对容易的，但从文本中估计条带频率是困难的。原因是条带频率只在打印区域的作业方向上存在，并且文本表现为一个高的能量噪声源叠加一个低能量的条带信号。

表 6.2 打印机条带频率

打印机型号	条带频率/(r/in)
HP LaserJet 5MP	37,74
HP LaserJet 6MP	132,150
HP LaserJet 1000	27,69
HP LaserJet 1200	69
HP LaserJet 4050	51,100
Samsung ML-1450	16,32,100,106

注：1in=2.54cm

在条带质量缺陷的基础上，Ali 等将文档中的单个字符或短线条区域的投影理解为高维数据集合，该数据集合中包含了固有条带特征和噪声。然后运用主成分分析方法提取主要特征分量，并假设每个字符的主要特征分量组成的特征集合服从高斯分布，设计出相应的分类器，实现文档的打印机来源分类。

Ali 等的主要思想是运用模式识别的方法提取打印文档中的条带信息，为了更好地提取打印文档中的条带特征，他们设计了专门的测试模式，如图 6.10(a)所示。这些模式是沿着打印方向的直线，直线之间留有间隙，每条直线宽 1 个像素，间隙可能有几个像素。这样的模式有效地避免了打印过程中半色调技术对图案的影响，更利于有效地提取打印文档中的条带特征。从测试模式中获取打印过程处理方向的信号，如图 6.10(b)所示，对其进行傅里叶分析，如图 6.10(c)所示，观察频谱的峰值，得到条带特征，Ali 等在其工作中主要实验了从单个字符图像中提取打印机的条带噪声。

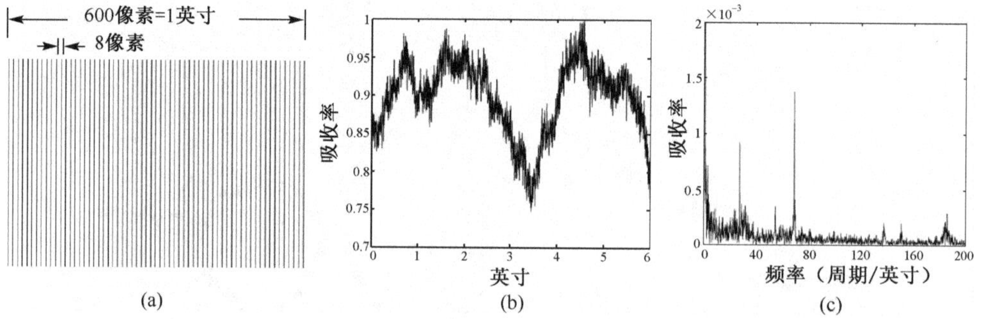

图 6.10 条带测试模式及实验结果

此外，Ali 等还将打印扫描的过程建模为文档图像叠加理想条带信息的过程，针对文本文档进行了理想建模和实际过程的实验分析，并提出可以使用条带特征作为外部特征嵌入到文档中。

2. 区域纹理特征

Mikkilineni、Oliver、Christoph、Christian、Tchan 以及国内的沈林杰、王宁等，分别从各自的角度研究了在文本中提取固有特征的解决方案。在他们的研究工作中，分别提出了一个或者一组特征，这些特征可以在一个小的文档区域(如单独的字符区域)中提取，将这些特征统称为区域纹理特征。如果打印质量的缺陷可以建模为文档打印区域的纹理，那么区域纹理特征就可以被用来进行文档的分类。这些类型的特征在小区域中，如图 6.11(a)所示为一个理想的字符图像，例如，一个文本字符的内部，更容易进行估计。

针对文本文档，Mikkilineni 等提出了使用图像纹理分析的方法进行来源鉴别。为了对打印区域的纹理建模，他们使用了基于两个像素的灰度共生纹理特征。灰度共生纹理特征假设一幅图像的纹理信息存在于图像的所有空间关系中。灰度共生矩阵(Gray Level Co-occurrence Matrix, GLCM)估计了图像中像素的二阶概率密度函数，具体产生示意图如图 6.11(b)所示。他们首先得到字符图像的灰度共生矩阵，然后计算矩阵的一些统计特性，得到 20 维特征，加上图像的感兴趣区域的方差和熵，共得到 22 维特征，之后使用 5-近邻分类器和投票原则，确定文档来源。他们对 10 台激光打印机进行了实验。

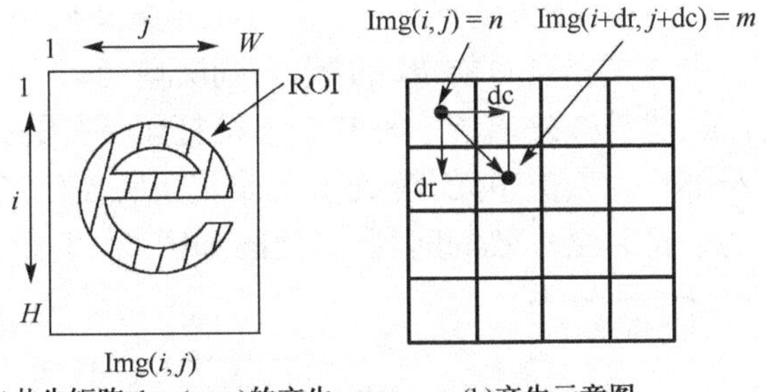

(a)共生矩阵glcm(n, m)的产生　(b)产生示意图

图 6.11　理想字符图像

随后，Mikkilineni 等在他们自己的工作基础上进行了进一步的实验，主要讨论了共生矩阵中的参数问题。实验结果表明，计算共生矩阵时两个像素在打印处理方向上位置的差值为 2 时的实验效果最好。随后，他们还对这项打印机识别技术在训练和测试过程中字号、字体、纸张类型和打印时间存在差异时的性能进行了测试，并尝试使用 SVM 分类器替换之前的方法所采用的 5-近邻分类器，提高了分类准确率。

王宁等提出了一种基于字符图像质量评价的取证方法来进行打印文件的来源鉴别。在分析打印区域“条带”噪声的基础上，通过高斯滤波对字符图像提取噪声，并借助图像质量评价的方法提取噪声图像的统计特征，来描述每台打印机的个体特征。对于 10 台激光打印机的分类实验，实验结果好于之前发表的文献。该方法的思想与照相机来源鉴别中的模式噪声类似，均考虑到从图像噪声中提取信息。除此之外，他们还借助 OCR 汉字识别模块，提取文字的笔画总面积和笔画轮廓总周长等特征指标，利用模糊识别技术来进行打印机机型的识别。

类似地，Oliver 等对喷墨和激光打印机的打印质量进行了定量分析，分析包括线质量评价、点粗糙度评价。但是他们的工作只是提到基于打印质量的定量分析方法，并没有应用计算机自动地对文档分类。Christoph 等则将这些定量分析转化为特征并基于此提出了一种文档来源取证方法。该方法从文档的每个字符图像中提取特征，然后使用支持向量机来训练模型以便区分激光和喷墨打印。提取的特征包括线边缘粗糙度(Line Edge Roughness)、面积差分(Area Difference)、相关系数(Correlation Coefficient)、原始和变换域图像的纹理(Texture)。Christian 等将 Christoph 等提出的特征和另一些类似特征进行了对比实验，给出了相关实验结果，具体包括全体特征、每维特征单独使用时的准确度、不同扫描分辨率对识别性能的影响等。

Tchan 等提取了一些类似的图像特征来进行识别，包括边缘锐利度、表面粗糙度、图像对比度等。他们选用了两台不同的激光打印机和一台复印机进行实验，与之前的实验条件不同的是，实验过程中在同一张纸上使用不同的机器作业，然后通过同一张纸上印刷痕迹检测打印机器来源。

3. 字符打印特征

对给定的一个文本打印文件，通过字符特征判断此文件的打印来源，即是哪一台打印机打印的，这就是基于字符特征的打印文件取证。

基于特定字符的打印文件取证技术已经能基本完成仅利用打印文件就可以正确判别打印机类型的功能，但这个方法也存在很大的局限性：只能以英文文档中出现频率最高的字符“e”作为判决单元，同样，对于中文文档也只能以“的”作为判决单元。

针对以上问题，孔祥维、沈林杰提出了一种基于字符打印特征的打印机取证方法。该方法把待测文档中的任意字符都作为判决单元，解决了之前基于特定字符的打印机取证方法在文档字符较少或没有训练的字符时会失效的问题，其框图如图 6.12 所示。

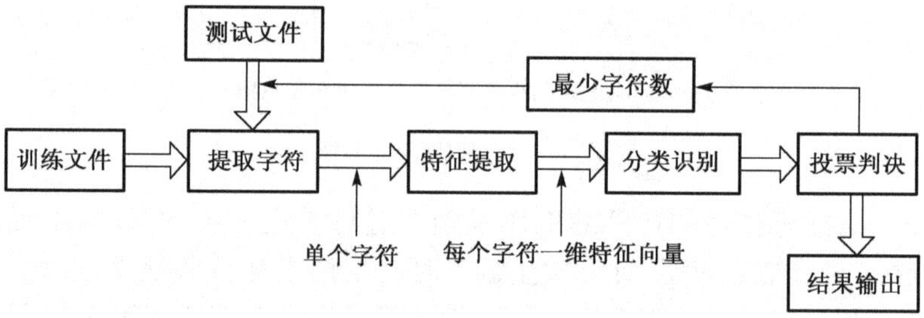

图 6.12　基于字符打印特征的打印机取证方法框图

(1)对需要取证的每台打印机打印相同的样本。每台打印机打印一页由 50 个一级常用汉字均匀分布组成的约 1400 个字符的文档用于训练，这 50 个汉字可以从 3375 个一级常用汉字中随机挑选得到；7 页由所有一级常用汉字组成的约 10000 个字符的文档，用于测试计算每台打印机的平均字符分类正确率。7 页测试文档中 3375 个一级常用字符平均分布，每个字出现频率为 3 次。这 8 页设计的样本需要每台打印机相同设置模式下一次正常打印输出，中间没有其他打印输出。样本的字体，字号需要与待测文本文档一样，如都是宋体、小四。每台打印机采用相同类型的纸张用于样本打印，而且尽量与待测文档质量相近的纸张类型。

(2)对每一个样本扫描，提取单个字符。所有的样本和待测文档都是用同一台扫描仪扫描生成数字图像的，分辨率设置为 600dpi，保存为灰度 BMP 图。扫描时尽量保证纸张没有倾斜，提取的单个字符边框尽量与字符边缘相切。

(3)对每一个字符提取特征量。图 6.13(a)给出的是打印扫描后的一个中文字符例子。图 6.13(b)为图 6.13(a)经过处理得到的图像，其中灰色部分为感兴趣区域 ROI，即提取特征的区域，由自适应二值化阈值限定，注意对原始图像进行二值化是为找到理想字符的打印边界，得到的图 6.13(b)是图 6.13(a)的一部分，而不是二值化后的图像。这里定义图 6.13(b)为图像 I，ROI 区域像素总数为 N。图 6.13(c)为图 6.13(a)去掉图 6.13(b)以后剩余部分，其中灰色区域为模糊区域 ROB。

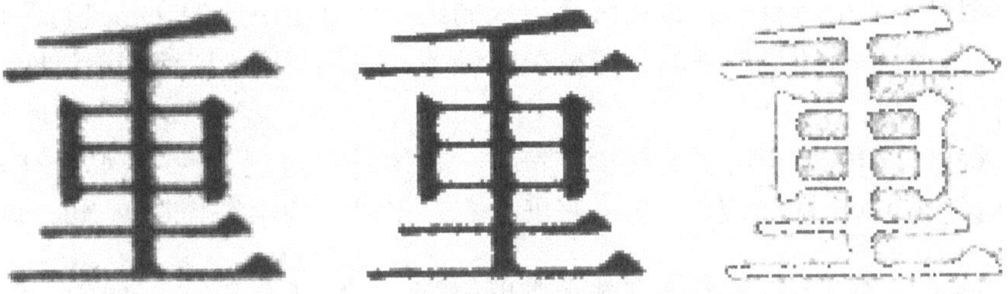
(a) 打印扫描字符　(b) 处理后得到的图像　(c) 字符模糊区域

图 6.13　打印扫描及处理后的字符图像

字符打印区域平均能量

$$E = \frac{1}{N}\sum_{i,j\in \mathrm{ROI}} I_{i,j}^2 \tag{6-10}$$

字符打印区域的灰度值熵

$$h = -\sum_{m=0}^{255}(h_m/N) * \log_2(h_m/N) \tag{6-11}$$

式中，$h_m = \sum_{i,j\in \mathrm{ROI}, I_{i,j}=m} 1$；$m$ 为像素灰度值。

字符打印区域的灰度值方差

$$\sigma^2 = \frac{1}{N}\sum_{i,j\in \mathrm{ROI}}(I_{i,j} - \mu)^2 \tag{6-12}$$

式中，μ 为 ROI 区域灰度的均值，$\mu = \frac{1}{N}\sum_{i,j\in \mathrm{ROI}} I_{i,j}$。

对字符图像进行 3×3 高斯滤波，计算噪声图像的一阶矩均值和二阶矩均值。Iorig 表示原始图像，If 表示滤波后的图像，此时字符图像中的感兴趣区域 ROI′ 为 $\mathrm{Iorig}_{ij} < 255$ 像素集合，则噪声图像的一阶矩均值为

$$\varepsilon = \frac{1}{R}\sum_{i,j\in \mathrm{ROI}'} |\, \mathrm{Iorig}_{ij} - If_{ij} \,| \tag{6-13}$$

同理，噪声图像的二阶矩均值为

$$\varepsilon_2 = \left(\frac{1}{R}\sum_{i,j\in \mathrm{ROI}'} |\, \mathrm{Iorig}_{ij} - If_{ij} \,|^2\right)^{1/2} \tag{6-14}$$

式中，$R = \sum_{i,j\in \mathrm{ROI}'} 1$。

字符模糊度

$$r = \sum_{i,j\in \mathrm{ROB}} 1 / \sum_{i,j\in \mathrm{ROI}'} 1 \tag{6-15}$$

(4)用支持向量机训练得到最优模型。针对由 50 个一级常用汉字组成的约 1400 字符的文档,以支持向量机为分类器输入每一个字符的特征向量进行训练。这里使用的是 LIBSVM,选择 C-SVC,非线性的径向基函数(RBF)作为核函数,通过网格搜索和交叉校验得到最优分类参数 C 和 γ,利用最优分类参数得到最优模型,其中参数 C 的网格搜索范围为 $\{2^{-5},2^{-4},\cdots,2^{5}\}$,参数 γ 的网格搜索范围为 $\{2^{-5},2^{-4},\cdots,2^{3}\}$,交叉校验的 $\nu=5$。

(5)对设计的样本进行测试,得到每台打印机的平均字符分类正确率。用上一步得到的 SVM 最优模型对 7 页由所有一级常用汉字组成的约 10000 个字符的文档进行测试,测试得到混淆矩阵后,计算每台打印机的平均字符分类正确率。在用 SVM 训练和测试时,需要对特征向量数据进行归一化。

(6)计算每台打印机取证需要的最少字符数。具体计算过程:设一张纸上有 n 个字符,每个字符的平均判断正确的概率为 p,当一张纸上有一半以上的字符判断正确时,可以认为这张纸就是判断正确的,这样一张纸最终判断正确的概率:$\sum_{m=n/2+1}^{n} C_n^m p^m (1-p)^{n-m}$,这样得到每一张纸正确判断需要的理想最少字符数,即当 $\sum_{m=n/2+1}^{n} C_n^m p^m (1-p)^{n-m}=1$ 时,m 的最小值。

(7)对待测文档提取最少字符数,用 SVM 进行预测,判定此文档的来源。经过步骤(6),每台打印机都可以计算得到一个 m 值,即正确判断一张纸需要的理想最少字符数。设这些 m 值中,最大的 m 值为 $m_{\max}$,对待测文档提取 $m_{\max}$ 个字符用于 SVM 预测。依据投票原则,这些预测的字符中有一半以上判决为 A 打印机,则可以认为此待测文档为 A 打印机所打印。理想情况下对待测文档提取 $m_{\max}$ 个字符就能判断正确,但是为了取证的可靠性,一般情况下还是提取尽可能多的字符作为判决的依据,这是取证可靠性和取证效率的一个折中。所提出的 $m_{\max}$,是在尽可能保证取证可靠性的前提下,减少取证的时间。其中,对于训练样本可以选择更多的汉字等。

6.3 数字媒体篡改取证

尽管篡改伪造图像的制作并没有规范、严格的步骤,但是,即便出于不同的目的,一幅篡改伪造图像的制作还是有着大同小异的一般过程和常用操作。鉴于此,王波从篡改伪造图像的一般制作过程出发,对典型的篡改伪造操作进行分类阐述。

1)数字图像来源伪造

目前对数字图像进行来源伪造的主要方法是增加、删除或者修改其 EXIF 信息。尽管审查 EXIF 信息已经被证明并不是一种可靠的判别和鉴定数字图像来源的方法,但是,在没有数字图像被动盲取证技术的情况下,获取数字图像来源的重要甚至是唯一途径,仍然是 EXIF 信息。

增加、删除和修改数字图像 EXIF 中的拍摄像机信息,对应了数字图像来源伪造的三种情况。一是利用增加 EXIF 信息,可以将计算机生成图像伪造成数码相机拍摄的照片图像,这种情况大多用于伪造某个不存在的场景或事件;二是通过删除或者修改 EXIF 信息,将数码照片图像伪造成计算机生成图像;三是利用修改或者复制其他图像的 EXIF 信息,将某一种数码相机拍摄的照片图像伪造成为另外一种数码相机所拍摄的图像,这类伪造大多是出于某一种目的,以宣称其对照片图像具有所有权,或照片的来源渠道合法有效。

对 EXIF 信息的修改并不影响数字图像内容的元数据,因此,利用数字图像被动取证中的图像设备类型鉴别和设备型号鉴别技术,可以对这类伪造方法进行检测。当然,随着数字图像伪造和取证技术之间对抗的不断升级,新的数字图像来源伪造手段也会不断出现。例如,伪造者可以通过提取、删除和修改照片图像中的模式噪声,来对数字图像的相机来源进行伪造。

2)拼接合成操作

拼接合成操作(Splicing 或 Photomontage)是指将一幅图像的一部分复制粘贴到同一幅图像或者不同图像当中,在不经过后期处理的情况下,合成新的数字图像。拼接合成的目的,往往是掩盖、增加或者修改数字图像中的人、景和物。例如,利用数字图像中的大面积背景区域覆盖原有图像出现的人物,以伪造该人物不在现场的证据;或者将某一数字图像中的人物照片,合成到另外的场景图像中,伪造该人物在特定时间出现在特定地点的假象;将图像中的人脸用另外的人脸来替换,也是拼接合成操作用于修改数字图像内容的重要实例之一。

可以看出,拼接合成操作的一个重要特征是直接修改了数字图像的内容,导致数字图像所表达的语义发生了变化。因此从数字图像篡改伪造的目的角度出发,拼接合成就是最重要也是最基本的篡改伪造操作。按照拼接合成的方式,可以将其分为同图拼接合成和异图拼接合成,即拼接的图像局部来源于该图像本身还是其他图像。

3)润饰操作

典型的润饰操作包括模糊、锐化、涂抹以及羽化等。不论这些操作用于图像的全局还是局部,其目的都是为了对图像进行一定程度的润色、修饰或者增强,以达到某些特定的效果。这些操作本身都是正常的图像处理操作,其使用也不会对图像的语义产生本质上的巨大改变,但是却可能引发对图像理解的歧义。例如,可以用模糊或者涂抹操作对人脸上的皱纹进行消除,虽然没有改变图像中的人物个体,但是却可能掩饰了拍摄该照片时人物的年龄;又如用对比度和色度调整修改图像的整体明暗度和色调,虽然没有改变景物的内容本身,却可能引起人们对拍摄图像时间的理解偏差。而在篡改伪造图像中,润饰操作往往作为对拼接合成图像的后处理操作,以进一步消除拼接合成图像中由于篡改伪造留下的影响图像视觉质量的痕迹。因为这样的原因,对润饰操作的检测,往往作为鉴定篡改伪造图像的一种间接证据。

在篡改伪造图像中的润饰操作,往往是针对拼接合成区域或者边缘的局部操作。因此,对润饰操作的定位,则有可能进一步地反映篡改伪造的区域和细节信息,为人机结合的专家决策系统提供支撑。

4)自然属性修改

在这里,图像的自然属性指的是图像尺寸、JPEG 压缩质量因数等图像参数。对于图像自然属性的修改,则是为了传输或者存储等目的,对数字图像进行尺寸、文件大小的修改。典型的如对数字图像进行重采样、重压缩等。

显然,不论从操作的目的还是方法上来看,对图像自然属性的修改都不能算真正意义上的篡改伪造操作,而只是一种正常的图像处理操作。但是,同样应该看到,对自然属性的修改,也是在篡改伪造的数字图像中最为常见的一种操作。例如,为了将不同分辨率的图像拼接合成在一起，几乎不可避免地需要对其中一幅或者若干幅图像进行尺寸调整；而有时候为了节省存储空间，篡改伪造后的数字图像会被存储为 JPEG 图像，由于原始的图像往往也是 JPEG 压缩图像，所以，这会导致图像数据被二次压缩，也被称为双重压缩。与润饰操作相似，对自然属性修改操作的取证检测，也只能作为鉴定篡改伪造图像的一种间接证据。

第 1)种篡改方式的检测方法在第 6.2.1 小节中有详细介绍，本节介绍的是对后三种篡改方式的检测。

6.3.1　图像拼接检测

1. 同图复制粘贴检测

在同一幅图中进行复制粘贴操作，来隐藏图像中原来存在的重要目标，是图像篡改的一个最普遍的应用，如图 6.14 中通过复制一块草地的区域来隐藏草地上的人。由于在同一幅图中进行复制粘贴操作不会引起图像在亮度、色彩等方面比较明显的变化，不会引起人们视觉上的怀疑，所以这是应用最广泛的篡改方法之一。

图 6.14　在同一幅图中进行复制粘贴操作，左图是原图，右图是篡改图像

最容易想到也是最直接的检测方法，就是在图像内进行遍历搜索，检测是否有相同或者相似的区域。这类方法的核心思想都是对图像进行分块，建立每一个图像块的特征描述量，并通过该特征描述量来进行搜索匹配，确定该图像中相同或者相似的图像块。最简单和直接的图像块特征描述量就是像素值本身，但是有损 JPEG 压缩或噪声影响，都会使得拼接图像块的像素值发生变化，进而影响检测的鲁棒性。为了解决这个问题，Popescu 等提出基于主成分分析(Principal Component Analysis，PAC)的方法来判断一幅图像中是否存在复制粘贴块。

该方法的主要思想是模糊匹配中在寻找基本相同的行(列)时，先把所有的图像块组成的矩阵进行主成分分解，用每一行(列)的主成分来代表每一个图像块，然后进行字典排序，排序过程中要记录好每一个行向量 $s(i)$ 所代表的图像块的位置 (x_i, y_i)；找出所有满足$(j-i)<d$ 的向量对 $s(i)$、$s(j)$，组成集合 A，计算每个向量对的偏移：$(a, b)=(|x_i-x_j|, y_i-y_j)$；从 A 中舍弃掉偏移出现的次数小于阈值 k 的向量对；舍弃所代表的图像块的距离太小的向量对；然后新建一个跟原图相同大小的全零矩阵，把集合 A 中所有向量对所代表的图像块的位置 (x_i, y_i) 赋值 255，这样得到的图像中白色的区域即复制粘贴区域。

用图像矩阵的主成分代替原来的图像块，可以抵抗因为 JPEG 压缩、引入噪声等微小变化的攻击，具有一定的鲁棒性。

除此之外，近年来也有学者利用小波变化和 Zernike 矩进行同图拼接检测，以期望达到对 JPEG 有损压缩、噪声以及滤波等操作更好的鲁棒性。

2. 利用局部噪声一致性检测异图拼接

数字图像的噪声主要来源于图像的获取过程（数字化过程）、传输过程和处理过程。由于现有的客观硬件条件限制，获取的图像或多或少都存在着一定的噪声。在某种程度上说，噪声就体现了图像的内在特性，这种噪声在整个图像中保持一致性。修改图像不可避免地要加入局部噪声，使得整个图像的噪声分布不均匀。两个不同噪声等级的图像经过拼接合成后，也会使得各个区域局部噪声的不同。Popescu 等提出一种算法，利用图像的统计特性估计区域噪声，根据不同的噪声方差区分开不同的区域，从而鉴别出图像的哪些部分已被区域修改。

图像其实是一个数字矩阵，对这样一组数进行统计往往可以反映图像的某些特性（如噪声），所以可以通过某些统计量来估计噪声的方差。Popescu 等正是利用图像像素矩阵的二阶矩和四阶矩来估计噪声方差，即 M2M4 方法。

二阶矩和四阶矩方法：

把图像看成一个加性噪声模型

$$y[t]=x[t]+w[t] \tag{6-16}$$

假定：$y[t]$ 为加噪后的图像信号；$x[t]$ 为未加噪的原始图像信号，方差为 S；$w[t]$ 是均值为 0、方差为 N 的噪声信号；$x[t]$ 与 $w[t]$ 相互独立。

$y[t]$ 的二阶矩为（其中，$E\{\cdot\}$ 表示求数学期望）

$$\begin{aligned}M_2&=E\{y^2[t]\}=E\{(x[t]+w[t])^2\}\\&=E\{x^2[t]\}+E\{x[t]w[t]\}+E\{w^2[t]\}\\&=S+N\end{aligned} \tag{6-17}$$

$y[t]$ 的四阶矩为

$$\begin{aligned}M_2&=E\{y^4[t]\}=E\{(x[t]+w[t])^4\}\\&=E\{x^4[t]\}+4E\{x^3[t]w[t]\}+6E\{w^2[t]x^2[t]\}+4E\{x[t]w^3[t]\}+E\{w^4[t]\}\\&=k_xS^2+6SN+k_wN^2\end{aligned} \tag{6-18}$$

式(6-18)中引入了统计学中的一个参数——峰度系数 k，等于四阶矩与二阶矩平方的比值，它以正态分布为参考，表征分布的陡峭性，或随机变量取值的集中程度，峰度系数越大，说明分布越陡峭，即随机变量取值越集中。$x[t]$ 和 $w[t]$ 的峰度系数分别定义为

$$k_x=E\{x^4[t]\}/E\{x^2[t]\} \tag{6-19}$$

$$k_w=E\{w^4[t]\}/E\{w^2[t]\} \tag{6-20}$$

由式(6-17)式(6-18)可以估计出原信号和噪声信号的方差

$$\hat{S}=\frac{M_2(k_w-3)\pm\sqrt{(9-k_xk_w)M_2^2+M_4(k_x+k_w-6)}}{k_x+k_y-6} \tag{6-21}$$

$$\hat{N}=M_2-\hat{S} \tag{6-22}$$

式中，k_y 定义为 $y[t]$ 峰度系数，$k_y=M_4/M_2^2$。假设噪声为高斯白噪声，其峰度系数 $k_w=3$，则变为

$$\hat{S} = M_2 \sqrt{\frac{k_y - 3}{k_x - 3}} \tag{6-23}$$

$$\hat{N} = M_2 \left(1 - \sqrt{\frac{k_y - 3}{k_x - 3}}\right) \tag{6-24}$$

要使上述方程有意义,要求。

(1) $x[t]$ 不能为高斯白噪声,即 $k_x \neq 3$。

(2) $y[t]$ 的峰度系数必须介于 $x[t]$ 和 $w[t]$ 的峰度系数之间,即满足

$$0 \leqslant \frac{k_y - 3}{k_x - 3} \leqslant 1 \tag{6-25}$$

由于量化误差等对峰度系数的影响,实际中并不是总能满足这个条件,处理时必须略去复数和负数的情况。

(3) $x[t]$ 的峰度系数 k_x 必须已知。

该方法的检测效果如图 6.15 所示,第一行是原始图像以及在汽车区域加入局部噪声的图像,第二行是局部估计噪声方差的对数值。

(a) 原始图像 (b) 加入30 dB噪声 (c) 加入10 dB噪声

图 6.15 M2M4 方法检测效果图

3. 利用光照一致性检测异图拼接

创作一幅合成图像,例如,通过剪接造成两个人合影的假象,这样做往往很难完全吻合由定向光照设备(如太阳)带来的照明效果。因此光照条件矛盾成为揭示图像拼接痕迹的一个有力依据。下面介绍 Johnson 等提出的通过检测光照不一致性来判断图像真伪的方法。

Johnson 提出对图像提取闭合边界,沿着对象闭合边界分成若干局部块,估计局部块的光源方向,然后根据光源方向是否一致来检测图像伪造情况。其中图像强度 I 可用公式 $I(x, y) = R(\boldsymbol{N}(x, y) \cdot \boldsymbol{L}) + A$ 表示,其中 R 代表恒量反射值,$\boldsymbol{L}$ 代表点光源方向的三维矢量,$\boldsymbol{N}$ 代表点 (x, y) 的曲面法线的三维矢量,A 代表恒量环境光。

1) 无限远三维光源

以 3 个简化的假设为基础。

(1)被研究物体的表面反射光是等方向性的。

(2)表面反射的强度值不变。

(3)表面被一个无限远处的点光源照射。

对于算法中建模的模型，可以用最小标准平方误差估计函数来求取光源方向的各个参数。首先利用一个误差函数代入成像模型，成像模型如图 6.16(a)所示。

$$E(\boldsymbol{L},A)=\left\|\boldsymbol{M}\begin{pmatrix}L_x\\L_y\\L_z\\A\end{pmatrix}-\begin{pmatrix}I(x_1,y_1)\\I(x_2,y_2)\\\vdots\\I(x_p,y_p)\end{pmatrix}\right\|^2=\|\boldsymbol{Mv}-\boldsymbol{b}\|^2 \tag{6-26}$$

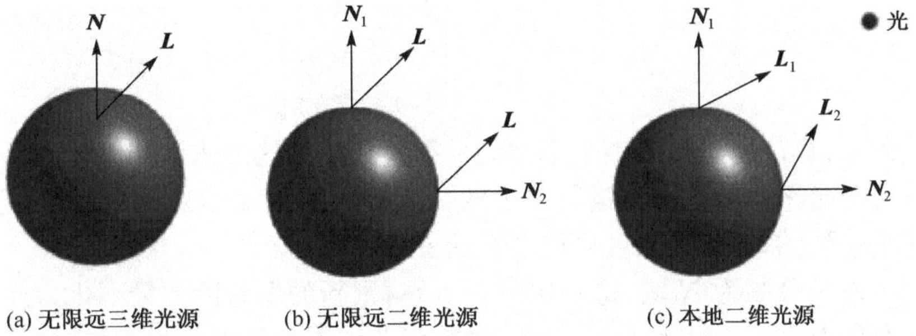

图 6.16　不同照明光源模型

式中，$\|\cdot\|$ 代表向量范数；L_x, L_y, L_z 代表光源方向 $\boldsymbol{L}$ 的分量；$\boldsymbol{M}$ 为

$$\boldsymbol{M}=\begin{pmatrix}N_x(x_1,y_1) & N_y(x_1,y_1) & N_z(x_1,y_1) & 1\\N_x(x_2,y_2) & N_y(x_2,y_2) & N_z(x_2,y_2) & 1\\\vdots & \vdots & \vdots & \vdots\\N_x(x_p,y_p) & N_y(x_p,y_p) & N_z(x_p,y_p) & 1\end{pmatrix} \tag{6-27}$$

式中，$N_x(x_i,y_i)$，$N_y(x_i,y_i)$ 和 $N_z(x_i,y_i)$ 代表在图像坐标中 $\boldsymbol{N}$ 的各个分量。这个误差函数是最小化的，通过求取 $\boldsymbol{v}$ 来得到最小均方估计。

$$\boldsymbol{v}=(\boldsymbol{M}^{\mathrm{T}}\boldsymbol{M})^{-1}\boldsymbol{M}^{\mathrm{T}}\boldsymbol{b} \tag{6-28}$$

由于仅有单一的图像，没有已知物体的几何外形，很难估计出光源的方向，这种方法最好利用多幅图像，而这在取证的客观条件下是无法做到的。

2）无限远二维光源

$$E(\boldsymbol{L},A)=\left\|\boldsymbol{M}\begin{pmatrix}L_x\\L_y\\A\end{pmatrix}-\begin{pmatrix}I(x_1,y_1)\\I(x_2,y_2)\\\vdots\\I(x_p,y_p)\end{pmatrix}\right\|^2=\|\boldsymbol{Mv}-\boldsymbol{b}\|^2 \tag{6-29}$$

有研究者提出，可以从一幅单一图像中估测光源方向两个参数 (L_x,L_y)。在这种方法中，$N_z=0$，即 Z 方向的分量为 0，则表面的 x,y 分量 N_x 和 N_y 就可以直接从图像中估算出来。成像模型如图 6.16(b)所示。在这种假设下，误差函数方程形式变为式(6-29)，其中

$$\boldsymbol{M}=\begin{pmatrix}N_x(x_1,y_1) & N_y(x_1,y_1) & 1\\N_x(x_2,y_2) & N_y(x_2,y_2) & 1\\\vdots & \vdots & \vdots\\N_x(x_p,y_p) & N_y(x_p,y_p) & 1\end{pmatrix} \tag{6-30}$$

这个误差函数已经经过最小化，利用标准最小方差来得到方程的解。检测光源方向矛盾

的篡改检测算法对此方法进行了扩展：通过扩展整个平面的反射为恒定的这个假设来估计局部光源的方向；引入了规范化量来改进最终的估计结果。

$$E(\boldsymbol{L}^1,\cdots,\boldsymbol{L}^n,A)=\left\|\boldsymbol{M}\begin{pmatrix}L_x^1\\L_y^1\\\vdots\\L_x^n\\L_y^n\\A\end{pmatrix}-\begin{pmatrix}I(x_1^1,y_1^1)\\\vdots\\I(x_p^1,y_p^1)\\\vdots\\I(x_1^n,y_1^n)\\\vdots\\I(x_p^n,y_p^n)\end{pmatrix}\right\|^2=\|\boldsymbol{Mv}-\boldsymbol{b}\|^2 \tag{6-31}$$

扩展假设限制：算法通过扩展整个平面的反射为恒定的这个假设来估计局部光源的方向，这就要求算法对每个平面的方向都进行单独的估计。根据无限远光源的假设，这些单独的光源方向都应该是一致的，但是其强度可能会有所变化。

考虑一个平面被分割为 N 块，每一块包含 p 点，则新的误差函数最小化为式(6-31)。

其中，$\boldsymbol{M}$ 变化为式(6-33)所示的形式。这个误差函数是最小化的，同前面一样，利用标准最小方差来得到方程的解。这种情况下，方程的解提供了二维光源方向的 n 个估计 $\boldsymbol{L}^1,\cdots,\boldsymbol{L}^n$ 以及一个量 A。由于前面的前提，根据无限远光源的假设，这些单独的光源方向都应该是一致的，则这 n 个估计应该相差很小。所以可以加上另外一个约束

$$E_2(\boldsymbol{L}^1,\cdots,\boldsymbol{L}^n)=\sum_{i=2}^{n}\|\boldsymbol{L}^i-\boldsymbol{L}^{i-1}\|^2 \tag{6-32}$$

$$\boldsymbol{M}=\begin{pmatrix}N_x(x_1^1,y_1^1) & N_y(x_1^1,y_1^1) & 0 & 0 & 1\\ \vdots & \vdots & \vdots & \vdots & \vdots\\ N_x(x_p^1,y_p^1) & N_y(x_p^1,y_p^1) & 0 & 0 & 1\\ \vdots & \vdots & \vdots & \vdots & \vdots\\ 0 & 0 & N_x(x_1^n,y_1^n) & N_y(x_1^n,y_1^n) & 1\\ \vdots & \vdots & \vdots & \vdots & \vdots\\ 0 & 0 & N_x(x_p^n,y_p^n) & N_y(x_p^n,y_p^n) & 1\end{pmatrix} \tag{6-33}$$

根据式(6-32)的约束，则最终的误差方程可以表示为

$$E(\boldsymbol{L}^1,\cdots,\boldsymbol{L}^n,A)=E_1(\boldsymbol{L}^1,\cdots,\boldsymbol{L}^n,A)+\lambda E_2(\boldsymbol{L}^1,\cdots,\boldsymbol{L}^n) \tag{6-34}$$

这个复合的误差函数仍然可以利用最小二值法来最小化，而误差函数 $E_2(\cdot)$ 可以利用一种更简洁和紧凑的方式表达

$$E_2(\boldsymbol{v})=\|\boldsymbol{Cv}\|^2 \tag{6-35}$$

$$\boldsymbol{v}=(L_x^1\quad L_y^1\quad L_x^2\quad L_y^2\cdots L_x^n\quad L_y^n\quad A)^{\Gamma} \tag{6-36}$$

$$E(\boldsymbol{v})=\|\boldsymbol{Mv}-\boldsymbol{b}\|^2+\lambda\|\boldsymbol{Cv}\|^2 \tag{6-37}$$

$$\boldsymbol{C}=\begin{pmatrix}-1 & 0 & 1 & 0 & \cdots & 0 & 0 & 0 & 0 & 0\\ 0 & -1 & 0 & 1 & \cdots & 0 & 0 & 0 & 0 & 0\\ & \vdots & & & & & \vdots & & & \\ 0 & 0 & 0 & 0 & \cdots & -1 & 0 & 1 & 0 & 0\\ 0 & 0 & 0 & 0 & \cdots & 0 & -1 & 0 & 0 & 0\end{pmatrix} \tag{6-38}$$

对 $E(\boldsymbol{v})$ 求导数得到

$$\begin{aligned}E'(\boldsymbol{v}) &= 2\boldsymbol{M}^{\mathrm{T}}\boldsymbol{M}\boldsymbol{v} - 2\boldsymbol{M}^{\mathrm{T}}\boldsymbol{b} + 2\lambda\boldsymbol{C}^{\mathrm{T}}\boldsymbol{C}\boldsymbol{v} \\ &= 2(\boldsymbol{M}^{\mathrm{T}}\boldsymbol{M} + \lambda\boldsymbol{C}^{\mathrm{T}}\boldsymbol{C})\boldsymbol{v} - 2\boldsymbol{M}^{\mathrm{T}}\boldsymbol{b}\end{aligned} \tag{6-39}$$

通过将这个结果设置为 0，则求解 $\boldsymbol{v}$ 就得到了最小二乘法估计

$$\boldsymbol{v} = (\boldsymbol{M}^{\mathrm{T}}\boldsymbol{M} + \lambda\boldsymbol{C}^{\mathrm{T}}\boldsymbol{C}) + \boldsymbol{M}^{\mathrm{T}}\boldsymbol{b} \tag{6-40}$$

最终的光源方向是 n 个光源方向估计的平均值。

3）局部光源的模型

如图 6.16(c)所示，局部光源的模型可以表示为

$$I(x,y) = R(\boldsymbol{N}(x,y).\boldsymbol{L}(x,y)) + A \tag{6-41}$$

在前面的部分，都假设在局部照明的区域，其光源方向都是恒定的。而在局部的光源估计中，从式(6-41)中可以看出，近距离光源方向是图像坐标的函数。由于在局部光源的情况下，相邻区域的光源方向有可能会聚到一个点上，所以需要重新表示一个不同的规范量。规范化变量的形式为

$$E_2(\boldsymbol{L}^1,\cdots,\boldsymbol{L}^n) = \sum_{i=1}^{n} \| C_i\boldsymbol{L}^i \|^2 \tag{6-42}$$

因此，最终的误差函数可以被最小化为

$$E(\boldsymbol{L}^1,\cdots,\boldsymbol{L}^n,A) = E_1(\boldsymbol{L}^1,\cdots,\boldsymbol{L}^n,A) + \lambda E_2(\boldsymbol{L}^1,\cdots,\boldsymbol{L}^n) \tag{6-43}$$

λ 是一个尺度因子。与之前的方法不同的是，这个误差函数无法利用模拟的方法进行最小化，而是利用一个循环迭代的梯度方法来最小化。虽然误差函数在形式上看起来与前面方法的误差函数相似，但是其 $\boldsymbol{C}$ 矩阵是由来源于各个平面块光源方向的估计分量组成的。

4）对复合光源进行估计

在前面的部分，都假设只有一个光源存在于照明检测区域。这种假设对于在户外所拍摄而成的图像是合适的，可对于在室内所拍摄的照片，这个假设就不再成立。因为室内的光线来源不能轻易当成点光源，有可能存在多光源的散射，所以就需要将点光源产生的效果进行矢量叠加。

光线有一个很好的性质就是其线性性质。所以，如果一个场景由两个无限远光源照明，则光强的表达式为

$$\begin{aligned}I(x,y) &= R((\boldsymbol{N}(x,y).\boldsymbol{L}_1) + (\boldsymbol{N}(x,y).\boldsymbol{L}_2)) + A \\ &= R(\boldsymbol{N}(x,y).(\boldsymbol{L}_1 + \boldsymbol{L}_2)) + A \\ &= R(\boldsymbol{N}(x,y).\boldsymbol{L}^+) + A\end{aligned} \tag{6-44}$$

式中，$\boldsymbol{L}^+$ 是 $\boldsymbol{L}_1$ 和 $\boldsymbol{L}_2$ 两个向量的合成向量。利用前面所述方法，可以得到一个虚拟的光源估计，这个估计就是各个分光源的合成光源。

4. 利用图像统计特征检测图像拼接

Shi 等提出，由于拼接操作会使图像的光滑性、连续性、一致性以及周期性等方面遭到破坏，进而改变图像像素间的相关性，所以可以利用图像的一些统计特征来分析其是否经过了拼接操作。Shi 把图像拼接检测看成是一个两类模式识别问题，即把图像分成两类：原

始图像和经过了篡改操作的图像。这种方法是对图像的一个全局判断，无法准确定位拼接篡改区域。

1)模型的建立

为了检测拼接图像，首先建立一个自然图像的模型，并且用从给定图像中提取的特征及其 DCT 变换后二维矩阵中提取的特征来表征该模型。具体来说，对给定图像的二维矩阵，提取其特征方程的各阶统计矩特征和马尔可夫一步转移概率。接着，对这一给定图像应用分块 DCT 变换，分块大小从 2×2 到 8×8 不等，得到一系列 2 维 DCT 系数矩阵，然后对这些 DCT 系数矩阵提取各阶矩特征及马尔可夫一步转移概率作为特征。该模型的框图如图 6.17 所示。

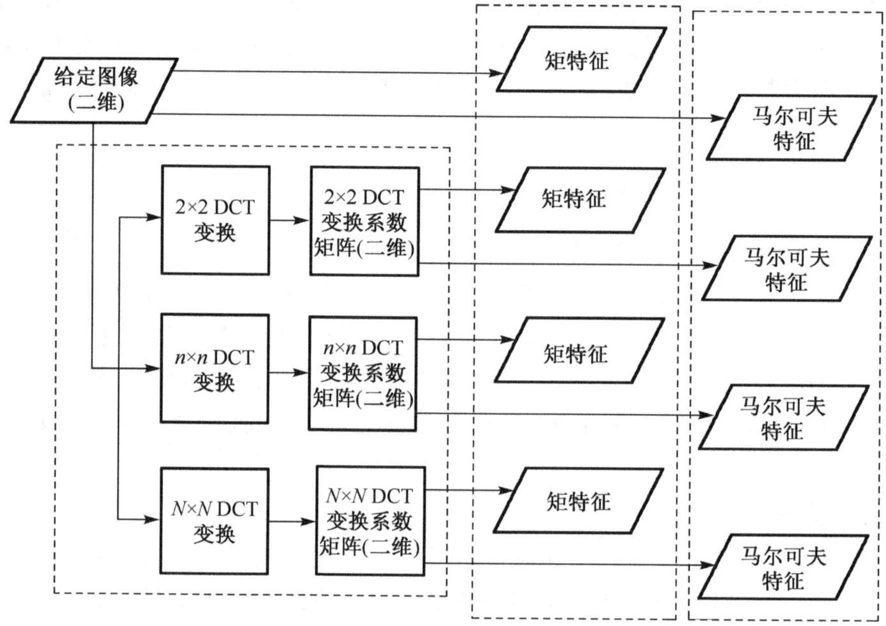

图 6.17　自然图像模型

2)多尺度分块 DCT 变换

在 Shi 等提出的拼接检测模型中，对不同大小的分块进行 DCT 变换，以此来相互弥补它们的解相关能力，以达到更好的检测效果。而由于拼接操作会改变图像的局部频率分布，所以可以利用 DCT 系数来反映这一变化。注意到以下问题，不同的拼接操作、不同的图片等都会影响到图像相关性变化的形式，因此不能仅用一种单一的分块 DCT 变换来捕捉这种变化，而要通过不同尺度的分块 DCT 变换来相互补充，这样，通过提取图像本身及各尺度分块 DCT 变换后的特征，就能够很好地检测一幅图像是否经过了拼接操作。在该方法中，选择 2×2、4×4、8×8 三种尺度来进行分块 DCT 变换，实验表明，这样的组合方法可以达到准确率与效率之间的平衡。对于每一种大小的分块，可以得到一个二维矩阵，从这个矩阵中可以提取出一组特征，把这些特征综合起来，就可以为量后检测图像的拼接操作提供有力的证据。

3)基于各阶矩的特征

在该方法中，分别对图像的 1 维特征方程(一阶直方图的 DFT 变换)及 2 维特征方程(二阶直方图的 DFT 变换)求 1、2、3 阶矩作为特征。对于二维直方图而言，由于它包含了两个像素或系数值，所以可以代表二阶统计信息，在检测拼接操作上显示出更好的特性。

系统框图如图 6.18 所示。

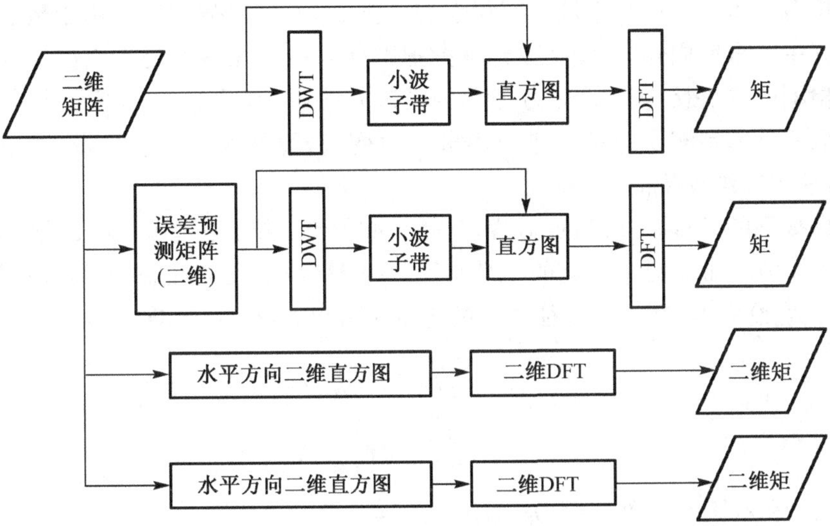

图 6.18　基于各阶矩的特征提取系统框图

4)预测误差矩阵

为了减小由图像内容不同对检测带来的影响，同时增强由拼接操作带来的统计上的变化，引入预测误差矩阵的概念，即用一个像素的邻域值来预测该像素值，并把预测值与真实值的差值作为误差得到误差预测矩阵。预测方法及求预测误差矩阵的示意图分别如图 6.19 和图 6.20所示。

x	a
b	c

图 6.19　预测内容

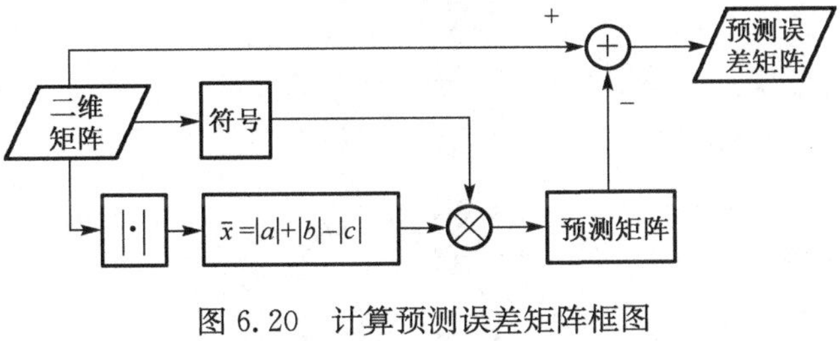

图 6.20　计算预测误差矩阵框图

像素的预测值可由式(6-45)求出

$$\bar{x} = \text{sign}(x) \cdot \{|a| + |b| - |c|\} \tag{6-45}$$

预测误差的计算表达式如式(6-46)

$$\Delta x = x - \bar{x} = x - \text{sign}(x) \cdot \{|a| + |b| - |c|\} \tag{6-46}$$

5)矩特征计算

小波分析对于多分辨率及空域具有很强的分析能力,因此被广泛地用于数字图像处理及数字图像取证中。众所周知,小波变换能够捕捉图像空域或频域在局部上的变化,因此,离散小波变换是检测图像拼接操作的有力工具。在该方法中,对图像二维矩阵及其多尺度 DCT 变换后的系数矩阵和预测误差矩阵进行离散小波变换,得到多个小波子带,对于这些小波子带,用以下方法提取统计特征。

正如前面提到的,所谓一维特征方程,就是小波子带一维直方图的 DFT 变换,把图像本身也当成是一个小波子带。对于给定的一维特征方程 $H(x)$,设它在 x_i 处的分量值为 $H(x_i)$,DFT 变换的长度设为 K,则一维特征方程的各阶矩可由式(6-47)计算得到

$$M_l = \frac{\sum_{i=1}^{K/2} x_i^l \mid H(x_i) \mid}{\sum_{i=1}^{K/2} \mid H(x_i) \mid} \tag{6-47}$$

式中,l 为整数,表示矩的阶数,在本方法中,取 $l = 1,2,3$。

为了进一步增强拼接检测性能,对自然图像模型引入了二维特征方程的概念。所谓二维特征方程就是小波子带二维直方图的 DFT 变换。由于二维直方图考虑了邻域像素值的变化强度对图像统计特性的影响,所以相比一维直方图而言,二维直方图更能反应拼接操作给图像带来的统计上的变化。用 ρ 表示两个像素间的距离,θ 表示两像素所在的直线与水平方向的夹角,则图像的二阶直方图可由式(6-48)求出

$$h_d(j_1, j_2; \rho, \theta) = \frac{N(j_1, j_2; \rho, \theta)}{N_T(\rho, \theta)} \tag{6-48}$$

式中,$N(j_1, j_2; \rho, \theta)$ 表示在第一个像素值为 j_1,而与它相邻的像素值为 j_2 的像素对的数目;$N_T(\rho, \theta)$ 表示图像中所有相距 (ρ, θ) 的像素对的数目。

在该方法中,只取水平方向和垂直方向的二维直方图,即 $\theta = 0$ 或 $\theta = \pi$。

通过对上述直方图计算它的二维 DFT 变换,就得到二维特征方程。那么对于二维特征方程,它的各阶矩由式(6-49)、式(6-50)计算得出

$$M_{u,j} = \frac{\sum_{j=1}^{K/2} \sum_{i=1}^{K/2} u_i^l \mid H(u_i, v_j) \mid}{\sum_{j=1}^{K/2} \sum_{i=1}^{K/2} \mid H(u_i, v_j) \mid} \tag{6-49}$$

$$M_{v,j} = \frac{\sum_{j=1}^{K/2} \sum_{i=1}^{K/2} v_j^l \mid H(u_i, v_j) \mid}{\sum_{j=1}^{K/2} \sum_{i=1}^{K/2} \mid H(u_i, v_j) \mid} \tag{6-50}$$

式中,$H(u_i, v_j)$ 是二维特征方程在频率 (u_i, v_j) 处的值;l 为整数,表示矩的阶数,在本方法中,

取 $l=1,2,3$。

6)基于马尔可夫过程的特征

基于矩的特征能够反映图像拼接操作在图像统计特性上带来的影响，除此之外，基于马尔可夫过程的特征也可以反映这种变换，把这两种特征结合起来，可以增加提出算法的有效性。

首先，计算给定图像或多尺度分块 DCT 变换的系数矩阵的二维差矩阵，通过设定合适的阈值，可以计算相应差矩阵的一步转移概率矩阵，并把它与前面介绍的矩特征一起作为特征向量来检测图像是否经过拼接操作。

(1) 二维差矩阵的计算。

在前面的分析中，利用误差预测矩阵来减小由于图像内容不同给检测带来的影响，并且突出拼接伪造操作带来的统计特性上的变化。同样，利用二维的差矩阵来反映这种变化，即计算一个像素值与其相邻像素值的差值，如式(6-51)～式(6-54)所示

$$F_h(u,v)=F(u,v)-F(u+1,v) \tag{6-51}$$

$$F_v(u,v)=F(u,v)-F(u,v+1) \tag{6-52}$$

$$F_d(u,v)=F(u,v)-F(u+1,v+1) \tag{6-53}$$

$$F_m(u,v)=F(u+1,v)-F(u,v+1) \tag{6-54}$$

式中，u，v 分别表示水平方向和垂直方向坐标，四个式子分别为水平方向、垂直方向、主对角线方向及次对角线方向的像素差值。为了简化计算，只选用水平方向和垂直方向的差矩阵。对于图像像素值，可以直接利用上式进行计算，而对于经过多尺度分块 DCT 变换后的矩阵，要先将其取整后再利用上式进行计算。

由于拼接操作会改变图像像素间的相关性，根据随机过程理论，马尔可夫过程可以用来表征图像像素间的相关性，所以，对差矩阵求马尔可夫一步转移概率。

(2) 马尔可夫一步转移概率。

拼接操作会改变图像像素间的相关性，根据随机过程理论，马尔可夫随机过程能够反映这种相关性。

为了进一步减小计算的复杂度，引入了阈值 T。对于差矩阵中的元素 i，如果它的值 $i>T$，那么 $i=T$；如果 $i<-T$，那么 $i=-T$。这样，对差矩阵求一步转移概率，就得到一个大小为 $(2T+1)\times(2T+1)$ 的矩阵，该矩阵中元素的计算方法通过式(6-55)、式(6-56)给出

$$p\{F_h(u+1,v)=n \mid F_h(u,v)=m\} = \frac{\sum_{v=0}^{S_v-2}\sum_{u=0}^{S_u-2}\delta(F_h(u,v)=m, F_h(u+1,v)=n)}{\sum_{v=0}^{S_v-2}\sum_{u=0}^{S_u-2}\delta(F_h(u,v)=m)} \tag{6-55}$$

$$p\{F_v(u,v+1)=n \mid F_v(u,v)=m\} = \frac{\sum_{v=0}^{S_v-2}\sum_{u=0}^{S_u-2}\delta(F_v(u,v)=m, F_v(u,v+1)=n)}{\sum_{v=0}^{S_v-2}\sum_{u=0}^{S_u-2}\delta(F_v(u,v)=m)} \tag{6-56}$$

式中，$m,n \in \{-T,-T+1,\cdots,0,\cdots,T\}$，且 $\delta(A=m,B=n)=\begin{cases}1,若 A=m 且 B=n\\0,其他\end{cases}$。

式(6-55)、式(6-56)分别为水平方向与垂直方向的一步转移概率。在该方法中，通过实验经验获得 $T=3$，因此每一组差矩阵对应得到 98 个概率值，并且把计算得到的概率值全部用做特征来检测图像是否经过拼接操作。为了简化计算，只对图像 8×8 分块 DCT 变换后矩阵求一步转移概率。

经过上述步骤，对于一幅给定的图片，共提取 168 维基于矩的特征、98 维基于马尔可夫转移概率的特征，共 266 维特征作为特征向量，用支持向量机进行训练和测试，可检测图像是否经过拼接操作。

5. 利用 JPEG 压缩块效应检测异图拼接

李卫海等指出，由于 JPEG 压缩时图像被分割成块，以块为单位进行独立的操作破坏了原来图像的连续性，所以会在解压后的图像中引起 8×8 大小的块效应，质量因数越小，块效应越明显。如图 6.21 所示，图中的 Q 表示 JPEG 图像的质量因数，解压后的图像出现了网格一样的边界，称为块构建网格(BAG)。

(a) 未压缩图像　　(b) $Q=70$　　(c) $Q=20$

图 6.21　JPEG 压缩块效应

当图片进行复制粘贴处理后，修改过的地方常常会逃过人们的眼睛，但是 BAG 在改动过的地方却常常出现不匹配的状况。如图 6.22 所示，其中的点线是 BAG。

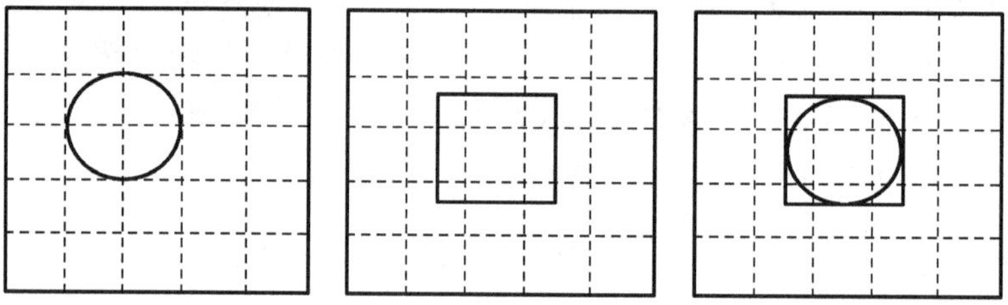
(a) 原始图像A　　(b) 原始图像B　　(c) 合成图像C

图 6.22　BAG 不匹配的示例

要检测被篡改图像必须提取清晰的块构建网格。BAG 有以下特征：网格由水平和垂直的间隔线组成，并且在这两个方向的周期都为 8。基于以上特征，可以先单独提取周期为 8 的弱水平线或垂直线，最后将它们合并成 BAG。这里仅对灰度图像进行提取。

提取水平网格线包含两部分，对于一幅图像 S，首先提取弱水平边缘作为图像 E_h，之后以 8 为周期进行扩展形成图像 G_h。

1）从图像 S 中提取弱水平边缘

由于水平 BAG 线为弱水平边缘，要提取边缘必须先计算绝对二阶差分。假设 $s(y,x)$ 是待测图像 S 的像素点，$d(y,x)$ 是绝对二阶差分矩阵中的元素，由以下公式得出

$$d(y,x) = | 2s(y,x) - s(y-1,x) - s(y+1,x) | \tag{6-57}$$

接下来，需要通过中值滤波器有效地消除来自图像内容强边缘的影响，但是此时要忽略 d 值大于 50 的边缘，由于块构建网格的 d 值一般远远小于 50（这不是一个严格的数值），所以这种处理不会对其造成影响。

用式(6-58)将弱水平线增强，即每 33 列（每边两个块网格）作一次求和，这里 AC = 33。为了归一化幅度，按式(6-59)对计算出的图像进行中值滤波，其中函数 Mid[$A\{\}$] 是中值滤波。$e(y,x)$ 就是图像 E_h 中的元素。

$$e_s(y,x) = \sum_{i=x-16}^{16} d(y,i) \tag{6-58}$$

$$e(y,x) = e_s(y,x) - \mathrm{Mid}[\{e_s(i,x) \mid y-16 \leqslant i \leqslant y+16\}] \tag{6-59}$$

这里之所以选择 AC = 33 是基于两方面的原因。如果 AC 的值太小，小的篡改区域将被忽略；如果 AC 的值太小，弱的 BAG 线将不会得到充分加强，图像边缘的影响仍然很显著。所以，将值定为 33 作为一个有效值来平衡这两个方面。

2）从图像 E_h 中以 8 为周期提取水平线

BAG 是周期信号，它只出现在 8×8 方块的边界，所以提取 BAG 图像也应以 8 为周期。另外，BAG 是一种局部现象，它仅仅与四个邻近方向的 8×8 块有关。对于一个给定压缩因素质量的图像，BAG 的强度直接与图像的内容有关，甚至在一些边缘并不会出现。为了在噪声中加强 BAG，图像 E_h 中的弱水平边缘进一步通过式(6-60)进行中值滤波。

$$g_h(y,x) = \mathrm{Mid}[\{e(i,x) \mid i = y-16, y-8, y, y+8, y+16\}] \tag{6-60}$$

式中，$g_h(y,x)$ 是提取水平 BAG 形成的图像 G_h 中的元素。在式(6-60)中，有 5 个元素将被用于中值滤波，这样，强 BAG 和弱 BAG 都会被平滑，那些周期不是 8 的强的杂线将被去除。

同样地，也可以提取垂直 BAG 图像 G_v。将 G_h 和 G_v 加起来就得到了最终的 BAG 图。

$$g(y,x) = g_h(y,x) + g_v(y,x) \tag{6-61}$$

式中，$g_h(y,x)$ 是提取的垂直 BAG 图像 G_v 中的元素；$g(y,x)$ 是最终提取的 BAG 图像 G 中的元素。

图 6.23 展示了图像剪切操作检测的一个例子。

(a) 原始图像

(b) 用纯黑色填充的方法篡改图像　　(c) 从图(b)提到的BAG图像

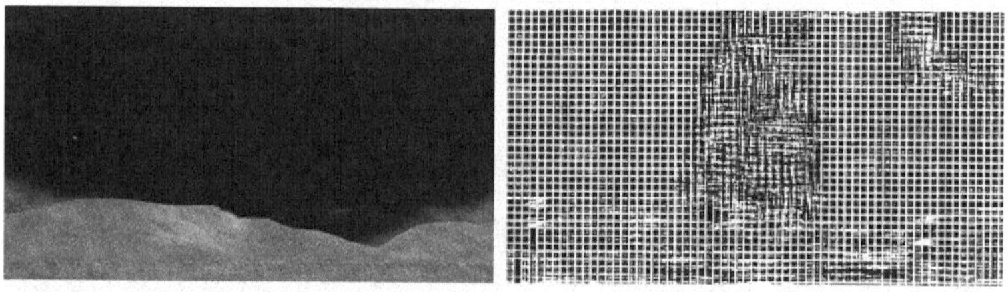

(d) 用随机深色图像填充的方法篡改图像　　(e) 从图(b)提到的BAG图像

图 6.23　BAG 检测图像篡改示例

6.3.2　图像润饰检测

1. 模糊检测

图像模糊检测是图像篡改检测的一项重要手段。通常情况下，图像模糊都是作为一种辅助的篡改手段。例如，对两幅图像进行合成时，如果直接将两部分图像进行合成，那么由于图像合成边缘的不同会很容易被人眼识别出来。篡改者为了消除合成边缘的不同，掩盖篡改真相，会对图像进行模糊操作。

图像模糊实际上就是对图像在空域内进行模板处理，不同的模糊方法有着不同的模板类型。以非常流行的图像处理软件 Adobe Photoshop CS3 Extended 为例，用户可以选择多种模糊方法。用户在选定模糊区域之后可以直接选择模糊工具进行模糊，也可以选择滤镜中的表面模糊、动感模糊、方框模糊、高斯模糊、进一步模糊、径向模糊、镜头模糊、模糊、平均、特殊模糊、形状模糊选项进行模糊。高斯模糊是最常用的模糊方法，其本质是高斯低通滤波器，可以达到很好的模糊效果。

Hsiao 等提出了一种基于 DCT 域的图像模糊检测算法。该算法在分析了高斯模糊模型的基础上，对模糊操作对图像造成的影响进行了讨论，提出了自己的算法。算法主要流程如下。

(1) 计算图像的整体模糊度，基于计算非零 DCT 系数数目直方图。模糊图像会在 DCT 系数的分布上有所呈现，将从 DCT 系数分布入手计算图像模糊度。

第一步，对图像的灰度分量进行 8×8 块 DCT。

第二步，统计 8×8 矩阵 A 中各个位置所对应的图像非零 DCT 系数个数总和。若 DCT 系数小于 8，则将其值设为 0。具体步骤是，假设 8×8 矩阵 A 系数全为 0，对于图像所有 8×8 块 DCT 系数进行统计，若图像的每个 8×8 块对应位置处的 DCT 系数为 0，则矩阵 A 对应位置的系数值加 1。这样 A 的系数将记录其所对应图像位置非零系数的个数。

第三步，选择矩阵 A 中大于 $A[0][0]\times 0.1$ 的系数，并依据矩阵 B 进行模糊度计算。B 中系数取值如表 6.3 所示。

表 6.3 模糊度计算的权重表格

8	7	6	5	4	3	2	1
7	8	7	6	5	4	3	2
6	7	8	7	6	5	4	3
5	6	7	8	7	6	5	4
4	5	6	7	8	7	6	5
3	4	5	6	7	8	7	6
2	3	4	5	6	7	8	7
1	2	3	4	5	6	7	8

由表 6.3 可以看出，该表格是对称的，且主对角线上的数值均为 8，表格中的数值代表矩阵 A 相应位置处系数参与模糊度计算的权重。可以得到模糊度 blur 的计算公式为

$$\text{blur}=\frac{A\text{ 中系数大于 }A[0][0]\times 0.1\text{ 对应 }B\text{ 中位置处的系数之和}}{B\text{ 中系数之和}} \tag{6-62}$$

这样就得到了图像的整体模糊度。很明显图像的模糊度的取值范围为 0～1，而且取值越小，代表图像越模糊。

(2) 计算图像的平均 DCT 系数块，并用该 DCT 系数块对图像的各个 8×8 块 DCT 系数块进行归一化。这也是该模糊估计算法的核心内容。

具体的过程如下：假设 $\boldsymbol{S}$ 为测试图像 DCT 系数矩阵，则利用式(6-63)可得到图像的平均 DCT 系数块 D。然后用 D 对 $\boldsymbol{S}$ 的每一个 8×8 块作除法或者减法运算，便可得到归一化矩阵 $\boldsymbol{S}_N$。对 $\boldsymbol{S}_N$ 求反变换，将其由频域转为空域，这样便可以初步得到检测结果图。

$$\boldsymbol{S}=\begin{bmatrix} C_{11} & \cdots & C_{1N} \\ \vdots & & \vdots \\ C_{M1} & \cdots & C_{MN} \end{bmatrix},\quad D=\frac{1}{M\times N}\sum_{i=1}^{M}\sum_{j=1}^{N}C_{ij} \tag{6-63}$$

$$\boldsymbol{S}_N=\begin{bmatrix} E_{11} & \cdots & E_{1N} \\ \vdots & & \vdots \\ E_{M1} & \cdots & E_{MN} \end{bmatrix},\quad E_{ij}=C_{ij}/D \quad \text{或} \quad C_{ij}-D \tag{6-64}$$

以图 6.24 为例，图 6.24(b)为 图 6.24(a)经过第一、第二步运算得到的初步的结果图。图 6.24(b)中红色圆圈标注的区域，灰度值较大，其代表相对尖锐区域；其他区域的灰度值较小，代表相对模糊区域。

(3) 阈值设定。阈值设定是非常关键的一步，设定不同的阈值将会得到不同的效果图。选取一个合适的阈值至关重要。通过实验训练，得出了一个较好的阈值函数，该函数与图像整体模糊度 blur，FFT 系数的均值 mean 和标准偏差 Standard_deviation 有关，具体函数关系如下

$$\text{Middle\_value}=-319.61*\text{blur}^3+843.98*\text{blur}^2-744.88*\text{blur}+219.51 \tag{6-65}$$

$$\text{Threshold}=\text{mean}+\text{Middle\_value}*4*\text{Standard\_deviation} \tag{6-66}$$

式中，Middle_value 的取值范围是[-1　1]，若其值超过该范围，将设为-1 或 1。这样将步

(a) 测试图像　　　　　　(b) 初步测试结果

图 6.24　测试图像及其初步测试结果

骤二得到的空域图像的像素点灰度值与阈值进行比较，便可得到效果图。但是该算法不抵抗 JPEG 压缩，这极大地限制了该算法的应用。

除此之外，周琳娜等认为，对篡改伪造图像的模糊操作，是对模糊半径内的图像像素值进行邻域灰度平均而产生平滑，会使得其灰度级范围降低，即模糊的边缘分不清物体的灰度层次和细节，而未经过模糊操作图像边缘的一般灰度级动态范围较大，即层次鲜明，黑白反差大。为了区分模糊操作和正常图像，需要对模糊区域进行灰度级放大。但是，一般的线性变换虽然可以提高物体图像反差，但是使得动态范围更大，容易造成误判；而统一压缩图像灰度级，又使得模糊区域的灰度层次和细节更加不清楚，无法在取证时设定阈值。她提出利用同态滤波进行模糊取证的方法，该方法的核心思想：模糊操作在数学形态学上可以看成对图像局部边缘进行元素膨胀的结果，同态滤波压缩了灰度级范围大的正常图像，而扩展了灰度级范围很小的模糊伪造区域，因此经过滤波后的图像模糊处会得到增强。再通过数学形态学中的腐蚀操作收缩掉正常图像的"弱边缘"，就可以定位出模糊区域的"强边缘"。

王俊文、刘光杰等则提出了基于非抽样 Contourlet 变换的图像模糊取证方法。他们认为模糊操作减少了图像中的强边缘点，同时这些经过模糊的边缘点与正常边缘点存在统计差异。因此，他们首先利用非抽样 Contourlet 对图像进行三级分解，并通过每一级 8 个方向子带分量的最大值，将图像中的边缘点分类为强边缘点、次强边缘点和弱边缘点三类。为了寻找模糊前后边缘点的差异，他们对图像进行了统计分析，发现对于第三级非抽样 Contourlet 变换子带分量的最大值，模糊图像的统计结果均小于正常自然图像，因此他们利用经验阈值来对其进行判断，检测其为模糊边缘点还是正常边缘点。进一步地，为了对离焦模糊和人工模糊进行鉴别，王俊文等还定义了图像的局部清晰度，并以此为特征，结合经验阈值来判定离焦模糊边缘点和人工模糊边缘点。

王波等分析了模糊操作对 RGB 真彩色图像 HSI 色彩模型的影响，他们认为，模糊操作会破坏数字照片图像原有色调值的一致性，并将由此产生的在局部邻域大量独立出现的色调值称为"异常色调值"。通过对数字图像进行扫描，分析每个图像块中异常色调值的分布情况，就可以对数字图像中由模糊操作导致的色彩一致性破坏程度进行定量描述，进而对数字图像的模糊篡改伪造进行定位和检测。在此基础上，他们通过对数字图像进行分块，并计算各个图像块的异常色调值和对应的图像异常色调率，进而通过实验得出经验阈值对经过模糊的数字图像进行定位检测。王波等随后的工作提取了色调集合势特征和异常色调特征，并使用 SVM 对其进行检测和分类，对实验中的样本，该方法达到了平均 97%的检测正确率。

2. 锐化检测

作为一种常用的图像润饰手段，图像锐化也通常被篡改者用来减少甚至抹去之前篡改时所遗留的痕迹。因此，对图像锐化操作的取证不仅可以帮助鉴别图像的锐化操作历史，为图像的完整性分析提供依据，同时还可以为图像的篡改识别提供间接判据。

曹刚等提出利用直方图梯度和振铃效应检测图像锐化操作的方法。其系统框图如图 6.25 所示。

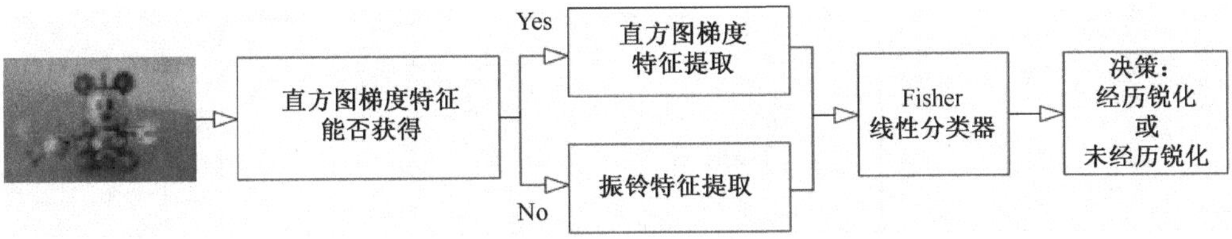

图 6.25　基于直方图梯度特性和振铃效应的图像锐化检测

1) 直方图梯度度量

常用的数字图像属于有限动态范围的图像数据，这些数据适合在大多数显示设备上显示。场景光照只能被粗略地记录在照片上。这个特点使自然影像灰度直方图保持平稳，且通常有两个单调递减的尾部。在直方图中心的方向上，直方图梯度的两端为正。这种正梯度特性会被锐化操作破坏。

在不饱和的图像中，接近黑色和接近白色的像素边缘和纹理边缘和纹理区域分布稀疏，这些区域含有丰富的高频分量。然而，锐化操作的本质是将滤出的高频分量叠加到原始图像中。如果一幅图像的灰度直方图不是太窄，则在其锐化后，接近黑色和接近白色的像素会相应地变得更黑和更白，直到变成纯黑色和纯白色。此时，局部最大值会出现在每个边界二进制位处，即 8 位灰度图像中序号为 0 和 255 的二进制数。沿中心方向，直方图两端单调下降且表现出负梯度特性，与未锐化的图像相反。事实上，只有当不饱和图像的直方图覆盖了足够多的灰度级且不是太窄时，才能度量所讨论的梯度特性。否则，将该图像送入另一个基于振铃效应的锐化检测器中。

对于在高低两端饱和的图像，即使没有经过锐化，其直方图也会呈现出负梯度的特性。为了捕获梯度差异，要删除成块的白色(255)和黑色(0)像素区域以得到修正的直方图。这种校准的直方图会产生与两端不饱和图像相似的梯度特性。

仅考虑 8 位灰度图像，彩色图像可以看成三个独立灰度图。图像的直方图 $h(x)$ 由不含成块的白色和黑色像素区域计算得出。梯度函数如下

$$\begin{cases} f_0 = \dfrac{1}{T}\displaystyle\int_0^T \dfrac{\partial h(x)}{\partial x}\mathrm{d}x, & \displaystyle\sum_{x=0}^{\alpha \cdot T} h(x) > 0 \\ f_{255} = \dfrac{1}{T}\displaystyle\int_{255-T}^{255}\left(-\dfrac{\partial h(x)}{\partial x}\right)\mathrm{d}x, & \displaystyle\sum_{x=255-\alpha \cdot T}^{255} h(x) > 0 \end{cases} \tag{6-67}$$

式中，T 决定了计算直方图梯度的范围；α 是一个系数，用于检测一个直方图是否包含足够多的灰度级以及梯度特征是否能建立起来。所提取的梯度特征将被送入 Fisher 线性分类器中进行分类。

2)振铃效应分析

(1) 图像边缘锐化建模。

图像中的边缘是灰度不连续性的反映,阶跃型边缘是其中最常见的一种,如图 6.26 所示,对于理想的阶跃型边缘,其数学模型可表示为阶跃序列

$$u(x)=\begin{cases}A+B, & x\geqslant 0\\ B, & x<0\end{cases}\quad x\in\mathbf{Z} \tag{6-68}$$

式中,A 和 B 分别表示边缘的幅度和偏移量。

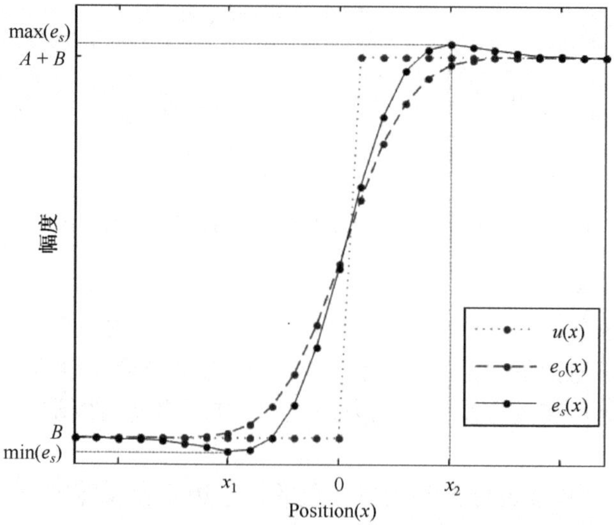

图 6.26　三类阶跃型边缘的信号模型

$u(x)$ 为理想阶跃型边缘;$e_0(x)$ 为未经锐化图像的自然阶跃型边缘;

$e_s(x)$ 为经过锐化图像的锐化阶跃型边缘

由于成像通道中低通滤波效应的存在,实际的自然图像中的阶跃型边缘 $e_0(x)$ 通常被建模成理想阶跃信号 $u(x)$ 与高斯低通滤波器 $g(x,\sigma)$ 的卷积

$$e_o(x)=u(x)\otimes g(x,\sigma)$$

$$=\begin{cases}\dfrac{A}{2}\left(1+\sum\limits_{n=-x}^{x}g(n,\sigma)\right)+B, & x\geqslant 0\\ \dfrac{A}{2}\left(1-\sum\limits_{n=x+1}^{-x-1}g(n,\sigma)\right)+B, & x<0\end{cases} \tag{6-69}$$

当数字图像经历锐化操作时,相应的阶跃型边缘也会受到增强处理。不失一般性,引入空间域锐化滤波器 $h_{\text{sharp}}(x,\sigma)$ 对锐化后的阶跃型边缘 $e_s(x)$ 进行信号建模

$$e_s(x)=e_o(x)=\lambda e_o(x)\otimes h_{\text{sharp}}(x,\sigma_s)$$

$$=\begin{cases}\dfrac{A}{2}\left(1+\sum\limits_{n=-x}^{x}((1+\lambda)g(n,\sigma)-\lambda g(n,\sqrt{\sigma^2+\sigma_s^2}))\right)+B, & x\in\overline{\mathbf{Z}}^-\\ \dfrac{A}{2}\left(1-\sum\limits_{n=x+1}^{-x-1}((1+\lambda)g(n,\sigma)-\lambda g(n,\sqrt{\sigma^2+\sigma_s^2}))\right)+B, & x\in\overline{\mathbf{Z}}^-\end{cases} \tag{6-70}$$

式中,λ 为锐化操作的强度,且

$$h_{\text{sharp}}(x,\sigma_s)=\delta(x)-\frac{1}{\sqrt{2\pi}\sigma_s}\exp\left(-\frac{x^2}{2\sigma_s^2}\right),\quad x\in\mathbf{Z} \tag{6-71}$$

(2) 振铃效应分析与度量。

伴随着图像锐化操作，图像在阶跃型边缘过渡带内出现了幅值异常，中心两侧会分别出现一定程度的突起和凹陷，如图 6.26 所示。这种现象的出现是由高频信号的叠加而直接造成的。下面定性证明并定量描述这种现象的存在。

首先考察参量 R

$$R(e_*)=\frac{|(\max(e_*)-\min(e_*))|-A}{2} \tag{6-72}$$

式中，e_* 可表示 e_0 或 e_s。

若 $e_*=e_0$，对于非锐化图像的阶跃型边缘，结合式(6-69)，很容易得到

$$R(e_0)\equiv 0 \tag{6-73}$$

若 $e_*=e_s$，表示锐化图像的阶跃型边缘，其最大值和最小值可用微分法得到，则考察参量可表示为

$$R(e_s)=A\sum_{n=x_2+1}^{+\infty}(\lambda g(n,\sqrt{\sigma^2+\sigma_s^2})-(1+\lambda)g(n,\sigma)) \tag{6-74}$$

由此可见，参量 R 可定量描述阶跃型边缘的局部振荡现象，称为振铃效应。

6.3.3　图像属性修改取证

1. 图像压缩历史检测

无损压缩具有很高的保真度，解码后能完全恢复编码前的图像信息，这种编码称为可逆编码。常用的无损压缩方法：基于字典的压缩方法（LWZ 编码）、统计方法（Huffman 编码）、无损预测编码。由于无损压缩对图像信息没有影响，在这里不详细介绍。而高保真度的代价就是，相对有损压缩而言，其所占用的空间更大。常见的无损压缩图像格式有 RAW、TIFF、BMP、PNG 等。以数码相片常见的 BMP 格式作为无损压缩图像格式的代表，BMP 图像压缩历史检测可以判断一幅 BMP 图像之前是否经过 JPEG 压缩，因此可对图像真实性作出初步判断。

Fu 等提出利用 Benford 法则检测 BMP 图像压缩历史的方法。Fu 等通过大量实验发现正常 JPEG 系数的第一位有效数字符合广义 Benford 法则分布

$$p(x)=N\cdot\log\left(1+\frac{1}{s+x^q}\right) \tag{6-75}$$

式中，s 和 q 是自由因子；N 是归一化常数。特别当 $N=1,s=0,q=1$ 时，为经济学中常用的 Benford 法则公式。如图 6.27 所示为原始压缩质量因数 $Q=80$ 时的 BMP 图像的首位有效数字分布概率的对数坐标曲线图，可看出曲线接近为一条直线。

Fu 等利用 JPEG 系数首位有效数字的这一分布特性通过 SVM 分类器进行分类可以检测 BMP 图像之前是否经过 JPEG 压缩，并粗略估计原始压缩质量因数。

对于一幅待测 BMP 格式的图像，将其压缩为质量因数 $Q=100$（JPEG 压缩中的最大质量因数）的 JPEG 图像，则可以判断待测图像之前是否经过了 JPEG 压缩，如图 6.27 所示。如果待测图像是未经压缩的 BMP 图像，则将其压缩为 $Q=100$ 的 JPEG 图像（即 $Q=100$ 的单压缩

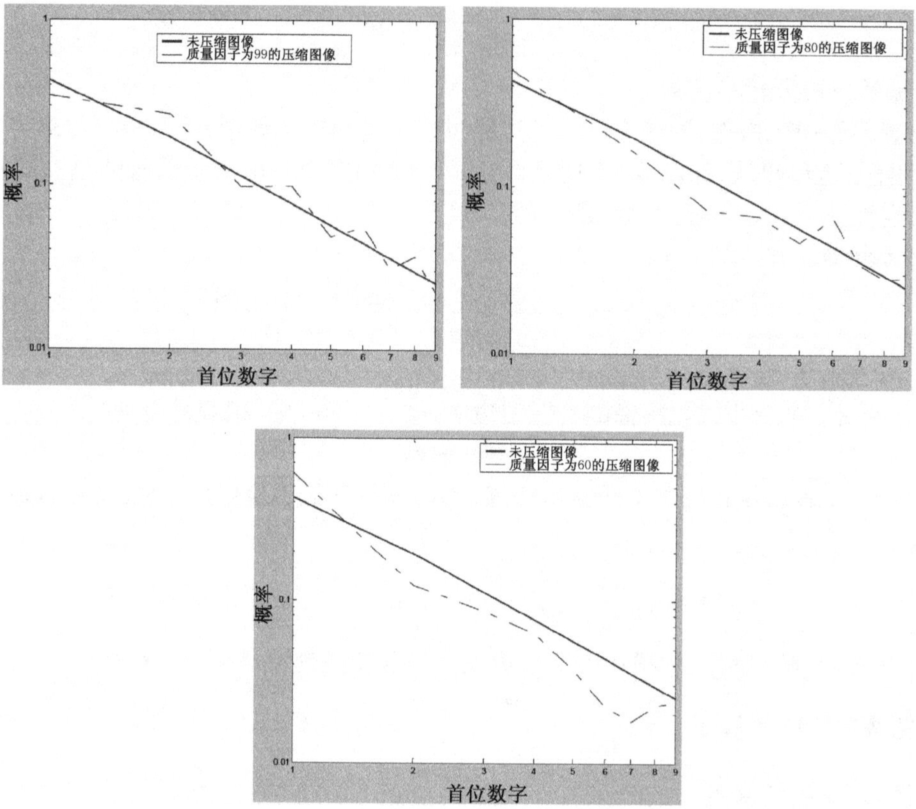

图 6.27　JPEG 系数首位有效数字平均分布(采用对数坐标系)

红色实线-无压缩位图;蓝色点划线-有 JPEG 压缩历史的位图

图像)后,其 JPEG 系数首位有效数字满足 Benford 法则;如果待测 BMP 图像之前经过了 JPEG 压缩,则在将其压缩为 $Q=100$ 的 JPEG 图像后,其 JPEG 系数首位有效数字显然不符合 Benford 法则。

很多分类器都可用于检测 BMP 图像的 JPEG 压缩历史。例如,可计算 JPEG 系数首位有效数字对 Benford 法则的拟合度。Fu 等将 JPEG 系数首位有效数字分布概率的对数值作为特征,用 SVM 来分类。

该方法的实验结果表明,在原始压缩质量因数高达 99 时,检测准确率仍能达到 100%。但是 Benford 法则是经济学中常用的一个公式,它的应用有很多限制条件,如数据不能设置最大值与最小值的限制,数值在一个很宽的范围里连续变动,既不完全随机,也不过度地集中等。因此虽然此种方法在文献的实验中达到了很高的准确率,但是这些限制条件使得这一方法的使用有一定的局限性,如色调单一图像如大片蓝天、绿地等图像并不符合这一规律(图 6.28),图像尺寸较小时也会有影响。

2. JPEG 重压缩检测

现有的数码相机拍摄的照片大部分都保存成 JPEG 格式,而数字图像篡改需要将 JPEG 原始图像转化到空间域的 BMP 图像,用 Photoshop 等图像处理软件进行篡改操作后再压缩成 JPEG 图像进行保存,篡改以后的图像就经过了双重 JPEG 压缩。因此,可以通过分析

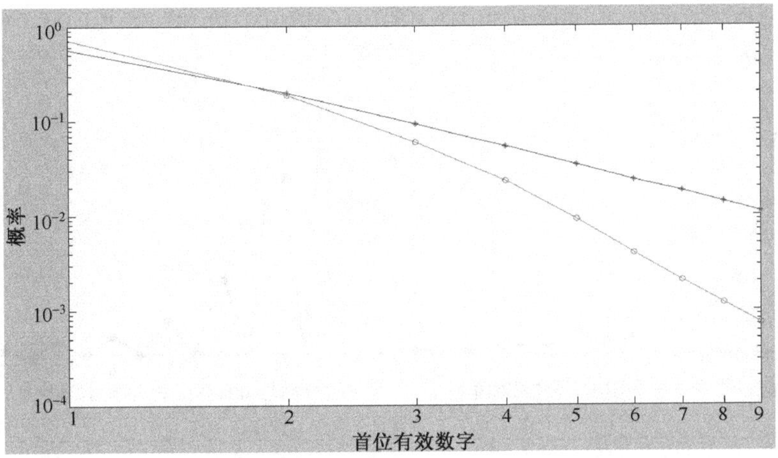

图 6.28　原始压缩质量因数 Q=80 时的 Benford 曲线

其中红色圆圈线为一幅蓝天图像的 Benford 曲线，蓝色 * 号图为一幅色彩丰富图像的 Benford 曲线

JPEG 压缩、JPEG 解压缩的过程以及图像篡改在这个过程中所引入的特征来对图像篡改进行取证。

假设图像两次 JPEG 压缩所使用的量化矩阵分别为 $\boldsymbol{Q}^1$（初始量化矩阵）和 $\boldsymbol{Q}^2$（二次量化矩阵），过双重量化后的 JPEG 系数 D_{ij}（图像中每一个 8×8 的图像块的第 i 行，第 j 列的 DCT 系数）可以表示为

$$D_{ij}=\left\lfloor\left\lfloor\frac{d_{ij}}{Q_{ij}^1}\right\rfloor\frac{Q_{ij}^1}{Q_{ij}^2}\right\rfloor \tag{6-76}$$

在 $\boldsymbol{Q}^1\neq\boldsymbol{Q}^2$ 的情况下，Fridrich 等利用 JPEG 系数直方图的特性判断图像是否经历过 JPEG 重压缩。

1)DCT 系数直方图特性

原始 JPEG 文件中，每个 JPEG 系数都是由块 DCT 系数通过量化阶梯 Q_{ij}^1 量化而来的，那就意味着解压缩过程中在每个 8×8 图像块里恢复出来的块 DCT 系数都是 JPEG 系数的整数倍，再经过 IDCT 变换和取整、调整值范围至[0,255]，得到空域像素值。在进行第二次 JPEG 压缩时，块 DCT 系数是由这些经过取整和调整的像素值计算而来的，它们将不再严格是初始量化阶梯 Q_{ij}^1 的整数倍，而是扩散到这些整数倍值的附近，近似为以 Q_{ij}^1 的整数倍值为中心的广义柯西分布。二次压缩的块 DCT 系数再经过二次量化阶梯 Q_{ij}^2 量化得到最终的 JPEG 系数。这样，在知道 Q_{ij}^1 和 Q_{ij}^2 的具体数值关系时，就可以很清楚地看出重压缩对 JPEG 系数直方图分布的影响。

Fridrich 等对这一问题进行了详细的分析。当 $Q_{ij}^1=Q_{ij}^2$ 或 Q_{ij}^1 是 Q_{ij}^2 的公因子时，在 JPEG 系数的直方图中没有特殊的性质，是一条光滑的曲线，如图 6.29(a)所示。

当 $Q_{ij}^1>Q_{ij}^2$ 或 $Q_{ij}^1<Q_{ij}^2$ 且 Q_{ij}^1 不是 Q_{ij}^2 的公因子时，JPEG 系数直方图中会出现明显的双峰，尤其当 Q_{ij}^1 是 Q_{ij}^2 的某个整数倍时，还会出现消失点，如图 6.29(b)所示。从实验中得出，虽然双峰的统计特性是存在的，但个别双峰的形状呈现出多样性，且很难被预测出来。总体而言，双峰的存在使得重压缩的探测更加困难。

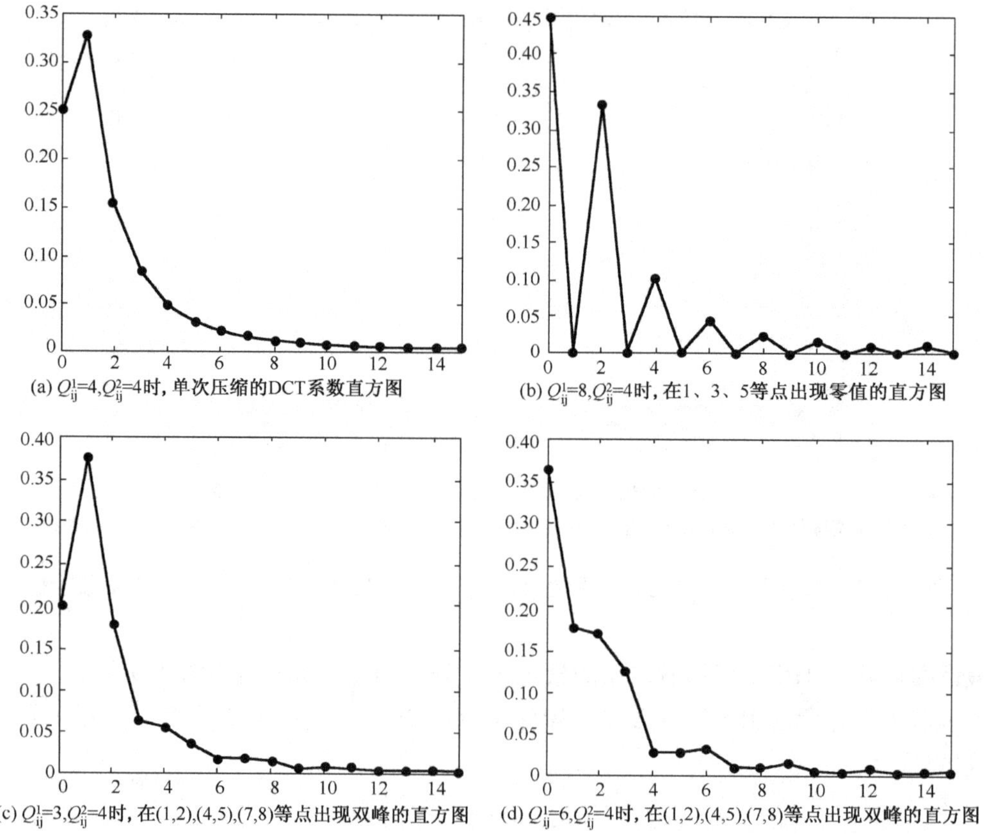

(a) $Q_{ij}^1=4,Q_{ij}^2=4$时，单次压缩的DCT系数直方图

(b) $Q_{ij}^1=8,Q_{ij}^2=4$时，在1、3、5等点出现零值的直方图

(c) $Q_{ij}^1=3,Q_{ij}^2=4$时，在(1,2),(4,5),(7,8)等点出现双峰的直方图

(d) $Q_{ij}^1=6,Q_{ij}^2=4$时，在(1,2),(4,5),(7,8)等点出现双峰的直方图

图 6.29　JPEG 系数直方图

2)特征提取

根据 JPEG 重压缩对 JPEG 系数直方图特性的影响，Fridrich 等提取了 DCT 域的 144 维直方图特征，并利用 SVM 分类器进行一对一的分类训练，能够对重压缩进行准确的检测。提取 JPEG 图像 Y 通道的 JPEG 系数，共分为 l 个 8×8 DCT 变换小块，则 JPEG 系数的直方图可通过下式进行计算

$$h_{ij}(m)=\sum_{k=1}^{l}\delta(|D_{ij}^{k}|-m\cdot Q_{ij}^{2})\tag{6-77}$$

式中，$k\in\{1,\cdots,l\}$；$\delta(\cdot)$ 为冲激响应函数，若 $x=0$，则 $\delta(x)=1$，若 $x\neq0$ 则 $\delta(x)=0$。

对 9 个低频位置上的直方图特征进行提取，这 9 个低频位置分别为

$$L=\{(1,0),(2,0),(3,0),(0,1),(1,1),(2,1),(0,2),(1,2),(0,3)\}\tag{6-78}$$

对于每一个频率点，计算 JPEG 系数直方图在 $m\in\{0,\cdots,15\}$ 内的绝对值的归一化特征。

$$H=\frac{1}{H_{ij}}(h_{ij}(0),h_{ij}(1),\cdots,h_{ij}(15)),H_{ij}=\sum_{m=0}^{15}h_{ij}(m)\tag{6-79}$$

从而得到能够反映重压缩对 JPEG 系数影响的 $9\times16=144$ 维直方图特征。

实验结果表明，其准确率能够达到 97%以上。除此之外，他们还利用最大相似原理对原始压缩质量因数估计进行了详细的分析。

3. 重采样检测

在实现不同图像间的拼接篡改操作时，为了不引起视觉上的怀疑，往往需要对拼接区域进行尺度变换(缩放、旋转、扭曲等)，即图像重采样。有时，篡改者还可能在篡改以后对整幅图像进行全局重采样，使图像各部分特征趋于一致，从而降低篡改的可检测性。如 Fridrich 的重压缩检测方法就不能抵抗重采样操作。

数字图像的重采样过程包含了一个插值步骤，插值步骤是估计原始像素点临近位置的像素值的过程，这样会引起重采样后图像像素点产生某些统计特性的变化。重采样图像中的插值点是由其邻近的原始像素点通过某种映射关系得到的，所以插值点可以用其临近的若干像素点来表示，这就使得重采样后图像像素点之间存在某种相关性。因为某一特定插值方法所采用的映射关系是一致的，所以插值点与其临近像素点的这种特殊的关联方式也是一致的，这就使得像素间的这种特殊关联存在某种周期性。现存的重采样检测方法大都是基于上述统计特性的变化来进行的。

Popescu 和 Farid 最先采用期望最大化(Expectation Maximization，EM)算法来检测图像是否经历过重采样操作。在他们的工作中，EM 算法被用于对像素点的后验概率矩阵以及线性相关矩阵进行估计。

下面介绍一下该算法的主要步骤。该算法对图像的亮度通道进行计算。假设待测图像中的像素点分为两类：M1 和 M2。M1 表示与周围像素点相关的像素点，即重采样插值得到的像素点；M2 表示与周围像素点不相关的像素点，即原始图像中的点。M1 类的第 i 个点与周围 $2N$ 个点的关系可以表示如下

$$y_i = \sum_{k=-N}^{N} a_k y_{i+k} + n(i) \tag{6-80}$$

式中，$a_0 = 0$；$n(i)$ 表示独立同分布零均值未知方差 σ 的高斯分布。

EM 算法主要分为两步。

(1)E 步。依次计算像素点属于 M1 类的条件概率 $P(y_i \mid y_i \in M_1)$ 以及后验概率 $P(y_i \in M_1 \mid y_i)$，具体公式如下

$$P(y_i \mid y_i \in M_1) = \frac{1}{\sigma\sqrt{2\pi}} \exp\left[\frac{-\left(y_i - \sum_{k=-N}^{N} a_k y_{i+k}\right)^2}{2\sigma^2}\right] \tag{6-81}$$

$$P(y_i \in M_1 \mid y_i) = \frac{P(y_i \mid y_i \in M_1)P(y_i \in M_1)}{\sum_{k=1}^{2} P(y_i \mid y_i \in M_k)P(y_i \in M_k)} \tag{6-82}$$

式中，$P(y_i \mid y_i \in M_2)$ 的分布设为均匀分布，并且设 $P(y_i \in M_1) = P(y_i \in M2) = 0.5$。

(2)M 步。依次计算 $\boldsymbol{\alpha}$，计算高斯分布的方差 σ。在 E 步中，需要事先对 $\boldsymbol{\alpha}$ 随机赋初值，在 M 步中，需要对 $\boldsymbol{\alpha}$ 进行计算，更新得到一个新的值。在此算法中，$\boldsymbol{\alpha}$ 可以利用加权最小均方误差估算出来，使式(6-83)取值最小的 $\boldsymbol{\alpha}$，即新的 $\boldsymbol{\alpha}$ 值。

$$E(\boldsymbol{\alpha}) = \frac{\sum_i w(i)\left(y_i - \sum_{k=-N}^{N} a_k y_{i+k}\right)^2}{\sum_i w(i)} \tag{6-83}$$

式中，权值$\omega(i)=P\{y_i \in M_1 \mid y_i\}$。对式(6-83)求导，求导数零即可得到新的$\boldsymbol{\alpha}$值，如下

$$\boldsymbol{\alpha}=(\boldsymbol{Y}^{\mathrm{T}}\boldsymbol{W}\boldsymbol{Y})^{-1}\boldsymbol{Y}^{\mathrm{T}}\boldsymbol{W}\boldsymbol{y} \tag{6-84}$$

$$\boldsymbol{Y}=\begin{bmatrix} y_1 & \cdots & y_N & y_{N+2} & \cdots & y_{2N+1} \\ y_2 & \cdots & y_{N+1} & y_{N+3} & \cdots & y_{2N+2} \\ \vdots & \vdots & \vdots & \vdots & & \\ y_i & \cdots & y_{N+i-1} & y_{N+i+1} & \cdots & y_{2N+i} \\ \vdots & \vdots & \vdots & \vdots & & \end{bmatrix} \tag{6-85}$$

$\boldsymbol{Y}$每一行系数是像素点与其周围相邻$2N$像素点的像素值。新方差σ如下

$$\delta^2=E(\boldsymbol{a})=\frac{\sum_i w(i)\left(y_i-\sum_{k=-N}^{N} a_k y_{i+k}\right)^2}{\sum_i w(i)} \tag{6-86}$$

对于$\boldsymbol{\alpha}$而言，每经过一次EM迭代，将会获得一个新的值。当迭代达到平稳，即$\boldsymbol{a}_n$满足截止条件：$|\boldsymbol{a}_n-\boldsymbol{a}_{n-1}|<\varepsilon$时，迭代截止。这样，将会得到最终的$\boldsymbol{\alpha}$、$\sigma$以及$\boldsymbol{W}$。这里的$\boldsymbol{W}$为后验概率矩阵，矩阵的大小与待测图像相等，$\boldsymbol{W}$中的每一个元素为该点属于插值点的后验概率。

最后，只需要对$\boldsymbol{W}$进行二维FFT变换，得到$\boldsymbol{W}$的频谱图。通过观察频谱图，便可以对重采样操作进行判断。原始图像与重采样图像的区别在于，重采样图像后验概率矩阵对应的频谱图中存在对称的亮点，而原始图像则不存在。图6.30为原始图像与重采样图像的对照图。

图6.30 原始图像与重采样图像比较

同济大学的朱秀明、施云庆等对Popescu的模型进行了改进，用原始图像分布代替均匀分布并增加了先验概率的迭代，使检测图像重采样更加合理有效。同时，通过增加小补偿量的方法来避免EM算法迭代过程中可能遇到的奇异点。

6.3.4 音视频篡改取证

1. 音频篡改取证

使用音频编辑软件可以实现的主要篡改手段有。

(1)数字音频片段的删除。在保证语义的连续性一致下，可以将其中一些语音片断删除，导致整个数字音频的语义发生变化或者掩盖关键语义。

(2)数字音频片段的拼接。从保证语义的连续性一致出发，可以很简单地从各个音频素材

中把某些语义片断剪辑出来，然后再拼接在一起形成一段新的语音或者插入到原始的音频中达到创造新语义的效果。

(3)数字音频片段的叠加。在音频编辑软件中可以把几条声轨的内容混合在一起，意味着在某些场合能达到掩盖真声的效果或者为并不同时发生的场景添加参照物以伪造现场。

(4)自然属性修改。音频的自然属性指的是包括音频采样率、量化位数等音频参数。与数字图像自然属性的修改类似，对音频自然属性的修改大多并未改变原始音频的语义，因此常常只能作为鉴定数字音频是否被修改过的间接证据。

(5)音频效果的添加。通过音频编辑工具可以给音频添加多种特效：放大、降低噪音、压缩、扩展、回声、失真、延迟、滤波等操作。这些效果的添加无论针对整个音频还是局部，其目的都是对音频进行一定程度的修饰或者增强。这些特殊操作虽然不会对音频的语义产生本质上的巨大改变，但可能会引起对音频内容理解的歧义，如改变说话人的语调等。

针对音频片段的删除篡改，Yang 等提出了一种通过检测帧偏移定位音频篡改的方法。首先分析了 MP3 的编解码过程，指出由于语音信号是以帧为单位进行编码的，在编码之后每一帧都具有固定的帧偏移量。而篡改会破坏这种偏移，通过分析 MDCT(Modified Discrete Cosine Transform)系数大于零的数目作为检测帧偏移的特征，来检测这种帧偏移进行检测篡改，而且能够进行篡改定位。但是该方法具有一定的局限性，即该方法要求音频材料仅经过单次 MP3 编码，而且没有考虑噪声等因素的影响。

针对音频片段的拼接篡改，Farid 提出了利用双频谱分析的检测方法，通过双频谱分析检测高阶相关性强度的方法确定语音信号是否经过篡改；姚秋明等根据重采样后的信号会引入周期性信息，提出了基于期望最大化的音频篡改检测方法，通过检测这种周期性信息便可以确定信号是否经过插值，该方法中引入了音频幅度直方图，以及消除短时静音和添加测试样本点的方法，并提出了频谱统计矩作为特征；邵松年等提出根据数字设备的本底噪声作为特征来检测信号语音的真实性，通过使用小波降噪得到处理后的语音与经过频谱变换后的频谱之差得到的特征，作为硬件的本底噪声特征，从而检测语音信号中是否被插入其他设备录制的音频。

音频自然属性修改的取证研究主要集中在 MP3 重压缩检测、MP3 真实比特率检测和音频录制时间鉴定三个方面。

在 MP3 重压缩检测方面，Yang 等根据音频信号的 MDCT 系数近似服从拉普拉斯分布，这种数据的首位有效数字的分布服从 Benford 法则，而双重压缩会破坏这种分布特性的规律，提出了针对 MP3 的重压缩检测算法。该方法以量化 MDCT 系数的首位有效数字分布作为特征，提取量化值不为零的前九个有效数字作为特征，利用支持向量机进行训练和测试。根据全局统计检测正确率不高的情况，又提出了将量化 MDCT 系数分成子带的方法进行检测，提高了当第二次压缩比特率低于第一次压缩比特率情况下的正确率。

在 MP3 真实比特率的检测方面，Brian 等指出不同比特率的 MP3 文件其功率谱密度在 16～20kHz 频带内分布有所差异。将低比特率 MP3 文件转码为高比特率文件后，其高频带的功率谱仍然保持低比特率的分布特性。根据此特征，该方法提取 16～20kHz 频带内的 100 维特征，使用 SVM 进行分类，从而实现对 MP3 文件比特率的检测。

在音频录制时间的检测方面，Grigoras 提出了通过分析录音设备中由电力线频率导致的残留信号进行音频检测的方法。在录音信号中往往含有本地电网频率残留信号，录音信号的电网频率变化总是与录音所在地区的输电网同步。利用这一特点可以对录音信号的真实性、完整性、录音发生的时间以及地点等情况进行鉴定。由于整个地区都是由统一的同步交流电网-输电网来供电，所以，根据给定的日期和时间可确定当时的电网频率波动特性。

2. 视频篡改取证

由于数字视频可视为静止图像在时间轴上的扩展，视频取证研究是随着数字图像取证研究的逐步深入而开始出现的。然而，数字视频具有不同于数字图像的特点，数字视频取证不能简单地直接扩展各种图像取证方法，而是需要分析各种篡改伪造行为，特别是数字视频所特有的篡改伪造行为的特点，有针对性地发展专用的取证方法。

视频篡改伪造相对于数字图像来说更为复杂和耗时。原因在于：首先，数字视频的数据量更大，且必须尽可能地保持篡改前后的时域一致性（Temporal Coherency），克服残影（Ghost Shadow）等问题；其次，视频采集后通常会先进行压缩编码，再以视频流的形式进行存储和传输，而视频编码标准众多，在编码特征工具和码流语法上存在较大的差异；再次，视频的篡改伪造除了绝大部分为图像篡改伪造手段之外，还有一些视频所特有的篡改伪造手段，这些手段包括重投影（利用摄像设备对已有的视频重新录制）、帧操作（帧插入、帧删除和帧重排序）、超分辨率重建、基于视频对象的视频操纵（包括对象添加、删除和位置变化）等。相应地，视频被动取证相对于图像取证来说也更为困难，主要体现在：①即使一小段视频，它的数据量也很大，对取证算法的计算复杂度的要求更高；②视频在显示时具有相对较高的帧率，从视觉上难以检测出任何静止的不一致（Static Inconsistencies）；③数字视频不是简单的比特流，而是具有视觉内容和空间结构内容，并且可能分散在多个设备并以多种格式出现；④对于数字视频所特有的篡改伪造手段，需要进行专门的分析与有针对性的取证。当然，数字视频取证也存在有利的因素：通过前后连续的多个视频帧，可以得到光照、阴影、深度和遮挡等其他信息，从而可能为视频取证提供更多的线索。

逼真的伪造视频尽管在视觉上不能引起人们的察觉，但篡改伪造操作破坏了摄像机自然视频序列数据之间内在的连续性特征，视频取证者就是通过考察这些自然视频序列连续性的统计特征，使用各种相应技术来检测视频受到的篡改类型，甚至定位出篡改的具体位置。目前，一个标准的视频篡改过程一般都要经过以下三个操作。

(1)帧复制或插入、删除操作，即视频合成操作。

(2)模糊润饰操作，即为了消除局部复制造成的可视篡改痕迹的操作。

(3)MPEG 二次压缩操作，在完成了像素域的篡改操作后，要对图像序列进行重压缩。

在数字视频的篡改操作中，帧复制或插入、删除操作是简单也是最常用的视频伪造手段。其中，帧复制操作分为同一序列和不同序列之间的两种复制操作。

同一序列中图像块的亮度、色彩度、噪声模式都比较相近，进行复制、粘贴不会引起明显的视觉变化。但同一视频序列帧复制篡改方法也有较大的破绽，其最直接的检测方法就是全局搜索，对视频序列所有的帧互相进行匹配，找到有完全相同的区域，但这种穷举搜索取证技术的缺点是计算量大、对自然噪声的鲁棒性差，解决这些问题需要确定合理的匹配块，并且需要快速的搜索算法。Farid 等提出了利用视频序列的时间和空间相关性来找到复制帧，首先将一个视频序列划分为许多互相重叠的子序列，然后计算每两两子序列的时间相关性，大于判决门限的帧则标记为可疑帧，最后计算可疑帧的每个子块的空间相关性，如果结果大于判决门限，则判该帧为复制帧。该方法的检测性能高，但执行速度有待提高。

对于不同序列之间的复制操作，Hsu 提出了一种利用残余噪声的相关性来定位篡改区域的方法，这种方法基于篡改会改变残余噪声的相关性并且使得该相关性不同于未篡改区域的假定。该算法将篡改视频的时域残余噪声相关性的分布建模成高斯混合模型(CMM)，然后分两步来估计模型的参数，最后使用贝叶斯分类器来找到估计参数的最合适的阈值。

针对帧插入和帧删除的篡改操作，Wu 等提出了利用视频序列的块效应时域模型的检测方法。MPEG 压缩会在不同类型的视频帧中引入不同的块效应，在给定了 GOP 结构的情况下，块效应的强度是一个随时间变化的常规模型函数。如果插入或删除了一个 MPEG 视频文件的某几帧，接着重新压缩成 MPEG 文件，则第一次压缩引入的块效应仍然存在，且会依据删帧或插帧数目和第一次压缩 GOP 结构类型的不同，对第二次压缩引入的块效应平均强度造成不同影响。通过提取 MPEG 视频的特征曲线的不一致性，检测出 GOP 结构的变化，从而揭示出篡改操作。该方法对视频内容的变化不敏感、鲁棒性高，且容易结合其他特征量如预测误差，从而提出更全面的认证算法。

在伪造篡改者经过了复制、粘贴篡改操作后，为了消除伪造视频上的篡改痕迹，往往会对篡改部分进行如缩放、旋转、模糊预先处理和润饰操作。在对篡改部分进行缩放、旋转操作后，会在篡改视频中留有重采样的痕迹，尽管这种痕迹不会引入视觉上的差别，但由于插值(上采样或下采样)的原因，经重采样后篡改视频块的像素与其周围像素之间会产生周期性的关系。Zhang 等提出利用运动物体的轨迹和运动前景的不一致性来检测出 ghost 模糊效应。首先通过块匹配方法将视频每帧分为运动前景和背景两部分，并建立运动前景马赛克模型。利用连续帧差信号和数学形态模型计算出运动物体的轨迹。如果运动前景的马赛克模型与运动轨迹相一致，则判该序列为完整的，否则，判该视频序列经过了模糊篡改操作。

由于篡改伪造视频的操作几乎全部都需要在空域进行，所以，如果要对篡改后的视频进行保存和传输，往往需要对其进行重新压缩，如典型的 MPEG 压缩。如果原始视频的获取过程中经过了 MPEG 压缩，篡改伪造后又保存为 MPEG 格式，那么该视频序列就经过了两次 MPEG 压缩操作。这是一种不可逆的有损压缩过程。与数字图像和音频类似，可以通过检测数字视频是否经过了二次压缩来作为其是否被修改的间接证据。施云庆等通过实验发现经过一次压缩编码后的视频宏块的第一个非零的量化 AC 系数的分布服从广义的第一数字定律，即 Benford 法则，而 MPEG 二次压缩操作将破坏该分布。因此，他们通过计算曲线的三个拟合性能评价参数：平方和误差(the Sum of Squares Due to Error，SSE)，相关系数(R-square，the Coefficient of Multiple Determination)，均方根误差(Root Mean Squared Error，RMSE)，以及归一化概率分布曲线的 9 个值，组成了 12 维的特征量，并对每种类型的视频帧都提取该特征向量，组成总共 36 维的特征向量，以此对视频序列是否经过二次 MPEG 压缩进行检测。

6.4 小　　结

本章着眼于数字媒体的真实性、完整性鉴别和检测，提出了数字媒体取证的一般性问题，并根据取证技术的行为特征，将数字媒体取证分类为主动取证和被动盲取证两类，分别概述了其发展的基本状况。本章重点针对数字媒体的被动盲取证技术，从数字媒体的来源取证和篡改伪造取证两方面，进行了介绍和讨论。

数字媒体的来源取证技术目前集中于对数码相机、手机、数码摄像机和打印机的来源鉴别，其中又以数码相机的来源鉴别研究最为广泛。从技术路线上来说，数字媒体采集设备的硬件缺陷和特征，或者软件系统的响应函数与系统特性，都可以作为其来源鉴别的特征。

数字媒体的篡改伪造取证，目前主要集中在对数字图像的篡改检测。研究者从图像成像、光学特性和数据统计特性等不同的角度对数字图像的篡改伪造检测进行了分析，但是从现有的研究成果来看，目前对数字图像的篡改伪造检测仍然处于起步阶段，离实际应用还有一定的距离。而数字音频和视频的研究，则相对更为滞后。

习　题

1. 多媒体取证包括哪些内容？
2. 什么是被动取证？
3. 什么是数码相机来源鉴别？
4. 什么是打印机来源鉴别？
5. 什么是视频设备来源鉴别？
6. 简述数码相机的成像过程。
7. 数字图像的 EXIF 信息都包含哪些内容？
8. 列举可用于来源鉴别的数字媒体特性。
9. 列举常用的数字媒体篡改手段。
10. 列举可用于检测数字媒体拼接篡改的特性。

参考文献

陈宁，张晓霞，张建华，等. 2009. 拉曼光谱技术及其在物证鉴定中的应用[J]. 中国人民公安大学学报（自然科学版），(2)：1-4.

陈威兵，杨威波，陈日超，等. 2011. 数字视频真实性和来源的被动取证[J]. 通信学报，6(32)：177-182.

郭晓鸣. 2010. 基于模式噪声的数字图像相机来源取证技术[D]. 大连：大连理工大学硕士学位论文.

刘宁. 2005. 喷墨打印机种鉴别方法及流程[J]. 江苏警官学院学报，20(6)：147-151.

邵松年，黄征，徐彻，等. 2009. 数字音频与录制设备的相关性研究[J]. 计算机工程，35(19)：224-226.

沈林杰，孔祥维，尤新刚. 2007. 基于字符图像质量评价的打印机取证[J]. 东南大学学报（自然科学版），37(1)：92-95.

王波. 2010. 利用成像引入特征的数字图像被动盲取证研究[D]. 大连：大连理工大学硕士学位论文.

王迪，黄敏静. 2006. 喷墨打印文件检验研究[J]. 广东公安科技，(1)：23-25.

王宁，韩国强，顾国生. 2008. 打印文件鉴别打印机型的文字图像模糊识别[J]. 计算机应用研究，25(3)：953-956.

徐俊瑜. 2010. 数字视频被动取证技术研究[D]. 天津：天津大学.

姚秋明，柴佩琪，宣国荣，等. 2006. 基于期望最大化的音频取证中的篡改检测[J]. 计算机应用，26(11)：2558-2601.

支钺. 2004. 谈理化分析方法在文件检验中的应用[J]. 辽宁警专学报，(2)：51-52.

周琳娜. 2007. 数字图像盲取证技术研究[D]. 北京：北京邮电大学硕士学位论文.

周云玲，胡爱华. 2007. 目前文件检验工作中面临的难点问题[J]. 刑事技术，(1)：39-41.

朱秀明，施云庆，等. 2006. 基于 EM 算法的数字取证中图像重采样检测[J]. 哈尔滨大学学报，38：868-871.

Ali G N，Chiang P J，Mikkilineni A K，et al. 2003. Intrinsic and extrinsic signatures for information hiding and secure printing with electrophotographic devices[C]. Proceedings of the IS&T's NIP19: International Conference on Digital Printing Technologies, New Orleans, LA, 19:511-515.

Ali G N, Chiang P J, Mikkilineni A K, et al. 2004. Analysis and gaussian mixture models to printer identification [C]. Proceedings of the IS&T's NIP: International Conference on Digital Printing Technologies, Salt Lake City, UT,20: 301-305.

Avcibas I. 2001. Image quality statistics and their use in steganalysis and compression [D]. Bogazici University.

Cao G, Zhao Y, Ni R. 2009. Detection of image sharpening based on histogram aberration and ringing artifacts [C]. IEEE International Conference on Multimedia and Expo:1026-1029.

Chiang P J, Ali G N, Mikkilineni A K, et al. 2004. Extrinsic signatures embedding using exposure modulation for information hiding and secure printing in electrophotographic devices [C]. Proceedings of the IS&T′s NIP20: International Conference on Digital Printing Technologies,Salt Lake City, UT: 295-300.

Choi K S, Lam E Y, Wong K Y. 2006. Automatic source camera identification using the intrinsic lens radial distortion[J]. Optics Express,14(24): 11551-11565.

Cooper A J. 2006. Detection of copies of digital audio recordings for forensics [D]. The Degree of Doctor of Philosophy, the Open University, 1-255.

D′Alessandro B, Shi Y Q. 2009. Mp3 bit rate quality detection through frequency spectrum analysis [C]. Proceedings of the 11th ACM Workshop on Multimedia and Security:57-61.

Devernay F, Faugeras O. 1995. Automatic calibration and removal of distortion from scenes of structured environments [C]. Investigative and Trial Image Processing, Proceedings of SPIE, 2567: 62-67.

Farid H. 2001. Blind inverse gamma correnction [J]. IEEE Transactions on Image Processing, 10: 1428-1433.

Farid H. 2006. Digital image ballistics from JPEG quantization [R]. Technical Report TR2006-583, Department of Computer Science,Dartmouth College.

Fraid H. 1999. Detecting digital forgeries using bispectral analysis [R]. MIT TI Memo AIM-1657, MIT: 1-9.

Fu D D,Shi Y Q,Su W. 2007. A generalized benford's law for JPEG coefficients and its applications in image forensics [C]. Proceedings of SPIE Security, Steganography, and Watermarking of Multimedia Contents IX, Bellingham, Washington:SPIE Press: 1-11.

Gao X, N T T, Qiu B, et al. 2010. Single-view recaptured image detection based on physics-based features [C]. International Conference on Multimedia andExpo, Singapore: 1469-1474.

Grigoras C. 2005. Digital audio recording analysis the electric network frequency criterion[J]. The International Journal of Speech Language and the Law, 12(1): 63-76.

Houten W V, Geradts Z. 2009. Source video camera identification for multiply compressed videos originating from youtube[J]. Digital Investigation, 6: 48-60.

Hsiao D Y,Pei S C. 2005. Detecting digital tampering by blur estimation [C]. 1st International Workshop on Systematic Approaches to Digital Forensic Engineering: 264-278.

Hsu C, Hung T, Lin C. 2008. Video forgery detection using correlation of noise residue [C]. Proceedings of IEEE Workshop Mtlltimedia Signal Processing (MMSP), Cairns, Queensland: 170-174.

Hsu Y F, Chang S F. 2006. Detecting image splicing using geometry invariants and camera characteristics consistency [C]. International Conference on Multimedia and Expo, Toronto, Canada.

http://www. fourandsix. com/photo-tampering-history/category/2003.

Jesse D. 2008. Kornblum, using JPEG quantization tables to identify imagery processed by software[J]. Digital Investigations, Elsevier 5:S21-S25.

Johnson K, Farid H. 2005. Exposing digital forgeries by detecting inconsistencies in lighting [A]. International Multimedia Conference Proceedings of the 7th Workshop on Multimedia and Security, New York, NY, USA: ACM Press:1-10.

Johnson M, Farid H. 2007. Exposing digital forgeries in complex lighting environments[J]. IEEE Transactions on Information Forensics and Security, 3(2):450-461.

Kharrazi M, Sencar H T, Memon N. 2004. Blind source camera identification [C]. Proceedings of IEEE ICIP,Singapore: 709-712.

Lampert C H, Mei L,Breuel T M. 2006. Printing technique classification for document counterfeit detection [C]. Computational Intelligence and Security, International Conference on, IEEE, 1:639-644.

Li W H, Yuan Y, Yu N H. 2009. Passive detection of doctored JPEG image via block artifact grid extraction [J]. Signal Processing, 89: 1821-1829.

Lukas J, Fridrich J, Goljan M. 2006. Digital camera identification from sensor pattern noise[J]. IEEE Transactions on Information Security and Forensics, 1(2): 205-214.

Luo W Q, Wu M, Huang J W. 2009. MPEG recompression detection based on block artifacts [A]. Proceedings of SPIE-The International Society for Optical Engineering, San Jose, CA, United States: 6819.

Lyu S, Farid H. 2002. Detecting hidden messages using higher-oirder statistics and support vector machines [C]. 5th International Workshop on InformationHiding, Netherlands: 340-354.

Matzner R. 1993. An SNR estimation algorithm for complex baseband signals using higher order statistics[J]. Facta Universitatis (Nis), 6(1): 41-52.

Mihcak M K, Kozintsev I, Ramchandran K. 1999. Spatially adaptive statistical modeling of wavelet image coefficients and its application to denoising [C]. IEEE International Conference on Acoustics, Speech, and Signal Processing, 6: 3253-3256.

Mikkilineni A K, Ali G N, Chiang P J, et al. 2004. Signature-embedding in printed documents for security and forensic applications [C]. Proceedings of the SPIE International Conference on Security, Steganography, and Watermarking of Multimedia Contents VI, San Jose, CA,5306: 455-466.

Mikkilineni A K, Arslan O, Chiang P J, et al. 2005. Printer forensics using svm techniques [C]. Proceedings of the IS&T's NIP21: International Conference on Digital Printing Technologies, Baltimore, MD, 21: 223-226.

Mikkilineni A K, Chiang P J, Ali G N, et al. 2004. Printer identification based on textural features [C]. Proceedings of the IS&T's NIP: Internatironal Conference on Digital Printing Technologies, Salt Lake City, UT, 20: 306-311.

Mikkilineni A K, Chiang P J, Ali G N, et al. 2005. Printer identification based on graylevel co-occurrence features for security and forensic applications [C]. Proceedings of the SPIE International Conference on Security, Steganography, and Watermarking of Multimedia Contents VII,San Jose, CA, 5681:430-440.

Ng T T, Chang S F, CY Lin. 2006. Passive-blind image forensics [R]. Technical Report.

Ng T T, Chang S F, Tsui M P. 2006. CRF estimation using single channel image differential invariants [EB/OL]. Columbia University.

Oliver J, Chen J. 2002. Use of Signature Analysis to Discriminate Digital Printing Technologies [C]. IS&T's NIP18: International Conference on Digital Printing Technologies:218-222.

Pevny T, Fridrich J. 2008. Detection of double-compression in JPEG images for applications in steganography [J]. IEEE Transactions on Information Forensics and Security, 3(2): 247-258.

Popescu A C. 2005. Statistical tools for digital image forensics [D]. Department of Computer Science,Dartmouth College, Hanover, NH.

Popescu A C, Farid H. 2004. Exposing digital forgeries by detecting duplicated image regions [R]. Hanover: Dartmouth College.

Popescu A, Farid H. 2005. Exposing digital forgeries by detecting traces of re-sampling[J]. IEEE Transactions on Signal Processing, 53(2): 758-767.

Schulze C, Schreyer M, Stahl A, et al. 2008. Evaluation of graylevel-features for printing technique classification in high-throughput document management systems [C]. LNCS, Springer, Heidelberg, 5158:35-46.

Sharma A, Ali G N, Allebach J P. 2006. Intrinsic feature extraction for classification of electrophotographic printers [C]. Proceedings of the 2006 SURF Summary.

Shi Y Q. 2008. First digit law and its application to digital forensics [C]. International Workshop on Digital Watermarking (IWDW08), Busan, Korea.

Shi Y Q, Chen C H, Chen W. 2007. A natural image model approach to splicing detection [C]. Proceedings of the 9th Workshop on Multimedia & Security, Dallas, Texas: 43-48.

Su Y T, Xu J, Yu J. 2009. A source video identification algorithm based on motion vectors [A]. International Workshop on Computer Science and Engineering, 2:312-316.

Su Y T, Zhang J, Ji Z. 2008. A source video identification algorithm based on features in video stream [A]. International Workshop on Education Technology and Training & International Workshop on Geosciences and Remote Sensing.

Swaminathan A, Wu M, Liu K J R. 2007. Nonintrusive component forensics of visual sensors using output images[J]. IEEE Transactions on Information Forensics and security, 2(1): 91-106.

Swaminathan A, Wu W, Liu K J R. 2007. Optimization of input pattern for semi non-intrusive component forensics of digital cameras [C]. IEEE International Conference on Acoustics, Speech and Signal Processing, 2: 225-228.

Tchan J. The development of an image analysis system that can detect fraudulent alterations made to printed images [C]. Proceedings of SPIE-IS&T Electronic Imaging, 5310:151-159.

Valenzise G, Taglasacchi M, Tubaro S. 2010. Estimating QP and motion vectors in H. 264/AVC video from decoded pixels [A]. Proceedings of the 2nd ACM Workshop on Multimedia in Forensics, Security and Intelligence, Firenze: 89-92.

Wallace G K. 1992. The JPEG still picture compression standard[J]. IEEE Transactions on Consumer Electronics, 38(1): xviii - xxxiv.

Wang N, Han G Q. 2007. Laser printer fuzzy identification based on correlative specific area of character image[C]. International Conference on Computational Intelligence and Security, IEEE:415-419.

Wang W, Farid H. 2007. Exposing digital forgeries in video by detecting duplication [A]. Proceedings of the Multimedia and Security Workshop 2007, Dallas, TX, United states:35-42.

Yang R, Qu Z H, Huang J W. 2008. Detecting digital audio forgeries by checking frame ofsets [C]. International Multimedia Conference, Proceedings of the 10th ACM Workshop on Multimedia and Security, Oxford, United Kingdom: 21-26.

Yang R, Shi Y Q. 2010. Detecting double compression of audio signal [C]. Media Forensics and Security II, San Jose, California, USA, 7541: 1-10.

Zhang J, Su Y T, Zhang M Y. Exposing digital video forgery by ghost shadow artifact [A]. 1st ACM Workshop on Multimedia in Forensics, Beijing: 49-53.

第 7 章　生物认证和生物模板安全

随着互联网的普及和人们对计算机依赖性的增强，身份信息的安全问题越来越受到重视，尤其在安全控制、海关安检、通关、边检、电子商务、金融、社保等众多领域，身份篡改和身份伪造事件屡屡发生。在当今全球信息化的进程中，数字身份的认证问题更加突出，对用户身份准确辨识和身份管理的认证需求日益增长。为有效地防止利用身份信息进行犯罪和诈骗，以保障国家对经济、金融、社会和信息的控制，迫切需要先进技术保障身份安全，并进行有效的身份认证及其管理。

7.1　身份认证概述

7.1.1　身份认证的类型

身份认证是指主体的真实身份与其所声称的身份是否相符的证实过程，这一过程需要通过特定的技术和协议来实现。认证的目的主要是识别用户的来源，以决定用户权限和可以访问的服务。根据身份认证的物理基础，可以将身份认证分为三种类型。

(1)用户所知道的。典型的用户所知道的认证，如密码和口令。用户在进行需要认证的相关操作前，要先输入密码，如果密码正确，则可通过认证。密码越长，内容越复杂，则系统的安全性越高。

(2)用户所拥有的。典型的用户拥有的认证，如身份证、护照、密钥盘、IC 卡、物理令牌等。一般认证会将多个用户拥有的特征结合使用，如身份证号码、照片和人脸三者结合进行确认。但 IC 卡和物理令牌等证卡容易丢失，认证系统的安全性将面临风险。

(3)用户的生物特征。用户自身的生物特征，包括用户的指纹、人脸、虹膜、DNA、声纹、步态、签名等。这些是用户与生俱来的生理特征和行为特征，也是人与人之间相互辨认的物理基础。生物特征具有便捷性、精确性、不可替代性、安全性高等特点，近年来采用计算机识别用户的生物特征进行的认证备受重视并得到广泛应用。

7.1.2　身份认证的特点

以上三类身份认证方法各有利弊。第一类方法最简单，系统开销小，安全强度最低。在网络登录时输入正确的密码，计算机就认为操作者是合法用户，特点是认密码不认人。现实生活中，个人的密码容易遗忘或记错。为了防止忘记密码和使用方便，一些用户经常将生日或电话号码等个人信息设置为密码，更有人把密码记在明处或放在 U 盘等存储设备中保存，这些做法都很容易导致密码的泄露，增加了安全风险。

第二类身份认证的安全性比第一类高，泄密的可能性相对较小，但认证系统相对复杂。这两类认证技术起步较早，相对成熟而且应用广泛，已经大规模在世界各地应用，但在应用普及的同时出现了很多安全威胁。如利用丢失和被盗的信用卡窃取大量资产，盗窃身份识别码

(PIN)进行移动电话通信犯罪，非法登录计算机获取信息资源，篡改伪造身份证件非法入境等。

这些身份认证方法存在共同的缺点：个人的密码容易破解，拥有的身份认证物品丢失经常发生。利用这些认证方法的系统难以区分真正的拥有者和取得身份标识物的冒充者，一旦他人获得了这些身份标识物，就可以拥有相同的权力。因此这两类身份认证技术在实质上并没有解决用户究竟是谁的问题，而是用了一个附属物代表用户是谁。

人体生物身份认证技术利用人本身与生俱来的生物特征，无须额外携带任何的电子、机械钥匙和密码等身外之物，因而可杜绝丢失钥匙、忘记密码的现象，因此利用人体本身的生物识别的第三类认证方法可以构建更直观、准确、可靠的识别系统。

生物身份认证根据使用者的人体生物特征或行为特征确认使用者的真实身份，关键技术包括对指纹、掌纹、掌形、人脸、虹膜、颈脉、DNA、书写、语音识别、步态等多种人的生理和行为识别。利用人体的这些独特的生理特征和行为特征鉴别每个人的身份，从而判断其是否具有合法权限。由于它认定的是人本身的特征，这些特征具有人体所固有的难以复制的唯一性和稳定性，不需要身外的其他标识物，所以没有被遗忘的风险，这些在安全性上的突出优势使得声音识别、签字识别、指纹识别、掌形识别、眼虹膜识别等多种人体生物特征识别技术蓬勃发展。以指纹和人脸为代表的生物特征识别系统，在识别的精度和速度上已达到实用的要求，人脸识别已在深圳和香港的罗湖通关口岸实用化。

由于生物认证对每次操作事件都保存有时间、日期和人体生理特征的记录，所以它具有良好的可跟踪性。如果配合IC卡、指纹识别等技术，还可以增强安全强度。若在ATM自动取款机上应用这种识别技术，可以解除用户忘记密码的苦恼，而且可以防止冒领、盗取的事件发生。因此生物识别被认为是可应用于银行验证、出入口控制、安全验证、安防监控与搜寻罪犯等有关方面的强有力的技术手段，可以满足新兴的电子商务交易系统、银行金融数字系统对安全防范控制系统有着极高安全和身份认证要求的需求。

7.1.3　生物识别的发展历史

生物特征认证和识别随着计算机技术的发展在近年逐渐发展起来，但其主要思想却有着千百年的历史渊源和实践检验。人类在早期历史中就有利用人自身的生理和行为特征来进行个人身份识别与认证的记载。我国在契约文书上用按指纹印的方法来保证文书的不可抵赖性，并一直沿用到现在。在公元前500年，记录在粘土板上的古巴比伦的商业文书中就包含有指纹印。

1996年，亚特兰大奥运会的门禁控制采用了掌形机装置用于奥运村的出入控制和保护。在奥运会的28天时间里，该系统处理了超过6500个人的注册和超过一百万次的识别操作。

2000年，国际上举办了首次针对多种商业生物特征识别系统进行大规模技术评测的首届人脸识别开发商测试大会(FRVT 2000)，FRVT的主要目的是评测系统在大规模数据库上的执行性能，以后每年一次。2004年，由美国政府资助人脸识别挑战赛(Face Recognition Grand Challenge，FRGC)启动，主要针对人脸识别中存在的主要问题征集算法。

2004年，美国政府启动旅客和移民状态指示计划(The United States Visitor and Immigrant Status Indication Technology，US-VISIT)，该计划将是今后美国政府签证发放与出入境管理测量的基础。US-VISIT计划采用生物特征识别技术，例如，指纹和人脸，以保证出入境的人与申请签证的人是同一个人，达到从境外领事馆的签证发放开始，贯穿入境到出境全过程的监控。

2008 年北京奥运会及残奥会开闭幕式时，使用了由中国科学院自动化研究所生物特征识别与安全技术研究中心研制的人脸识别技术进行实名制门票查验。在奥运会及残奥会开闭幕式中，约 36 万人经过人脸识别系统的验证后进入开闭幕式现场。

经过多年的发展，生物识别技术逐渐成熟，尤其是 9 · 11 事件和国际反恐大大推动了生物识别技术和产品的开发与应用，生物识别作为身份认证新技术成为安防领域积极推崇并采用的一项新技术。国内外设备厂商纷纷推出了各种基于生物特征识别技术的软硬件产品以及行业应用的解决方案，目前人体生物特征识别已成为美国、英国等发达国家签证和入境的身份认证手段，同时还在金融、电信、信息安全、电子商务、电子政务、军事等领域得到广泛的应用。

7.1.4 生物认证技术发展和挑战

多年来，国际社会对身份认证技术非常重视，特别是新兴的生物认证技术，各国都投入很大财力进行研究推广。美国 9 · 11 恐怖袭击事件之后出现的国际新形势，使生物特征识别和认证技术的研究和应用得到更大需求的推动。美国政府在“9 · 11”以后连续签署了 3 个国家安全法案，要求必须采用生物识别技术。2003 年 6 月，联合国国际民用航空组织公布了生物技术的应用规划，规划提出，将在个人护照中加入生物特征（指纹识别、虹膜识别、脸像识别），并在进入各个国家的边境时进行个人身份的确认。目前，此规划已在美国、欧盟、澳大利亚、日本、韩国、南非等地区和国家实施。国际航空组织的这项规划表明，生物特征认证技术开始进入大规模成熟应用阶段。

由于生物认证系统本质上是一个模式识别系统，所以，面向应用的模式识别和机器学习的快速发展，在理论上对生物认证技术的研究有很大的推动作用。同时，计算机硬件和信号采集技术的迅速发展、计算机运算能力的提高为生物认证技术的检测和实验提供了平台，为实际应用提供了必要的条件。

目前，世界范围内，有许多机构开展了生物认证技术的研究工作。其中包括美国的密歇根州立大学计算机系、卡内基梅隆大学计算机学院、麻省理工学院媒体实验室、AuthenTec 公司、CITeR(Center for Identification Technology Research, West Virginia)、微软公司和 IBM 公司、韩国 Yonsei 大学的生物认证工程研究中心（Biometrics Engineering Research Center）、意大利 Bologna 大学的生物认证系统实验室（Biometric System Lab）、英国剑桥大学、中国科学院自动化研究所、香港理工大学、清华大学、哈尔滨工业大学等。

与此相关的国际知名期刊包括：Biometrics；Pattern Recognition；IEEE Transaction on Pattern Analysis and Machine Intelligence；IEEE Transaction on Image and Vision Computing 等。知名的会议包括：①国际生物认证会议（International Biometric Conference）；②生物认证联盟大会（Biometric Consortium Conference）；③自动人脸与手势识别国际会议（International Conference on Automatic Face and Gesture Recognition, FGR）；④基于音视频的生物身份认证国际会议（International Conference on Audio and Video Based Biometric Person Authentication）；⑤IEEE 计算机视觉和模式识别国际会议（IEEE Conference on Computer Vision and Pattern Recognition）；⑥国际模式识别会议（International Conference on Pattern Recognition）等。

生物识别和认证技术面临的挑战包括以下内容。

(1)单模生物认证技术存在先天不足。单模生物认证技术还存在一些先天不足,单一生物认证要想解决其固有问题,多模生物识别技术是一个新的方向。多模生物特征认证技术利用了多个生物特征,结合数据融合技术,试图克服单通道生物认证技术的不足,提高系统的实用性。例如,同时识别人的脸部和指纹,或识别多个手指上的指纹,或将指纹、人脸、静脉、步态、声音等集成识别或融合达到判断身份的目的。

(2)用户不配合、采集环境复杂。例如,非合作情况下的人脸图像采集,遮挡问题非常严重。特别在监控环境下,被监控对象可能会戴着眼镜、帽子等饰物,使得被采集的人脸图像有可能不完整,从而影响了后面的特征提取与识别,甚至会导致人脸检测和识别算法的失效。

(3)生物特征改变影响识别准确率。人的生物特征是随时间而发生改变的,随着年龄的变化,面部外观也会变化,特别是对于青少年,这种变化更加明显。对于不同的年龄段,人脸识别算法的识别率也不同。这些因素都会影响系统的准确性。

(4)人脸识别应用引发隐私泄露。社交网络公司 Facebook 已推出自动识别照片人物系统,引发新一轮的隐私泄露担忧。Facebook 的“标签推荐”功能使用面部识别技术,使用户为亲友添加标签这一操作更为快捷,该项功能已在美国和大多数国家启用。Facebook 拥有 5 亿多用户,使用人脸识别技术势必会引发更为棘手的隐私问题。另外谷歌 Picasa 和苹果 iPhoto 等照片软件和在线服务也使用人脸识别技术。

7.2　生物特征认证的系统结构

人体生物特征认证了用户“究竟是谁”的问题,是个人身份的最好证明,因此生物认证技术和系统逐渐成为身份认证的研究热点。有了生物认证的关键技术和解决方案之后,实用中还要设计和构建实用的生物认证系统,才能达到正确认证用户的目的。

7.2.1　生物认证系统的系统结构

生物认证系统的一般系统结构图如图 7.1 所示。生物认证系统一般分为注册模块和认证模块两大部分。注册模块主要完成用户的生物特征信息及其相关个人信息的录入。生物识别系统经采集设备采集生物信号后,对生物信号进行取样,经处理和变换后提取其特征组成特征模板存入模板数据库中,作为用户的样本信息。认证模块主要针对用户认证,当用户同识别系统交互后,识别系统现场采集生物信号获取其特征,然后与数据库中的特征模板进行比对,以确定二者匹配程度,决定接受或拒绝该访问者,从而判断访问者是否具有合法的身份。

因此生物特征识别系统包括传感器,用于获取个人的生物特征识别数据;数据库存储部分,用于保存与身份信息有关的个人生物特征数据样本作为参照模板。系统将获取的数据样本与参照模板进行对比,以确定其是否匹配。基于这种模式匹配实现的生物识别认证已经在身份认证中得到了广泛应用。

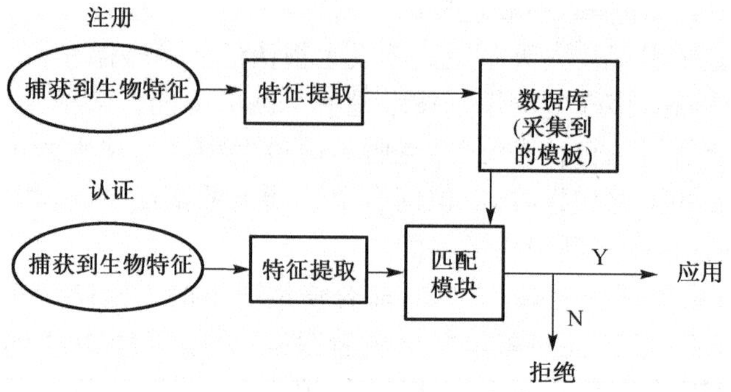

图 7.1 生物认证系统结构示意图

7.2.2 生物特征系统的认证模式

一般的生物特征系统对身份的认证有两种模式：认证(1∶1)和识别(1∶N)。认证方式检验“你是否是你所声称的那个人”，就是通过把一个现场采集到的生物特征与一个已经登记的生物特征进行一对一的比对(one-to-one matching)，来确认身份的过程。识别方式是检验“你是谁?”或“你的身份信息在这个数据库里吗?”即把现场采集到的指纹同指纹数据库中的指纹逐一对比，从中找出与现场指纹相匹配的指纹。这是“一对多匹配(one-to-many matching)”。例如，验证系统一般只考虑对完整的指纹进行比对，而识别系统要考虑残纹的比对；验证系统对比对算法的速度要求不如识别系统高，但更强调易用性。

评价生物识别技术和系统的主要标准：误拒绝率(FRR)和误接受率(FAR)。FRR 是指系统将合法注册用户拒之门外的概率，FAR 则是指系统将非注册用户误判为合法而接受的概率。影响 FRR 和 FAR 值的因素不仅有系统的性能，由于 FRR 和 FAR 的数值是彼此关联的，一旦提高了识别准确率的门槛，FAR 下降，FRR 上升，反之，FRR 会下降，FAR 则上升。

7.3 生物特征的特点

无论生物特征是身体特征还是行为特征，每个人的特征都应是唯一的。此外，生物特征在一定的时期内应是不变的，并可测定的，各种生物特征有其自身的特点，这些特征影响着生物识别的准确率，同时对生物认证的安全性起着重要的作用。

7.3.1 指纹识别

指纹是指人的手指末端正面皮肤上凸凹不平产生的纹线，纹线有规律地排列形成不同的纹型。纹线的起点、终点、结合点和分叉点称为指纹的细节特征点。指纹识别即指通过比较不同指纹的细节特征点来进行鉴别。由于每个人的指纹不同，就是同一人的十指之间，指纹也有明显区别，所以指纹可用于身份鉴定。

指纹识别技术是目前应用最广泛、价格低廉的一种生物识别技术，已被广泛应用，在生物识别市场上占据着主导地位，指纹笔记本电脑、指纹门禁系统和指纹考勤机都是应用非常广泛的产品。

指纹采集对于周围环境有要求，对手指湿度、清洁度等敏感，脏、油、水都可能影响识别的结果。伤痕、脱皮、老茧都会影响指纹识别的效果，还有某些人或某些群体的指纹特少而难以区分。由于指纹识别是一种接触性的识别技术，所以指纹采集头上容易留下用户的指纹印痕，这些印痕也可能被不法分子盗取用以复制客户的手指来进入认证系统。另外传统指纹识别是静态图像的采集识别，反映不出指纹的活体和片断，因此容易出现安全漏洞。

7.3.2　人脸识别

人脸识别是根据人的面部特征来进行身份识别的技术，包括静止面部识别和热成像面部识别技术等。静止面部识别是透过普通光学摄像头记录下被拍摄者眼睛、鼻子、嘴的形状及相对位置等面部特征，然后将其转换成数字信号，再利用计算机进行身份识别。热成像技术主要通过分析由面部毛细血管的血液产生的热线产生面部图像。热成像技术不需要良好的光源，即使在黑暗情况下也能正常使用。

人脸识别技术由于使用方便，普通摄像头都可以作为传感器，主要依靠人脸识别软件和算法进行处理，所以推广起来成本比较低，客户也较容易接受，相对于指纹识别，人脸识别最大的特点是非接触式的，更加方便与卫生，因此人脸识别的市场前景巨大。

人脸识别考勤机、门禁机、面部识别仪、面部指纹混合手持式移动终端、面部指纹混合验证门禁终端、面部指纹混合门禁终端等产品都已有应用，尤其是我国的人脸识别系统在 2008 北京奥运会的开闭幕式上得到了实际应用。目前面部识别技术主要应用于机场安全检查、海关自助通关及体育赛事等场所。

使用者面部的位置与周围的光环境都能影响系统的精确性，周围环境或光线强度不一样，或人的五官发生了物理变化，如出现新伤疤、化妆、整容等，都可能破坏人脸识别系统的识别能力，丰富的表情也会影响识别结果，面部确认的工作会受到很大影响。另外用户自己暴露在光天化日之下，要顾忌的隐私权问题较为突出。

7.3.3　静脉识别

手指静脉的形状具有唯一性和稳定性，即每个人的手指静脉图像都不相同，同一个人不同手指的静脉图像也不相同，健康成年人的手指静脉形状不再发生变化。

静脉识别系统首先通过静脉识别仪，根据血液中的血红素有吸收红外线光的特质，将具近红外线感应度的小型照相机对着手指进行摄影，即可把血管的阴影摄影出来。将血管图样进行数字处理，制成血管图样影像，取得个人静脉分布图，从静脉分布图依据专用比对算法提取特征值，通过红外线 CMOS 摄像头获取手指静脉、手掌静脉、手背静脉的图像，将静脉的数字图像存储在计算机系统中，将特征值存储。静脉比对时，实时采取静脉图后提取特征值，运用先进的滤波、图像二值化、细化手段对数字图像提取特征，同存储的静脉特征值比对或匹配，从而对个人进行身份鉴定，确认身份。全过程采用非接触式，目前主要包括手掌静脉识别、手指静脉识别及手背静脉识别这三项技术。

7.3.4　虹膜识别

人眼结构由巩膜、虹膜、瞳孔三部分构成，虹膜是位于黑色瞳孔和白色巩膜之间的圆环状部分。每一个虹膜都包含一个基于像冠、水晶体、细丝、斑点、结构、凹点、射线、皱纹和条纹等特征的结构。这个圆环状区域，在红外光下呈现出丰富的纹理信息，如斑点、条纹、细丝、冠状、隐窝等细节特征。虹膜从婴儿胚胎期的第 3 个月起开始发育，到第 8 个月虹膜的主要纹理结构已经成形。除非经历危及眼睛的外科手术，此后几乎终生不变。

虹膜识别通过对比虹膜图像特征之间的相似性来确定人们的身份，其核心是使用模式识别、图像处理等方法对人眼睛的虹膜特征进行描述和匹配，从而实现自动的个人身份认证。据英国国家物理实验室的测试结果表明：虹膜识别是各种生物特征识别方法中错误率最低的。从普通家庭门禁、单位考勤到银行保险柜、金融交易确认，其应用后都可有效简化通行验证手续、确保安全。虽然虹膜识别的准确率极高，但对于盲人和眼疾患者是无能为力的。

7.3.5 声纹识别

声纹识别技术主要是捕捉说话者的声音及"语言表情"，通过电话或麦克风来录制用户的声音模板，然后用获得的声音和模板比对来确认用户身份。该技术依赖的装置价格低廉，很适合大规模使用。

但是这种技术的准确性会受到一些常见干扰，例如，外界的杂音、生病或疲劳导致的变声等。例如，在感冒、咽炎以及声带受到创伤时，发出的声音与平时差别很大。也不排除可能存在人为对自己的声音进行伪装和控制的可能，这给鉴别带来了困难。声音识别系统的最主要问题是极容易受欺骗，如系统听到的是某人很短的录音，可以识别说话的内容，但难以完全识别是否是此人的声音。鉴于这些原因，先进的声音识别系统都规范了识别的过程，要求用户认真朗读较长的段落，但这又增加了识别时间、限制了应用场合。

迄今为止，还没有哪一个单项的生物特征能达到生物识别技术应用完美无缺的要求，每种生物特征都有其自身的优点和缺点，有其自身的适用范围。因此针对不同的安全应用领域，需要融合多种生物特征来实现高精度的识别系统。多种生物特征相融合是一种更准确、安全的检测方法，将生物特征融合方法结合多种生理和行为特征进行身份鉴别，提高鉴别系统的精度和可靠性，无疑是身份鉴别领域未来发展的必然趋势。

总体来说，由于生物认证技术所采用的是人体独特的生理或行为特征，与传统的身份认证手段相比，基于生物特征识别的身份认证技术具有以下独特优势。

(1)自身特性：没有遗忘或丢失问题。

(2)随身携带：随时随地可用。

(3)广泛性：每个人都具有这种特征。

(4)唯一性：每个人拥有的特征各不相同。

(5)稳定性：所选择的特征应该不随时间发生变化。

(6)可采集性：所选择的特征应该便于测量和数字采集。

(7)准确性：所选择的生物统计特征能够达到接近 100%的准确率。

(8)可用性：包括可接受性、非侵犯性和方便性。

(9)成本：能否达到用户所接受的价格。

7.4 生物认证系统安全性分析

由于生物特征识别具有几乎不可能被窃或忘记的优点，所以近年各国投入大量人力物力发展，多个国家还发放了带有生物特征识别数据的护照。典型的国际民航组织的电子护照系统和海关自助通关系统就是生物认证在本地身份认证的一个应用。

目前生物特征识别系统在识别的精度和速度上已经完全可以达到实用的要求，正在逐渐替代传统的身份认证手段。但这项安全技术本身能否做到足够的安全？

对于一个实用的安全系统而言，它既要保障安全，又需要保护隐私，不能产生信息泄露。不可靠的安全系统将失去公众的信任，生物特征识别系统也是如此。无论生物识别算法如何能得到正确的结果，如果作为认证的个人信息泄露，导致公众难以接受，这个系统就无法推广使用。生物特征采集传感器、生物识别算法和程序的研发工作虽然已取得巨大进展，但是实用的生物认证系统仍有许多不足有待解决。

传统的生物特征识别数据使用的是非保密的公开数据。人脸、指纹、掌纹、声音记录和签名复制等都可以方便地生成。由于传统系统不采用任何加密措施，由此也带来了生物特征识别系统本身的安全性以及用户身份的隐私性存在问题。生物特征识别依赖极为敏感的个人信息，认证系统的安全需要依赖生物特征识别数据的安全。这个涉及个人、组织利益的系统若要有效地运行，就必须确保生物特征识别数据的完整性和真实性，因此有必要采取额外的保护措施来保护生物数据的安全和隐私。

在分布式网络环境中应用生物识别时，需要在网络中传输匹配过程中所必需的生物特征样本，网络中数据泄露将会危害用户个人信息的安全性，给生物认证系统带来严重的安全隐患。目前，基于公开信道的远程生物认证方案主要致力于将生物认证过程本地化，即在用户端进行传统的生物认证。为达到此目的，通常需要用持有智能卡等设备，将用户密钥保存在这些设备中，本地生物认证通过后再释放用户密钥进行远程身份认证，从而避免用户生物特征在网络上的传输。如移动设备上应用，远程生物特征识别系统生物模板存储在异地存储器中，如何保护公开信道上的生物模板的安全是严峻的挑战。

在开放的网络环境中，非安全信道使得远程身份认证面临着极大的安全风险，而已有的远程身份认证协议又难以将生物特征直接作为密钥进行。要把生物特征作为密钥使用，必须首先解决生物特征的非均匀分布性和非精确再生性问题，非精确再生性使得对同一生物体的两次采样总是非常相似却又不完全一致，传统密码协议的参与方无法通过同一生物体共享一个秘密信息。

生物特征识别系统的任何部件都有可能成为攻击目标。从传感器、特征提取器、匹配器、存储的生物特征识别模板或者决策端点都可以被攻击。攻击也可能以绕开生物特征识别传感器的方式实施，或者通过破坏特征提取器或模板来进行。传统生物识别系统易遭木马攻击或者后台数据库攻击等。这些高危安全漏洞使得现有密钥保护技术只是一种松耦合的保护方式，并不能将数字密钥与合法用户安全地对应起来。

7.4.1　生物认证系统一般性威胁

生物认证系统通常应用在非面对面的网络认证，为了验证用户身份，目前常用的几种认证模型的共性都是需要采集相关的生物特征，加以提取、处理、增强，然后和存储在模板数据库中的用户生物特征模板比较、匹配。在注册过程和验证过程中主要面临着以下威胁。

(1)伪造攻击。在生物特征采集时，通过伪造的生物特征来注册虚假的生物特征信息；这样在验证过程中，使用该虚假生物信息能顺利通过验证。

(2)重放攻击。使用以前已经通过认证的合法用户的生物特征信息，对认证系统进行欺骗，通过验证。

(3)中间人攻击。注册时,在数据向模板数据库传输的过程中,截取生物特征的注册信息;也可以在此伪造生物特征信息向模板数据库注册。验证时,阻止采集的模板数据库和匹配系统之间的信息传递,向匹配系统发出伪造的生物模板信息,从而通过验证。

(4)特洛伊木马攻击。匹配模块程序被特洛伊木马程序修改,输出匹配成功信息。

(5)入侵攻击。攻击者直接侵入生物特征数据库,修改或者窃取生物注册信息。

(6)应用限制。由于生物特征数据以明文形式在网络上进行传输和验证,容易获取。

(7)隐私性。一些生物特征采集受到用户反感,很多客户强烈要求保护隐私,反对生物认证系统的应用。

以上分析充分表明传统生物认证系统的隐私性和安全性存在泄露,但以上的安全问题对一般的系统也都适用,实际上生物特征系统由于自身固有特点还存在特有的威胁。

7.4.2　生物特征系统特有的威胁

1. 生物认证系统攻击

生物认证系统历经注册和验证,除在通信过程所经受的攻击之外,在注册阶段和验证阶段可以总结有 9 处容易遭受到攻击,如图 7.2 所示。

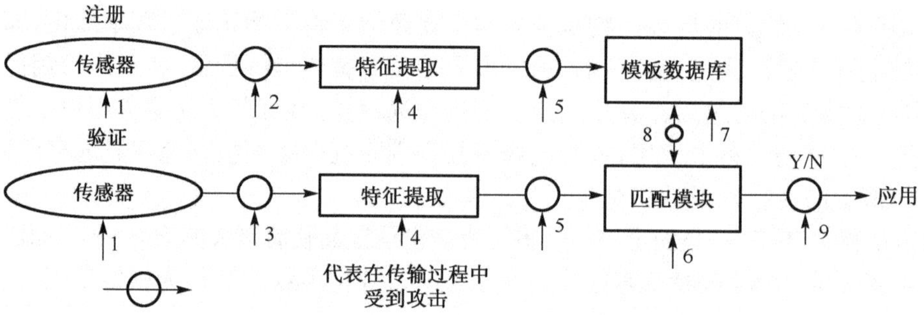

图 7.2　生物认证系统易遭受到的攻击示意图

第 1 处:假冒生物个体。例如,通过指纹采集设备采集到人们在公共场合的残留指纹,或通过隐形摄像机对人脸进行摄像,在注册阶段完成生物个体的虚假特征信息的注册,在验证阶段假冒生物个体企图通过认证。

第 2 处:中间人攻击。在注册阶段,攻击者在通信中截取用户生物注册信息。

第 3 处:重放攻击。使用以前已经通过认证的合法用户的生物信息,对认证系统进行欺骗,通过验证。

第 4、6、9 处:特洛伊木马攻击。特征提取算法或匹配模块或匹配结果部分或全部被特洛伊木马程序修改,导致最后输出匹配成功 Y 的标志,攻击者通过认证。

第 5 处:中间人攻击。生物特征信息向模板数据库传输过程中,截取生物特征的注册信息;伪造生物特征向量向模板数据库注册或企图通过认证。

第 7 处:伪造获取生物数据。攻击者直接侵入生物特征数据库,修改或窃取生物注册信息。

第 8 处:中间人攻击。验证时,阻止采集的模板数据库与匹配模块之间的信息传递,向匹配。

2. 生物认证系统特有的威胁

(1)生物模板无安全措施。传统的生物识别系统不采用任何加密措施,例如,传统的指纹识别系统大部分采用细节点作为识别特征,并且把细节点位置存储到模板中用于比对。由于系统中存储的是原始的细节点坐标和方向值,一旦这些数据被窃,或者遭受攻击和破解,生物特征就很难像银行卡或身份证那样挂失补办。整个生物特征识别系统的安全性就有可能完全暴露在黑客的攻击范围中,从而使得用户身份的安全性和隐私性受到威胁。目前已经有文献表明,可以自动地从指纹细节点模板恢复出原始的指纹图像,这就对生物特征识别系统的模板安全提出了更高的要求。

(2)生物数据真实性问题。生物特征正越来越多地成为个人身份识别码或口令等传统认证方案的补充或替代手段。但有些生物特征识别数据是无法保密的,例如,人脸照片、声音记录和签名复制都可以方便地生成。生物特征识别系统要有效运行,就必须确保生物特征识别数据的完整性和真实性,这些可以作为认证的极为敏感的个人信息,需采取额外的保护措施来保证生物数据的真实性。

(3)生物数据的伪造和欺骗。以指纹认证技术为例,从 2000 年开始,德国、日本等发达国家就有一些非法者采集残留指纹然后进行伪造,并用伪造的指纹成功地登录到相关的系统,从而使得原有的系统失效。采集残留指纹方法很多,如可以用不干胶条粘贴使用过的玻璃杯,然后撕下胶条,就获得了玻璃杯上残留的指纹样品,接着再根据指纹样品制造假的手指。假的指纹可以通过“蒙骗”生物识别系统通过认证。

(4)生物模板撤销问题。一个人的生物特征无法改变,所以也无法在生物认证系统中予以撤销,这是生物特征认证有别于其他认证系统的独特问题。对于像口令、令牌和私钥这样的认证凭证,如果发现受到攻击而被怀疑不可靠,如口令密码挂失的处理,可以撤销掉原凭证并重新获得一个凭证后系统照样运行。然而对于用户的生物特征模板,如果有人攻破并非法访问,想要挂失却存在生物模板无法撤销更换的问题。由于用户生物特征具有唯一性,无法生成一个新的生物模板取代旧的模板。一个人的脸、指纹、虹膜等生物特征如何更改?所以对于生物认证技术而言,一旦这个模板特征泄露,系统就将在所有层面上失去效力,难以弥补。

(5)生物数据库跨系统匹配问题。由于生物特征的单一性,不同生物认证系统对于某一个人来讲,可能使用的是同一个模板存在数据库中。如果这个模板在某一个地方泄露,那么所有使用这个模板的生物认证系统都面临危险,而且这个模板还无法撤销更换。若不同的数据库对一个人的生物模板是不相同的,不同数据库之间的交互匹配也是很难防范的安全难题。由于不同的认证系统的安全性评估标准是不一样的,对用户私有数据的保护强度是有差异的,有些系统的安全性很高,如银行,但不能保障所有的安全系统都具有很高的安全防护特性,所以存在跨系统重放攻击。

(6)生物模板感知模糊和密钥精确性问题。在信息安全密码学中,通常要求参与运算的数字信息必须是精确的,即两个相比较的数字信息必须精确到每个比特都一样,才可认为二者是相同的。明文或密钥中少量比特位的差异会引起密文中大量比特位的变化。但生物模板是感知相似的,并不是精确不变的,即存在模糊性。因此,如何克服生物特征信息模糊性与数字密钥精确性之间的矛盾,成为生物密钥技术研究的主要挑战之一,密钥提取的准确性也因此成为生物密钥技术研究的主要评估指标。

(7)生物特征传统加密问题。生物特征的变动性决定了用户的生物特征难以使用AES、RSA等标准的加密算法进行加密存储,因为生物特征的微小变化均会导致密文的巨大差异。采用特定的加密算法,把生物特征转换成密文存在认证中心,认证时把密文解密与采集的生物特征进行匹配,但解密后的明文生物特征易被身份窃贼得到,安全性也存在一定的问题。

从上述分析可知,生物认证系统的安全性存在一个严重的漏洞,即目前对于生物模板的泄露无能为力。当生物模板泄露时,一旦当事人的生物特征被收集或仿制,很难像改变数字密码一样更改自身的特征。由于用户生物特征具有唯一性,无法生成一个新的生物模板取代旧的模板,而且一旦这个特征泄露,系统就将在所有层面上失去效力,这种失效是无法弥补的。

7.5　生物模板安全

7.5.1　生物模板保护原则

传统的生物识别系统出现一系列的安全和隐私问题成为阻碍生物识别技术发展与推广的瓶颈,因此生物模板安全是生物识别系统安全的重要因素之一。

针对生物模板而引出的安全隐患,"可取消的生物测定学"的概念被提出来,此概念指用户生物特征数据可以有意地加以变形,目的在于保护用户生物特征的安全性和隐私性。

一个理想的生物模板保护机制应该满足如下四条特性。

(1)多样性(Diversity):不同应用采用不同的可取消的生物模板;为了满足用户隐私性,不允许交叉使用同一个生物模板。

(2)再生性(Revocability):生物模板一旦泄露,旧的模板马上被新的模板代替,新旧模板必须基于同样的生物特征数据。

(3)安全性(Security):从模板不能计算出生物特征,满足单向性。

(4)高性能(Performance):模板的取消或者重新生成,对识别系统的性能不能产生影响。

在设计满足以上四条特性的生物认证系统时,应考虑到同一个用户的生物特征的变化性对识别系统的影响。如对于指纹生物特征,手指的干湿程度、光滑程度、作用力的大小、方向等都对采集到指纹的特征造成影响。对于人脸生物特征,人脸图像的姿态、光照、表情、饰物等均对采集到的脸部特征造成影响。

7.5.2　生物模板保护技术分类

一般的生物特征识别采取注册模板,验证阶段比对匹配的方法,识别准确率是最为关注的指标,但是没有考虑生物特征相关的安全问题。例如,存储的生物模板含有大量生物特征信息,由于生物特征具有不可撤销性,一旦模板信息泄露,或者生物特征被盗,意味着这些特征在所有应用的场景中都有可能被伪造,造成危害将是永久的和广泛的。因此,为更好利用生物特征识别技术,需要发展生物特征模板自身信息的模板安全保护技术。

在生物特征模板保护技术开展的研究中主要分为标准加密、特征变换、生物加密等,如图7.3所示。

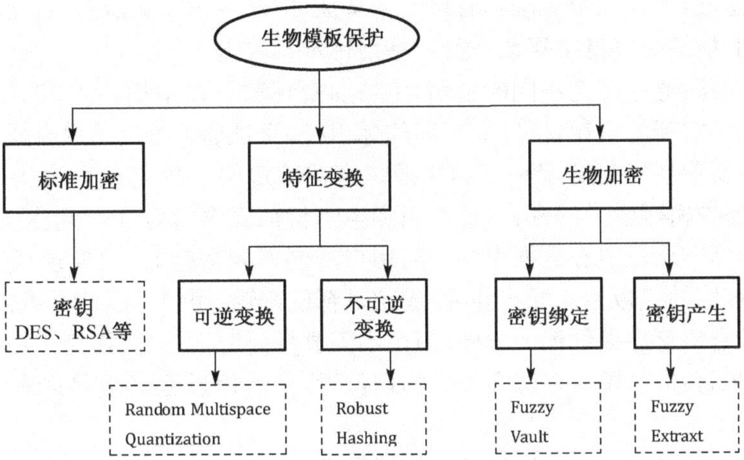

图 7.3　生物模板保护方法分类

1. 标准加密

目前生物特征安全性的问题已受到密切的关注，对生物特征进行 DES、RSA 等加密是最简单和直接的方法，特点是不影响生物识别的正确率，因为生物特征的匹配是在解密后的数据上进行的，不需要重新设计或者修改匹配方法。主要的挑战问题在于加密密钥的保护和管理。密钥短容易被破解，密钥长则不好记，使用口令或 IC 卡来保护密钥不够安全，其实质又回到了第一种身份认证方法，如口令。直接加密方法仍然不能提供生物特征的可撤销更换性，因而难以满足生物特征的个人隐私保护需求。

2. 特征变换

生物特征变换的思想是将提取出的特征向量通过一个变换函数映射到其他特征空间，然后在新特征空间进行匹配。要求变换函数是参数可调的，即所选参数不一样，特征空间也不一样，这样才能达到模板可撤销性的要求，且不能从新特征空间中恢复出原始生物特征信息。

典型方法如生物特征哈希：直接从生物特征数据中抽取稳定的特征，将其哈希化为二进制串后直接作为密钥。其优点是不需要保存模板，不存在模板和样本的比较，安全性好。但从不同噪声样本中可靠地提取同一哈希值作为密钥是一个挑战性的问题。某个密钥一旦泄露，与之关联的生物特征将失去使用价值。

IBM 公司提出基于不可逆变换的生物特征处理(Cancelable Fingerprint)，对生物特征实施不可逆变换，然后在变换域进行生物识别处理，避免了生物特征的泄露。不可逆变换法的问题：需要选择变换域的特征，否则变换域的识别准确率明显低于原始域的识别准确性；然而，由于密钥存储和生物识别其实是两个分离的部分，恶意的木马程序可以绕过前端生物识别环节，直接进入到存储空间里取得单独存放的密钥，所以难以抵抗密钥管理中的木马攻击。

3. 生物加密

生物加密系统具有如下特性。

(1)较好隐私性：生物特征不需要明文存储，可以更好地保护用户的生物隐私。

(2)较强安全性：生物加密算法具有单向性特征，即使生物密文泄露，也无法推测出用户生物特征或者密钥，能够更好抵抗篡改、置换、特洛伊木马攻击。

(3)多样标识符：通过绑定不同的密钥，生物加密算法可以给用户生成不同的标识符进行身份认证。通过绑定新的密钥，可以取消旧的标识符，而且标识符之间没有任何联系。

生物加密主要包括密钥绑定和密钥生成。密钥绑定的思想是把生物认证同密钥管理结合，用生物特征保护密码学中的密钥，把密钥和生物特征安全绑定在一起生成新数据，新数据作为公共信息存储于认证中心数据库中。当用户需要得到密钥时，只要现场实时采集人的生物特征，与事先存储的模板相匹配，当匹配成功时释放密钥，用户可以使用该密钥进行加密/解密。这种方法对密钥管理提供很大方便，用户不需要任何记忆，只要提交生物特征就可以得到密钥。但要求密钥和生物模板存储在安全物理位置，在通信过程必须保证充分地安全避免各种网络攻击。

生物特征密钥生成方法是从用户的生物特征中提取出密钥，其目的一方面要能做到模板保护，另一方面是密钥保护和密钥管理。同时其派生出来的另一重要应用——生物密钥提取。生物加密过程分为注册阶段和验证阶段。注册阶段中，利用生物加密算法生成生物密文。然后，密钥和生物特征均被丢弃。验证阶段，用户现场采集生物信息，提取到的生物特征和生物密文利用生物加密算法重新生成用户的密钥。

7.5.3　生物特征加密技术

传统的密钥可以是用户随机选择的一个足够长的比特串，一般为 128bit 或更多，密钥空间非常大，因此可以阻止穷举搜索攻击。长密钥难记，容易遗忘，短密钥又易遭到字典攻击和穷举搜索攻击。重要的是无论长短密钥都没和用户直接绑定在一起，即系统只管运行加密解密算法，不能够区分密钥提供者是合法的用户还是非法攻击者。

为了克服上述密钥的缺点，同时增强生物特征识别系统的安全性，Uludag 等于 2004 年提出了生物特征加密系统(Biometric Cryptosystem)概念，将生物特征识别系统与密码学结合起来。在这个系统中，特征模板数据库中保存的不再是原始的生物特征，而是在密码学架构下的一种变换形式，从而保护了特征模板数据并增强了生物特征的隐私性。

1994 年，Bodo 在一项德国的专利中提出直接利用生物模板提取的数据作为密码系统的密钥，这是最早把生物模板与密码学密钥相结合的方案。1998 年，Soutar 等提出密钥和生物特征的绑定概念和实现方案。该方案分为注册和认证两个阶段，注册的目的是把任意的 N 比特的密钥与用户指纹绑定到一起，并生成 Bioscrypt，存储供验证使用。Davida 等在虹膜与密钥绑定中引入了纠错码，当样本和模板的二进制串的比特位差异在 10%以内时，可以恢复出密钥。但由于需要存储纠错码，所以存在原始生物信息泄露的问题。Juels 等改进了 Davida 的方法，提出安全性更高的 Fuzzy Commitment 方案，用户在注册时选择一个秘密 C，记 $\boldsymbol{X}$ 为生物特征向量，可以存放于智能卡或服务器中。但这种方法存在局限性，它要求生物特征 $\boldsymbol{X}$ 和生物样本 $\boldsymbol{Y}$ 中对应分量的排列顺序必须一致且只适合于用二进制串表示的生物特征。

Fuzzy Commitment 要求有序向量，实际中难以满足。为此 Jules 等提出了著名的 Fuzzy Vault 方案，设加密者和解密者分别拥有无序集合 A 和无序集合 B。加密者可以选择一个多项式 $p(x)$来编码待保护的密钥 S，并能计算出此多项式的投影，即对所有的 $x_i \in A$，计算出 $p(x_i)$，形成点对集合 $G=\{(x_i, p(x_i)-x_i \in A)\}$。然后产生随机干扰点对集合 C，最后将 G 和

C 混合在一起形成 Vault。当解密者想知道 S 时，必须用集合 B 来解开 Vault。当 B 和 A 有足够的元素相同时，就可以筛选出足够多的点对来重构多项式 $p(x)$，Jules 建议使用 RS 解码恢复多项式。

Teoh 的研究小组开发了一种名为 Biohashing 的可撤销模板生成方案，并将其应用于指纹、掌纹、人脸、虹膜、签名以及声音等。系统使用用户决定的随机数作为种子生成一组伪随机向量，随机数种子可以保存在用户令牌中。然后将它们正交化，得到一组正交向量。分别计算生物特征向量与不同向量的点积。最后用一个阈值对点积结果进行二值化处理，生成一个二进制串模板，存入用户令牌中。验证时采用同样的方法处理用户样本，把得到的二进制串与模板进行匹配，比较时相似性测度为它们之间的汉明距离。改变用户随机数就可以生成不同模板。

Adrew 等提出了使用指纹和随机数结合的双因子身份认证方法。基本思想是使用指纹图像的小波傅里叶梅林变换特征和存储在用户身份认证令牌中的一组伪随机数进行迭代内积，产生一组对应特定用户的二值序列，通过比较二值序列来达到身份认证的目的。整个步骤包含指纹图像输入后，经过小波变换、快速傅里叶变换、对数极坐标变换、高通滤波，获得小波傅里叶梅林变换特征，再进行连接，最后得到指纹图像经过变换后的特征向量。由于最后得到的特征向量经过了极坐标变换，小波傅里叶梅林变换对于图像的平移具有不变性，同时能把图像的旋转和尺度变化转化为沿坐标轴的平移，所以对于指纹图像的平移、旋转和尺度变化都具有不变性。使用内里在用户令牌内部的随机数种子产生装里生成一组伪随机数，然后用得到的特征向量 $\boldsymbol{B}$ 与随机数向量 $\boldsymbol{B}$ 进行迭代内积，如果内积值大于某个阈值，则设为 1，否则设为 0。这样就根据变换后的特征向量 $\boldsymbol{B}$ 得到一组二值序列。

现有的 Fingerprint-Based Fuzzy Vault 方法或者 Fuzzy Commitment 指纹生物密钥方法往往需要首先确定指纹的中心点，但目前指纹中心点的准确可靠检测仍是一个公认的难题；此外 Fuzzy Vault 方法中的大量噪声伪特征对密钥的准确提取也造成了一定的干扰，而 Fuzzy Commitment 的方法需要输入的生物特征是严格有序的，不一定适用于具有旋转模糊性的指纹特征。因此，现有的指纹密钥保护方法在准确性方面仍存在一定的不足。

表 7.1 给出不同生物模板保护机制的比较

表 7.1　不同生物模板保护机制的比较

方法类型	安全保障	存储	处理用户类内离差机制
可逆变换	取决于密钥 K	变换模板和密钥 K	在变换域量化和匹配
不可逆变换	取决于变换函数 f	变换模板和密钥 K	在变换域量化和匹配
密钥绑定	取决于辅助数据 H 携带的信息数据	由变换模板和密钥 K 生成的辅助数据 H	纠错码和用户量化方法
密钥产生	取决于辅助数据 H 携带的信息数据	由变换模板生成的辅助数据 H	纠错码和用户量化方法

7.6　图像哈希生物认证算法

7.6.1　基于图像哈希技术的身份认证系统结构

基于人脸哈希技术的数字身份认证系统把生物加密技术同传统生物认证系统相结合，生成的生物密钥作为验证用户的手段。系统框图如图 7.4 所示，在注册阶段，将随机产生的数字密钥(用户私有密钥)与人脸生物特征运用 BE 算法生成生物密钥(Biometric Key,BK)存储在数据库中,数字密钥由用户自己保管。在验证阶段,运用与注册阶段同样的过程生成 BK,如果在数据库中能检索到同样的 BK,则通过身份验证。

在注册和验证阶段,采集到的生物特征在运算完 BE 算法后都进行抛弃,可以防止攻击者获得生物特征,更好保护用户数据的隐私性。用户需要提交其私有密钥和生物特征进行认证,缺一不可,因此是双因素认证系统。为了更好实现安全性,提高认证可靠性,可以把 BK 和用户信用卡号或身份证号等其他强标识符结合起来,实现多因素认证系统。

系统采用零知识验证技术(Zero Knowledge Proof of Knowledge,ZKPOK),允许匿名认证,即双方都要知道某个公开值 v,但是在 v 中没有任何内容确定用户,而且在传递的消息中没有任何内容必须确定用户。

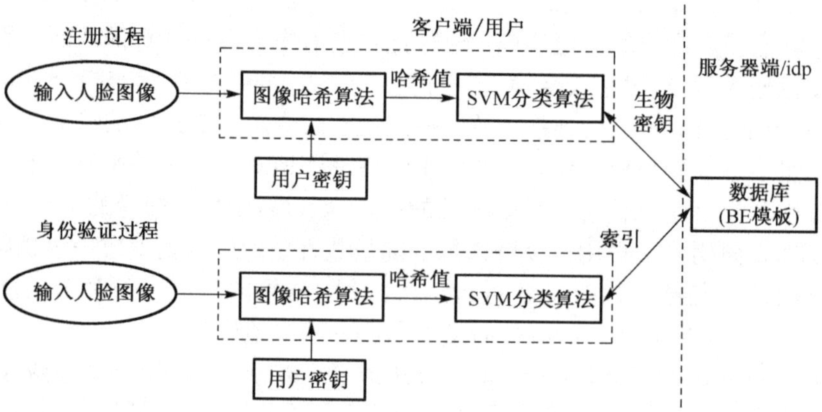

图 7.4　基于人脸哈希技术的身份认证系统

7.6.2　图像生物哈希算法原理

基于人脸哈希技术的身份认证系统中的生物哈希方法的原理如下:对采集的生物图像寻找最清晰的稳定区域作为感兴趣区域(Region of Interest, ROI)图像块,然后通过对随机子图像采用两次奇异值分解获得图像哈希序列,进行分类后找到和数据库中匹配值。

1. 生物特征 ROI 提取

每次采集的生物特征图像即使是同一个人的,也会产生差异。为了选择清晰的区域,首先对生物特征图像进行预处理,获得明显的生物特征感兴趣区域块 I,为特征提取提供有效的图像区域。

例如,针对指纹图像给出感兴趣区域(ROI)提取。由于在指纹采集过程中受按压、皮肤状况、采集仪器等各种因素的影响,很容易造成指纹图像的偏斜、质量下降等。在指纹采集过程中,中心部位为最突出部位,与扫描仪表面的接触最好。相比于非中心部位,中心部位的排汗能力更强,能够提供更多生命状态信息。此外,中心区域相比于其他部分对于压力分散也是鲁棒的,其信息就可以鉴别出不同个体,因此对大量图像的观察和实际经验发现当指纹按压产生旋转和按压偏移时,手指中心部位周围区域的指纹图像是相对稳定的,作为 ROI。

确定 ROI 首先要选定中心点,这里借用了 R92 算法。R92 算法通过分析脊线的流向轨迹寻找脊线的源头即中心点。其次是划定感兴趣区域，用图来描述如何划分 ROI。

图 7.5 中的“1”点是确定的中心点，以中心点为基准，分别沿水平和垂直方向画线，水平线和垂直线与第四条脊线的交点画出如图所示的矩形区域即感兴趣区域。为了保证最终获得的哈希序列的长度一致，还要进行插值处理，将处理后得到的指纹图像区域转化为分辨率大小为 128×128 的图像 I。

图 7.5　热传感器扫描的相同手指的不同指纹图像区域

2. 对 ROI 的图像进行随机子块分割

对图像 I 的随机分割引入了不可预测性以增强系统的安全性。使用密钥种子 k 控制的伪随机数生成器(PR)生成 p 个矩形区域。密钥种子 k 存储在用户的本地终端中。矩形块 p_i 可以互相覆盖以增加算法对恶意攻击的鲁棒性。随机块的块数越多，鲁棒性越高。另外可以减小碰撞的概率。但随着 p 的增加，由于变换是针对每一个随机块操作的，算法的整体复杂度也相应增加。

3. 对子图像块 p_i 进行奇异值分解

下面将随机分割的子图像块 p_i 进行两次矩阵奇异值分解变换。分割后用插值方法将处理后得到的指纹图像的子图像块设为 A_i，其中 $1 \leqslant i \leqslant p$。对 A_i 进行奇异值分解即

$$A_i = U_i S_i V_i^{\mathrm{T}} \tag{7-1}$$

对于 $m \times m$ 的实阵 $\boldsymbol{A}$，$\forall k, 1 \leqslant k \leqslant m$，有

$$(\sigma_k, \boldsymbol{\mu}_k, \boldsymbol{v}_k) = \arg\min_{a,\boldsymbol{x},\boldsymbol{y}} \left| \boldsymbol{A} - \sum_{l-1}^{k-1} \sigma_i \boldsymbol{\mu}_i \boldsymbol{v}_i^{\mathrm{T}} - a\boldsymbol{x}\boldsymbol{y}^{\mathrm{T}} \right|_F^2 \tag{7-2}$$

式中，$a \in \mathbb{R}$；$\boldsymbol{x}, \boldsymbol{y} \in \mathbb{R}^m$；$\sigma_1 \geqslant \sigma_2 \geqslant \cdots \geqslant \sigma_m$ 为奇异值；$\{\boldsymbol{u}_1\}$ 和 $\{\boldsymbol{v}_1\}$ 是对应的奇异值向量；$(\cdot)^{\mathrm{T}}$ 为矩阵转置操作。经过奇异值分解后，保存了奇异值的数量信息和奇异值对应向量的几何位置信息。对 A_i 分解后得到了第一个左奇异向量 $\boldsymbol{u}_i$ 和第一个右奇异分量 $\boldsymbol{v}_i$。最大奇异值对应第一个左奇异向量和第一个右奇异向量。

分解得到的这些向量串联组成矩阵

$$\boldsymbol{T} = \{\boldsymbol{u}_1, \boldsymbol{u}_2, \cdots \boldsymbol{u}_p, \boldsymbol{v}_1, \boldsymbol{v}_1, \cdots, \boldsymbol{v}_p\} \tag{7-3}$$

为了进一步增强安全性和哈希函数的不可逆性，可以对 $\boldsymbol{T}$ 阵再进行随机块分割 T_i，对 T_i 再进行一次奇异值分解。采用如前所示的方法进行处理 T_i，最后得到 $\boldsymbol{T}$ 矩阵的最大奇异值对应的第一个左奇异向量 $\boldsymbol{u}_J$ 和第一个右奇异向量 $\boldsymbol{v}_J$，即哈希值 $\boldsymbol{H} = \{\boldsymbol{u}_J, \boldsymbol{v}_J\}$ 作为提取的特征值。

表 7.2 图像哈希算法

图象哈希算法
假定图像原始尺寸为 $n\times n$，p^i是第 i 个小矩形，m 为该小矩形的宽度和高度，每个小矩形区域使用邻近差值法处理得到矩阵 $\boldsymbol{A}^i$； 利用伪随机序列生成随机数 p； 在(x^i,y^i)定位 p^i，保证 $x^i+m<n, y^i+m<n; 1\leqslant i\leqslant p$ $\boldsymbol{A}^i$ 使用 SVD 技术得到第一个左奇异向量 $\boldsymbol{u}^i$ 和第一个右奇异向量 $\boldsymbol{v}^i$； 得到 $\boldsymbol{T}=\{\boldsymbol{u}^1,\cdots,\boldsymbol{u}^p,\boldsymbol{v}^1,\cdots,\boldsymbol{v}^p\}$； 对 $\boldsymbol{T}$ 矩阵采用 SVD 技术，得到哈希值 $\boldsymbol{H}=\{\boldsymbol{u}^J,\boldsymbol{v}^J\}$；$\boldsymbol{u}^J$，$\boldsymbol{v}^J$ 是 $\boldsymbol{T}$ 对应的第一个左奇异向量 $\boldsymbol{u}^1$ 和第一个右奇异向量 $\boldsymbol{v}^1$

将特征提取部分的算法列表见表 7.2。

从前面可知，对于输入的一个图像样本，最后得到的哈希值 $\boldsymbol{H}$ 是$(m+2p)\times 1$ 的向量。

4. 对奇异值分解的特征进行分类

对于同一个用户的生物样本得到的哈希向量存在差异，因此需要分类来判决哪些哈希值对应一个类(用户)，这样在进行身份认证时，分类器能够正确判定合法用户所在的类别，拒绝非法用户的访问。

可以采用 k 折交叉校验来训练 SVM 来确定一个最优的参数。将原始的样本集分成两部分，训练集与验证集。从原始训练集中选择 n/k 个元素组成验证集，剩下的$(k-1)\times n/k$ 个元素用来作为训练集。然后用训练集来训练 SVM，用验证集来验证所得分类器的错误码率。然后再次选择另外 n/k 个元素组成验证集，剩下的作为训练集循环，直到所有 n/k 个元素全部被选择一遍为止。比较以上每次循环所得分类器的错误率，把所得错误率最低的那个参数认为是最优的参数。在建造最优分类面时，采用了高斯核函数，即 $K(H_i,H_j)=\mathrm{e}^{-|H_i-H_j|^2/2\gamma^2}$。

7.6.3 准确性实验分析

对三种不同类型的生物特征，即指纹、脸部、虹膜图像进行了测试，并给出了一些实验数据和实验结果以说明哈希序列匹配的准确性和哈希值的鲁棒性，如表 7.3 所示。实验在 MATLAB 7.1 平台下进行，实验所用计算环境为 Microsoft Windows XP Professional 2002 Service Pack 1 操作系统，处理器为 Intel(R)Pentium(R)4 3.20GHz，内存为 512MB。

准确性实验分别测试了指纹图像、虹膜图像、脸部图像。指纹测试使用了 FVC2004 数据库。FVC 数据库包括热传感器和光传感器扫描的 59 个人的 324 幅指纹图像，并使用了指纹合成软件 SFingeFe v3.0 产生的 10 个人的 50 张指纹图像；虹膜图像则选用了 UBRIS 的虹膜第三数据库，包括 339 人的 1695 张虹膜图像；人脸图像则选自于 Yale 人脸数据库包括 10 个人的 100 张图像和 AT&T 人脸数据库的 40 个人的 400 张图片。

两个重要的评估参数为 $\mathrm{FRR}=1-\mathrm{CV\ Accuracy}$ 及 $\mathrm{FAR}=\dfrac{\mathrm{FRR}}{N-1}$，其中 N 为类总数。n 为图像的大小，p 是子图像的个数，m 为子图像的大小，J 为第二级图像线阵。为了使交叉检验正确率最大化，对于认为在合理范围内的 p 与 m 取值的组合进行了穷举测试，例如，对于指纹数据库 FVC2004 DB3_B，p 的值在$[10,20,\cdots,100]$范围内取值，m 也在$[10,20,\cdots,100]$范围内变换，如图 7.6 所示，在 $p=30$ 且 $m=50$ 时，CV Accuracy 达到最大。在 SVM 分类时，采用了 LibSVM 软件训练并生成最终的分类模型。此软件的核心函数为 RBF。根据实验分析，C 取值为 $2^5,2^6,\cdots,2^{15}$，而 γ 取值为 $2^{-5},2^{-4},\cdots,2^3$。通过搜索所有 C 和 γ 组合，使 CV Accuracy 最大化。

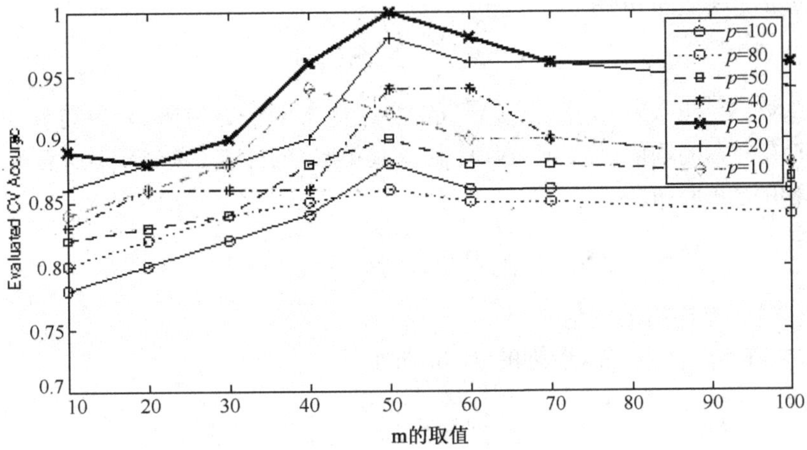

图 7.6　选择最优参数

表 7.3　不同特征类型的实验结果

序号	生物特征类别	数据库名称	图像描述	图像数	人数	CV Accuracy	FAR	FRR
1	指纹	FVC2004,DB3_B	300×480 Thermal Sweeping Sensor	54	9	92.59%	12.27%	2.5041E-03
2	指纹	FVC2004,DB3_A	300×480 Thermal Sweeping Sensor	150	30	80%	20%	4.44446E-03
3	指纹	FVC2004,DB2	328×364 Optical Sensor	120	20	85.83%	14.17%	1.2322E-03
4	指纹	SFing-Fev3.0	288×384	50	10	72%	28%	6.2222E-03
5	虹膜	UBIRIS. v1Sessao_1	800×600-24 bit color	1100	220	87.73%	12.27%	1.1205E-04
6	虹膜	UBIRIS. v1Sessao_2	800×600-24 bit color	595	119	97.65%	2.35%	3.9831E-05
7	人脸	The Yale Face Database B	640×480-8 bit gray scale	100	10	99%	1%	1.0526E-04
8	人脸	AT&TDatabases of Faces	92×112-256bit gray scale	400	40	95%	5%	1.27E-04

7.6.4　唯一性与可重复性分析

唯一性与可重复性是生物特征密钥的两个重要衡量指标。这一节对这两个特性进行详细分析。

使用 J^2[]评估唯一性，J_2 通过比较相同类的不同样本的类内矩与不同类的样本的类间距来评价类间差异。分如下两个步骤。

步骤 1:评价类内散布矩阵

$$\boldsymbol{S}_w = \sum_{i=1}^{M} S_i P_i \tag{7-4}$$

式中,M 是类总数;$\boldsymbol{S}_i = E[(x-\mu_i)(x-\mu_i)^{\mathrm{T}}]$是类 w_i 样本的协方差阵,x 为类 w_i 的任一样本,μ_i 为类 w_i 内的所有样本的均值;$P_i = n_i/N$,其中 n_i 是类 w_i 的样本总数,N 是所有类的样本总数。

步骤 2:评价类间散布矩阵

$$\boldsymbol{S}_b = \sum_{i=1}^{M} P_i (\mu_i - \mu_0)(\mu_i - \mu_0)^{\mathrm{T}} \tag{7-5}$$

式中,表示所有类所有样本的均值。

全局协方差阵 $\boldsymbol{S}_m = \boldsymbol{S}_w + \boldsymbol{S}_b$,最终的 J_2 准则如下

$$J_2 = \frac{|\boldsymbol{S}_m|}{|\boldsymbol{S}_w|} \tag{7-6}$$

从等式可以看出,可反复性即正确分类也就要保证类内距尽量小;唯一性则要求 J_2 的值尽量大也就是类间距尽量大。

对生物特征类型的数据进行了测试:指纹库的 J_2 均值为 1.2712×10^{18}(图 7.8),虹膜库的 J_2 均值为 1.5242×10^{303}(图 7.9),人脸库的 J_2 均值为 3.7389×10^{103}。从实验数据不难看出,算法满足生成的生物哈希值的唯一性需求。

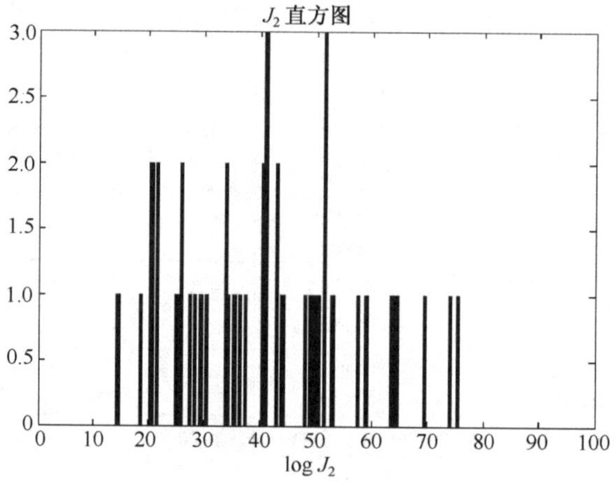

图 7.8　指纹库 J_2

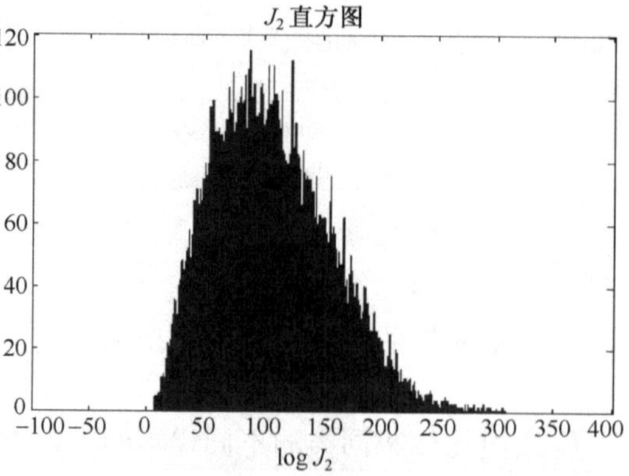

图 7.9　虹膜库 J_2

从图中不难看出，算法可以保证指纹序列的唯一性和可反复性，也就是说，在系统进行身份验证的过程中，个体可以通过重复的生成生物特征序列，且此序列可以通过认证。

7.6.5　安全性分析

1. 单向性

首先分析一下安全性的最重要方面即单向性，即算法必须保证由最终生成的哈希序列 $\boldsymbol{H}$ 无法重构出原始的生物特征图像。这里通过两个定理来证明算法的单向性。在定理 3 中证明由哈希序列很难得到二级图像。定理 4 则指出了即使得到了二级图像也很难由二级图像得到原始图像。

定理 3　令 u_J 和 v_J 构成了最终的哈希序列 $H(u_J, v_J)$。从计算复杂度角度来说，很难由 $H(u_J, v_J)$ 重构二级图像。

证明　如果哈希序列被攻击者获取，则攻击者第一步会通过下面的等式试图估计出二级图像：

$$J = \sum_{i=1}^{r} \sqrt{\lambda_i}\mu_i\nu_i = \sqrt{\lambda_1}\mu_1\nu_1^{\mathrm{T}} + (\sqrt{\lambda_2}\mu_2\nu_2^{\mathrm{T}} + \sqrt{\lambda_2}\mu_2\nu_2^{\mathrm{T}} + \cdots + \sqrt{\lambda_r}\mu_r\nu_r^{\mathrm{T}}) \tag{7-7}$$

式中，$r=2p$，p 是子图像的块数；λ_i，$1 \leqslant i \leqslant r$ 是矩阵 $J^{\mathrm{T}}J$ 的非零特征值，且 $\lambda_1 > \lambda_2 > \cdots > \lambda_r$。攻击者可以确定的信息是 $[u_J, v_J]$，需要猜测的数据为 λ_1 和 $(\sqrt{\lambda_2}u_2v_2^{\mathrm{T}} + \cdots + \sqrt{\lambda_2}u_rv_r^{\mathrm{T}})$。单就 λ_1 来说，有无穷多种可能满足条件的非零整数，因此为了获得准确的 λ_1 付出的代价是很大的。在得到 λ_1 的情况下，攻击者还需要估计 $(\sqrt{\lambda_2}u_2v_2^{\mathrm{T}} + \cdots + \sqrt{\lambda_r}u_rv_r^{\mathrm{T}})$ 的值，但是估计这个式子的值只有在一种情况下是可能的，也就是 λ_1 起决定作用，其余的 $\lambda_2, \lambda_3, \cdots, \lambda_r$ 接近为 0，这样只需要估计出 λ_1 的值就可以轻易获得二级图像 J。而 λ_i 是依赖图像类型的，通过实验发现二级图像为平滑图像，即图像临近像素的变化值不大，也就是说不存在一个特征值起决定作用，而其他特征值为 0 的情况。由此，得出结论，很难由哈希序列得到二级图像 J。

定理 4　已知二级图像，从计算复杂度角度来说，很难由二级图像得到原始图像。

证明　假设攻击者获得了二级图像 J，首先要先猜测出各个子块图像 A_i，$1 \leqslant i \leqslant p$。因为 $A_i = U_iS_iV_i^{\mathrm{T}}$，根据定理 3，从计算复杂度角度上来看，很难由哈希序列得到二级图像。假设起主要作用的只是最大的特征值，但是由于 A_i 是由基于密钥种子 k 的伪随机序列产生的，攻击者仍需要猜测块的位置，才能获取随机图像块正确排列。从计算复杂度来说，是很难的。

2. 恶意攻击分析

实验通过附加一些恶意攻击类至类模型中，分析恶意类对于实验结果的影响。将恶意攻击定义为使用相近的生物特征图像对系统进行攻击，在图 7.10 中，给出了人脸图像库的三种不同情况下的 ROC 曲线图，图中的 $N=[1,2,\cdots,20]$。由图中得到的数据可以看出恶意攻击并不会明显地影响分类效果。

7.6.6　复杂度实验

时间复杂度测试如下：平均每一个哈希序列的生成时间为 0.9597s，对一个哈希序列样本进行归类的时间为 0.001s，实际的在线支付业务可以允许 1s 左右的身份验证时间；为 220 人

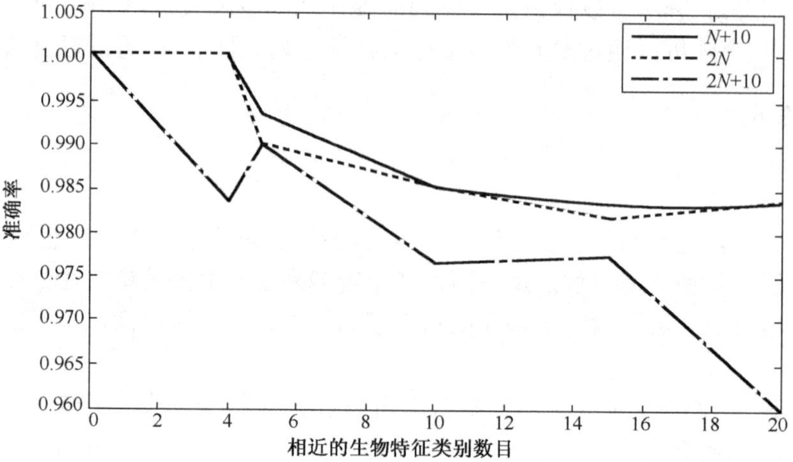

图 7.10　恶意攻击后的分类效果图

的虹膜特征生成分类模型需要 4 小时左右的时间，因此对于没有实时性要求的注册阶段来说是可以接受的。

7.6.7　与传统生物认证系统区别

数字密钥随机产生，与生物特征没有任何关联，可以随时进行更新，从而生物密钥也随着更新，这样可以保证模板中生物密钥的安全性。生成的 BE 模板对数字密钥和生物特征都提供了隐私保护，可以安全存储在数据库、智能卡、笔记本、手机中。在该系统中包括两种实体，身份验证实体 IDP 和服务提供实体 SP。IDP 负责用户身份的认证，并管理用户的所有与身份相关的信息；SP 负责制定各种访问控制策略并加以实施。同一个组织或机构可以同时起到两种实体作用，但由于功能的不同可以进行逻辑上的划分，IDP 与 SP 通信采用 SAML(The Security Assertion Markup Language)。该系统与传统生物认证系统的区别见表 7.4。

表 7.4　两种认证系统区别

两种认证系统区别	传统生物认证系统	基于人脸哈希技术的数字身份认证系统
标识符个数	1 个，对应所有应用	1 个或多个
标识符变动性	不能修改	可以
个人信息隐私性	不好，生物特征明文形式存储	好，生物特征被加密
IDP 数据库隐私性	不好，一条信息泄露代表整个数据库泄露	好，一条信息泄露不会影响其他加密信息，由于密钥保存在个人手中
系统隐私性	较差	较好
匿名数据库/匿名认证	不能实现	能实现
数据库信息量	大	小
易受攻击程度	容易	不容易
系统安全性	较差	较好

7.7　生物密钥绑定法算法

生物密钥绑定法将用户密钥和生物模板相融合，生成具有安全性的辅助数据（生物密文）；在验证时，用户现场采集到的生物信息和辅助数据共同作用，恢复其中的密钥。

将注册用户的生物特征，如脸部特征与为用户分配的密钥进行绑定，如图 7.11 所示。该认证系统分为密钥绑定模块和密钥释放模块，密钥绑定阶段，把脸部特征和密钥 key 绑定在一起，生成生物密文 biocode，同时认证中心数据库中存有密钥哈希值 Hash(key)，如采用 MD5、SHA-1 等算法生成。密钥释放阶段，运用 biocode 和现场采样到的脸部特征，派生出密钥 key′，如果 Hash(key)等于 Hash(key′)，则用户认证通过。

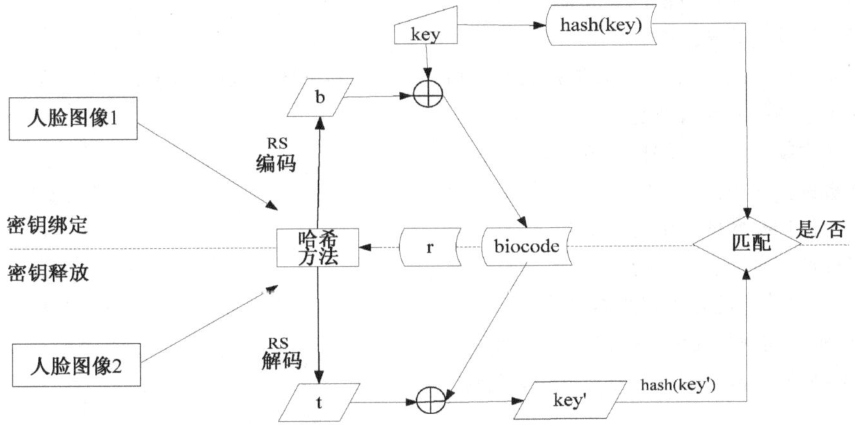

图 7.11　生物加密系统

密钥绑定阶段具体步骤如下。

(1)采取生物特征离散化方法对脸部特征进行处理，步骤如下。

① 使用主元分析(Principal Components Analysis，PCA)方法提取脸部特征，得到特征向量 $\boldsymbol{w} \in \boldsymbol{R}^n$，$n$ 代表特征向量 w 的长度。

② 运用随机数 r，生成伪随机向量 $\boldsymbol{r}_i \in \boldsymbol{R}^n$，$i=1,\cdots,m$，并且 $m \leqslant n$。r 是认证中心的伪随机发生器产生的随机数，需要认证中心或者用户安全保存。

③ 运用 Gram-Schmidt 方法，把向量 $\boldsymbol{r}_i$ 标准正交化，生成 $\mathrm{or}_i \in \boldsymbol{R}^n$，$i=1,\cdots,m$。

④ 计算向量 $\boldsymbol{w}$ 和 or_i 的内积，得到 code，其中 code 中各个元素 b_i，$b_i=0$，如果 $\langle \boldsymbol{w} \mid \mathrm{or}_i \rangle \leqslant 0$；$b_i=1$，如果 $\langle \boldsymbol{w} \mid \mathrm{or}_i \rangle > 0$。

(2)采用 Reed-Solomon 码进行纠错。

(3)进行如下运算：$b \oplus key = \sigma$，σ 是图中的 biocode。

(4)对 key 进行哈希操作，得到 Hash(key)，丢弃 b 和 key。

密钥释放阶段的步骤如下。

(1)现场采集人脸特征，并进行生物特征离散化处理，得到结果为 t。

(2)采用 Reed-Solomon 码进行纠错。

(3)利用公式 $\sigma \oplus t = \mathrm{key}'$，得到 key′。

(4)如果 $\mathrm{Hash(key)} = \mathrm{Hash(key')}$，则用户认证通过。

生物加密算法生成的生物密文，类似于 PKI 中的数字证书，可作为用户身份的标识颁发给用户。因此即使识别率无法达到 100%，利用生物密文也可以对用户进行认证。

应该指出的是，生物特征的识别率决定了用户认证通过的概率，生物特征的变化性对识别率造成了很大的影响。为了提高用户认证通过的概率，可以采取识别率更好的人脸特征提取算法代替本书的算法，或采用其他的生物特征进行识别，例如，指纹、虹膜等，但本小节的目的在于提出生物加密算法的框架，从而说明生物模板的隐私性可以得到保证。

习　　题

1. 根据什么区分身份认证的类型？
2. 生物身份认证和传统身份认证的特点是什么？
3. 生物身份认证的系统结构是什么？
4. 举例说明你知道的生物特征，人类是如何识别它们的？利用计算机识别的过程是什么？
5. 生物认证系统的一般威胁有哪些？
6. 举例说明生物认证系统的特殊威胁。
7. 生物模板保护原则是什么？
8. 生物模板保护技术的类别是什么？
9. 生物特征加密方法有什么特点？
10. 简述生物哈希认证方法的基本原理。
11. 如何评价生物模板安全保护方法的性能？
12. 简述生物密钥绑定方法的原理，说明其特点。

参考文献

黄文军，牛夏牧，李琼，等. 2007. 基于统计特征的 3D 人脸识别生物模板保护方案[J]. 电子学报，(12)：104-108.

田捷，杨鑫，等. 2009. 生物特征识别理论与应用[M]. 北京：清华大学出版社.

杨阳. 2010. 浅谈生物加密技术发展现状[J]. 科技探索，(10)：132-132.

姚琳. 2010. 普适计算中实体认证与隐私保护的研究[D]. 大连. 大连理工大学硕士学位论文.

姚琳，范庆娜，孔祥维. 2010. 基于生物加密的认证机制[J]. 计算机应用研究，(1)：268-270.

Maltoni D, Maio D, Jain A K. Salil Prahhakar, Handbook of fingerprint recognition, springer-verlag New York lnc, 2009.

附　　录

附录 1　程序使用说明

一、LSB 隐密与隐密分析程序

(一)LSB 信息隐藏程序

打开程序 LSB_embed.m,保证文件 data.txt 与程序在相同目录下,data.txt 为隐密信息文件,可自行添加或修改,修改要隐藏信息的图片路径名称 namestr。点击执行按钮,程序运行结果为程序路径生成隐密图像 LSB.jpg,保存在程序相同目录下。

注:本算法适用于 TIF 图像或 BMP 图像。

(二)LSB 隐密信息提取程序

打开程序 LSB_extract.m,修改要提取隐藏信息的图片路径名称 namestr。点击执行按钮,程序运行结果为将隐密信息存储在 LSB_data.txt 文件中,保存在与程序相同路径下。

注:本算法适用于 TIFF 图像或 BMP 图像。

(三)LSB 隐密分析程序

打开程序 LSBdetect.m,修改要提取隐藏信息的图片路径名称 namestr。点击执行按钮,如果待测图片为隐密图片,则 matlab 命令窗口显示“This is a stego image”,如果待测图片为非隐密图片,则 matlab 命令窗口显示“This is a cover image”。

注:本算法适用于 TIFF 图像或 BMP 图像。

二、图像水印程序

(一)水印嵌入

打开程序 WaterMark.m,保证程序、原始图像 image.bmp、水印图像 watermark.bmp 在同一目录下。点击执行按钮,结果同时显示原始图像、水印图像和嵌入水印后图像并将嵌入水印后图像 imWaterMark.bmp 保存在同一目录下。

(二)水印提取

打开程序 WaterMarkExtr.m,保证程序、原始图像 image.bmp、水印图像 watermark.bmp 和嵌入水印后图像 imWaterMark.bmp 在同一目录下。点击执行按钮,结果同时显示原始图像、水印图像、嵌入水印后图像和提取的水印图像,并将提取的水印图像 ExtrWaterMark.bmp 保存在同一目录下。

三、图像高斯模糊取证程序

打开程序 blur_detect. m，修改待检测图像的路径 namestr。点击执行按钮，如果待测图片为非模糊图片，则 matlab 命令窗口显示"This is not a blur image"，如果待测图片为模糊图片，则 matlab 命令窗口显示"This is a blur image"。

四、人脸哈希程序：

程序 biometrics. cpp 是生物哈希算法的 C++ 实现。在使用该程序之前，必须安装有 OpenCV 库，本程序使用的 OpenCV 版本是 2.4.4。

首先调用 getMatArray 函数从一个给定的图像 Mat 矩阵中获取随机分割后的子图像序列。函数的输入为源图像矩阵 Mat &src 和随机数种子 int key。输出是一个存放分割后的子图像矩阵的指针数组。

getHashValue 函数对得到的子图像序列计算哈希向量。输入参数为得到的子图像序列 Mat ** matArray 和随机数种子 int key，输出为哈希向量，其尺寸由宏定义 PNUM 和 WINDOWSIZE 控制。

对训练图像集和测试图像集分别调用上述函数获得训练集和测试集，对训练集调用 OpenCV 提供的 CvSVM::train() 函数可以获得 SVM 模型，然后对测试集调用 CvSVM::predict() 函数可以获得该模型在测试集上的输出。

附录 2　程　　序

1. LSB

1.1　LSB_embed. m

```
clear
clc
%************************************读图像************************
CurrentPath= pwd;
    namestr= strcat(CurrentPath,'\cover3.tif '); % 批处理选取图像
    im= imread(namestr);
    [row, col, height]= size(im);
%************************************读文件************************
    a= fopen(strcat(CurrentPath,'\data.txt'));    % 打开要嵌入信息的文件
    file= fread(a);                        % 读文件,为 ASCII 码
    file= file';
file_length= length(file);                 % 文件 ASCII 长度
    file_01= zeros(1,length(file)* 8);     % 将 ASCII 码文件转为二进制文件,长度为原来 8 倍
    for i= 1:length(file)
        for j= 1:8
```

```
            file_01((i- 1)* 8+ j)= bitget(file(i),9- j);
        end
    end
fclose(a);
%************************************ 嵌入信息********************
% 嵌入信息的长度标签,将信息转换为二进制码的长度再转化为二进制码
file_length_label= zeros(1,32);
file_length1= length(file_01);         % 嵌入信息长度
file_length2= row* col* height- 32; % 满嵌时的信息长度
if(file_length2< file_length1)         % 确定信息长度
    file_length= file_length2;
else
    file_length= file_length1;
end
for i= 1:32                            % 将长度写入 file_length_label 中
    file_length_lable(i)= bitget(file_length , 32- i+ 1);
end
n= 1;
for k= 1:height
for i= 1:row
        for j= 1:col
          if (((k- 1)* height+ (i- 1))* row+ j< = 32)
        if ((bitget(im(i,j,k),1)~ = file_length_lable((i- 1)* row+ j)) & (bitget
           (im(i,j,k),1)= = 0))
                im(i,j,k)= im(i,j,k)+ 1;
      else if ((bitget(im(i,j,k),1)~ = file_length_lable((i- 1)* row+ j)) & (bit-
             get(im(i,j,k),1)= = 1))
                im(i,j,k)= im(i,j,k)- 1;
        end
      else if ((((k- 1)* height+ (i- 1))* row+ j> 32)& (n< = file_length))
            if ((bitget(im(i,j,k),1)~ = file_01(n)) & (bitget(im(i,j,k),1)= = 0))
                  im(i,j,k)= im(i,j,k)+ 1;
                  n= n+ 1;
            else if((bitget(im(i,j,k),1)~ = file_01(n)) & (bitget(im(i,j,k),1)= = 1))
                  im(i,j,k)= im(i,j,k)- 1;
                  n= n+ 1;
              else
                  n= n+ 1;
                end
            end
        end
    end
end
```

```
%
%%******************************* 存储隐密图像*********************
imwrite(im,'steg3.tif');
```

1.2　LSB_extract.m

```
clear
clc
   CurrentPath= pwd;
   name= strcat(CurrentPath,'\steg1.tif ');      % 批处理选取图像;
   im= imread(name);                              % 读 DCT 系数
   [row col height]= size(im);
%******************************* 提取信息*************************
file_length_label= bitget(im(1,1:32),1);
file_length= bin2dec(num2str(file_length_label(1:16))) *  65536
   + bin2dec(num2str(file_length_label(17:32)));
file_01= zeros(1,file_length);
   n= 1;
   for k= 1:height
      for i= 1:row
         for j= 1: col
            if (((k- 1)* height+ (i- 1))* row+ j> 32) & (n< = file_length)
               file_01(n)= bitget(im(i,j),1);
               n= n+ 1;
            end
         end
      end
   end
%    file_length= bin2dec(num2str(file_length_bit(1:16)));
% 计算隐密信息 ASCII 码长度
%
% 若秘密信息文件长度大于能嵌入的信息长度,则定义提取文件长度为图像能够嵌入信息
% 的长度,反之则定义文件长度为秘密信息长度
%    if (file_length* 8)> length(x)
%       file_01= zeros(1,length(x));
%    else
%       file_01= zeros(1,file_length* 8);
%    end
%
% 矩阵编码运算部分,在三个系数 a1,a2,a3 中嵌入两比特信息 x1,x2
%    for i= 1:(file_length* 8/2)
%
%       if n> length(x)- 2
%            break;
```

```
%        end
%
%        a1= bitget(abs(im_Y_rand(x(n),y(n))),1);
%        a2= bitget(abs(im_Y_rand(x(n+ 1),y(n+ 1))),1);
%        a3= bitget(abs(im_Y_rand(x(n+ 2),y(n+ 2))),1);
%
%        file_01(m- 16)= xor(a1,a3);
%        file_01(m+ 1- 16)= xor(a2,a3);
%        n= n+ 3;
%        m= m+ 2;
%
%    end

   file_ASC= zeros(1,fix(length(file_01)/8));   % 将二进制文件转换为ASCII码
   for i= 1:fix(length(file_01)/8)
          file_ASC(i)= bin2dec( num2str(file_01((i- 1)* 8+ 1:i* 8)));
   end
  file= fopen(strcat(CurrentPath,'\LSB_data.txt'),'w');
  fwrite(file,file_ASC);
  fclose(file);
%
% toc
```

1.3 LSBdetect.m

```
clear
clc

CurrentPath= pwd;
namestr= strcat(CurrentPath,'\cover1.tif '); % 批处理选取图像;
im= imread(namestr);
[row col height]= size(im);
label= zeros(1,4);

for k= 1:height
    for i= 1:row
        for j= 1:col- 1
            if ((bitget(im(i,j,k),1)= = 0)&(bitget(im(i,j+ 1,k),1)= = 0))
                label(1)= label(1)+ 1;
            elseif((bitget(im(i,j,k),1)= = 0)&(bitget(im(i,j+ 1,k),1)= = 1))
                label(2)= label(2)+ 1;
            elseif((bitget(im(i,j,k),1)= = 1)&(bitget(im(i,j+ 1,k),1)= = 0))
                label(3)= label(3)+ 1;
            elseif((bitget(im(i,j,k),1)= = 1)&(bitget(im(i,j+ 1,k),1)= = 1))
                label(4)= label(4)+ 1;
            end
        end
```

```
    end
end
    if (label(1)< mean(label(2:4)))
        disp ('The image is a steg image! ')
    else
        disp ('The image is a cover image! ')
    end
```

2. watermark

2.1 WaterMark.m

```
clear
clc
im= imread('image.bmp');
waterIm= imread('watermark.bmp');
im= double(im);
waterIm= double(waterIm);
imR= im(:,:,1);
imG= im(:,:,2);
imB= im(:,:,3);
waterR= waterIm(:,:,1);
waterG= waterIm(:,:,2);
waterB= waterIm(:,:,3);
CwR= wavedec2(waterR,1,'haar');
CwG= wavedec2(waterG,1,'haar');
CwB= wavedec2(waterB,1,'haar');
[CR,SR]= wavedec2(imR,2,'haar');
[CG,SG]= wavedec2(imG,2,'haar');
[CB,SB]= wavedec2(imB,2,'haar');
r= 0.04;
CwRL= length(CwR);
CRL= length(CR);
CR(1:CwRL/16)= CR(1:CwRL/16)+ r* CwR(1:CwRL/16);
k= 0;
while k< = CRL/CwRL- 1
    CR (1+ CRL/4+ k* CwRL/4:CRL/4+ (k+ 1)* CwRL/4)= CR(1+ CRL/4+ k* CwRL/4:CRL/4
        + (k+ 1)* CwRL/4)+ r* CwR(1+ CwRL/4:CwRL/2);
    CR (1+ CRL/2+ k* CwRL/4:CRL/2+ (k+ 1)* CwRL/4)= CR(1+ CRL/2+ k* CwRL/4:CRL/2
        + (k+ 1)* CwRL/4)+ r* CwR(1+ CwRL/2:3* CwRL/4);
    CR (1+ 3* CwRL/4+ k* CwRL/4:3* CwRL/4+ (k+ 1)* CwRL/4)= CR(1+ 3* CRL/4+ k*
        CwRL/4:3* CRL/4+ (k+ 1)* CwRL/4)+ r* CwR(1+ 3* CwRL/4:CwRL);
k= k+ 1;
end;
```

```
CR(1:CwRL/4)= CR(1:CwRL/4)+ r* CwR(1:CwRL/4);
g= 0.02;
CwGL= length(CwG);
CGL= length(CG);
CG(1:CwGL/16)= CG(1:CwGL/16)+ g* CwG(1:CwGL/16);
k= 0;
while k< = CGL/CwGL- 1
    CG (1+ CGL/4+ k* CwGL/4:CGL/4+ (k+ 1)* CwGL/4)= CG(1+ CGL/4+ k* CwGL/4:CGL/4
        + (k+ 1)* CwGL/4)+ g* CwG(1+ CwGL/4:CwGL/2);
    CG (1+ CGL/2+ k* CwGL/4:CGL/2+ (k+ 1)* CwGL/4)= CG(1+ CGL/2+ k* CwGL/4:CGL/2
        + (k+ 1)* CwGL/4)+ g* CwG(1+ CwGL/2:3* CwGL/4);
    CG (1+ 3* CGL/4+ k* CwGL/4:3* CGL/4+ (k+ 1)* CwGL/4)= CG(1+ 3* CGL/4+ k* CwGL/
        4:3* CGL/4+ (k+ 1)* CwGL/4)+ g* CwG(1+ 3* CwGL/4:CwGL);
k= k+ 1;
end;
CG(1:CwGL/4)= CG(1:CwGL/4)+ g* CwG(1:CwGL/4);
b= 0.16;
CwBL= length(CwB);
CBL= length(CB);
CB(1:size(CwB,2)/16)+ b* CwB(1:size(CwB,2)/16);
k= 0;
while k< = CBL/CwBL- 1
    CB (1+ CBL/4+ k* CwBL/4:CBL/4+ (k+ 1)* CwBL/4)= CB(1+ CBL/4+ k* CwBL/4:CBL/4
        + (k+ 1)* CwBL/4)+ g* CwB(1+ CwBL/4:CwBL/2);
    CB (1+ CBL/2+ k* CwBL/4:CBL/2+ (k+ 1)* CwBL/4)= CB(1+ CBL/2+ k* CwBL/4:CBL/2
        + (k+ 1)* CwBL/4)+ b* CwB(1+ CwBL/2:3* CwBL/4);
    CB (1+ 3* CBL/4+ k* CwBL/4:3* CBL/4+ (k+ 1)* CwBL/4)= CB(1+ 3* CBL/4+ k* CwBL/
        4:3* CBL/4+ (k+ 1)* CwBL/4)+ b* CwB(1+ 3* CwBL/4:CwBL);
    k= k+ 1;
end;
CB(1:CwBL/4)= CB(1:CwBL/4)+ b* CwB(1:CwBL/4);
imR= WAVEREC2(CR,SR,'haar');
imG= WAVEREC2(CG,SG,'haar');
imB= WAVEREC2(CB,SB,'haar');
[row col]= size(imR);
imOut= zeros(size(im));
for i= 1:row;
    for j= 1:col;
        imOut(i,j,1)= imR(i,j);
        imOut(i,j,2)= imG(i,j);
        imOut(i,j,3)= imB(i,j);
    end
end
imOut= uint8(round(imOut));
```

```
imwrite(imOut,'imWaterMark.bmp','bmp');
subplot(1,3,1);
imshow(uint8(im));
title('原始图像');
subplot(1,3,2);
imshow(uint8(waterIm));
title('水印图像');
subplot(1,3,3);
imshow(imOut);
title('嵌入水印图像');
```

2.2 WaterMarkExtr.m

```
clear all
clc;
im= imread('image.bmp');
imWaterMark= imread('imWaterMark.bmp');
im= double(im);
imR= im(:,:,1);
imG= im(:,:,2);
imB= im(:,:,3);
imWaterMark= double(imWaterMark);
imWaterMarkr= imWaterMark(:,:,1);
imWaterMarkg= imWaterMark(:,:,2);
imWaterMarkb= imWaterMark(:,:,3);
CwR= WAVEDEC2(imWaterMarkr,2,'haar');
CwG= WAVEDEC2(imWaterMarkg,2,'haar');
CwB= WAVEDEC2(imWaterMarkb,2,'haar');
CR= WAVEDEC2(imR,2,'haar');
CG= WAVEDEC2(imG,2,'haar');
CB= WAVEDEC2(imB,2,'haar');
r= 0.04;
CwRL= length(CwR);
CRL= length(CR);
for k= 0:3
    whR(k+ 1,:)= CwR(1+ CwRL/4+ k* CwRL/16:CwRL/4+ (k+ 1)* CwRL/16)-
        CR(1+ CRL/4+ k* CRL/16:CRL/4+ (k+ 1)* CRL/16);
    wvR(k+ 1,:)= CwR(1+ CwRL/2+ k* CwRL/16:CwRL/2+ (k+ 1)* CwRL/16)-
        CR(1+ CRL/2+ k* CRL/16:CRL/2+ (k+ 1)* CRL/16);
    wdR(k+ 1,:)= CwR(1+ 3* CwRL/4+ k* CwRL/16:3* CwRL/4+ (k+ 1)* CwRL/16)
        - CR(1+ 3* CRL/4+ k* CRL/16:3* CRL/4+ (k+ 1)* CRL/16);
end
whR= (whR(1,:)+ whR(2,:)+ whR(3,:)+ whR(4,:))/(4* r);
wvR= (wvR(1,:)+ wvR(2,:)+ wvR(3,:)+ wvR(4,:))/(4* r);
wdR= (wdR(1,:)+ wdR(2,:)+ wdR(3,:)+ wdR(4,:))/(4* r);
```

```
waR= (CwR(1:CwRL/16)- CR(1:CRL/16))/r;

g= 0.02;
CwGL= length(CwG);
CGL= length(CG);
for k= 0:3
    whG(k+ 1,:)= CwG(1+ CwGL/4+ k* CwGL/16:CwGL/4+ (k+ 1)* CwGL/16)-
        CG(1+ CGL/4+ k* CGL/16:CGL/4+ (k+ 1)* CGL/16);
    wvG(k+ 1,:)= CwG(1+ CwGL/2+ k* CwGL/16:CwGL/2+ (k+ 1)* CwGL/16)-
        CG(1+ CGL/2+ k* CGL/16:CGL/2+ (k+ 1)* CGL/16);
    wdG(k+ 1,:)= CwG(1+ 3* CwGL/4+ k* CwGL/16:3* CwGL/4+ (k+ 1)* CwGL/16)-
        CG(1+ 3* CGL/4+ k* CGL/16:3* CGL/4+ (k+ 1)* CGL/16);
end
whG= (whG(1,:)+ whG(2,:)+ whG(3,:)+ whG(4,:))/(4* g);
wvG= (wvG(1,:)+ wvG(2,:)+ wvG(3,:)+ wvG(4,:))/(4* g);
wdG= (wdG(1,:)+ wdG(2,:)+ wdG(3,:)+ wdG(4,:))/(4* g);
waG= (CwG(1:CwGL/16)- CG(1:CGL/16))/g;

b= 0.08;
CwBL= length(CwB);
CBL= length(CB);
for k= 0:3
    whB(k+ 1,:)= CwB(1+ CwBL/4+ k* CwBL/16:CwBL/4+ (k+ 1)* CwBL/16)-
        CB(1+ CBL/4+ k* CBL/16:CBL/4+ (k+ 1)* CBL/16);
    wvB(k+ 1,:)= CwB(1+ CwBL/2+ k* CwBL/16:CwBL/2+ (k+ 1)* CwBL/16)-
        CB(1+ CBL/2+ k* CBL/16:CBL/2+ (k+ 1)* CBL/16);
    wdB(k+ 1,:)= CwB(1+ 3* CwBL/4+ k* CwBL/16:3* CwBL/4+ (k+ 1)* CwBL/16)-
        CB(1+ 3* CBL/4+ k* CBL/16:3* CBL/4+ (k+ 1)* CBL/16);
end
whB= (whB(1,:)+ whB(2,:)+ whB(3,:)+ whB(4,:))/(4* b);
wvB= (wvB(1,:)+ wvB(2,:)+ wvB(3,:)+ wvB(4,:))/(4* b);
wdB= (wdB(1,:)+ wdB(2,:)+ wdB(3,:)+ wdB(4,:))/(4* b);
waB= (CwB(1:CwBL/16)- CB(1:CBL/16))/b;

CwR= [waR,whR,wvR,wdR];
swR(:,1)= [sqrt(size(waR,2)),sqrt(size(waR,2)),2* sqrt(size(waR,2))];
swR(:,2)= [sqrt(size(waR,2)),sqrt(size(waR,2)),2* sqrt(size(waR,2))];
wr= waverec2(CwR,swR,'haar');
CwG= [waG,whG,wvG,wdG];
swG(:,1)= [sqrt(size(waG,2)),sqrt(size(waG,2)),2* sqrt(size(waG,2))];
swG(:,2)= [sqrt(size(waG,2)),sqrt(size(waG,2)),2* sqrt(size(waG,2))];
wg= waverec2(CwG,swG,'haar');
CwB= [waB,whB,wvB,wdB];
swB(:,1)= [sqrt(size(waB,2)),sqrt(size(waB,2)),2* sqrt(size(waB,2))];
swB(:,2)= [sqrt(size(waB,2)),sqrt(size(waB,2)),2* sqrt(size(waB,2))];
wb= waverec2(CwB,swB,'haar');
```

```
temp= size(wr);
imOut= zeros(temp(1),temp(2),3);
for i= 1:temp(1);
    for j= 1:temp(2);
        imOut(i,j,1)= wr(i,j);
        imOut(i,j,2)= wg(i,j);
        imOut(i,j,3)= wb(i,j);
    end
end
imOut= uint8(round(imOut));
imWwaterMarkExtr= uint8(imOut);
imwrite(imWwaterMarkExtr,'ExtrWaterMark.bmp','bmp');
subplot(2,2,1);
imshow(uint8(im));
title('原始图像');
subplot(2,2,2);
imshow(uint8(imWaterMark));
title('嵌入水印图像');
subplot(2,2,3);
imshow('watermark.bmp');
title('原始水印');
subplot(2,2,4);
imshow(imWwaterMarkExtr);
title('提取水印');
```

3. benford gauss blur(blur_detect. m)

```
clear
clc
    CurrentPath= pwd;
    namestr= strcat(CurrentPath,'\blur1.jpg');
    a= imread(namestr);
    T= 3e- 7;% 门限值
    [row,col,kkk]= size(a);
            dct_image_R= abs(dct2(a(:,:,1)));
            dct_image_G= abs(dct2(a(:,:,2)));
            dct_image_B= abs(dct2(a(:,:,3)));
            % 将二维变成一维并去掉第一个数(DC 系数)
            dct_ac_R= reshape(dct_image_R(2:row* col),1,row* col- 1);
            dct_ac_G= reshape(dct_image_G(2:row* col),1,row* col- 1);
            dct_ac_B= reshape(dct_image_B(2:row* col),1,row* col- 1);
            % 将一维变成二维
            dct_ac(1,:)= dct_ac_R;
```

```
            dct_ac(2,:)= dct_ac_G;
            dct_ac(3,:)= dct_ac_B;
            % 存储 RGB 三个通道的 benford 法则中首个数字出现的次数 1~ 9
            benford_num= zeros(3,9);
            benford_digit= zeros(3,row* col- 1);
         error= zeros(3,10);
%%%%%%%%%%%%%%%%%%%%%%%%%%%%%%%%%%%%%%%%%%%%%%%%%
% 提取 RGB DCT 域 AC 系数首个数字
for i= 1:3
   m= 1;
     for j= 1:length(dct_ac_R)
        if fix(dct_ac(i,j)/1000000)~ = 0
            benford_digit(i,j)= fix(dct_ac(i,j)/1000000);
        else if fix(dct_ac(i,j)/100000)~ = 0
            benford_digit(i,j)= fix(dct_ac(i,j)/100000);
        else if fix(dct_ac(i,j)/10000)~ = 0
            benford_digit(i,j)= fix(dct_ac(i,j)/10000);
        else if fix(dct_ac(i,j)/1000)~ = 0
            benford_digit(i,j)= fix(dct_ac(i,j)/1000);
        else if fix(dct_ac(i,j)/100)~ = 0
            benford_digit(i,j)= fix(dct_ac(i,j)/100);
        else if fix(dct_ac(i,j)/10)~ = 0
            benford_digit(i,j)= fix(dct_ac(i,j)/10);
        else if fix(dct_ac(i,j)/1)~ = 0
            benford_digit(i,j)= fix(dct_ac(i,j)/1);
        else if fix(dct_ac(i,j)/0.1)~ = 0
           benford_digit(i,j)= fix(dct_ac(i,j)/0.1);
        else if fix(dct_ac(i,j)/0.01)~ = 0
            benford_digit(i,j)= fix(dct_ac(i,j)/0.01);
        else if fix(dct_ac(i,j)/0.001)~ = 0
            benford_digit(i,j)= fix(dct_ac(i,j)/0.001);
        else if fix(dct_ac(i,j)/0.0001)~ = 0
            benford_digit(i,j)= fix(dct_ac(i,j)/0.0001);
        else if fix(dct_ac(i,j)/0.00001)~ = 0
            benford_digit(i,j)= fix(dct_ac(i,j)/0.00001);
        else if fix(dct_ac(i,j)/0.000001)~ = 0
            benford_digit(i,j)= fix(dct_ac(i,j)/0.000001);
        else    error(i,m)= j;
            m= m+ 1;
                          end
                        end
                      end
                    end
```

```
    //重采样为 128x128
    assert(src.rows= = 128&& src.cols= = 128);
    Mat ** matArray= new Mat* [PNUM];
    int x= 0,y= 0;
    for(int i= 0;i< PNUM;+ + i)
    {
        srand(key+ i);
        x= rand()% (src.cols- WINDOWSIZE);
        y= rand()% (src.rows- WINDOWSIZE);
        Mat * subImg= new Mat(src,Rect(x,y,WINDOWSIZE,WINDOWSIZE));
        matArray[i]= subImg;
        //获取随机生成的子图像
    }
    returnmatArray;
}
Mat * getHashValue(Mat ** matArray,int key)
{
    Matw,u,vt;
    MatgamaMat(WINDOWSIZE,2* PNUM,CV_32FC1);
    //第一次 SVD,对应 Generic Biometric Image Hashing Algorithm 的 step 25- 29
    for(int i= 0;i< PNUM;+ + i)
    {
        assert(matArray[i]- > cols= = WINDOWSIZE&&matArray[i]- > rows= = WINDOWSIZE);
        SVD::compute(* matArray[i],w,u,vt);
        Mat v;
        transpose(vt,v);
        u.col(0).copyTo(gamaMat.col(i));
        v.col(0).copyTo(gamaMat.col(i+ PNUM));
    }
    //第一次 SVD 结束,生成 Gama 矩阵
    MatJMat(WINDOWSIZE,2* PNUM,CV_32FC1);
    set< int>  selectedIndex;
    unsignedint randomSelectedIndex= rand()% (2* PNUM);
    selectedIndex.insert(randomSelectedIndex);
    gamaMat.col(randomSelectedIndex).copyTo(JMat.col(0));
    double minL2Norm= DBL_MAX;
    int minIndex= 0;
    for(int i= 1;i< 2* PNUM;+ + i)
    {
        //获得 L2Norm 最小值
        minL2Norm= DBL_MAX;
        for(int j= 0;j< 2* PNUM;+ + j)
```

```
        {
            if(selectedIndex.find(j)! = selectedIndex.end())
                continue;
            double currentL2Norm= norm(gamaMat.col(j),JMat.col(i- 1));
            if(currentL2Norm< minL2Norm)
            {
                minIndex= j;
                minL2Norm= currentL2Norm;
            }
        }
        gamaMat.col(minIndex).copyTo(JMat.col(i));
        selectedIndex.insert(minIndex);
    }

    SVD::compute(JMat,w,u,vt);
    Mat* result= new Mat(WINDOWSIZE,1,CV_32FC1);
    u.col(0).copyTo(result- > col(0));
    Mat t;
    transpose(vt.row(0),t);
    result- > push_back(t);
    //生成最终的 hash 向量
    for(int i= 0;i< PNUM;+ + i)
    {
        delete matArray[i];
    }
    delete []matArray;
    //相关的清理工作
    return result;
}
voidextractHashVector()
{
    //这个函数是提取训练集 hash 向量的一个 demo,将获得的 hash 向量存储在文件中方便以后
     使用
    char file[200];
    char data[200];
    for(int i= 1;i< 41;+ + i)
    {
        for(int j= 1;j< 11;+ + j)
        {
            sprintf(file,"C:\\Users\\Administrator\\Desktop\\face\\s% d\\% d.pgm",i,j);
            sprintf(data,"C:\\Users\\Administrator\\Desktop\\face\\s% d\\% d.xml",i,j);
            Mat image= imread(file,CV_LOAD_IMAGE_GRAYSCALE);
            if(image.rows= = 0)continue;
```

```
            Mat gray32;
            image.convertTo(gray32,CV_32FC1);
            FileStorage fs(data, FileStorage::WRITE);
            getMatArray(gray32,i< < 8);
            Mat * hash= getHashValue(getMatArray(gray32,i< < 9),i< < 8);
            fs< < "feature"< < (* hash);
            delete hash;
            system("cls");
            cout< < "完成"< < (10* (i- 1)+ j)/4.0< < "% "< < endl;
        }
    }
}
voidtrainData()
{
    //该函数是训练过程的一个 demo,对训练集应用 SVM 并得到在测试集上的输出
    float label[360];
    for(int i= 0;i< 360;+ + i)
    {
        label[i]= (static_cast< int> (i/9)+ 1)* 1.0;
    }
    MattrainingData(360,130,CV_32FC1);
    MatresponseData(360,1,CV_32FC1,label);
    Mat temp(130,1,CV_32FC1);
    char data[200];
    for(int i= 1;i< 41;+ + i)
    {
        for(int j= 1;j< 10;+ + j)
        {
            sprintf(data,"C:\\Users\\Administrator\\Desktop\\face\\s% d\\% d.xml",i,j);
            FileStorage fs(data, FileStorage::READ);
            fs["feature"]> > temp;
            transpose(temp,trainingData.row((i- 1)* 9+ (j- 1)));
            //temp.t().copyTo(trainingData.row((i- 1)* 4+ (j- 1)));
            system("cls");
            cout< < "训练集生成"< < (9.0* (i- 1)+ j)/3.6< < "% ";
        }
    }
    cout< < endl;
    CvSVM svm;
    cout< < "training start"< < endl;
    CvParamGrid CGrid(1< < 5,1< < 15,2);
    CvParamGrid gammaGrid(1.0/(1< < 5),(1< < 3),2);
```

```
    //设置 SVM 参数
    svm.train_auto(trainingData,responseData,Mat(),Mat(),CvSVMParams(),10,
    CGrid,gammaGrid);
    MattestData(1,130,CV_32FC1);
    for(int i= 1;i< 41;+ + i)
    {
       sprintf(data,"C:\\Users\\Administrator\\Desktop\\face\\s% d\\10.xml",i);
       FileStorage fs(data, FileStorage::READ);
       fs["feature"]> > temp;
       transpose(temp,testData);
       cout< < svm.predict(testData)< < endl;
    }
    //获得测试集的输出
}
int main(int argc, char*  argv[])
{
    extractHashVector();
    trainData();
}
```